普通高等学校车辆工程专业卓越特色系列教材

轨道车辆传动与控制

宋雷鸣 主编

科学出版社
北京

内 容 简 介

本书作为普遍高等学校车辆工程专业卓越特色系列教材之一，介绍了现代轨道车辆电传动系统的工作原理与系统，全书以高速动车组的传动系统及控制为重点，简要介绍了电力机车及城市轨道车辆的传动系统。

全书共 7 章。第一章介绍了传动系统的基本概念及涉及的一些基本问题，第二章介绍了变压器的基本原理和动车组的变压器系统，第三章介绍了直流电动机，第四章介绍三相交流电动机的结构、工作原理及特性，第五章介绍了交流电动机的调速与控制，第六章介绍轨道车辆传动与控制系统的原理及典型系统，第七章介绍了牵引传动系统的主要部件。

本书可作为高等学校车辆工程和铁道机车车辆专业教材，也可供铁路高等职业学校师生及从事机车车辆、动车组、城市轨道车辆相关专业的工程技术人员学习参考。

图书在版编目(CIP)数据

轨道车辆传动与控制/宋雷鸣主编. —北京：科学出版社，2016.3
普通高等学校车辆工程专业卓越特色系列教材
ISBN 978-7-03-046016-5

Ⅰ.①轨… Ⅱ.①宋… Ⅲ.①轻轨车辆-电力传动-高等学校-教材
②轻轨车辆-电动控制-高等学校-教材 Ⅳ.①U239.5

中国版本图书馆 CIP 数据核字（2015）第 246216 号

责任编辑：毛 莹 朱晓颖 / 责任校对：郭瑞芝
责任印制：张 伟 / 封面设计：迷底书装

科学出版社 出版
北京东黄城根北街 16 号
邮政编码：100717
http://www.sciencep.com

北京凌奇印刷有限责任公司 印刷
科学出版社发行 各地新华书店经销

*

2016 年 3 月第 一 版 开本：787×1092 1/16
2023 年 3 月第五次印刷 印张：17 1/2
字数：448 000
定价：59.00 元
（如有印装质量问题，我社负责调换）

前　言

铁路运输客运的高速化、货运的重载化已经成为现代交通运输领域的趋势。高速铁路是庞大复杂的系统工程，被称作"大国技术"，集成了多学科、多领域的高新技术，集中展示综合国力、经济社会发展水平和自主创新能力。高速列车是高速铁路的核心技术之一，高速列车融合了高速转向架技术、高强轻型车体结构技术、交流传动技术、复合制动技术、减阻降噪与密封技术、现代控制与诊断技术等一系列当代最新技术成果。

城市轨道交通是近十多年才开始快速发展的一种交通方式。轨道交通车辆虽然速度比高速列车低，传动系统设备功率也较少，但是随着城市化进程不断加快，具有节能、快捷和大运量特征的新型轨道交通车辆越来越受到众多城市的关注，各城市对城市轨道交通类人才需求量也一直在不断高涨。

学生的培养和知识的传播，教材建设是必不可少的重要环节，尤其是在现代技术与知识不断更新的状况下，编写共性基础理论与新技术结合的教材尤为迫切。北京交通大学车辆工程专业是国家级特色专业、首批教育部"卓越工程师教育培养计划"和"专业综合改革试点项目"专业。本专业一直将教材建设作为保持轨道交通特色、引领专业发展的重要工作。"普通高等学校车辆工程专业卓越特色系列教材"就是在轨道交通行业对车辆人才旺盛的需求和技术不断发展的背景下，在以往教材编写的基础上进行策划的。

本书作为系列教材之一，以动车组传动与控制系统为重点，同时简要介绍电力机车及城市轨道车辆相关系统。本书由宋雷鸣任主编，吴鑫任副主编，岳建海参加了本书的编写。具体编写分工如下：宋雷鸣编写第一章，第四章，第六章的第一节、第三~七节，第七章；吴鑫编写第五章，第六章的第二节；岳建海编写第二章、第三章。

北京交通大学的杨中平教授审阅了全稿，并提出许多重要的修改意见。在此，对他的工作和帮助表示衷心的感谢！

南车青岛四方机车车辆股份有限公司、长春轨道客车股份有限公司、青岛庞巴迪车辆股份有限公司、唐山轨道客车股份有限公司、中国铁道科学研究院机车车辆研究所等企业和单位为教材的编写提供了资料和帮助，在此表示衷心的感谢！

由于编者水平有限，时间仓促，疏漏之处在所难免，恳请读者批评指正。

编　者
2015 年 10 月于北京

目 录

前言

第一章 绪论 1
 第一节 轨道车辆牵引传动系统组成 1
  一、轨道车辆牵引传动系统的组成及作用 1
  二、能量变换及其技术实现 2
  三、轨道车辆牵引传动设备布置方式 4
  四、动车组供电牵引系统发展概况 7
 第二节 轨道车辆牵引特性及控制策略 10
  一、轨道车辆牵引特性 10
  二、列车牵引特性的计算 11
  三、轨道车辆牵引系统控制策略 13
  四、牵引变流器与牵引电机的参数匹配 15
 思考题 16

第二章 变压器 17
 第一节 变压器的基本工作原理 17
  一、变压器的用途、结构与分类 17
  二、变压器的基本参数 18
  三、变压器的基本工作原理 18
 第二节 变压器的运行特性分析 19
  一、正方向的规定 19
  二、变压器的空载运行 19
  三、变压器的负载运行 22
  四、变压器的等效电路和相量图 24
  五、变压器的运行特性 27
 第三节 变压器参数的测定 29
  一、空载实验 29
  二、短路试验 30
 第四节 自耦变压器 31
 第五节 几种典型的动车组用牵引变压器 32
  一、CRH1 主变压器 32
  二、CRH2 主变压器 38
  三、CRH3 主变压器 43
  四、CRH5 主变压器 45

第三章 直流电动机 ... 48
第一节 直流电动机的基本原理 ... 48
一、直流电机的用途与结构 ... 48
二、直流电机的电枢绕组 ... 51
三、直流电机的磁场 ... 57
四、直流电机的基本方程 ... 60
第二节 直流电动机的运行特性 ... 64
一、他励与并励电动机的运行特性 ... 64
二、串励电动机的运行特性 ... 65
三、复励电动机的运行特性 ... 67
第三节 直流电动机的使用 ... 67
一、直流电动机的启动 ... 67
二、直流电动机速度的调节 ... 68
三、直流电动机的制动 ... 73
四、直流电机的连接 ... 74

第四章 交流牵引电动机 ... 75
第一节 交流电动机的基本结构和工作原理 ... 75
一、三相异步电动机的类型 ... 75
二、三相异步电动机的结构 ... 76
三、三相异步电动机的工作原理 ... 79
四、三相异步电动机的定子绕组 ... 84
第二节 交流电动机的特性 ... 89
一、三相异步电动机的电路特性及其功率 ... 89
二、三相异步电动机的电磁转矩和机械特性 ... 92
三、三相异步电动机的工作特性 ... 95
第三节 交流电动机的额定值 ... 96
第四节 三相异步电动机的启动、调速和制动 ... 98
一、三相异步电动机的启动 ... 98
二、三相异步电动机的调速 ... 100
三、三相异步电动机的制动 ... 102
第五节 牵引电机设计时要考虑的几个特殊问题 ... 103
一、牵引电机谐波分析 ... 103
二、并联运行时的负载分配 ... 105

第五章 交流电动机调速与控制 ... 106
第一节 异步电动机的特性和变频调速基础 ... 106
一、异步电动机的机械特性 ... 107
二、异步电动机变频控制的理论基础 ... 108
三、列车牵引电动机及其运行特性 ... 115
第二节 标量控制技术 ... 117
一、闭环控制的变压调速系统 ... 117

二、转速开环、恒压频比控制的变频调速系统 ·· 119
　　三、转速闭环、转差频率控制的变频调速系统 ·· 120
　　四、并联电动机的牵引传动 ·· 122
第三节　矢量控制技术 ··· 123
　　一、问题的提出 ··· 123
　　二、坐标变换的基本概念 ·· 124
　　三、异步电动机在不同坐标系上的数学模型 ·· 126
　　四、异步电动机矢量控制的基本原理 ··· 132
　　五、转子磁链矢量的检测 ·· 133
　　六、异步电动机的矢量控制系统 ··· 135
第四节　直接转矩控制技术 ··· 142
　　一、直接转矩控制思想 ··· 142
　　二、直接转矩控制的异步电动机数学模型 ·· 143
　　三、直接转矩控制基本原理 ·· 145
　　四、直接转矩控制在列车牵引中的应用 ··· 149
　　五、直接转矩控制的特点 ·· 152
思考题 ··· 154

第六章　轨道车辆牵引与控制原理 ··· 155

第一节　轨道车辆牵引变流器原理及控制 ··· 155
　　一、牵引变流器用电力电子器件 ··· 155
　　二、脉冲整流器工作原理 ·· 156
　　三、牵引逆变器工作原理 ·· 163
　　四、中间直流环节工作原理 ·· 169
　　五、动车组牵引控制策略及其实现 ··· 170
第二节　CRH1 动车组牵引传动系统 ·· 171
　　一、CRH1 动车组牵引传动系统组成及工作原理 ··· 171
　　二、CRH1 牵引传动系统控制与保护 ·· 186
第三节　CRH2 牵引传动与控制系统 ·· 201
　　一、CRH2 牵引传动与控制系统概要 ·· 201
　　二、CRH2 牵引传动系统主电路及控制 ·· 204
　　三、CRH2 牵引电机及牵引特性 ·· 220
　　四、CRH2 牵引传动系统容量的计算 ·· 223
　　五、CRH2 牵引传动系统特点 ·· 224
第四节　CRH3 型动车组传动与控制系统 ·· 225
　　一、CRH3 型动车组传动与控制系统概述 ·· 225
　　二、CRH3 型动车组传动与控制系统的工作原理 ·· 225
第五节　CRH5 型动车组传动与控制系统 ·· 235
　　一、CRH5 牵引传动与控制系统概要 ·· 235
　　二、CRH5 牵引传动与控制系统组成及工作原理 ·· 236
第六节　城市轨道交通车辆传动与控制系统 ··· 248
　　一、城市轨道交通车辆典型主电路 ··· 248

二、IGBT 变流器模块 ... 251
第七节　现代交-直-交电力机车主电路 ... 252
一、机车功率 ... 253
二、可靠性要求 ... 253
三、控制要求 ... 253
四、经济性能比较 ... 253
五、HXD3 型机车电传动系统 ... 254

第七章　车辆传动系统元件 ... 257
第一节　受流设备 ... 257
一、DSA250 型受电弓 ... 257
二、受流器 ... 260
第二节　其他主要高压电器简介 ... 261
一、主断路器 ... 261
二、电压互感器和电流互感器概述 ... 263
三、避雷器概述 ... 265
四、接地开关 ... 267
五、能量消耗计 ... 268
六、高压电缆 ... 268

参考文献 ... 271

第一章　绪　　论

第一节　轨道车辆牵引传动系统组成

一、轨道车辆牵引传动系统的组成及作用

电力牵引高速列车的供电、牵引传动系统，包括从变电站到列车受电弓在内的供电部分和轨道车辆本身的传动系统，目前根据系统的传动方式和动力布置形式等的差异，轨道车辆牵引传动系统的组成也有所不同。本书主要介绍列车装备部分，即从受电弓、主变压器到牵引电动机的主电路部分涉及的内容。虽然受电弓一般列为牵引供电系统中，但由于其为车载设备，因此也列为本书内容。现代电力牵引的铁路动车组、电力机车的牵引传动系统的构成基本相同，城市轨道车辆系统由于采用电压较低的直流供电，传动系统的构成相对简单，去除了变压器及整流环节。

目前铁路电力牵引移动设备，包括电动车组及电力机车，主要采用特高压交流供电，牵引传动方式主要包括交-直流传动方式和交-直-交、交-交流的传动方式。图 1-1 所示为交-直牵引传动系统的构成图，图 1-2 所示为交-直-交牵引传动系统的构成图。

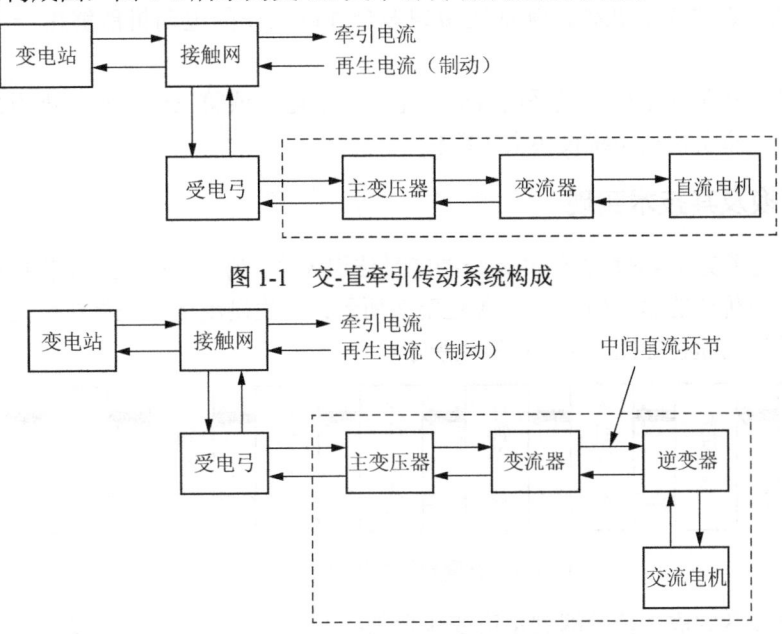

图 1-1　交-直牵引传动系统构成

图 1-2　交-直-交牵引传动系统构成

交-直流传动系统是指机车或动车组采用交流供电而采用直流电动机驱动车辆运行的传动系统。从图 1-1 可以看出为了能够用电网提供的交流电驱动直流电动机工作，系统中采用了变流器，将交流电转换成直流电，并通过对变流器的控制来调整直流电动机的工作速度。

交流传动系统是指由各种变流器供电的交流异步或同步电动机作为动力的机车和动车组传动系统。变流器主要有直接式变流器(交-交变流器)和带有中间直流环节的间接式变流器

(交-直-交变流器)两大类。

列车受电弓从接触网上取得的是一定频率和恒定电压的电源。而牵引电动机在所要求的转速、转矩范围内工作，需要的是电压和频率均可以调节变化的三相交流电。因此，必须设计一组变流调频装置。交-交变流器是把电网的交流能量直接转换为电压和频率适合交流电机调节的能量；而交-直-交变流器，先把电网交流能量转换成直流能量，然后进一步转换成电压和频率可调节的交流能量，如图 1-2 所示。

现有机车或动车组采用的交流传动系统基本结构为电压型交-直-交变流器供电的异步电机系统、电流型交-直-交变流器供电的异步电机系统和交-交变流器供电的同步电机系统。

交-直-交牵引传动系统主要由受电弓(包括高压电器设备)、牵引变压器、四象限变流器、中间环节、牵引逆变器、牵引电机、齿轮传动系统等组成。

牵引传动系统组成如图 1-2 所示。受电弓将接触网的 AC25kV 单相工频交流电输送给牵引变压器，经变压器降压后的单相交流电供给脉冲整流器，脉冲整流器将单相交流变换成直流电经中间直流电路将直流电输出给牵引逆变器，牵引逆变器输出电压、电流、频率可控的三相交流电供给牵引电动机，牵引电机轴端输出的转矩与转速通过齿轮传动传递给轮对，转换成轮缘牵引力和线速度。

交流传动技术卓有成效的发展，一方面是由于功率半导体和变流技术的进步；另一方面取决于日臻完善的控制方法和控制装置。后者能够使变流器-电机的整个系统具备不同的性能，以满足不同应用场合的要求。对于铁路牵引，这些要求包括平稳启动、抑制滑行和空转、再生制动、调速范围宽。此外，常常还希望多台并联工作的电动机能够由一个控制器进行控制。

城市轨道车辆传动系统一般采用直流供电，由受电弓或第三轨将直流电引到车辆上，不用降压与整流，牵引传动系统设备大大简化。

二、能量变换及其技术实现

图 1-3 给出了交-直-交牵引传动系统的能量传递关系。列车牵引运行是将电能转换成机械能，能量变换与传递的途径如图 1-3 黑色箭头所示；再生制动运行是将机械能转换成电能，能量变换与传递的途径如图 1-3 白色箭头所示。

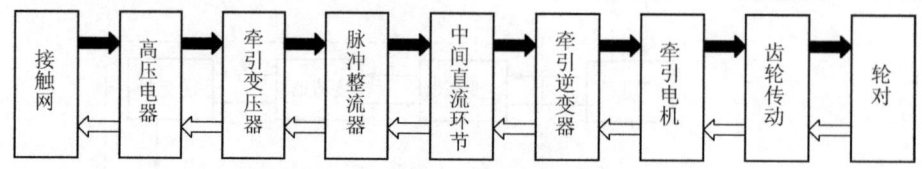

图 1-3 能量变换与传递途径示意图

高压电器设备完成从接触网到牵引变压器的接通与断开。主要包括受电弓、主断路器、避雷器、电流互感器、接地保护开关等；完成供电系统的接入与断开控制、网侧电流检测、保护等功能，不参与能量的转换。其中受电弓最为关键，它负责完成列车运行过程中的高速受流并确保受流质量。因此，弓网关系是非常重要的研究课题。

牵引变压器用来把接触网上取得的 25kV 高压电变换为供给牵引变流器及电机、电器工作所适合的电压，其工作原理与普通电力变压器相同。针对高速列车交流传动系统的特点，为了抑制变压器二次侧电流纹波、控制开关器件的关断电流以及抑制网侧谐波电流，要求牵引变压各绕组有很高的电抗；为了使二次侧并联的脉冲整流器的负荷平衡，各牵引绕组的电抗必须相等；二次侧各绕组之间相互干扰很强时，电流波形会产生紊乱，严重影响开关器件的关断电流，因此各绕组之间要采取磁去耦结构；由于变流器负载的谐波电流等会引起牵引变压器局部发热，对冷却系统要求很高；同时高速列车要求其体积小、重量轻、性能稳定。

脉冲整流器是牵引传动系统的电源侧变流器，列车牵引时作为整流器，再生制动时作为逆变器，可以实现牵引与再生工况间快速平滑的转换。列车牵引运行时，将牵引变压器的牵引绕组输出的单相交流变换成直流电，并要保证中间直流环节的电压恒定，交流电网侧功率因数接近 1，使电网电流尽量接近正弦，减少电网对周围环境的电磁污染；对直流侧，在电网电压或负载发生变化时，能够维持中间直流电压的稳定，给牵引逆变器提供良好的工作条件。列车再生制动运行时，将中间直流环节的直流电压变换成电压、频率、相位满足要求的单相交流电，通过牵引变压器实现并网。再生制动及其并网技术是最关键的技术问题。

牵引逆变器是牵引传动系统的电机驱动侧变流器，列车牵引时作为逆变器，再生制动时作为整流器，可以实现牵引与再生工况间快速平滑的转换。列车牵引运行时，将中间直流环节的直流电压变换成电压、电流、频率按照牵引特性要求控制的三相交流电，并要保证三相电压对称、电流尽量接近正弦，减少谐波及电压不对称对牵引电机的影响。列车制动运行时，牵引电机工作在发电状态，将牵引电机输出的电压、频率变化的三相交流电变换成直流电，输出给中间直流环节。高速列车采用转子磁场定向矢量控制技术和直接转矩控制技术实现对逆变器的 PWM 控制。逆变器-牵引电机的驱动控制技术是牵引传动控制系统的核心技术。

牵引电机是实现电能和机械能转换的最核心的部件。列车牵引时作为电动机运行将电能转化成机械能，制动时作为发电机运行将机械能转化为电能。高速列车要求牵引电机机械强度、高速运行时能承受很大的轮轨冲击力；采用耐电压、低介质损耗的绝缘系统以适应变频电源供电；电机前后端采用绝缘轴承，以防止电机轴承的电蚀；转子导条采用低电阻、温度系数高的铜合金材料，保证传动系统的控制精度；电机采用轻质高强度材料，以减轻电机自重；采用经过验证的轴承和轴承润滑结构，从而减少电机的维护，保证电机轴承更可靠工作；在输出一定功率的情况下，为减少体积，采用强迫通风和优化的通风结构，充分散热，以降低电机的温升，提高材料的利用率；电机的非传动轴端安装了速度传感器，用于给传动控制系统提供速度信号，便于逆变器控制和制动控制。高速列车交流牵引电机的优化设计理论与方法研究至关重要。

牵引传动系统是高压系统，为保证系统安全可靠工作，系统的保护十分必要。因此，牵引驱动系统应对各种故障具有检测和保护功能；为了有效利用黏着力，牵引变流器设有牵引时检测空转实施再黏着控制的功能，在制动控制装置设有制动时检测滑行并进行再黏着控制的功能；为了在故障和并联电机载荷分配不均匀等情况时保护牵引电机，设有电机过流检测、电机电流不平衡检测、接地检测等保护功能。

日本新干线 100 系高速列车采用电阻制动，将动能转变为热能消散掉，在由牵引工况转变为制动工况时，主电路要进行转换，同时，在低速区，难以产生大的制动力。而 300 系高速列车由于采用交-直-交牵引变流器，可以十分方便地实现再生制动，且牵引、再生两种工况转换平稳、连续无冲击，无需主电路换接。当电机转速低于同步转速时，即牵引工况，当电机转速高于同步转速时，即转为制动工况，这样，只要控制逆变器的输出频率(即同步转速)，即可控制牵引与再生工况转换及牵引力或制动力的大小。

由于交流传动系统的诸多优点，20 世纪 80 年代以来世界各国所研制的高速列车均采用交流传动技术。如前所述，动车组通过牵引电机将电能转换为机械能驱动列车的动力轮对。动力轮对通过轮轨黏着蠕滑作用，将牵引电机的驱动转矩转换为轮轨之间的牵引力，牵引列车运行。

三、轨道车辆牵引传动设备布置方式

列车牵引动力系统除包括如图 1-2 所示的主变压器、变流器、逆变器等各种动力设备外，还有空调机、空压机、各种风机、蓄电池、辅助逆变器等多种辅助设备，在考虑列车动力配置的同时，必须考虑这些设备的布置。

目前世界上高速电动车组有两种牵引方式：动力集中方式和动力分散方式。前者以日本为代表；后者以欧洲为代表，列车头尾各有一台动力车，中间为拖车，如果动力不够，靠近动力车的中间车转向架，亦装有牵引电动机，这种动力布置方式实质上是传统机车牵引方式的变型，欧洲主要采用这种方式。随着动车组运行速度的不断提高，欧洲 300km/h 以上的动车组也转向动力分散的形式。城市轨道车辆系统一般采用动力分散式。

动力集中型高速列车是将这些动力设备全部设置在一辆头车中，如图 1-4(a) 所示，全列车的牵引力由集中在动力头车的动力轮对上的电动机提供。这时必须注意两个问题：第一，动力轴的重量必须足够提供牵引力所需的黏着力，否则动力车轮将产生空转，丧失牵引力，不但使电机功率不能发挥反而会损伤车轮和钢轨。第二，动力轴的重量又不能过大，否则在高速运行时会产生过大的轮轨力，损坏钢轨和线路。为此，欧洲高速铁路网在有关的技术规程中规定高速列车的最大轴重不能超 17t，在作牵引力计算时轮轨黏着系数值定为

低速启动时：0.2

100km/h 时：0.17

200km/h 时：0.13

300km/h 时：0.09

动力车轴重及轮轨黏着系数的限值给高速列车的动力配置造成了很多困难。如德国设计的 ICEI 型动力集中型高速列车的动力车每轴功率 1200kW，一台动力头车的功率 4800kW，较大功率的动力设备和传动机构，使每轴的轴重达到 19.5t。尽管它有很大功率的牵引电机，并且可以产生较大的启动牵引力（双机启动牵引力为 400kN），但过大的轴重使欧洲高速路网拒绝接纳。法国的办法是保持动力轴轴重为 17t，采用增加动力转向架的方式来满足列车功率和牵引力的需要。即在紧接动力头车的拖车中将靠近动力车的一台转向架设为动力转向架，如用在巴黎-伦敦的 EUROSTAR 型和出口韩国的 TGV 高速列车都是这样的动力设置。

动力集中设置的特点在于集中在头车的动力设备便于检修和集中通风冷却，同时使拖车少负担动力设备的重量和噪声干扰。

另一种动力系统配置方法，却将全列车分为若干个动力单元，在每一个动力单元中带牵引电机的驱动轴（动力轴）分散布置在单元的每一个或部分车轴上，更重要的是将传动系统的各个动力设备也分散地设置在各个车辆底下，而不占用任何一辆车厢。图 1-4(b) 即该类动力配置的一个例子，图示为 2 辆动力车和 1 辆无动力拖车（简称 2 动 1 拖）组成的一个列车单元。列车可以按需要由若干个单元组成，列车两端必须设有带驾驶室的头车。由图例可见动力系统的主要设备：主变压器(MTr)、变流器/逆变器(C/I) 以及空压机、空调机等辅助设备都以吊挂的方式置于各车体的底部。为了平衡重量分配，拖车下面也安装一定的动力设备，图示为

一种典型的配置方式，主变压器承担前后 2 台动力车的功率供给，即 2 台动力车共用一台主变压器。

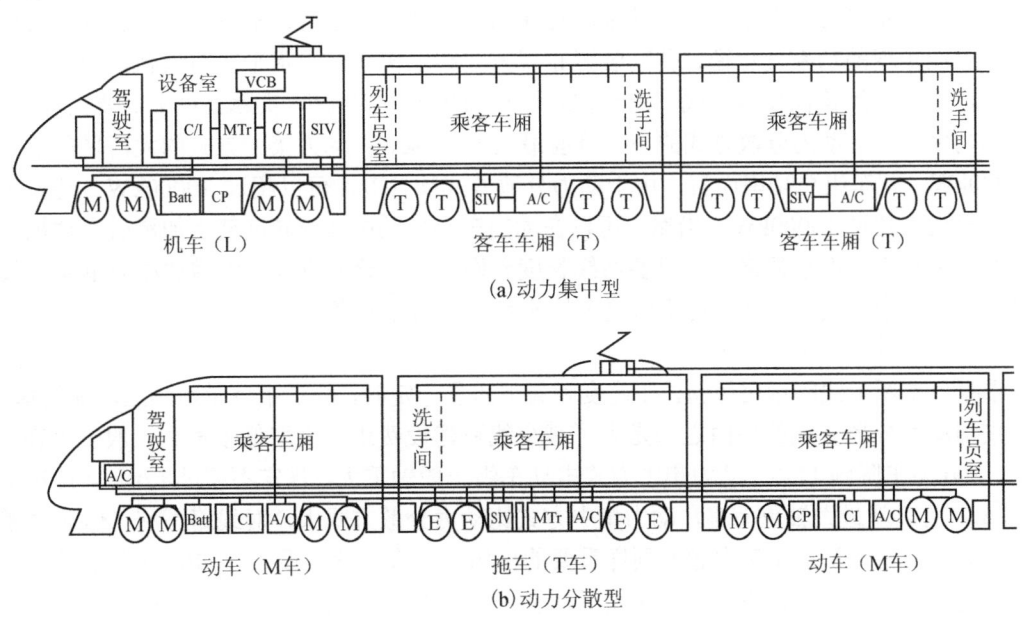

图 1-4　动力配置形式

VCB-真空断路器；MTr-主变压器；C/I-变流器/逆变器；SIV-静止式逆变器；Batt-蓄电池；A/C-空调装置；CP-气压机；
M-设有驱动电动机的车辆；E-拖车车轴(设有涡流制动盘或机械制动盘)；T-拖车车轴(设有机械制动盘)

动力分散布置列车的单元一般可由 2～4 辆车构成。根据列车的牵引、加速、最高速度等特性决定各单元动力车(M)和拖车(T)的组合。如可能的组合有 2M、2M1T、2M2T、3M1T、4M 等。它的特点是：①包括头车在内的各车厢都用来布置乘客座席和旅客设施。②每组单元都具有完善的牵引、制动、控制、信息和辅助电源系统。③每列编组中设 2 架受电弓，采用高压线连接以抑制离线和电弧的发生。④动力设备分散置于车底下部，设备的工作环境和检修条件较差。

动力分散型动车组轴重小，牵引动力大，启动加速快，驱动动轴多，黏着性能比较稳定，容易实现高速运转。其动力设备均可安装于地板底下，所有车辆(包括头车和中间车)均可成为客车使用，这样可提高列车定员。以新干线 300 系为例，其额定功率为 12000kW，启动加速牵引力可达到 360kN，每吨启动加速牵引力可达到 0.5kN，由启动加速到 250km/h 速度的时间仅需 215s，走行 9.6km。新干线 300 系每米定员为 3.29 人，超过 TGV-A 的 2.04 人和 ICE 的 1.85 人。基于这种特点，动力分散型动车组比较适合铁路路基松软、站距较短的日本等国家。40 年来，日本始终坚持动力分散电动车组，从 0 系到 700 系，一直不变，取得辉煌成绩。之所以取得这样大的成绩，主要缘于：①轮轨作用力小，牵引、制动性能良好。②采用交流传动(300 系开始)。③部件轻量化。④采取了减小运行阻力和噪声的措施。

动力集中型动车组为世界许多国家广泛采用，其运行速度也可达到 330km/h。动力集中型动车组技术成熟，编组较动力分散型动车组更为灵活。另外，在成本方面，动力集中型两端为动力车，设备集中，动力设备数量少，在车内环境方面，动力集中型驱动装置集中在两端，远离旅客座位，噪声小，动力分散型驱动设备分布在车下，有一定的振动影响。

可从如下的几个方面来分析动力集中与动力分散之间的特点。

(一)牵引总功率和轴功率

从轮轨关系来看,理论上每根动轴能传递的牵引功率为轴重、黏着系数和速度的乘积,而实际上能实现的功率受轮径、传动装置布置方式和电传动技术水平等的限制。由于动力分散方式电动车组的轮径和车体底下空间位置比动力集中方式的小(实际上也不需要大),所以就单轴功率而言,动力分散方式的小,目前最大为550kW;动力集中方式的大,目前最大可达1200kW。就车组总功率而言,由于动力分散方式动轴多,可以超过10000kW;动力集中方式目前尚未超过10000kW。当然也可以在动力车相邻的中间车转向架上加牵引电动机的办法来增加总功率。但总体来说,只要站线长度允许,动力分散方式可以增加动力单元,其总功率比动力集中方式大,从而可牵引更多的旅客。启动加速度快。

(二)最大轴重和簧下质量

根据日本新干线的运用经验,在速度和簧下质量一定时,轨道下沉量随轴重增加而增加。所以采用动力分散方式的理由之一是为了减少线路建设费用,采取低轴重。一般轴重在16t以下,300系车降到11.4t。动力集中方式电动车组一般轴重大,规定不超过17t,但ICE车高达19.5t,所以就最大轴重而言,动力集中方式比动力分散方式大,对线路不利。但对轨道的破坏不只是轴重,簧下质量也起着同样重要的作用。日本曾就轴重14t、10t计算了簧下质量与运行速度的关系。结果表明,如果簧下质量不变,即使减轻轴重,对轨道的破坏不会有太大的好转,簧下质量必须与轴重一起减少。

(三)黏着利用

动力分散方式一般轴重较轻,单轴黏着力也较小,但由于动轴多,可以发挥的黏着牵引力大,而动力集中方式虽然轴重大,单轴黏着力大,但由于动轴少,单轴黏着利用接近极限,可以发挥的总的黏着牵引力小。就启动加速度而言,经计算表明,在低速区段,动力分散方式可以充分利用黏着重量大的特点,动力集中方式黏着重量小,低速时采用恒流控制。

(四)制动

动力分散方式的一个主要优点是动轴多,对每个动轴都可以施加电力制动和盘形制动,制动功率大,甚至可以超过牵引功率,使列车迅速停车。动力集中方式动轴少,制动功率没有动力分散那么大。

(五)制造成本

采用动力分散方式电动车组,电气设备分散、总重大、造价高。日本曾用传统机车牵引客车和动力分散方式电动车组作过比较,BD75型机车牵引12辆客车,一列车造价为342400千日元,而583电动车组6辆动力车和6辆拖车的造价为477400千日元。为了降低列车制造成本,日本已由16个全动车减少到12M+4T、10M+6T。意大利ETR450型10M+1T一列车造价2200万美元,法国M-P型1M+8T+1M一列车造价1300万美元来比较,也说明动力集中方式电动车组造价比动力分散方式电动车组低得多。

(六)维修费用

由于动力分散方式电动车组的每辆动力车均装有一套电气设备,维修工作量大。德国曾把动力分散方式电动车组与一台BR41型电力机车牵引三辆客车的穿梭列车作过比较,结果表明,如果只分析每公里折旧维修费用,则BR430型电动车组约贵50%,BR420/421电动车组约贵20%。日本也承认动力分散方式维修费用比动力集中方式电动车组高得多。就拿TGV-A与TGV-P来比较,由于电动机由12台减少到8台,中间车由8辆增加到10辆,每座位公里的检修费用 TGV-A 比 TGV-P 低 20%。

德国 ICE1 列车和 ICE2 长编组列车采用推挽式电动车组,两端为动力车,中间为拖车,即采用传统的机车牵引模式,而到了 ICE3 转为动力分散动车组(EMUs)。欧洲铁路联盟拟建统一的高速铁路网,新"全欧通用"技术规范于 1997 年生效。要进入这个网,德国铁路必须与国际接轨,在技术上、性能上满足欧洲高速运输对高速列车的要求。考虑市场竞争的需要,因此 ICE3 采用动力集中已不适合,原因是轴重限制 17t(ICE1 是 19.4t),最高速度 300km/h,线路坡度 40‰,并且要增加座位数等。采用动力分散可增加乘员,并使整列车质量分布更均匀,随之降低了最大轴重,得到更好的牵引特性和降低单位座席的质量。此外还提高了再生制动的利用率,制动功率 8.2MW,最大电制动力为 300kN,相当于 ICE2 "短编组"的 2 倍,减少了盘形制动的磨耗量及维修费用。

四、动车组供电牵引系统发展概况

日本从 1964 年首条高速线开通以来,动车组从 0 系发展到 700 系,从直流传动发展到交流传动,运营速度从 210km/h 到 300km/h,一直坚持动力分散模式。法、德两国原先一直推崇动力集中牵引的动车组模式。法国以直流传动速度 260km/h 起步,经过同步电机传动,第三代实现三相交流异步电机传动高速动车组,而下一代的 AGV 动车组改用动力分散式,速度 320~360km/h。德国 ICE1、ICE2 高速动车组率先采用交流异步电机传动,实现 280km/h 的运营速度,采用动力集中传动方式。然而 ICE3 新一代高速动车组也转而采用动力分散方式(2M2T)。可见,开发 300km/h 以上高速动车组采用动力分散是目前世界的发展趋势。

早期的电力牵引传动系统均采用交-直传动,用直流电动机驱动,采用间断控制或可控硅连续相位控制技术进行调速。无论是日本 0 系、100 系、200 系,还是法国 TGV-P 和意大利的 ETR450,均采用直流牵引电机,继承了传统的交-直牵引传动系统技术。由于直流电动机的单位功率重量较大,直流牵引电动机一般不超过 500kW,使高速列车既要大功率驱动又要减轻轴重,特别是减轻簧下部分质量,形成难以克服的矛盾。

到 20 世纪 80 年代末 90 年代初,高速列车开始采用交流电动机驱动,并存在两种不同的技术路线,即交流同步电机和交流异步电机。法国选择了自换相三相同步牵引电动机,把单台电机功率提高到 1100kW,从而在 TGV-A 上用 8 台交流牵引电机,代替 TGV-P 上的 12 台直流牵引电机,将列车功率由 6800kW 提高到 8800kW。运行速度由 270km/h 提高到 300km/h,列车质量由 418t 增加到 479t,列车定员由 368 人增加到 485 人。

TGV-A 采用 GT0 晶闸管逆变器,同步电动机加上辅助设备的质量比 TGV-P 的直流电动机增加 30kg,而功率却增加了一倍。

日本和德国则与法国不同,它们采用异步牵引电动机驱动。同步牵引电动机结构上虽然比直流牵引电动机简单,但它仍有滑环及电枢绕组。而异步电动机中的鼠笼式感应电机(简称异步电机),转子用硅钢片叠压,用裸铜条作为导体,无滑环等磨耗装置。结构简单,可靠,体积小,重量轻,可实现电机无维修。

交流传动系统采用三相交流鼠笼式感应电机。三相异步电机与直流电机相比具有很多优点:

① 结构简单,可靠性高,维护少,价格低,易于制造;
② 功率大,效率高,重量轻;
③ 目前,世界上最大的直流牵引电机功率为 1000kW,而交流牵引电机功率,已达到 1800kW;
④ 无换向引起的电气损耗和机械损耗,无环火引起的故障;

⑤ 耐振动、冲击的性能较好；
⑥ 耐风雪、多尘、潮湿等恶劣环境；
⑦ 具有可持续的大启动牵引力；
⑧ 过载能力强(仅受定子绕组热时间常数的影响)；
⑨ 转速高，功率/重量比高，有利于电机悬挂；
⑩ 转矩-速度特性较陡，可抑制空转，提高黏着利用率；
⑪ 在几台电机并联时，不会发生单台电机空转现象；
⑫ 由于取消了整流子和碳刷，大大减少了维修工作量(据统计，不到直流电机的1/3)。

鉴于逆变器技术和交流电机控制技术的进步为采用异步牵引电动机驱动提供了条件。因此交-直-交传动并采用异步电机驱动是高速列车牵引传动系统的发展主流。

早期，日本的科学技术和国力比不上欧洲，但比欧洲早17年实现世界第一条高速铁路，促进了它的经济高速发展。欧洲原来的技术实力和水平较高，坚持发展动力集中，但滞后17年才实现高速铁路；而在1989年实现300km/h高速列车运行时，欧洲又比日本早9年。

日本采用电动车组的主要理由是它属于岛国，山丘、坡道、弯道多，地质松软，对动轴轴重限制十分严格，而欧洲铁路土质坚硬，路基结实，轨道基础好，承受作用力较大。

法国、德国和日本的货运中，铁路所占的比例不一样，法国、德国近年仍占20%，而日本水运比例大，铁路货运只占5%~6%。日本铁路货运量太少，可以针对客运专线专门设计轻量客运列车。由于轴重轻，在路基、桥梁建筑中可采用轻型标准规格，以降低修路成本。而对于欧洲，货运无法摒除，采用客货通用的线路和机车牵引客货通用方式，可以提高机车的利用率，或者通过技术延伸，把货运机车技术延伸到客运机车中去。欧洲坚持发展动力集中实现高速，一是凭借先进技术，二是客货混跑的缘故。欧洲实现高速比日本要付出高得多的代价和克服更多的困难，因此实现高速比日本滞后了17年，而后通过采用先进技术(特别是交流传动技术和双空心轴悬挂传动技术)，坚持采用动力集中模式，在日本之前突破了300km/h的高速，但代价是相当大的。

大功率交-直-交传动系统性能的提高与电力半导体器件的发展密切相关，电力半导体器件的特性决定了变流装置的性能、体积、重量和价格。从铁道牵引的角度看，理想的电力半导体器件应是：断态时能够承受高电压，通态时可流过大电流且通态压降小，可在通态和断态之间进行快速切换，即开关频率高，损耗小，易于控制。应用于铁道牵引的电力半导体器件大致经历了晶闸管、GTO、IGBT三个发展阶段。新干线高速列车电传动技术的发展与电力半导体技术的发展紧密相关，20世纪60年代初研制的0系高速列车，限于当时的电力半导体器件水平，只能采用牵引变压器次边抽头，二极管整流调压方式。到80年代，大功率晶闸管应用技术成熟，新研制的200系、100系、400系高速列车，均采用相控调压方式。进入90年代，在电力牵引领域，交流传动开始取代直流传动，加之大功率GTO元件的应用，使得电压型交流传动技术在该领域中占据了主导地位。因此，新研制的300系、500系、700系，E1、E2、E3、E4等高速列车均采用了交流传动技术。

随着新型大功率半导体器件(如IGBT、IPM)的出现，E2和700系高速列车牵引变流器开始采用IGBT或IPM器件，进一步改善了传动系统性能。

采用交流电机时，网上的单相交流电经变压、整流之后，还必须通过逆变器变成三相交流电，才能作为交流电机的驱动电流。整个变流过程是从单相交流变直流，再由直流变三相交流，这套交-直-交变流技术，特别是交流牵引电机的控制技术，是高速列车牵引技术的核心，而逆变器又是其中的关键，其中包括下列三项主要技术：

一是电力半导体器件，它是逆变器中的关键元件，目前比较先进的是 GTO 元件和 IGBT 元件，后者将逐步取代前者。IPM 元件是 GTO 元件、驱动及保护电路的集成块，它具有短路、过流、过热及电流实时控制等保护功能，将更有利于实用。

二是变流电路的结构性能，它是随半导体器件的发展而发展的，目前其设计重点已转向于牵引性能、谐波含量、电磁干扰、控制特性及运用成本等。软开关电路是进一步降低开关损耗，减少开关过程中的电磁干扰和对环境的电磁污染的重要途径，有待研究开发。

三是交-直-交传动的控制技术。这一技术由网侧变流器控制和电机侧逆变器控制两部分组成。

列车牵引传动长期以来采用交-直传动系统，牵引电机为直流电机。近 30 年来，由于电子技术尤其是大功率变流技术的发展、控制理论和控制技术的完善以及变频器技术的成熟，使三相交流电动机在高速列车牵引中的应用得到了关键性突破，获得了极为迅速的发展。高速动车组采用的就是交流传动系统，其牵引电机采用的是三相交流异步电机。交流传动系统有以下优点。

(1) 有良好的牵引性能。合理地利用系统的调压、调频特性，可以实现宽范围的平滑调速，使高速列车的高速利用功率 $K_p = 1$，恒功率调速比 $K_n \geqslant 2$；能使列车启动时发挥出较大的启动力矩。

(2) 电网功率因数高、谐波干扰小。电源侧采用脉冲整流器，通过 PWM 控制技术，可以调节电网输入电流的相位，并能在广泛的负载范围内使高速列车的功率因数接近于 1；使所取电流接近正弦波形，谐波干扰小。

(3) 单位重量体积的牵引功率大。由于异步电动机无换向器，转速可达 4000r/min 或更高，且功率大、重量轻、体积小、单位重量体积的牵引功率大且运行可靠。

(4) 动态性能和黏着利用好。由于交流异步电动机有较硬的自然特性，其防空转(黏着利用)性能较好。特别是牵引控制采用矢量控制或直接力矩控制策略，不仅能使系统稳态精度高，而且能获得高的动态性能，可以使牵引力沿着轮轨之间蠕滑极限进行控制，更适用于高速、重载牵引的要求。

高速动车组牵引传动系统采用的新技术主要表现在以下几个方面。

(1) 新型全控电力电子器件的应用。电力电子器件是牵引变流技术的基础和核心。诞生于 20 世纪 80 年代的新型全控制电力电子器件 IGBT 是一种 MOSFET 与晶体管复合的器件，由于它既有易于驱动、控制简单、开关频率高的优点，又有功率晶体管的导通电压低、通态电流大、损耗小的显著优点，IGBT 的发展及应用领域的拓展十分迅速。高速动车组牵引变流器的功率电子器件大多采用大功率 IGBT/IPM。

(2) 牵引变流器 PWM 控制技术。交流调速传动系统中的变流器，无论是电源侧的整流器还是电机侧的逆变器都属于开关电路，电路中开关器件的周期性通断，从根本上破坏了交流电压、电流的连续性和正弦性。电压、电流中的高次谐波，一方面给交流电网带来严重危害，另一方面又使电机运行性能恶化。谐波电流产生的脉动力矩，会引起运动轴系振动，增大运行噪声，严重时还会使电机不稳定运行。减小谐波含量的有效办法是牵引变流器采用 PWM 技术。高速列车牵引变流器均采用 PWM 控制技术。

(3) 列车驱动控制技术。高速列车牵引传动系统是一个多变量、非线性和强耦合的系统，通常电压(或电流)和频率是可控的输入量，输出量则是转速、位置和力矩，它们彼此之间以及和气隙磁链、转子磁链、转子电流等内部量之间都是非线性耦合关系。

近年来,现代控制理论的应用又促进多种控制系统的诞生,并解决了传统反馈控制理论所不能解决的控制问题。例如,取得重要突破的矢量控制系统、直接力矩控制系统等。

矢量控制系统是采用参数重构和状态重构的现代控制概念,实现电机定子电流的励磁分量与力矩分量之间的解耦,从而使交流电机能像直流电机一样分别对其励磁分量和力矩分量进行独立控制,是交流驱动控制最有效的方法之一。

继矢量控制技术之后的另一个新的突破是直接力矩控制方法,与矢量解耦控制的方法不同,它无须进行两次坐标变换及求矢量的模与相角的复杂计算,而是直接在定子坐标系上计算电机磁链和力矩的实际值,并与磁链和力矩的给定值相比较,通过二点式调节器进行力矩的直接调节,加快了力矩的快速响应,使响应时间控制在一拍之内,能使系统的静、动态性能得到很大的提高。

第二节 轨道车辆牵引特性及控制策略

一、轨道车辆牵引特性

图 1-5 和图 1-6 分别为两种牵引特性曲线,它们代表了两种不同的设计思想。其中图 1-5 的牵引特性曲线具有一定的普遍意义。当速度低于约 92km/h 时,机车输出准恒力矩,92km/h 后,进入恒功区。由于在 92km/h 速度点,变流器输出满电压,因此机车的颠覆力矩设定在最高速度点,实际上属于大牵引电机小变流器方式。具有这种牵引性能的机车或动车组在整个速度范围内其牵引力较大,加速性能较好,不仅适用于客运,同时也适用于货运。相比较而言,图 1-6 的牵引特性曲线就显得有些不一般。该曲线共分成 4 段:①低速启动时有较大的牵引力;②23~115km/h 输出力矩随速度的增加而迅速下降;③115~200km/h 之间保持较平的力矩特性;④200~300 km/h 之间输出恒功率。这种牵引特性具有如下一些特点:①启动力矩大,但由于时间较短,牵引电机不容易过热。因此短时的大启动力对牵引电机的设计要求没有提高。②力矩随速度迅速下降,牵引电机的电流也迅速下降。由于具有该特性的牵引动力车是为高速客运设计的,因此在中速区不需要太大的牵引力。③电动机的颠覆力矩按最高速度设计,虽然牵引电机的功率较大,但由于恒功区较窄,电动机的用铁量较少,因此有别于一般的大电机小变流器方案,牵引电机质量反而大大减小。该动力牵引车的最大输出轴功率为 1100 kW,轴重维持在 17t 左右。④动力牵引车进入恒功区前,需通过改变变流器的输出电压才能达到控制电机输出特性的目的,因此在恒功区前运行时,变流器开关损耗增大,但由于负载电流的下降,导通损耗下降,总的损耗不会增加太大。

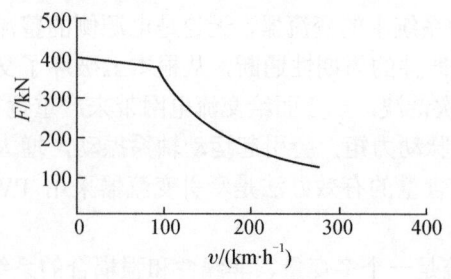

图 1-5 牵引特性曲线 1

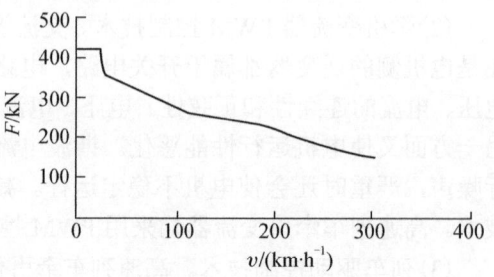

图 1-6 牵引特性曲线 2

通过上面的分析可知,该动力牵引车在高速时既保持一定的牵引力,同时又能使牵引电机的体积、质量减小。从变流器的输出特性看,通过改变 VVVF 终点速度的位置,可使系统的匹配更加经济。

动力牵引车的牵引特性曲线通常被分成恒力矩和恒功区。恒力矩是通过控制交流器的输出 u/f 实现的;恒功通常是调频不调压,牵引电机工作在磁场削弱状态。在恒力矩区与恒功区的交点,变流器输出为满电压,即 VVVF 的终点。

假定恒转矩区的终点速度为 v_1,恒功区的终点速度为 v_2,当 VVVF 终点速度 $v=\sqrt{v_1 v_2}$ 时,牵引电机的质量最小,如图 1-7 所示;终点速度的设定直接影响电机车的牵引性能以及变流器、牵引电机和控制装置的设计。一般终点速度取大于 v_1 时,可以减少牵引电机的最大磁通,从而减少铁芯的尺寸和质量,使牵引电机的质量更小;但启动电流相对增大,对变流器所使用器件的性能和冷却要求就越高,变流器的质量会增加,有可能导致主电路系统的质量增加。因此,综合考虑牵引电机和变流器后,VVVF 的终点最好设定在 v_1 与 v_2 之间,具体的大小应结合动力牵引车的系统性能、负载要求等因素一起考虑。

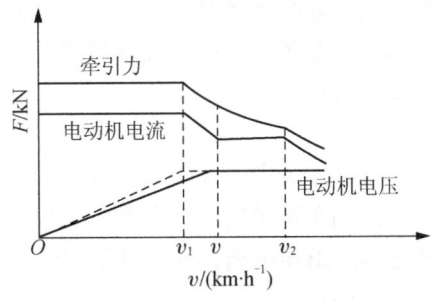

图 1-7 VVVF 终点速度与牵引力的关系

二、列车牵引特性的计算

牵引特性(含动力制动特性)是列车最重要的特性,用列车轮缘牵引力/制动力与轮缘线速度的关系曲线表示,是计算列车牵引与制动性能最重要的原始数据。列车要求恒牵引力启动、恒功率运行,牵引特性如图 1-8 所示。列车的牵引/制动功率决定列车的牵引特性,列车的牵引力与功率的关系如式(1-1)所示。

$$F_k = \frac{P_k \cdot 3.6}{v_k} \tag{1-1}$$

式中,F_k 为牵引力,kN;P_k 为列车牵引功率,kW;v_k 为列车运行速度,km/h。

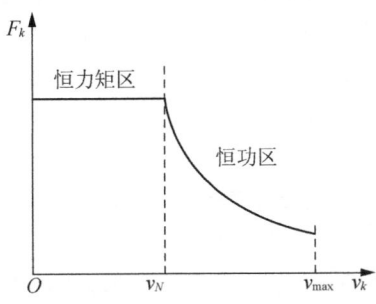

图 1-8 列车牵引特性示意图

(一) 牵引功率的计算

列车牵引功率主要与列车运行最高速度、列车质量、最高速度时的列车运行阻力和剩余加速度、齿轮传动效率、牵引电机效率有关。其计算公式如式(1-2)所示：

$$P_k = \frac{(M \cdot \omega_0 + 1.06 M \cdot \Delta a) \cdot (v_{\max} + \Delta v) \cdot 10^{-3}}{3.6 \cdot \eta_{\text{Gear}} \cdot \eta_{\text{MM}}} \quad (1-2)$$

式中，Δa 为剩余加速度，m/s^2；Δv 为逆风速度，km/h；$v_{\max}$ 为列车运行最大速度，km/h；η_{Gear} 为齿轮传动效率；η_{MM} 为牵引电机效率。

牵引电机的功率为总功率除以列车电机的总台数 N，即 $P_M = P_k / N$。

《欧洲高速铁路联网高速列车技术条件》对剩余加速度、启动加速度等有如下规定。

(1) 平直道最高速度运行时，应有剩余加速度 0.05 m/s^2；

(2) 启动过程平均加速度：0~40 km/h，0.48 m/s^2；0~120 km/h，0.32 m/s^2；0~160km/h，0.17 m/s^2；

(3) 考虑 15 km/h 的逆风。

为保障列车安全运行必须满足上述技术条件的要求。在确定牵引功率时还必须考虑传动效率、最大坡道上的最低运行速度、故障运行时的要求等多种因素的综合影响，在确定牵引功率时一般要略高于上述技术条件的规定。

(二) 牵引特性的计算

牵引特性的计算是设计列车牵引/制动性能的基础，是进行列车设计必须进行的最基础的工作，是进行列车运输组织、确定列车运输时间间隔和运输时刻表的重要基础数据，也是列车运用部门和列车乘务员操纵列车的指导依据。计算牵引特性一般分为以下几个步骤。

(1) 确定最高速度时的列车牵引力。

将确定后的机车牵引功率、最大运行速度代入式(1-1)即可求出最高速度时的牵引力，如下式所示：

$$F_k(v_{\max}) = \frac{P_k \cdot 3.6}{v_{k\max}}$$

(2) 确定列车启动牵引力。

根据列车启动最大加速度和启动平均加速度的要求确定启动牵引力。

(3) 确定恒牵引力、恒功率运行的转折点。

根据启动牵引力与恒功率曲线，求出其相交点即恒牵引力、恒功率运行的转折点。

(4) 牵引特性仿真计算。

根据初步计算出的牵引特性，针对相应的线路根据列车运行方程式进行列车运行模拟仿真，得到运行区段的列车速度-距离曲线、运行时分、加速度/减速度、运行时分曲线、能耗曲线、牵引力曲线、坡道最低运行速度、不同线路坡度的加速距离和制动距离、故障模拟运行结果等牵引计算要求所有参数与曲线。

(5) 牵引特性校验。

将其计算结果与列车牵引运行的技术要求进行对比分析，并进行必要的修正值至完全满足牵引需求，最终设计出列车的牵引/制动特性曲线。

需要验证的主要技术参数包括：满功率平直轨道最大速度运行时的剩余加速度验算；启动时的加速度和平均加速验算；不同坡道上的爬坡能力验算；故障运行时的牵引能力验算；最大坡度运行满功率运行时的最低速度验算；加速距离和制动距离的验算。

高速列车牵引特性的特点如下：

① 低速区牵引力恒定或随速度升高而略有下降，要与高速列车的黏着特性随速度的变化趋势相适应。

② 由于高速列车大都采用轻量化技术，牵引力比大功率机车的牵引力明显减小。

③ 高速区为恒功率曲线，牵引力随速度升高而呈双曲线关系下降。这一点与普通内燃、电力机车的恒功牵引特性曲线是相似的，但恒功范围略小，一般在 2～3，且向高速区移动。对于最高运行速度 300 km/h 的动车组，恒功范围起始点多在 100 km/h 以上。

④ 因采用动力分散牵引模式，在正常轨面状态下，启动时及低速范围的牵引力低于黏着限制曲线较多，因此，在动车组的牵引特性曲线图中黏着特性曲线通常是不画出来的。

⑤ 在动车组的牵引特性曲线上通常不标注最低持续速度，因为在全功率下，即便在 20‰ 以上甚至接近 30‰ 的坡道上，列车的运行速度仍然在恒功区范围内，牵引电机的散热能力在允许范围，换句话说，在正线运行时（坡道 12‰）不会出现全功率低速持续运行的工况。

五种典型动车组的牵引特性如图 1-9 所示。

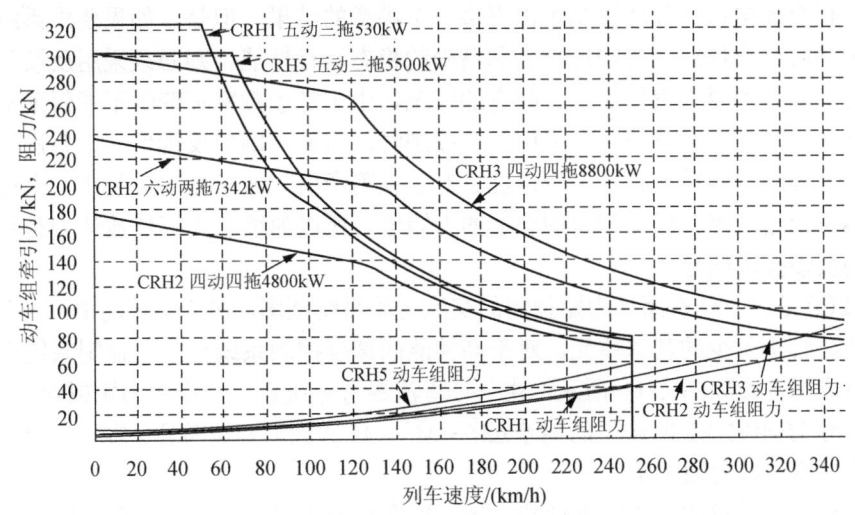

图 1-9　五种典型动车组的牵引特性

三、轨道车辆牵引系统控制策略

对于传动系统性能，重要的是选择合适的控制方法。对于铁路牵引用的电压源型逆变器供电的变频传动系统，制定基本控制策略的出发点可概括为以下三点。

(1) 通过对变流器输出的适当控制，使电动机在零速度到基速的这个范围内，接近恒定磁通工作状态，而在基速以上的范围内，以一个固定的端电压工作。图 1-10 给出了端电压、滑差频率、力矩、力率和定子电流与定子频率的变化关系。从图 1-10 可以看出，从零速到基速 ω_b 之间，电动机在最大恒定定子电流 I_1 下提供恒力矩 M；在基速到临界速度 ω_{mc} 之间为恒功率运行。在恒力矩区中，滑差频率 f_s 保持恒定，而在恒功率区内随定子频率线性增加，并在临界速度时达到最大值。如果电动机超过临界值运行，其滑差频率保持为最大值，并且定子电流和功率减少。

(2) 系统或部件的过载或故障必须通过控制来处理，而不是随意增加设计容量或加大尺寸；

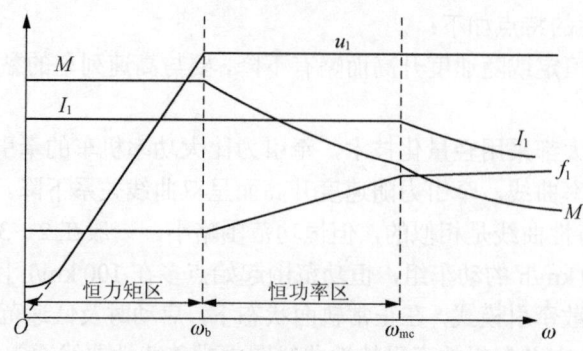

图 1-10 端压、滑频率、力矩、力率和定子电流与定子频率的变化关系

(3) 尽可能降低损耗，提高系统效率。

为了实现既定的控制策略，人们提出各种控制原理和控制方法。交流传动系统作为一个调节系统，如果对暂态性能没有什么特殊要求，而且电动机长期在稳定速度下运行，那么由调频电源进行交流电机的开环控制可以提供一个满意的结果。但是，如果要求系统在诸如电压和负载波动时具有快速动态响应能力和精确的稳态运行性能，则必须采用反馈闭环控制。例如，对传动系统的要求突然加速或减速的情况，由于定子频率突变时不能保证不超过颠覆点，所以开环控制是不满意的。在采用闭环控制时，需要精确的反馈信号，并进行系统的优化设计，保证静态控制精度和动态稳定性。对于铁路牵引，要求传动系统在一个相当宽度的范围内，对每个速度点都提供相应的合适的力矩值。所以速度和力矩值被认为是系统的被调量，并取为反馈控制信号。

图 1-11(a) 是一个具有闭环力矩控制的交流传动系统框图。在牵引传动中，这个力矩环是一个基本的、必不可少的基本单元。对于高性能的速度控制系统或位置控制系统中，它也是一个基本组成部分。如图 1-11 所示，由一个直流参考电压表示的指令力矩或给定力矩 M^* 与实际力矩信号 M 相比较，所产生的偏差 $\Delta M = M^* - M$ 送到力矩调节器。实际力矩信号由测定出来的电量如电流和磁通确定。

如果已经获得满意的力矩控制性能，还可以在外面再增加速度控制环，以获得双闭环的速度控制系统，如图 1-11(b) 所示。其参考信号 ω^* 也是一个模拟电压，它的大小和极性表示所希望的电动机转速与转向。这个指令速度或给定速度 ω 与负载的实际转速相比较，所得的速度偏差 $\Delta\omega = \omega^* - \omega$ 提供给速度调节器。从速度外环得到的补偿误差信号变成了力矩内环的力矩指令信号或力矩给定信号。

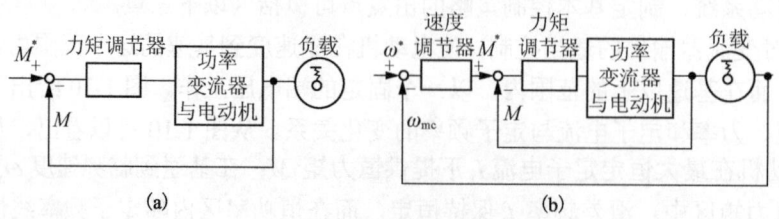

图 1-11 传动系统的控制策略

在一些特殊的应用中，例如，需要精确控制位置的传动系统中还可能增加第二个外环。一般地，在这种级联控制结构中，每一个控制环的输出都将作为下一个内环的指令信号或给定信号。

众所周知，在直流电机中，当气隙磁通恒定时，电动机的力矩和电枢电流成正比。所以利用电枢电流环既可以有效地控制力矩，又可以在快速暂态过载和稳态过载时保护功率变流器和电动机。但是，感应电动机是一个复杂的、非线性、多变量控制对象，而且在鼠笼结构中，还没有办法检测转子电流。所以，不像直流电机那样，有一种标准的控制结构，还需要人们去开发各种各样的方法。像铁路牵引这类要求高性能的异步电动机传动系统，为了建立一个有效的力矩控制环，不外乎有两种方法：一种是利用测定的或估算的力矩值作为反馈信号，与给定力矩进行比较，产生力矩调节器的输入偏差信号；另一种是由给定力矩信号产生与力矩相关联的其他物理量作为给定信号，并测定这些物理量的实际值作为反馈信号。例如，把气隙磁通、滑差频率或定子电流的控制环结合在一起，也可以有效地控制电动机力矩。所以，对于高性能的异步电动机传动系统的控制，归根到底可以划分成上述两大类，即直接力矩控制法和间接力矩控制法。后者已广泛用于各种具有交流传动的机车和动车上；前者刚开始在动力牵引系统中使用。应当注意的是，无论控制结构如何复杂，或采取什么样的反馈环和反馈量，功率变流器只有两个控制变量，即电压和频率。

四、牵引变流器与牵引电机的参数匹配

要使高速列车交流传动系统的优越性得到最大限度的发挥必需合理地匹配牵引变流器和牵引电机，在进行牵引传动系统设计时不仅要考虑启动力矩、最大功率，还必须考虑变流器和电机的重量、外形尺寸。在满足一定的运行条件的前提下，列车的牵引特性应尽可能与牵引变流器、牵引电机一起考虑，以便选择合理的容量匹配，使系统的整体性能参数最佳、费用最低。

列车牵引特性一般分为两个区段：即从 $0 \sim v_N$ 的恒牵引力(恒力矩)区，以及 $v_N \sim v_{max}$ 的恒功率区。在恒力矩区，要求逆变器的输出保持 $U_s/f_s = \text{const}$，$f_{sl} = \text{const}$，启动时适当提高 U_s 的恒磁通控制方式；在恒功率区，牵引电机工作在弱磁工况，有 $U_s = \text{const}$，$s = f_{sl}/f_s = \text{const}$ 和 $U_s^2/f_s = \text{const}$，$f_{sl} = \text{const}$ 两种不同的控制策略。因此，不同的运行工况、不同的控制策略对牵引变流器和牵引电机的要求均有差异，变流器与电机的容量有许多种不同的组合。根据应用要求，使系统整体性能最佳、费用最低是选择变流器与电机容量的优化目标。对于列车牵引系统而言比较典型的有三种匹配方案。

(1) 最大电机最小逆变器匹配方案。

采用 $U_s = \text{const}$，$s = f_{sl}/f_s = \text{const}$ 恒功率控制策略，由于速度增加时电机的输入电压、电流保持恒定，逆变器的容量可以根据额定速度下的电压、电流值进行计算，逆变器的容量得到充分的利用；而由于电机的最大转矩与速度的平方成反比例，电机的过载系数随速度的增加而减小，为了保证最高速度下满足电机转矩的需求，电机的额定过载系数要设计得大一些，电机的容量没有得到充分利用。因此这种控制方案也称为最大电机最小逆变器方案。

(2) 最小电机最大逆变器匹配方案。

采用 $U_s^2/f_s = \text{const}$，$f_{sl} = \text{const}$ 恒功率控制策略，由于速度增加时电机的最大转矩、电机的过载系数恒定不变，牵引电机在额定速度点发出的力矩近似于它的最大转矩，牵引电机的容量得到了充分的利用；而逆变器输出电压的平方与速度成正比例，电流的平方与速度成反比例，恒功率范围越大电压提高得越多，这种情况下逆变器必须按启动时的最大电流和最高速度下的最大电压进行容量计算，逆变器的容量没有充分发挥。因此这种控制方案也称为

最小电机最大逆变器方案。

(3) 介于两者之间的折中方案。

这种匹配方式介于上面的两者之间，即变流器和牵引电机所发挥的功率与设计容量比都不是最佳的，然而在进行系统设计时既充分考虑两者之间的关系，又兼顾了机车的牵引特性，从整体角度看是一个比较经济的系统。但是此方案的实现非常困难，更何况许多列车无法同时兼顾变流器和牵引电机。

由于目前大功率电力电子器件价格昂贵、变流器的费用较高，目前高速列车的恒功率控制多采用第一种方案进行系统的优化匹配设计。

思 考 题

1-1 动车组牵引传动系统的布置分几类？各种布置形式有哪些特点？
1-2 按电流制式分类电传动系统可分为哪几类？各有哪些特点？
1-3 牵引变流器与牵引电机之间的参数匹配有哪几种方案？
1-4 高速列车牵引特性有哪些特点？

第二章 变压器

变压器是利用电磁感应的基本原理，实现电压、电流和阻抗变换的重要设备，在电力系统、电子技术、自动控制系统等诸多工程领域获得了广泛的应用。变压器的工作原理和异步电动机的工作原理有很多相同的地方。很多重要的控制元件的运行是基于变压器的工作原理的，分析方法也和变压器相似。

第一节　变压器的基本工作原理

一、变压器的用途、结构与分类

变压器是一种静止的电机，它利用电磁感应原理将一种电压、电流的交流电能转换成同频率的另一种电压、电流的电能。换句话说，变压器就是实现电能在不同等级之间进行转换。

变压器由铁芯和绕组两个基本部分组成。

铁芯构成了变压器的磁路，同时又是套装绕组的骨架。铁芯由铁芯柱和铁轭两部分构成。铁芯柱上套绕组，铁轭将铁芯柱连接起来形成闭合磁路。采用铁芯的目的是增加磁密和磁通，增加原绕组和副绕组之间的互感。一般的变压器采用硅钢或其他高磁导率的合金材料。在频率较高时，为了减少涡流损耗，也经常采用铁氧体作铁芯，如脉冲变压器采用磁性铁氧体。

为了减小交变磁通在铁芯中引起的涡流损耗，变压器铁芯一般用厚 0.35mm 或 0.5mm 的硅钢片或其他高磁导率的合金钢片叠成或卷绕而成，片间要有一定程度的绝缘，为此硅钢片表面要经过适当处理。铁芯的形状有 E 形铁芯和 C 形铁芯，如图 2-1 所示。

(a) E 形铁芯与 E 形变压器　　(b) C 形铁芯与环形变压器

图 2-1　变压器结构示意图

绕组是变压器的电路部分，它由铜或铝绝缘导线绕制而成。包括原绕组(或称初级绕组)和副绕组(或称次级绕组)。原绕组和电源或输入电压相连，它的两端就是变压器的输入端。副绕组与负载相连，它的两端就是变压器的输出端。原绕组只有一个，副绕组为一个或多个。

绕组通常套装在同一个芯柱上，一次和二次绕组具有不同的匝数，通过电磁感应作用，一次绕组的电能就可传递到二次绕组，且使一、二次绕组具有不同的电压和电流。其中，两个绕组中，电压较高的称为高压绕组，相应的电压较低的称为低压绕组。从高、低压绕组的相对位置来看，变压器的绕组又可分为同心式、交叠式。由于同心式绕组结构简单，制造方便，所以，国产的均采用这种结构，交叠式主要用于特种变压器中。

除器身外，典型的油浸电力变压器中还有油箱、变压器油、绝缘套管及继电保护装置等部件。

变压器的种类很多，主要有下列几种。

(1) 电力变压器。用在输电和配电系统中。其体积大、容量大、电压等级高。

(2) 特殊用途的变压器。如电炉变压器、各种电焊变压器(交流弧焊机)。

(3) 测量变压器。如电流互感器、电压互感器。

(4) 电信变压器和控制用变压器。在各种电子产品和设备中，使用着品种繁多的变压器，统称为电信变压器。它们都是单相小容量变压器。如小功率电源变压器，它的作用是将电网供给的 380V 或 220V 交流电压变成几种大小不同的交流电压，经整流之后供电子线路使用。再如实现阻抗匹配、信号传递、信号合成和电气隔离的各种电信变压器，如输入变压器、级间变压器、推动变压器、输出变压器、脉冲变压器等。控制元件中的旋转变压器，从原理上讲与变压器完全相同。

二、变压器的基本参数

额定值是制造厂对变压器在指定工作条件下运行时所规定的一些量值。在额定状态下运行时，可以保证变压器长期可靠地工作，并具有优良的性能。额定值亦是变压器厂进行产品设计和试验的依据。额定值通常标在变压器的铭牌上，亦称铭牌值。

变压器的额定值主要有以下几个。

(1) **额定容量** S_N。在铭牌规定的额定状态下变压器输出视在功率的保证值，称为变压器的额定容量。额定容量用伏·安(V·A)或千伏·安(kV·A)表示。由于变压器的效率很高，通常一、二次侧的额定容量设计成相等。对三相变压器，额定容量是指三相容量之和。

(2) **额定电压** U_N。正常运行时规定加在一次侧的端电压称为变压器一次侧的额定电压 U_{1N}。二次侧的额定电压 U_{2N} 是指变压器一次侧加额定电压时二次侧的空载电压。额定电压以 V 或 kV 表示。对三相变压器，额定电压是指线电压。

(3) **额定电流** I_N。根据额定容量和额定电压算出的电流称为额定电流，用安表示。对三相变压器，额定电流指线电流。

对于单相变压器，一次和二次额定电流分别为

$$I_{1N} = \frac{S_N}{U_{1N}}, \quad I_{2N} = \frac{S_N}{U_{2N}} \tag{2-1}$$

对三相变压器，一次和二次额定电流分别为

$$I_{1N} = \frac{S_N}{\sqrt{3}U_{1N}}, \quad I_{2N} = \frac{S_N}{\sqrt{3}U_{2N}} \tag{2-2}$$

(4) **额定频率** f_N。我国的标准工频规定为 50Hz。

除额定值外，变压器的相数、绕组连接方式及联结组别、短路电压、运行方式和冷却方式等均标注在铭牌上。额定状态是电机的理想工作状态，具有优良的性能，可长期工作。

三、变压器的基本工作原理

变压器的主要部件是铁芯和套在铁芯上的两个绕组。两绕组只有磁耦合没有电联系。在一次绕组中加上交变电压，产生交链一、二次绕组的交变磁通，在两绕组中分别感应电动势。

只要一、二次绕组的匝数不同，就能达到改变电压的目的。图 2-2 为变压器工作原理示意图及表示符号。

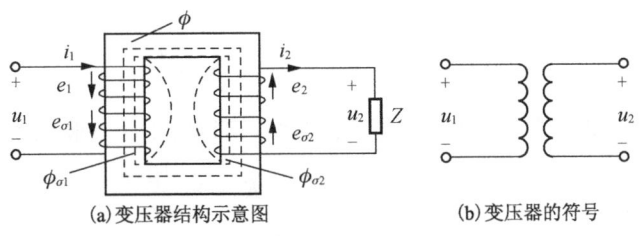

图 2-2　变压器工作原理示意图

第二节　变压器的运行特性分析

一、正方向的规定

因为变压器中的电压、电流、电动势、磁动势和磁通都是时间函数，是正负交替变换的量。在列电路方程时，需给它们分别规定参考正方向，否则所列出的电路方程的物理意义便含糊不清。所以在电路图中，都需要用箭头方向来表示其正方向。

从理论上讲，正方向可以任意选择，因各物理量的变化规律是一定的，并不依正方向的选择不同而改变。但正方向规定不同，列出的电磁方程式和绘制的相量图也不同。在电机方向的学科中通常按习惯方式规定正方向，称为惯例。具体原则如下。

对一次侧：①一次绕组内电流的正方向与电源电压的正方向一致；②按右手螺旋关系，正方向的电流产生正方向的磁通；③感应电动势的正方向与产生该电动势的磁通的正方向之间符合右手螺旋关系，所以感应电动势的正方向与电流的正方向一致。

对二次侧：①二次绕组感应电动势的正方向与产生该电动势的磁通的正方向符合右手螺旋关系；②二次绕组内电流的正方向与二次绕组电动势的正方向一致；③二次绕组端电压的正方向与电流正方向一致。

二、变压器的空载运行

变压器的一次绕组接交流电源，二次绕组开路、负载电流为零（即空载）时的运行，称为空载运行。下面先分析空载运行时一次和二次绕组内的感应电动势和电压比，然后进一步分析主磁通和激磁电流。

(一)一次和二次绕组的感应电动势、电压比

图 2-3 表示单相变压器空载运行的示意图，图中 N_1 和 N_2 分别表示一次和二次绕组的匝数。

当一次绕组外施交流电压 u_1，二次绕组开路时，一次绕组内将流过一个很小的电流 i_{10}，称为变压器的空载电流。空载电流 i_{10} 产生交变磁动势 $N_1 i_{10}$，并建立交变磁通 ϕ。

i_{10} 的正方向与磁动势 $N_1 i_{10}$ 的正方向之间符合右手螺旋关系，磁通 ϕ 的正方向与磁动势的正方向相

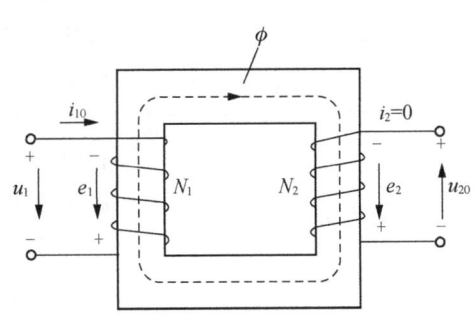

图 2-3　变压器的空载运行

同。设磁通ϕ全部约束在铁芯磁路内,并同时与一次和二次绕组相交链。根据电磁感应定律,当e_1、e_2的正方向与ϕ的正方向之间符合右手螺旋关系时,磁通ϕ在一次和二次绕组内感应的电动势e_1和e_2为

$$e_1 = -N_1 \frac{\mathrm{d}\phi}{\mathrm{d}t}, \quad e_2 = -N_2 \frac{\mathrm{d}\phi}{\mathrm{d}t} \tag{2-3}$$

按图2-2所规定的正方向,根据基尔霍夫定律,可以写出一次和二次绕组的电压方程为

$$\begin{cases} u_1 = i_{10}R_1 - e_1 = i_{10}R_1 + N_1 \dfrac{\mathrm{d}\phi}{\mathrm{d}t} \\ u_{20} = e_2 = -N_2 \dfrac{\mathrm{d}\phi}{\mathrm{d}t} \end{cases} \tag{2-4}$$

式中,R_1为一次绕组的电阻;u_{20}为二次绕组的空载电压(即开路电压)。

在一般变压器中,空载电流所产生的电阻压降$i_{10}R_1$很小,可以忽略不计,于是

$$\left|\frac{u_1}{u_2}\right| \approx \frac{e_1}{e_2} = \frac{N_1}{N_2} = k \tag{2-5}$$

k称为变压器的电压比。从式(2-5)可见,空载运行时,变压器一次绕组与二次绕组的电压比就等于一次、二次绕组的匝数比。因此,要使一次和二次绕组具有不同的电压,只要使它们具有不同的匝数即可,这就是变压器能够"变压"的原理。例如,对于降压变压器,如要使二次电压降为一次电压的$1/k$,从原理上讲,只要使二次绕组的匝数为一次的$1/k$即可。

(二)主磁通和激磁电流

通过铁芯并与一次、二次绕组相交链的磁通称为主磁通,用ϕ表示。根据式(2-6),有

$$\phi = -\frac{1}{N}\int e_1 \mathrm{d}t \tag{2-6}$$

空载时由于$-e_1 \approx u_1$,而电源电压通常为正弦波,故电动势e_1也可认为是正弦波,即$e_1 = \sqrt{2}E_1 \sin\omega t$,于是

$$\phi = -\frac{1}{N}\int \sqrt{2}E_1 \sin\omega t \mathrm{d}t = \frac{\sqrt{2}E_1}{\omega N_1}\cos\omega t = \Phi_m \cos\omega t \tag{2-7}$$

式中,Φ_m为主磁通的幅值,且

$$\Phi_m = \frac{\sqrt{2}E_1}{2\pi f N_1} = \frac{E_1}{4.44 f N_1} \approx \frac{U_1}{4.44 f N_1} \quad 或 \quad E_1 = 4.44 f N_1 \Phi_m \tag{2-8}$$

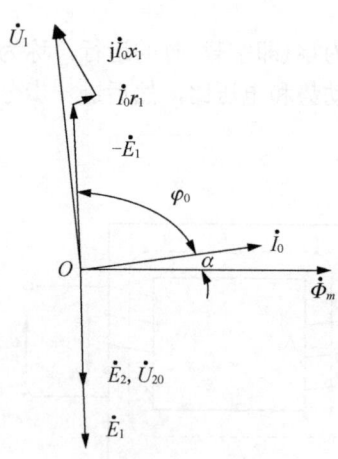

图2-4 变压器的空载相量图

式(2-7)和式(2-8)表明,对于已经制成的变压器,主磁通的大小和波形主要取决于电源电压的大小和波形。主磁通也可用相量$\dot{\Phi}_m$表示,其相位超前感应电动势$\dot{E}_1$以90°相角,如图2-4所示。

产生磁通所需要的电流称为激励电流,用i_m表示。空载运行时,一次绕组的电流i_{10}全部用于产生主磁通,所以空载电流就是激磁电流,即$i_{10} = i_m$。

激磁电流i_m中包括磁化电流i_μ和铁耗电流i_{Fe}两个分量。磁化电流i_μ用于激励铁芯中的主磁通ϕ,对已制成的变压器,i_μ的大小和波形取决于主磁通ϕ和铁芯磁路的磁化曲线

$\phi = f(i_\mu)$。当磁路不饱和时,磁化曲线是直线,i_μ 与 ϕ 成正比例,故当主磁通 ϕ 随时间正弦变化时,i_μ 亦随时间正弦变化,且 i_μ 与 ϕ 同相而与感应电动势 e_1 相差 90°相角,故磁化电流为纯无功电流。若铁芯中主磁通的幅值 Φ_m 使磁路达到饱和,则 i_μ 需由图解法来确定。图 2-5(a)和(b)表示主磁通随时间正弦变化,当时间 $t=t_1$、磁通量 $\phi=\phi_{(1)}$ 时,由磁化曲线的点 1 处查出对应的磁化电流为 $i_{\mu(1)}$;同理可以确定其他瞬间的磁化电流,从而可以得到 $i_\mu = f(t)$。

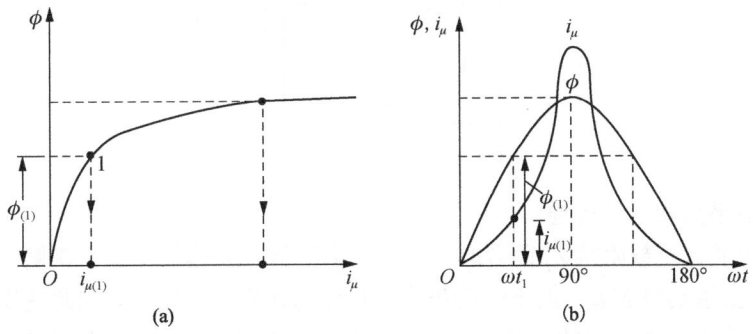

图 2-5 已知磁通,从磁化曲线确定磁化电流 i_μ

从图 2-5 可以看出,当磁通随时间正弦变化时,由磁路饱和而引起的非线性将导致磁化电流成为与磁通同相位的尖顶波;磁路越饱和,磁化电流的波形越尖,即畸变越严重。但是无论 i_μ 怎么畸变,用傅氏级数分解,其基波分量始终与磁通波形同相位;换言之,它是无功电流。为便于计算,通常用一个有效值与之相等的等效正弦波电流来代替非正弦的磁化电流。

考虑铁芯损耗时,需将磁化曲线 $\phi = f(i_\mu)$ 换成动态磁滞回线,再用图解法得出激磁电流 $i_m = f(t)$,如图 2-5 所示。不难得到,此时激磁电流 i_m 将不再与主磁通 ϕ 同相位,而是超前 ϕ 一个相角 α_{Fe},α_{Fe} 称为铁耗角。此时激磁电流 i_m 中,除无功的磁化电流 i_μ 外,还有一个有功的铁耗电流 i_{Fe},i_{Fe} 超前于 ϕ 90°电角度,与 $-e_1$ 同相位。用等效正弦波和复数表示时有

$$\dot{I}_m = \dot{I}_\mu + \dot{I}_{Fe} \tag{2-9}$$

相应的相量关系如图 2-6 所示,此时电源输入的有功功率不再为零,输入功率将变成磁滞和涡流损耗。

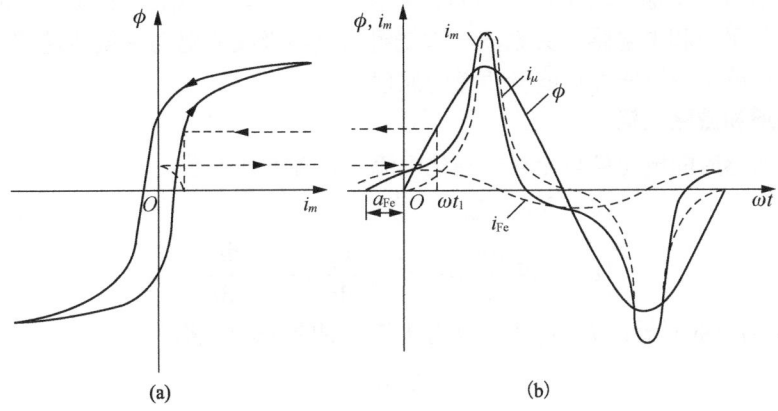

图 2-6 考虑铁芯损耗时激磁电流 i_m 的波形

三、变压器的负载运行

当变压器的一次绕组接到交流电源,二次绕组接上负载阻抗 Z_L 时,二次绕组中便有电流流过,这种情况称为变压器的负载运行(图 2-7)。

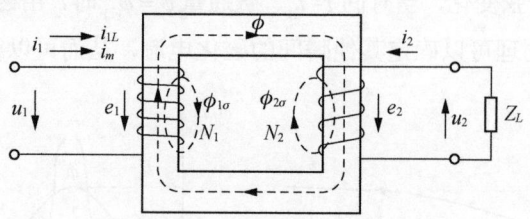

图 2-7 变压器的负载运行

(一)磁动势平衡和能量传递

当二次绕组通过负载阻抗 Z_L 闭合时,在感应电动势 e_2 的作用下,二次侧回路中便有电流 i_2 流过,i_2 将产生磁动势 $N_2 i_2$。由于磁动势 $N_2 i_2$ 也作用在铁芯磁路上,因此使铁芯内的主磁通 ϕ 趋于改变;相应地一次绕组的电动势 e_1 亦趋于改变,从而打破了原来的平衡。在电源电压 u_1 和电阻 R_1 不变的情况下,e_1 的改变将引起一次绕组电流发生变化。考虑到电源电压 $U_1 =$ 常值,主磁通 $\Phi_m \approx$ 常值,故一次绕组电流将变为

$$i_1 = i_m + i_{1L} \tag{2-10}$$

即 i_1 中除用于产生主磁通 Φ_m 的激磁电流 i_m 外,还将增加一个负载分量 i_{1L},以抵消二次绕组电流 i_2 的作用;换言之,i_{1L} 产生的磁动势 $N_1 i_{1L}$ 应恰好与 i_2 所产生的磁动势 $N_2 i_2$ 相等、相反,故有

$$N_1 i_{1L} + N_2 i_2 = 0 \quad \text{或} \quad i_{1L} = -\frac{N_2}{N_1} i_2 \tag{2-11}$$

此关系就称为变压器的磁动势平衡关系。

再考虑到一次、二次绕组的电动势之比为 $\dfrac{e_1}{e_2} = \dfrac{N_1}{N_2}$,于是

$$-e_1 i_{1L} = e_2 i_2 \tag{2-12}$$

式中,左端的负号表示输入功率,右端的正号表示输出功率。式(2-12)说明,通过一次、二次绕组的磁动势平衡和电磁感应关系,一次绕组从电源吸收的电功率就传递到二次绕组,并输出给负载。这就是变压器进行能量传递的原理。

(二)主磁通和激磁阻抗

由主磁通所感应的电动势与无功的磁化电流之间有下列关系:

$$\begin{cases} \phi = N_1 i_\mu \cdot \Lambda_m \\ e_1 = -N_1 \dfrac{\mathrm{d}\phi}{\mathrm{d}t} = -N_1^2 \Lambda_m \dfrac{\mathrm{d}i_\mu}{\mathrm{d}t} = -L_{1\mu} \dfrac{\mathrm{d}i_\mu}{\mathrm{d}t} \end{cases} \tag{2-13}$$

式中,Λ_m 为主磁路的磁导;$L_{1\mu}$ 则是对应的铁芯线圈的磁化电感,

$$L_{1\mu} = N_1^2 \Lambda_m \tag{2-14}$$

用复数表示时,式(2-14)可写成

$$\dot{E}_1 = -\mathrm{j}\omega L_{1\mu}\dot{I}_\mu = -\mathrm{j}\dot{I}_\mu X_\mu \quad \text{或} \quad \dot{I}_\mu = -\frac{\dot{E}_1}{\mathrm{j}X_\mu} \tag{2-15}$$

式中，X_μ 称为变压器的磁化电抗，它是表征铁芯磁化性能的一个参数 $X_\mu = \omega L_{1\mu}$。

另外，铁耗电流 $\dot{I}_{Fe}$ 则与电动势 $-\dot{E}_1$ 同相，它是一个有功电流，故 $\dot{I}_{Fe}$ 与 $\dot{E}_1$ 的关系可写成

$$\dot{E}_1 = -\dot{I}_{Fe} R_{Fe} \quad \text{或} \quad \dot{I}_{Fe} = -\frac{\dot{E}_1}{R_{Fe}} \tag{2-16}$$

式中，R_{Fe} 称为铁耗电阻，它是表征铁芯损耗的一个参数，$p_{Fe} = I_{Fe}^2 R_{Fe}$。

于是，激磁电流 $\dot{I}_m$ 与感应电动势 $\dot{E}_1$ 之间有下列关系：

$$\dot{I}_m = \dot{I}_{Fe} + \dot{I}_\mu = -\dot{E}_1\left(\frac{1}{R_{Fe}} + \frac{1}{\mathrm{j}X_\mu}\right) \tag{2-17}$$

图 2-8(a)表示与式(2-17)相应的等效电路，此电路由两个并联分支构成，一个是磁化电抗 X_μ，另一个是铁耗电阻 R_{Fe}。

为简单计算，可进一步用一个等效的串联阻抗去代替两个并联分支，如图 2-8(b)所示，此时式(2-17)可改写成

$$\dot{I}_m = -\frac{\dot{E}_1}{Z_m} \quad \text{或} \quad \dot{E}_1 = -\dot{I}_m Z_m = -\dot{I}_m(R_m + \mathrm{j}X_m) \tag{2-18}$$

式中，$Z_m = R_m + \mathrm{j}X_m$，称为变压器的激磁阻抗，它是表征铁芯磁化性能和铁芯损耗的一个综合参数；$X_m = X_\mu \dfrac{R_{Fe}^2}{R_{Fe}^2 + X_\mu^2}$，称为激磁电抗，它是表征铁芯磁化性能的一个等效参数；$R_m = R_{Fe}\dfrac{X_\mu^2}{R_{Fe}^2 + X_\mu^2}$，称为激磁电阻，它是表征铁芯损耗的一个等效参数。

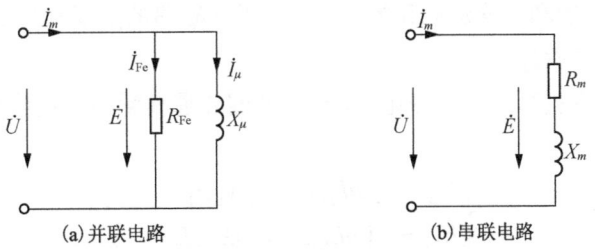

图 2-8 铁芯线圈的等效电路

由于铁芯磁路的磁化曲线是非线性的，所以 E_1 和 I_m 之间亦是非线性关系，即激磁阻抗 Z_m 不是常值，而是随着工作点饱和程度的增加而减小。但是，考虑到实际运行时主磁通 Φ_m 的变化很小，在此条件下，可近似认为 Z_m 为一常值。

(三)漏磁通和漏磁电抗

在实际变压器中，除了通过铁芯并与一次和二次绕组同时相交链的主磁通 ϕ 之外，还有一部分仅与一个绕组交链且主要通过空气或油路而闭合的漏磁路。由电流 i_1 所产生且仅与一次绕组相交链的磁通，称为一次绕组的漏磁通，用 $\phi_{1\sigma}$ 表示。由电流 i_2 所产生且仅与二次绕组相交链的磁通，称为二次绕组的漏磁通，用 $\phi_{2\sigma}$ 表示。图 2-9 表示漏磁通的磁路。通常，由于漏磁磁路的磁阻较大，故漏磁通要比主磁通少得多。

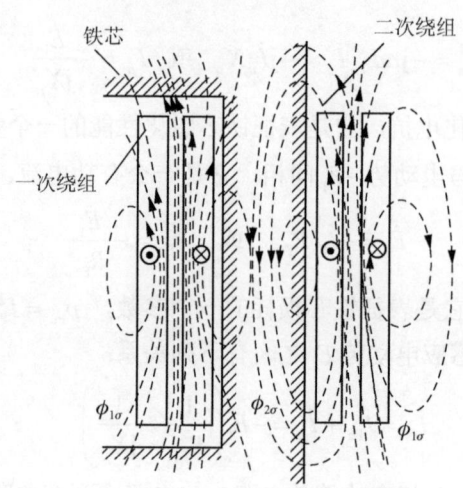

图 2-9 变压器中漏磁场的分布

漏磁通 $\phi_{1\sigma}$ 和 $\phi_{2\sigma}$ 也随时间而交变，因此它们也将分别在一次和二次绕组内产生感应电动势 $e_{1\sigma}$ 和 $e_{2\sigma}$，为

$$\begin{cases} e_{1\sigma} = -N_1 \dfrac{\mathrm{d}\phi_{1\sigma}}{\mathrm{d}t} = -L_{1\sigma} \dfrac{\mathrm{d}i_1}{\mathrm{d}t} \\ e_{2\sigma} = -N_2 \dfrac{\mathrm{d}\phi_{2\sigma}}{\mathrm{d}t} = -L_{2\sigma} \dfrac{\mathrm{d}i_2}{\mathrm{d}t} \end{cases} \tag{2-19}$$

式中，$L_{1\sigma}$ 和 $L_{2\sigma}$ 分别为一次绕组和二次绕组的漏磁电感，简称漏感。漏感与绕组匝数的平方和漏磁导成正比，即

$$L_{1\sigma} = \frac{N_1 \phi_{1\sigma}}{i_1} = N_1^2 \Lambda_{1\sigma}, \qquad L_{2\sigma} = \frac{N_2 \phi_{2\sigma}}{i_2} = N_2^2 \Lambda_{2\sigma} \tag{2-20}$$

式中，$\Lambda_{1\sigma}$ 和 $\Lambda_{2\sigma}$ 为一次和二次漏磁路的磁导。由于漏磁路的主要部分是空气或油，故漏磁导是常值；相应地，漏感亦是常值。

当一次和二次电流随时间正弦变化时，相应的漏磁通和漏磁电动势亦将随时间正弦变化，于是用复数表示时有

$$\begin{cases} \dot{E}_{1\sigma} = -\mathrm{j}\omega L_{1\sigma} \dot{I}_1 = -\mathrm{j} X_{1\sigma} \dot{I}_1 \\ \dot{E}_{2\sigma} = -\mathrm{j}\omega L_{2\sigma} \dot{I}_2 = -\mathrm{j} X_{2\sigma} \dot{I}_2 \end{cases} \tag{2-21}$$

式中，$X_{1\sigma}$ 和 $X_{2\sigma}$ 分别称为一次和二次绕组的漏磁电抗，简称漏抗，$X_{1\sigma} = \omega L_{1\sigma}$，$X_{2\sigma} = \omega L_{2\sigma}$。漏抗是表征绕组漏磁效应的一个参数，$X_{1\sigma}$ 和 $X_{2\sigma}$ 都是常值。

四、变压器的等效电路和相量图

在研究变压器的运行问题时，希望有一个既能正确反映变压器内部电磁关系又便于工程计算的等效电路，来代替具有电路、磁路和电磁感应联系的实际变压器。下面从变压器基本方程出发，导出此等效电路。

(一) 绕组归算

为建立等效电路，除了需要把一次和二次侧漏磁通的效果作为漏抗压降，主磁通和铁芯线圈的效果作为激磁阻抗来处理外，还需要进行绕组归算。在变压器中，通常把二次绕组归算到一次绕组。所谓"把二次绕组归算到一次绕组"，就是把二次绕组的匝数变换成一次绕组

的匝数，而不改变一次和二次绕组的电磁关系。

从磁动势平衡关系可知，二次电流对一次的影响是通过二次磁动势 $N_2\dot{I}_2$ 起作用的，只要归算前后二次绕组的磁动势保持不变，则对一次绕组来说，变换将是等效的；即一次绕组内的所有物理量均保持不变，一次绕组将从电网吸收同样大小的功率和电流，并有同样大小的功率传递给二次绕组。

归算后，二次侧各物理量的数值称为归算值，用原物理量的符号加"'"来表示。设二次绕组电流和电动势的归算值为 $\dot{I}'_2$ 和 $\dot{E}'_2$，根据归算前后二次绕组磁动势不变的原则，可得

$$N_1\dot{I}'_2 = N_2\dot{I}_2 \tag{2-22}$$

由此可得二次电流的归算值 $\dot{I}'_2$ 为

$$\dot{I}'_2 = \frac{N_2}{N_1}\dot{I}_2 = \frac{1}{k}\dot{I}_2 \tag{2-23}$$

由于归算前后二次绕组的磁动势未变，因此铁芯中的主磁通将保持不变，这样，根据感应电动势与匝数成正比这一关系，便得

$$\frac{\dot{E}'_2}{\dot{E}_2} = \frac{N_1}{N_2} = k \tag{2-24}$$

即二次绕组感应电动势的归算值 $\dot{E}'_2$ 为

$$\dot{E}'_2 = k\dot{E}_2 \tag{2-25}$$

再把二次绕组的电压方程乘以电压比 k，可得

$$k\dot{E}_2 = k\dot{I}_2(R_2 + jX_{2\sigma}) + k\dot{U}_2 = \frac{\dot{I}_2}{k}(k^2R_2 + jk^2X_{2\sigma}) + k\dot{U}_2 \tag{2-26}$$

或

$$\dot{E}'_2 = \dot{I}'_2(k^2R_2 + jk^2X_{2\sigma}) + k\dot{U}_2 = \dot{I}'_2(R'_2 + jX'_{2\sigma}) + \dot{U}'_2 \tag{2-27}$$

式中，R'_2 和 $X'_{2\sigma}$ 分别为二次绕组电阻和漏抗的归算值；$\dot{U}'_2$ 则是二次电压的归算值。则有

$$R'_2 = k^2R_2, \quad X'_{2\sigma} = k^2X_{2\sigma}, \quad \dot{U}'_2 = k\dot{U}_2 \tag{2-28}$$

综上所述可见，二次绕组归算到一次绕组时，电动势和电压乘以 k 倍，电流乘以 $1/k$ 倍，阻抗乘以 k^2 倍。不难证明，这样做的结果，归算前、后二次绕组内的功率和损耗均将保持不变。例如，传递到二次绕组的复功率为

$$\dot{E}'_2\dot{I}'^*_2 = (k\dot{E}_2)\left(\frac{\dot{I}^*_2}{k}\right) = \dot{E}_2\dot{I}^*_2 \tag{2-29}$$

式中，打"*"号的值表示共轭值。二次绕组的电阻损耗和漏磁场内的无功功率为

$$I'^2_2R'_2 = \left(\frac{1}{k}I_2\right)^2(k^2R_2) = I_2^2R_2$$

$$I'^2_2X'_{2\sigma} = \left(\frac{1}{k}I_2\right)^2(k^2X_{2\sigma}) = I_2^2X_{2\sigma} \tag{2-30}$$

负载的复功率为

$$\dot{U}'_2\dot{I}'^*_2 = (k\dot{U}_2)\left(\frac{1}{k}\dot{I}^*_2\right) = \dot{U}_2\dot{I}^*_2 \tag{2-31}$$

即用归算前后的量算出的值均为同一值。因此，所谓归算，实质是在功率和磁动势保持为不变量的条件下，对绕组的电压、电流所进行的一种线性变换。

归算后,变压器的基本方程为

$$\begin{cases} \dot{U}_1 = \dot{I}_1 Z_{1\sigma} - \dot{E}_1 \\ \dot{E}_2' = \dot{I}_2' Z_{2\sigma}' + \dot{U}_2' \\ \dot{I}_1 + \dot{I}_2' = \dot{I}_m \\ \dot{E}_1 = \dot{E}_2' = -\dot{I}_m \dot{Z}_m \end{cases} \qquad (2\text{-}32)$$

(二) T形等效电路

归算以后,由于一次和二次绕组的匝数变成相同,故电动势 $\dot{E}_1 = \dot{E}_2'$,一次和二次绕组的磁动势关系也变成等效的电流关系 $\dot{I}_1 + \dot{I}_2' = \dot{I}_m$,由此即可导出变压器的等效电路。根据式(2-32)中的第一式和第二式,可画出一次和二次绕组的等效电路,如图 2-10(a) 和 (c) 所示;根据第四式可画出激磁部分的等效电路,如图 2-10(b) 所示。然后根据 $\dot{E}_1 = \dot{E}_2'$ 和 $\dot{I}_1 + \dot{I}_2' = \dot{I}_m$ 两式,把图 2-10(a)、(b)、(c) 三个部分电路连接在一起,即可得变压器的 T 形等效电路,如图 2-11 所示。

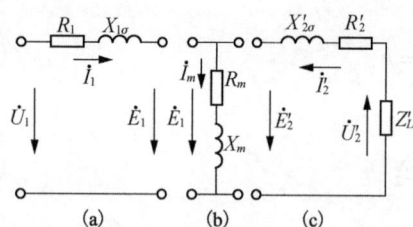

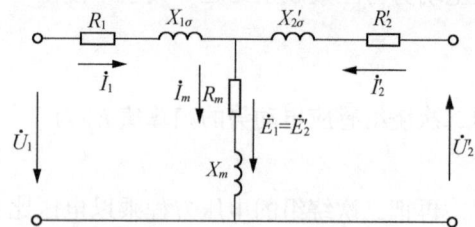

图 2-10 根据归算后的基本方程画出的部分等效电路

图 2-11 变压器的 T 形等效电路

(三) 近似等效电路和简化等效电路

T 形等效电路虽然能完整地表达变压器内部电磁关系,但运算比较繁杂。考虑到 $Z_m \gg Z_1, I_{1N} \gg I_0$,当负载变化时,变化很小,可以认为不随负载的变化而变化。这样,便可把 T 形等效电路进行简化处理,这样的电路称为近似等效电路,如图 2-12 所示。

如采用近似电路,可将电阻合并,同时电抗也可以合并。如图 2-13 所示,即有

$$\begin{cases} R_k = R_1 + R_2' \\ x_k = x_{1\sigma} + x_{2\sigma}' \\ Z_k = Z_1 + Z_2' = R_k + jx_k \end{cases} \qquad (2\text{-}33)$$

通常在做定性分析时用相量图比较形象直观,而在做定量计算时用等效电路比较简便。

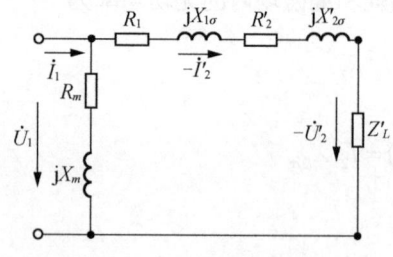

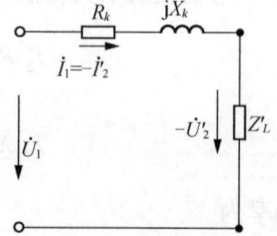

图 2-12 变压器的近似等效电路

图 2-13 变压器的简化等效电路

(四) 相量图

变压器的相量图可根据基本方程画出，从相量图可以清楚地看出各电磁量的相位关系。图 2-14 表示感性负载时变压器的相量图。

设参数 R_1、R_2'、$X_{1\sigma}$、$X_{2\sigma}'$ 和 Z_m 均为已知，二次侧负载的端电压 $\dot{U}_2'$ 和负载电流 $\dot{I}_2'$ 亦已给定。以负载的端电压 $\dot{U}_2'$ 为参考相量，画出二次侧的负载电流 $\dot{I}_2'$，$\dot{I}_2'$ 和 $\dot{U}_2'$ 的夹角 φ_2 是负载的功率因数角。在 $\dot{U}_2'$ 上加上二次绕组的漏阻

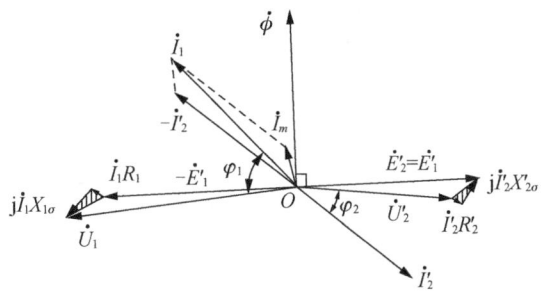

图 2-14 感性负载时变压器的相量图

抗压降 $\dot{I}_2'R_2' + j\dot{I}_2'X_{2\sigma}'$，可得二次绕组的感应电动势 $\dot{E}_2'$。由于 $\dot{E}_1 = \dot{E}_2'$，所以一次绕组的感应电动势亦随之确定。再在超前 $\dot{E}_1$ 以 90° 的位置上画出 $\dot{\phi}$ 并根据激磁阻抗 Z_m 的值确定激磁电流 $\dot{I}_m$，$\dot{I}_m = -\dot{E}_1/Z_m$；把 $\dot{I}_m$ 和 $(-\dot{I}_2')$ 相量相加，可得一次电流 $\dot{I}_1$。最后在 $-\dot{E}_1'$ 上加上一次绕组的漏阻抗压降 $\dot{I}_1R_1 + j\dot{I}_1X_{1\sigma}$，可得一次侧电压 $\dot{U}_1$，$\dot{U}_1$ 和 $\dot{I}_1$ 间的夹角 φ_1 为一次侧的功率因数角。

五、变压器的运行特性

(一) 标幺值

在工程计算中，各物理量(如电压、电流、功率等)除采用实际值来表示和计算外，有时也用标幺值来计算。所谓标幺值就是某一物理量的实际值与选定的基值之比，即

$$标幺值 = \frac{实际值}{基值}$$

由于标幺值是两个具有相同单位的物理量之比，所以它没有量纲。标幺值乘以 100，便是百分值。

应用标幺值有如下几个方面的优点：

(1) 不论变压器或电机容量的大小，用标幺值表示时，各个参数和典型的性能数据通常都在一定的范围内，因此便于比较和分析。

(2) 用标幺值表示时，归算到高压侧或低压侧时变压器的参数恒相等，故用标幺值计算时不必再进行归算。

(3) 方程式和算式中某些系数可以忽略，简化了方程和计算，另外，某些物理量的标幺值将具有相同的数值。

(二) 变压器的外特性和电压调整率

变压器的外特性是指变压器带有负载时，在电源电压 U_1 及负载功率因数不变的条件下，副边电压与副边电流的伏安特性，即 $U_2 = f(I_2)$ 的关系曲线。

在对变压器工作原理的分析中，均忽略了原、副边的漏磁电动势及原、副边电阻的影响，得到了变压器变换原理。这种分析方法对于原理性的阐述以及工程的应用是非常必要的。但是，任何一种方法都是具有其适用范围的。当变压器实际运行时，随着副边电流 I_2 的增大，变压器内阻抗压降(由变压器绕组本身的电阻压降以及漏磁电动势组成)都将增大，从而使变压器的输出电压 U_2 降低。所以在讨论变压器的外特性时，不能忽略其内阻抗 Z 的作用，即必须考虑变压器绕组的电阻压降和漏磁电动势的影响。

实验测得，$U_2 = f(I_2)$ 的特性曲线如图 2-15 所示。从图中可见，对于纯电阻负载和感性

负载，变压器的外特性曲线稍向下倾斜；而且，随着负载功率因数的降低，曲线越向下倾斜。此外，曲线上电压的最大值为 $I_2 = 0$ 时的副边的电压值。

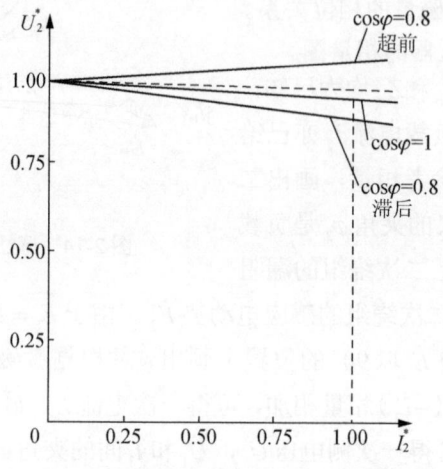

图 2-15　变压器的外特性 $U_2^* = f(I_2^*)$

变压器外特性的好坏，通常可以用特性曲线倾斜的程度来表示，即用电压调整率 $\Delta U\%$ 表示

$$\Delta U\% = \frac{U_{20} - U_2}{U_{20}} \times 100\% \tag{2-34}$$

电压调整率定义为：当变压器外加电源电压一定时，变压器从空载到负载运行，副边电压 U_2 的变化程度。电压调整率反映了变压器供电电压的稳定程度，是变压器负载运行性能的主要性能指标之一，希望越小越好。一般地，电压调整率不超过 5% 左右。

（三）变压器的损耗和效率

变压器作为静止的交流电能转换装置，其能量转换的效率是非常高的。小型变压器的效率为 70%～85%，一般变压器效率都在 85% 左右，大型电力变压器的效率可达 99% 以上。变压器效率的高低，标志着变压器运行经济性的好坏，是变压器运行性能的另一项重要指标。

变压器运行时将产生损耗，变压器的损耗分为铜耗 p_{Cu} 和铜耗 p_{Fe} 两类。每一类又包括基本损耗和杂散损耗。

基本铜耗是指电流流过绕组时所产生的直流电阻损耗。杂散铜耗主要指漏磁场引起电流趋肤效应，使绕组的有效电阻增大而增加的铜耗，以及漏磁场在结构部件中引起的涡流损耗等。铜耗与负载电流的平方成正比，因而也称为可变损耗。铜耗与绕组的温度有关，一般都用 75℃ 时的电阻值来计算。

基本铁耗是变压器铁芯中的磁滞和涡流损耗。杂散铁耗包括叠片之间的局部涡流损耗和主磁通在结构部件中引起的涡流损耗等。铁耗可近似认为与 B_m^2 或 U_1^2 成正比。由于变压器的一次电压保持不变（$U_1 = U_{1N}$），故铁耗可视为不变损耗。

变压器的输入有功功率 P_1 减去内部的总损耗 $\sum p$ 以后，可得输出功率 P_2，即

$$P_1 = P_2 + \sum p \tag{2-35}$$

输出功率与输入功率之比即为效率 η，即

$$\eta = \frac{P_2}{P_1} = \frac{P_2}{P_2 + \sum p} \qquad (2\text{-}36)$$

额定负载时变压器的效率称为额定效率，用 η_N 表示，通常电力变压器的额定效率 $\eta_N \approx$ 95%～99%。

从效率特性可见，当负载达到某一数值时，效率将达到其最大值 η_{max}，如图 2-16 所示。把式(2-36)对负载电流 I_2 求倒数，并使 $\dfrac{d\eta}{dI_2}=0$，可得

$$mI_2^2 R_k'' = p_{Fe} \qquad (2\text{-}37)$$

式（2-37）说明，发生最大效率时，变压器的损耗恰好等于铁耗。

效率可以用直接负载法测定，但由于一般电力变压器的效率很高，达 95%～99%，因此用直接负载法测量 P_1 和 P_2 再算出效率，很难得到准确的结果。另外，对大型变压器，也很难找到相应的大容量负载进行试验。因此，工程上常用间接法来计算效率，即测出 p_{Fe} 和 p_{Cu}，再计算效率。

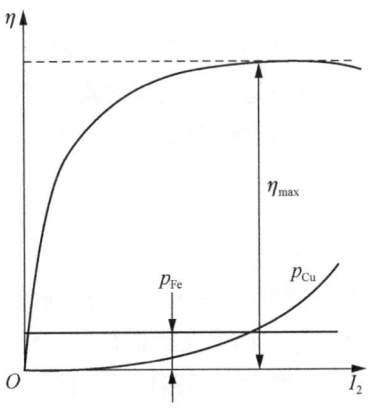

图 2-16 负载变化时变压器的效率曲线

第三节 变压器参数的测定

从物理概念出发得到了一组基本方程式和相应等效电路。其中包括六个参数，在分析和计算变压器特性时，这些参数都应该是已知量。现在介绍这些参数的试验测定方法。

一、空载实验

应用空载试验可以测定励磁电阻 r_m 和励磁电抗 x_m，接线图如图 2-17 所示。

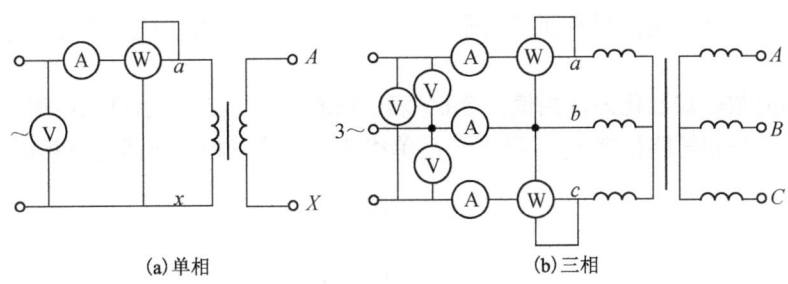

图 2-17 变压器空载运行试验图

试验可在高压侧测量也可在低压侧测量，视实际测量何者较为方便而定。如令低压侧开路，测量在高压侧进行，则所测的数据是高压侧的值，由此计算的励磁阻抗便为高压侧的值。相反，在低压侧进行，则所测的数据是低压侧的值，由此计算的励磁阻抗便为低压侧的值。

设所测得的数据均已化为每项值。令 U_0 为外施每相电压，I_0 为每相电流，P_0 为每相输入功率，即等于每相的空载损耗 p_0，则不论是单相变压器或三相变压器均有相同计算式，即有

$$\begin{cases} z_0 = \dfrac{U_0}{I_0} \\ r_0 = \dfrac{p_0}{I_0^2} = r_1 + r_m \approx r_m \\ x_0 = \sqrt{z_0^2 - r_0^2} = x_1 + x_m \approx x_m \end{cases} \qquad (2\text{-}38)$$

需强调指出，励磁参数值随饱和而变化。由于变压器总是在额定电压或很接近于额定电压的情况下运行，空载试验时应调整外施电压等于额定电压，这时所求得的参数才真实反映了变压器运行时的磁路饱和情况。

二、短路试验

短路试验用来求参数 r_K 和 x_K。如果把变压器的一侧短路，则外施电压全部降落在变压器的内部阻抗上。由于 z_K 很小，就一般电力变压器而言，额定电流所产生的压降 $I_N z_K$ 为 $(0.05\sim 0.105)U_N$。如果变压器在额定电压下短路，则短路电流可达 $(9.5\sim 20)I_N$，将损坏变压器。为了测量参数，短路试验应降低电压进行。如果控制短路电流不超过额定值，则对变压器是安全的，正因为短路试验时外施电压很低，励磁电流便可略去不计，所以电磁关系可用简化等效电路分析。短路试验电路接线图如图 2-18 所示。

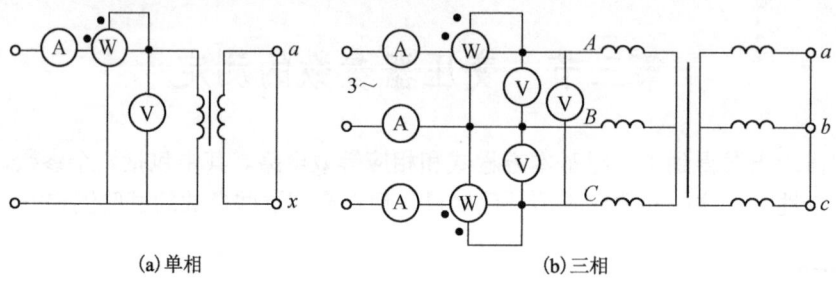

图 2-18 变压器短路试验线路图

短路试验可以在高压侧测量而把低压侧短路，也可在低压侧测量而把高压侧短路。二者测得的数值不同。

设所测得的数值均已化为每相值，令 U_K 表示每相电压，I_K 表示每相电流，P_K 表示每相输入功率即等于每相短路损耗 p_K，则不论是单相变压器或三相变压器均有相同计算式：

$$\begin{cases} z_K = \dfrac{U_K}{I_K} \\ r_K = \dfrac{p_K}{I_K^2} \\ x_K = \sqrt{z_K^2 - r_K^2} \end{cases} \qquad (2\text{-}39)$$

因为电阻随温度而变化，如短路试验时的室温为 θ (℃)，按照电力变压器标准规定应换算到标准温度 75℃时的值，而漏抗与温度无关，即有

$$\begin{cases} R_{K75℃} = R_{K\theta} \dfrac{234.5+75℃}{234.5+\theta} & \text{(适用于铜导线)} \\ R_{K75℃} = R_{K\theta} \dfrac{228+75℃}{228+\theta} & \text{(适用于铝导线)} \\ Z_{K75℃} = \sqrt{R_{K75℃}^2 + x_K^2} \end{cases} \quad (2\text{-}40)$$

式中，$R_{K\theta}$ 表示 θ 温度下的短路电阻。

如在短路试验时，调整外施电压使短路电流恰为额定电流，这个短路电压用 U_{KN} 表示，即有 $U_{KN} = I_N Z_K$。它是一个很重要的数据，常标注在变压器铭牌上。

第四节 自耦变压器

变压器的种类很多，按交流电源的相数可分为单相和三相变压器，按用途不同，可分为电力变压器、电焊变压器、自耦变压器、仪用变压器、控制变压器以及电子设备中常用的电源变压器、脉冲变压器等。这些变压器的基本原理虽然相同，但因用途各异，所以这些变压器分别具有各自的特点。本节以自耦变压器为例，针对其特点作简要介绍。

前面介绍的变压器有两个绕组，绕组间彼此绝缘，没有电的直接联系，称为双绕组变压器。而自耦变压器只有一个绕组，如图 2-19 所示。原绕组 AX 接入电源，匝数为 N_1；原绕组中的一部分 ax 兼做副绕组，其匝数为 N_2，供电给负载。由此可见，自耦变压器的原、副边不仅有磁的耦合，还存在电的直接联系，这是区别于普通变压器之处。由于自耦变压器在磁路上原、副绕组自相耦合，这就是"自耦"的来源。

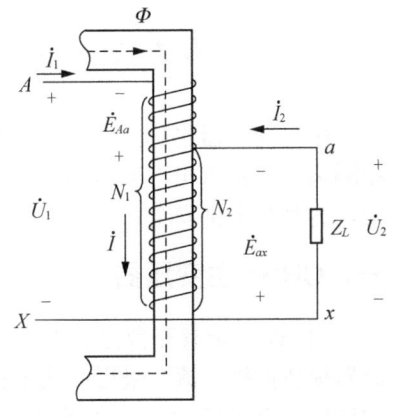

图 2-19 单相自耦变压器的原理图

在图 2-19 中，各物理量的参考方向均符合"电工惯例"，电流与磁通、电动势与磁通均符合右螺旋法则。在电源电压的作用下，原绕组流过交变电流并产生交变磁通，从而在副绕组上感应出电动势。其中，Aa 绕组流过的电流为 $\dot{I}_1$，ax 绕组流过的电流为 $\dot{I}$，负载阻抗 Z_L 上流过的负载电流为 $\dot{I}_2$。应注意的是，由于副边与原边存在电气上的直接联系，所以副边电流与负载电流不再相同。在图示参考方向下，副边电流为

$$\dot{I} = \dot{I}_1 + \dot{I}_2 \quad (2\text{-}41)$$

电流 $\dot{I}_1$ 在绕组 Aa 产生感应电动势 $\dot{E}_{Aa}$，电流 $\dot{I}$ 在副绕组 ax 中产生感应电动势 $\dot{E}_{ax}$，如略去绕组的电阻压降以及磁漏电动势，则仍有电压变换作用，即

$$\frac{U_1}{U_2} \approx \frac{E_{Aa}+E_{ax}}{E_{ax}} = \frac{(N_1-N_2)+N_2}{N_2} = \frac{N_1}{N_2} = K \quad (2\text{-}42)$$

自耦变压器中，磁动势平衡原理仍然成立，即

$$\dot{I}_1(N_1-N_2) + \dot{I}N_2 = \dot{I}_0 N_1 \quad (2\text{-}43)$$

将式(2-41)代入式(2-43)，得

$$\dot{I}_1 N_1 + \dot{I}_2 N_2 = \dot{I}_0 N_1 \quad (2\text{-}44)$$

忽略空载电流 $\dot{I}_0$，则

$$\dot{I}_1 \approx -\frac{N_2}{N_1}\dot{I}_2 \tag{2-45}$$

说明 $\dot{I}_2$ 与 $\dot{I}_1$ 相位相反，二者的大小关系为

$$\frac{I_1}{I_2} \approx \frac{N_2}{N_1} = \frac{1}{K} \tag{2-46}$$

理论和实践证明，自耦变压器由于用铜量、用铁量都减少，与普通变压器相比，成本低而且效率高。自耦变压器在电力系统中，主要用于连接不同电压等级的电网，变比一般在 2 左右；同时自耦变压器也常用于实验室的调压器，即分接头 a 可以平移滑动，通过改变的匝数 N_2 调节输出电压 U_2 的大小。

由于自耦变压器原、副绕组之间有直接电的联系，为了防止因高压边单相接地故障而引起低压边的过电压，用在电力系统中的三相自耦变压器中性点必须可靠接地。同样，由于原、副绕组之间有直接电的联系，当高压边遭受过电压时，会引起低压边严重过电压，为避免这种危险，需要在原、副边都装设避雷器。使用时应注意以下两点。

(1) 原、副边不能对调使用，即不能将电源接到副边，否则可能烧坏自耦变压器。
(2) 原、副边的 X 端必须接电源地线。使副边电压 U_2 对地电位不高，保证用电安全。

第五节　几种典型的动车组用牵引变压器

牵引变压器也称主变压器，位于动车组底架上，其作用：一是将列车供电系统与接触网相隔离，二是将电网电压转换成适当的电压供列车电气系统使用，三是提供滤波、保护等手段，为列车提供安全、可靠、高质量的电力。

一、CRH1 主变压器

CRH1 安装有三台主变压器，分别位于 Tp1 车、Tb 车和 Tp2 车的底架上，向所有电机变流器模块提供电流。采用心式结构、车体下吊挂、强迫油循环风冷方式。具有 1 个原边绕组（25kV，1600kV·A）、4 个牵引绕组（930V，4×400kV·A）、1 个滤波器谐振电抗器（1000V）。外形尺寸 ($L×W×H$) 为 3900mm×2200mm×730mm，质量为 4300kg。外形如图 2-20 所示。

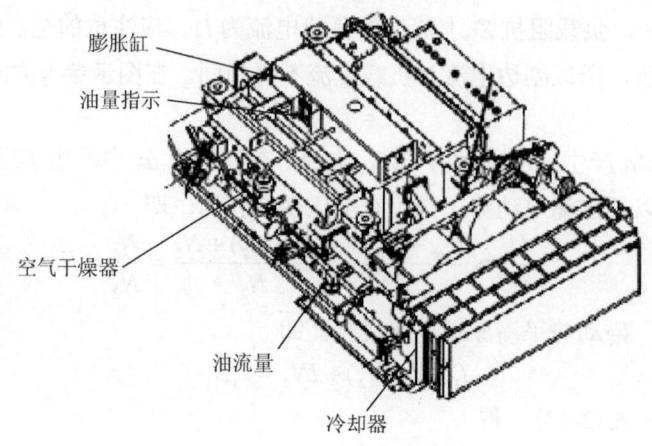

图 2-20　主变压器外形图

主变压器的主要技术参数见表 2-1。

表 2-1 主变压器主要技术参数

初级绕组	数量	1
	公称电压	25kV，50Hz
	额定功率	2100kV·A
	额定辅助电流	585A
	短时电流	922A
牵引绕组	数量	4
	名义电压	900V，50Hz
	提供 25 kV 时的公称电流	585Arms 分路
	电抗，涉及副边	505m
网侧谐波过滤器绕组	数量	1
	额定电压	1000V，50Hz
	提供25kV时的公称电流	158Arms 分路
	电抗，涉及副边	83m
	三相短路期间的最大空气间隙扭矩	5506N·m
	平均短路频率	1 次/年
主要尺寸	高度	625mm
	横向宽度	2250mm
	沿车辆长度	3000mm
	质量	4300kg

牵引变压器，又称为主变压器，是交-直-交传动电力机车中的重要电器设备，用来将接触网上取得的单相工频交流 25kV 高压电降为列车各电路所需的电压。

BSP 动车组中主变压器的功能是：由 Tp1、Tp2 和 Tb 车的车顶上的 25kV 系统向主变压器供电；在 Tp1 和 Tp2 车上的主变压器将向两个主变流器箱供电；在 Tb 车的主变压器将向一个主变流器供电。另外车体上主变压器的旁边安装了 HV 控制箱，对主变压器进行状态监测和控制。此外还有接地变压器，用来抑制电网过电压，限制单相短路电流。

（一）主变压器的主电路及结构组成

主变压器总电路图如图 2-21 所示，包括一个原边绕组、四个牵引绕组和一个高压（网侧）滤波器绕组。主变压器把接触网高电压变为适用于牵引系统和高压滤波器的电压。高压滤波器由一个绕组供电，这个绕组装有保险丝和 RC 滤波器，其作用是吸收瞬时高电压。在主变压器下面有一个接地变压器，为电力回流提供一条通道，防止回流电流通过轮对轴承，同时对主变压器内部的油泵、冷却风扇及变压器内部不同区域温度、流量、压力、液位参数进行监控。

主变压器采用矿物油作为冷却剂进行循环冷却，冷却系统见图 2-22。变压器内的油受热膨胀后进入膨胀罐，膨胀罐中的热油被泵入热交换器进行（有两个空气-油热交换器）强迫空气冷却，再经过回油管返回到变压器箱。热交换器与过滤器和风扇一起位于冷却装置中，一台风扇电机驱动两个风扇轮，用于两台热交换器，风扇吸入通过热交换器过滤的外部空气。风扇电机由接触器控制，有低速/高速两挡运行模式，由电机保护断路器保护。

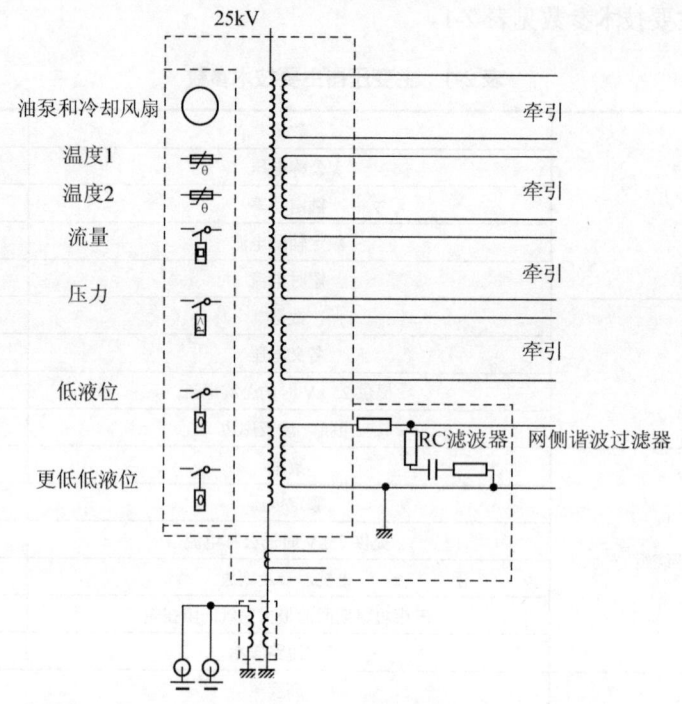

图 2-21 变压总电路图

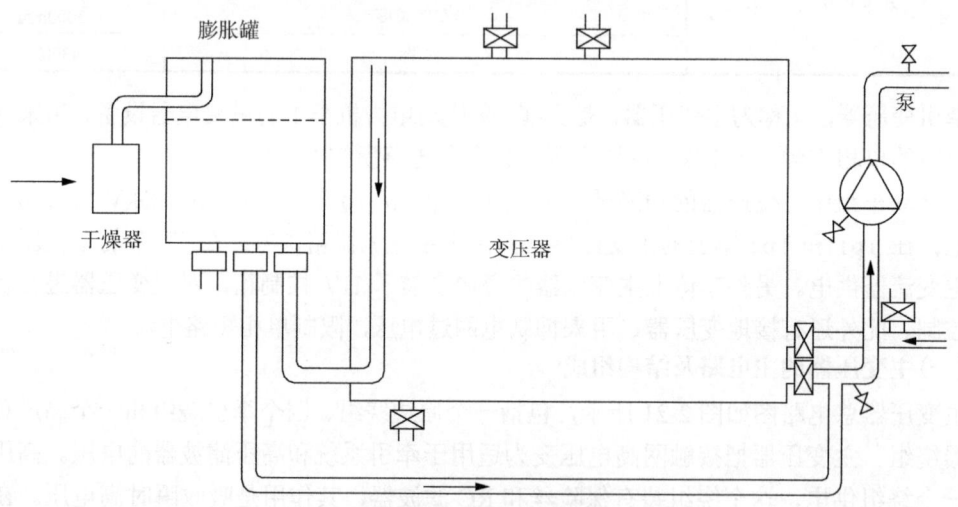

图 2-22 变压器冷却原理

CRH1 的牵引变压器网侧谐波滤波器和接地变压器如下。

(1) 网侧谐波滤波器(line harmonic filter)。

网侧谐波滤波器的部件包括：安装在底架主变压器旁边的高压控制箱内的滤波电容和电流互感器；安装在拖车顶部电阻；用于滤波器监控的电流互感器；用于保护主变压器网侧谐波滤波器绕组的熔断器。网侧谐波滤波器的主要作用是：减小瞬变电压和电磁辐射；减少列车可能引发的接触网谐振；保证与接触网线路上的其他列车电气兼容；保证实现网侧变流器控制的稳定条件。

(2) 接地变压器。

接地变压器作用是将主变压器的返回电流强制通过回流装置；防止电流通过轮轴的轴承，使轴承产生电化学腐蚀。接地变压器可看成具有1∶1变比的电压互感器，主变压器的原边电流必然产生与其相等的次级电流。

动车组主变压器除了与普通机车主变压器一样，具有体积小、重量轻、绕组多、用铜多、电压波动范围大、负载变化大、耐振动等特点之外，动车组的主变压器与动力集中式电力机车的主变压器相比，为减轻轴重，重量要更轻，体积要更小，功率也较小。

1. 器身

器身由铁芯、绕组(线圈)、器身绝缘和引线装置等组成。

(1) 铁芯。

铁芯的作用是构成变压器的闭合磁路，同时也是支撑绕组及引线装置的机械骨架。必须具有良好的导磁性能和足够的机械稳定性。铁芯由芯柱、铁轭和夹紧装置组成。芯柱和铁轭均采用高磁导率的冷轧电工钢片叠装而成。

CRH1主变压器的铁芯结构采用心式，高低绕组同心地套装在芯柱上。心式铁芯结构简单，并具有绕组装配及绝缘处理比较容易，短路时机械特性稳定性好等优点，是目前应用最广泛的结构形式。

为防止产生悬浮电位造成对地放电，安装时铁芯及其他所有金属构件都必须可靠接地。整个铁芯只允许一点接地。如果有两点或两点以上接地，则接地点之间可能形成闭合回路，造成铁芯局部过热。

(2) 绕组。

绕组是主变压器最关键的部件，为了保证变压器运行可靠，变压器绕组必须具有足够的电气强度、耐热强度、机械强度和良好的散热条件，使变压器既能在额定条件下长期使用，又能经受住过渡过程中(如短路、雷击、操作等)产生的过电压、过电流以及相应的电磁力作用，不致发生绝缘击穿、过热、变形或损坏。

单相心式变压器的每个绕组都是由分别布置在两个芯柱上的两个绕组并联或串联而成的。绕组由纸包扁铜线和绝缘体组成，绝缘体构成绕组的主绝缘体的纵绝缘，使绕组固定在一定位置上，并形成冷却油道。绕组的结构形式有圆筒式绕组、螺旋式绕组、连续式绕组、双饼式绕组等。

(3) 器身绝缘和引线装置。

油浸式变压器的内部绝缘分为主绝缘和纵绝缘两类，主绝缘是指绕组(或引线)对地及对其他绕组(或引线)之间的绝缘；纵绝缘则指同一绕组不同部位之间的绝缘。绝缘结构尺寸，特别是主绝缘尺寸将直接影响变压器的重量和外形尺寸，以及阻抗电压、损耗等性能数据。

应当指出，变压器的内部绝缘强度在很大程度上与器身的工艺处理有关，例如，固体绝缘材料被油浸透的程度、绝缘干燥程度、绝缘结构中存在空气的多少、器身的清洁度以及变压器油的净化脱气程度等。因此，主变压器的器身在组装完成后，应进行真空干燥处理。器身进油箱前要用干净的变压器油冲洗干净。

绕组引线均用裸铜排制成，引线与绕组出头的焊接采用电阻焊接。由于铜是加速变压器油氧化的催化剂，故引线表面要覆盖一层绝缘漆作保护层。所有绕组引线均通过引线支架固定在器身上。

2. 油箱

油箱是油浸式主变压器的外壳，变压器的器身就放在充满变压器的油箱内。对油箱的基本要求如下。

(1) 在保证内部必要的绝缘距离条件下，尽可能减小体积，以节约用油。

(2) 应具有必要的真空强度，以便在检修时能利用油箱进行真空干燥。

(3) 油箱外部各种附件的布置应便于安装和维护。

变压器的器身就放在充满油的油箱中，油箱分为上油箱和下油箱。下油箱安装变压器的器身，上油箱可以安装储油柜，还装有油温度传感器。油箱壁上装有压力释放阀，以便迅速排出箱内过高的压力。另外，在箱壁还开有冷却系统的进出口管道，油冷却器（部件 2）就安装或固定在箱壁上。油箱上装有油管，用于接通油路。

油箱壁上还装有各绕组引线用的各种绝缘套管，包括原边高压线圈、牵引线圈和滤波线圈的套管。牵引绕组的套管中通过的电流可高达 1000A。由于大电流穿过箱盖时，在套管安装孔周围会产生很强的交变磁通，从而在周围钢板内产生相当大的涡流，引起局部过热，因此在套管安装孔周围必须采取隔磁措施。有的主变压器的箱盖上套管孔旁边均开槽，并嵌焊不锈钢板如 1Cr18Ni9，这种薄不锈钢是低导磁材料，就是为了箱盖上的交变磁通显著减少，避免出现局部过热。

油箱壁上焊有安装板，安装板上有安装孔，用螺栓通过橡胶垫把变压器固定在车体上。

箱底的钢板上设置多个定位钉，以对变压器等进行定位。

3. 保护装置

变压器油是从石油中提炼出来的优质矿物油。在油浸式变压器中，变压器油既是一种绝缘介质，又是一种冷却介质。对变压器油的要求是：介质绝缘强度高、黏度低、闪点高、凝固点低、酸值低、灰粉等杂质及水分少。变压器油中只要含少量水分和杂质就会使绝缘强度大为降低（含 0.004%水分时绝缘强度降低约 50%）。此外，变压器油在较高温度下长期与空气中的氧接触时会逐渐老化，在油中生成不传热的悬浮物，堵塞油道，并使酸值增加，绝缘强度降低，这对变压器的安全运行是十分不利的。

还必须注意：不同产地或不同牌号的变压器油通常不能混用，这是因为变压器油的牌号是以凝固点的温度值命名的，不同牌号的变压器油混用后，对油的黏度、闪点、凝固点等都有一定影响，会加速油的老化。混合使用时，首先必须测量油的凝固点，若相近方可混合使用。

为了减缓变压器油受潮或老化的程度，使油能较长久地保持良好状态，主变压器上设置了下列几种保护装置。

(1) 储油柜。

储油柜又称油枕，安装在箱盖的上方。主变压器的储油柜的容量应满足变压器在高温持续运行时，油不溢出储油柜；在低温且变压器不工作时，储油柜中应有油。

(2) 油位表。

储油柜侧壁设有玻璃管油位表，玻璃管中有一个空心红色玻璃球，用于指示油位。油位表旁标有环境温度，分别为+40℃、+20℃、-30℃时，且变压器为工作时储油柜内变压器油应具有的油位刻度。此外 HV 控制箱的 DI 端口还对 BSP 主变压器的油位进行检测，分为油位不低和油位不是太低两个挡。

(3) 吸湿器。

吸湿器又称空气干燥器,它的主要用途是使干燥空气和滤除杂质。一般内部的变色硅胶等干燥剂,有 2/3 的硅胶呈粉红色时,需要定期更换。

(4) 油温度传感器。

油温传感器用来测量和监视主变压器上层油温。油温的测量采用 2 个 Pt100 铂电阻,放在油箱侧壁上部的两个不同的位置。若变压器油温超过允许范围,由 HV 控制箱的 AI 端口检测油温 1 和油温 2,然后通过 MVB 总线将数据向上传输。

(5) 油流传感器。

油流传感器,又称油流继电器,用来监视变压器油循环状态是否正常。当油流正常时,变压器油进入探头,靠油的流动压力作用于微动开关,推动触头使常闭触头打开,给出一个油流正常的信号,显示正常。它的输出是一个开关量,由 HV 控制箱的控制板的 DI 接口对油流是否正常进行检测。

(6) 压力释放阀。

由于变压器采用全密封结构,压力释放阀装在油箱壁上。变压器在运行中,因外电路或变压器内部有故障,出现很大的短路电流时,过高的热量使变压器油迅速气化,变压器内部压力升高。为防止变压器事故扩大,造成油箱薄弱环节破裂和变形,安装了压力释放阀。当压力增加到动作压力时,压力释放阀动作,将油箱中的压力释放出来,喷出的油流被轨基道渣迅速吸收,不致酿成火灾;当压力低到关闭压力时,压力释放阀关闭,这时油箱中仍保持着正压,确保外部的空气、灰尘等不进入变压器油箱中。当恢复正常时,阀口关闭。BSP 动车组主变压器选 50T 型压力释放阀,有一个开关。HV 控制箱的 DI 接口对油压进行检测,以确定是否有过高的油压力。

4. 冷却系统

主变压器运行中产生的所有损耗将转变为热能,使各部件的温度升高,当主变压器温升超过规定的限值时,将使绝缘损坏,直接影响主变压器的使用寿命(20~30 年)。因此,主变压器必须具有相应的散热能力。主变压器在保证内部散热能力良好的同时,其外部冷却采用了油循环强迫风冷式冷却系统。冷却系统完成变压器的散热。

热油从上油箱出来,经过油流继电器,进入油泵的进油口,然后进入冷却器,热油在冷却器内被风机吹风冷却,从冷却器内出来的冷油沿油道,进入下油箱(原边高压引线端),冷却变压器铁芯与线圈后,流到上油箱。如此循环,就可以实现变压器油与冷却空气进行热交换,保证变压器的散热。

冷却器由风机、过渡风道及复合型冷却器等组成。HV 控制箱由控制板的 DI 口检测冷却风机的运转情况。包括变压器冷却风机是否在低速或高速运转这两种状态。

5. 出线装置

主变压器各绕组的引线从油箱内引至油箱外时,必须采用出线装置,又称套管(bushing),以便使带电的导线与接地的油箱绝缘。主变压器的出线装置多数采用复合瓷绝缘套板。

此外,主变压器还有接地变压器箱,可以与接地变压器相连,用来防止单相对地短路电流、抑制电弧过电压,保护电网。

在变压器的滤波器线圈经过保险丝与 HV 控制箱相连,HV 控制箱可以检测网侧电压、电流的状态。

HV 控制箱还对变压器油泵是否工作的开关量进行检测,由控制板的 DI 端口输入,HV

将把变压器相关的这些数据都通过 MVB 总线，传输给 TCMS。

(二) 主变压器的维护与检修

为了使主变压器处于良好的工作状态，必须对主变压器进行日常的维护和定期检修，以减少或避免主变压器在运行过程中发生故障及不必要的临时检修，从而保证主变压器安全可靠运行。

(1) 主变压器必须保持正常的油量，以保证良好的冷却作用和绝缘性能。油量不足时，必须及时补足合格的同号变压器油。

(2) 定时检查和校验测量油温用的温度计，以保证指示准确。

(3) 经常检查油的温度，正常运行时，主变压器上层油温应不大于 95℃，绕组平均温度不得大于 105℃(环境温度为+40℃)。

(4) 主变压器刚开始投入运行、长期停运或检修后投入运行时，必须仔细检查它的外部状态，并对主变压器的各绕组及变压器油进行绝缘强度试验，确认合格后，方可投入运行。

(5) 加强对变压器油的保养。若变压器不净或老化，将严重威胁变压器的安全运行。若变压器制造厂过滤不净或在使用中由于油泵烧损、轴承磨损、泵轮转子铁芯松动等原因都可能使变压器油内混入金属碎片和产生游离，使油变污；变压器油经长期使用后，也会发生老化析出酸和油泥，因此在下列情况下，变压器必须进行滤油处理，以提高变压器的质量。①变压器油泵烧损修复后；②烧损油泵时；③运行多年而未经滤油的；④主变压器中修时；⑤闪点下降及发生其他情况认为需要滤油时。

(6) 定期检查吸湿器中的干燥剂，观察是否变色。硅胶在干燥时呈蓝色，吸收潮气后呈粉红色。因此当硅胶成粉红色时，需要进行干燥或更换。受潮的硅胶在 140℃下焙烘约 8h(或在 300℃下焙烘约 2h)后，便可以完全变成蓝色。

二、CRH2 主变压器

CRH2 动车组采用 ATM9 型牵引变压器，为壳式结构、车体下吊挂、油循环强迫风冷方式，具有 1 个原边绕组(25kV，3060kV·A)、2 个牵引绕组(1500V，2×1285kV·A)，1 个辅助绕组(400V，490kV·A)，具有温度继电器、油流指示器实时状态监控。采用铝线圈、轻量耐热材料和环保型硅油，实现了小型化、轻量化；外形尺寸($L \times W \times H$)为 2570 mm×2300 mm×835 mm，质量仅为 2860 kg，效率大于 95%。

CRH2 动车组的主变压器+四象限整流器电路是一种升压式脉冲整流供电方式，要求变压器 2 次绕组具有高电抗、疏耦合性，形成交流电抗器的功能，从而可使主变流器能够稳定运行。变压器每个 2 次绕组连接 1 台主变流器。主变压器结构采用壳式无压密封、强迫油循环风冷形式，冷却油为硅油，油箱分上下两部分，具备金属波纹管存油器，存油器与主体油箱经连接孔连通，油充满波纹管外侧。波纹管内侧通大气，通过波纹管的伸缩来适应绝缘油由于温度变化带来的容积变化。试验标准适用于 JIS E 5007。

在网压变化范围内，牵引变压器输出电压、电流及功率满足列车牵引和再生制动的要求。牵引变压器的安装采用车体横梁吊挂方式，用螺栓固定。牵引变压器有足够的强度，保证在高速运行时碎石碰撞不至于破损。

(一) 主要结构

1. 铁芯

ATM9 型牵引变压器采用壳式铁芯，其特点是铁轭不仅包围线圈的顶面和底面，而且包围线圈的侧面。硅钢片采用低损耗硅钢片，降低了变压器的铁损。

为防止产生悬浮电位造成对地放电，安装时铁芯及其他所有金属构件都必须可靠接地。整个铁芯只允许一点接地。如果有两点或两点以上接地，则接地点之间可能形成闭合回路，造成铁芯局部过热。

2. 绕组

绕组是牵引变压器最关键的部件，为了保证变压器运行可靠，变压器绕组必须具有足够的电气强度、耐热强度、机械强度和良好的散热条件，使变压器既能在额定条件下长期使用，又能经受住过渡过程所(如短路、雷击、操作等)产生的过电压、过电流以及相应的电磁力作用，不致发生绝缘击穿、过热、变形或损坏。

为满足主电路要求，牵引变压器绕组设计主要采取措施见表 2-2，其线圈排列如图 2-23 所示。

表 2-2 牵引变压器性能要求及主要措施

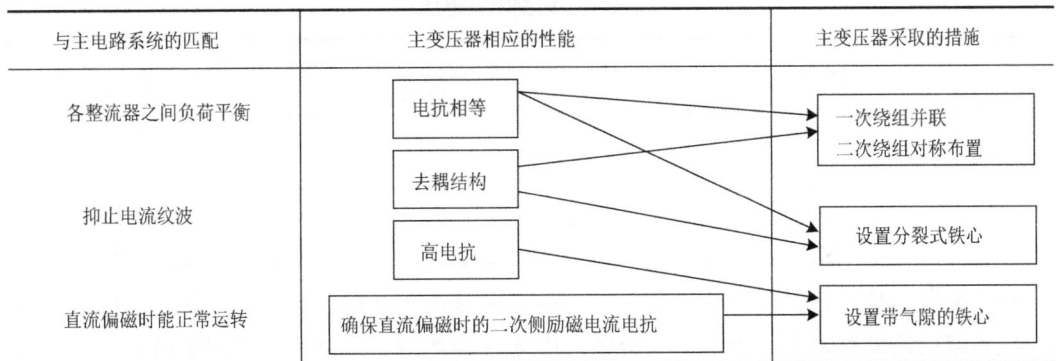

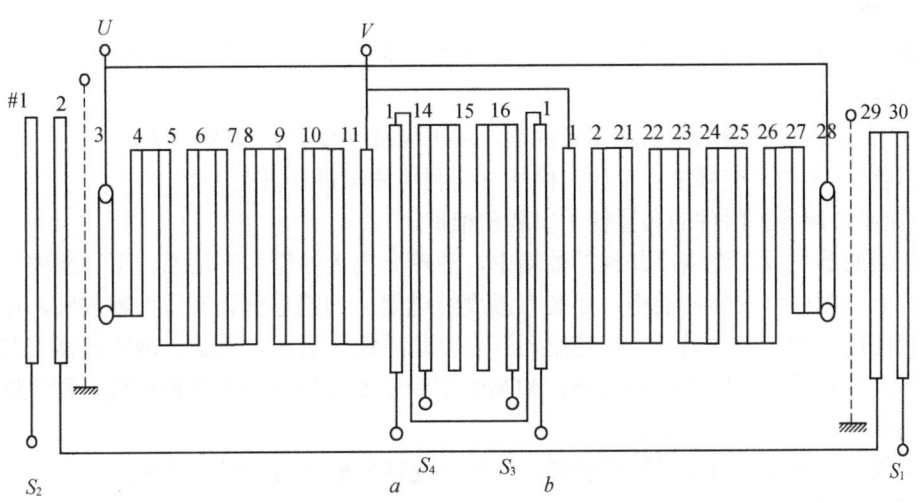

图 2-23 牵引变压器绕组图

ATM9 型牵引变压器一次高压绕组、二次牵引绕组采用了铝制线圈，三次辅助绕组采用了铜制线圈。技术参数见表 2-3。

表 2-3　牵引变压器线圈主要技术参数

项目	一次高压绕组	二次牵引绕组	三次辅助绕组
材质	铝	铝	铜
导体质量/kg	146	159	61
导线绝缘	聚氨酸绝缘纸		
总匝数	1000 1/2	60×2	16

3. 绝缘和引线装置

油浸式变压器的内部绝缘分为主绝缘和纵绝缘两类，主绝缘是指绕组（或引线）对地及对其他绕组（或引线）之间的绝缘；纵绝缘则指同一绕组不同部位之间的绝缘。绝缘结构尺寸，特别是主绝缘尺寸将直接影响变压器的重量和外形尺寸，以及阻抗电压、损耗等性能数据。

线圈阻抗电压见表 2-4。

表 2-4　线圈阻抗电压

短路绕组	阻抗电压/%	
	设计值	实测值
$S_1 \sim S_2$	21.4	21.16
$S_3 \sim S_4$	21.4	21.87
$S_1 \sim S_4$	—	17.09
$a \sim b$	—	5.44

牵引变压器原边线路侧套管选用一体型耐热环氧树脂注塑成型套管，套管连接到相邻的高压设备箱内的断路器上。牵引变压器采用特殊 A 级绝缘，线圈内部使用聚酰胺绝缘纸板及 Nomex410 纸绝缘，冷却介质的最高温度可达 135℃，大大提高了变压器的温升限值。

4. 油箱

油箱是油浸式牵引变压器的外壳，变压器的器身就放在充满冷却油的油箱内，油箱必须满足以下要求。

① 在保证内部必要的绝缘距离条件下，尽可能减小体积，节约用油。
② 具有必要的真空强度，以便在检修时能利用油箱进行真空干燥。
③ 油箱外部各种附件的布置便于安装和维护。

变压器的器身放在充满冷却油的油箱中，油箱分为上油箱和下油箱。下油箱安装变压器的器身，上油箱可以安装储油柜，还装有温度继电器。油箱上壁装有压力释放阀，以便迅速排出油箱内过高的压力。另外，在箱壁还开有冷却系统的进出口管道，油冷却器安装在箱壁上。油箱上装有油管，用于接通油路。ATM9 型牵引变压器油箱为适形结构，紧包铁芯及线圈，结构紧凑，尺寸及质量小。

油箱壁上装有绕组出线用绝缘套管，另外还设有与车体固定用安装座。

5. 保护装置

为了保证变压器能够正常工作，并在出现故障时防止变压器事故的扩大，ATM9 型牵引变压器设置了以下保护装置。

(1) 温度继电器。

用于监测牵引变压器的油温，在油温超过设定值时输出报警信号。

(2) 油流继电器。

油流继电器用于监测牵引变压器运行中的油流量，油流异常时，输出故障信号。

(3) 金属波纹管式储油柜。

储油柜又称油枕，安装在箱盖的上方。牵引变压器储油柜的油量满足变压器在高温持续运行时，油压不超过设定值。ATM9 型牵引变压器的储油柜采用金属波纹管式储油柜，波纹管是由多个（层数按规格）薄钢板冲压成形的环经内外圆周交互焊接而成，具有伸缩性的蛇腹状管结构。管的一端用钢板密封，另一端设有通气孔，并焊接到储油柜缸体的钢板上。缸体套在波纹管外周，两部件之间油密焊接。波纹管外侧和缸体内侧之间存放绝缘油，此空间与牵引变压器油箱连通。波纹管内侧通过空气配管与大气连通。

储油柜安装在牵引变压器上部，通过波纹管伸缩来吸收绝缘油因温度变化引起的体积变化，使牵引变压器内部保持大气压力。

(4) 自复位型压力释放阀。

变压器运行时，可能因短路而产生过高的热量使冷却油迅速气化，变压器内部压力升高。为防止变压器事故扩大，造成油箱薄弱环节破裂和变形，安装了压力释放阀。本压力释放阀采用连杆和弹簧组成的自复位结构，当主机内部异常，导致压力过高时，自动卸压；当压力降低到安全值时，自动关闭压力释放阀外罩，避免不必要的油损失。

6. 冷却系统

牵引变压器运行中产生的所有损耗将转变为热量，使各部件的温度升高，当牵引变压器温升超过规定的限值，将加速绝缘老化甚至损坏，直接影响牵引变压器的使用寿命。因此，牵引变压器必须具有相应的散热能力，ATM9 型牵引变压器保证内部散热能力良好。

牵引变压器冷却系统主要由油冷却器、电动油泵、电动送风机等部件组成。电动送风机从车辆侧面吸入冷却风，经柔性风道内的整风栅板送往油冷却器，热交换后的空气从进气风道对面的排气风道排出，绝缘油在油冷却器冷却后被送往变压器。油在流经绕组表面和铁芯侧面时吸收热量，吸收热量后的油经电动送油泵再次送往油冷却器进行热交换。冷却油按以下所述不停地在变压器内部循环，当循环因油泵故障等停止时，则绕组将过热、甚至烧损。为此，在循环回路的某部分安装油流继电器，进行油流停止检测。

(二) CRH2 牵引变压器特点

CRH2 采用 ATM9 型牵引变压器，用来把接触网上取得的 25kV 高压电变换为供给牵引变流器及其他电器工作所适合的电压，其工作原理与普通电力变压器相同，但由于动车组变压器工作条件的特殊性，因此又有如下特点。

(1) 对重量和尺寸有严格限制，要求具有体积小、重量轻的特点。

① 1 次、2 次线圈采用了铝质线圈。

② 电磁线电密大，用量小。

③ 该变压器采用壳式铁芯，其特点是铁轭不仅包围线圈的顶面和底面，还包围线圈的侧面。变压器油箱设计成适形结构，紧包变压器铁芯及线圈，所以，该变压器内部结构紧凑，可以减小变压器尺寸及质量。且采用日本新日铁公司特制 30ZH105E 低损耗硅钢片，降低了变压器的铁损。

④ 该系统取消了二次滤波电抗器。

(2) 经常受到机械振动和冲击，要求其具有坚固的机械结构。

(3) 接触网电压变动范围大，受大气过电压和操作过电压等的影响，要求其具有较大的工作范围及较好的绝缘性能。

(4) 二次侧需要多种电压输出，要求其具有较多的二次线圈。

(5) 二次侧各绕组的电抗要求很高。

为了抑制二次电流纹波，控制开关器件的关断电流以及抑制网侧谐波电流，要求各绕组有很高的电抗。以往交-直型电力机车牵引变压器的百分比电抗值为 10%左右，而交-直-交型电力机车的一般在 20%以上。

(6) 二次侧各牵引绕组的电抗要求相等。

为了使二次侧并联的 PWM 整流器的负荷平衡，各牵引绕组的电抗必须相等。

(7) 二次侧各绕组之间必须去耦。

二次侧各绕组之间相互干扰很强时，二次电流波形会产生紊乱，严重影响开关器件的关断电流并对抑制网侧谐波电流也不利，因此各绕组之间要采取磁去耦结构。

(8) 二次侧励磁电抗应尽量小。

(9) 2 次绕组为 2 个独立绕组，每个绕组与一台牵引变流器连接，确保 2 次绕组的高电抗和疏耦合性，两牵引绕组与各自的高压线圈耦合，相互间彼此相互影响很小，牵引变换装置具有能稳定运行的特性。另外，为对应于每个 2 次绕组的增容，1 次绕组配置了 2 个并联的线圈。

(10) 次绕组接地侧、2 次绕组侧及 3 次绕组侧的绝缘套管采用了耐热环氧树脂将 11 根铜质中心导线注塑一体成形的端子板。相对于 3 次绕组侧的一端子使用并引出了 2 根中心导线。缘等级高，特 A 级绝缘，线圈内部采用 A 板及 Nomex410 纸绝缘，冷却介质的最高温度可达 135℃，大大提高了油浸变压器的温升限值。

(11) 冷却绝缘介质采用硅油，其为二甲基聚硅氧烷结构，是无色透明的合成油，不含任何添加物、悬浮物等有害物质，具有好的环保性能。

冷却系统中油冷却器采用铝制板翅式结构，重量轻、体积小，空气阻力损耗(400Pa)与油的阻力损耗(26kPa)低，散热量大(150kW)。另外，整个冷却系统中没有蝶阀，对所有外部组件的可靠性要求很高，维修率低。

(三) ATM9 主要技术参数

ATM9 型牵引变压器采用单相、壳式、无压密封方式，一个基本动力单元配置 1 台，全列共计 2 台。主要技术参数如下。

(1) 通用规格。

① 环境温度：-25～+40℃；

② 原边电压：标称接触网电压为 25kV，电压变动范围为 17.5～31kV。

(2) 性能。

① 单相、壳式、无压密封方式；

② 油循环风冷方式(KDAF)；

③ 额定值：如表 2-5 所示；

④ 绝缘级别：如表 2-6 所示；

⑤ 绝缘类别：特殊 A 类绝缘(使用聚酰胺绝缘纸)；

⑥ 最高温升：如表 2-7 所示；

⑦ 绝缘油：硅油；

⑧ 辅助设备电源规格：电动鼓风机为三相、50Hz、400V、风速 115m^3/min；

⑨ 电动油泵:三相、50Hz、400V、油速 700L/min、7m 油柱。

表 2-5 牵引变压器额定参数

绕组	原边	牵引	辅助
容量/(kV·A)	3060	2570	490
电压/V	25000	1500	400
电流/A	122	857×2	1225
频率/Hz	50		
效率	大于 95%		
额定类别	连续额定		

表 2-6 绝缘级别

绕组	原边线路侧	原边接地侧	牵引	辅助
感应耐电压	42kV×10min	—	—	—
工频耐电压		2.5kV	5.4kV	2.9kV
雷击耐电压	全波:150kV 截断波:170kV	—	—	—

表 2-7 最高温升

测量部位	测量方法	温度上升极限	工频温度上升极限
绕组	电阻法	125K	115K
油	温度计法	80K	75K
标准环境温度	25℃		

(3) 外形尺寸与质量。

外形尺寸为($L\times W\times H$)2570mm×2300mm×835mm。

(4) 总质量为 2910kg(包括电动鼓风机)。

三、CRH3 主变压器

CRH3 型动车组一个牵引单元有一个牵引变压器,分别装在 TC02、TC07 两拖车的地板下,变压器冷却装置(CLF)在每个变压器的旁边。变压器为单系统变压器,设计在 25kV/50Hz/AC 电源电压下使用。该电源电压用于生成牵引电压。变压器为单相操作,它将一次绕组上的接触线 CL 电压转换为四个二次绕组(牵引绕组(TW1-TW2))的电压,并给牵引变流装置供电。变压器外形如图 2-24 所示。

图 2-24 牵引变压器外形

(一)牵引变压器特点

变压器结构系统符合 EN 60310 标准,为铁路用固定变压比单相变压器。变压器拥有下列次级绕组:4×TW(牵引绕组),用于牵引变流器的馈电(四象限斩波器输入电路);一个原边绕组。

变压器上采取了多种适当的保护措施,以防变压器过载。包括冷却回路中以防热过载执行的温度监测、为检查冷却剂流量执行的流量监测及为检测一次电路接地故障执行的一次隔离监测(通过比较外向电流和返回电流进行差动保护)。

变压器系统配有膨胀箱，它位于TC02/TC07车的车顶，从而补偿因温度变化而产生的冷却剂量的变化。

(二)牵引变压器的主要结构

Crh3变压器为芯式变压器，一个原边绕组，四个牵引绕组，该牵引变压器配有膨胀油箱。膨胀油箱位于TC02/TC07车的车顶，从而补偿因温度变化而产生的冷却剂量的变化。

1. 铁芯

变压器铁芯的计算和设计与4低压和4高压绕组的特点相符。铁芯由2个轭架和2个柱构成(带有装好的绕组的柱)。铁芯为冷轧、角铁制作的铁板，具有耐高温和绝缘表面。为降低损耗和噪声级，铁芯片已进行了充分的堆叠和压制。两个柱都不用螺栓装配。两个柱通过两个树脂浸渍带压制。这些绷带在干燥炉中进行生产时已进行了硬化。顶部和底部压力框架均使用抗磁性钢制作而成。这些框架使用绝缘的非磁性螺栓紧固在一起。为防止电容性负载，磁性铁芯要接地。接地带由绝缘铜线构成，连接在铁芯和压挤框架、油箱内侧之间。

2. 绕组

绕组为分层型绕组，通过强制冷却以环层方式固定在铁芯上。为防止绝缘材料长期运行后收缩，绕组已被充分烘干。绕组被紧密压实以备在短路时能够支撑轴向力。所有绕组的绝缘，均采用聚芳基酰胺材料，此材料为耐热纸。

3. 油箱

油箱装配在列车底部。通过六个螺栓固定在列车框架上。油箱的设计结构适合承担活动部件的重量以及绝缘和冷却液等所有成分的重量。同时油箱还必须能够承受运转过程中的所有加速度。油箱盖为钢制，通过螺钉和螺栓固定在油箱上。油箱和油箱盖之间是椭圆型垫圈(截面)。储油柜独立于油箱固定在列车的上部。为便于运输，储油柜使用螺钉固定在油箱盖上。储油柜和油箱是通过管道及连接器连在一起的。

(三)牵引变压器的主要技术参数

牵引变压器的主要技术参数如下。

额定电压：一次，25kV，50Hz；
　　　　　二次，约4×1511V，50Hz。

额定功率：5644kV·A；
　　　　　一次，约5644kV·A；
　　　　　二次，约4×1411kV·A。

额定电流：一次，226A；
　　　　　二次，约4×910A。

质量：约5.6t。

牵引绕组的最大基频有效电流在电源额定电压(AC 25kV)时为935A，在电源低压(AC 22.5kV)时为960A。

四、CRH5 主变压器

CRH5 主变压器采用卧放结构。内部结构主要由铁芯、线圈构成的器身和引线等组成，外部结构主要由油箱及储油柜、冷却系统、组件等几部分组成。主变压器的控制，是由高压箱完成的。高压箱安装在 3 号车和 6 号车车底下，其包括机电设备和传感器来管理高压电路的，高压箱也可以进行牵引变压器的保护。

整个变压器含网侧高压套管共有 14 个接线端子，总质量为 7000kg，最大外形尺寸为 4124mm×2465mm×685mm。外形图如图 2-25 所示。

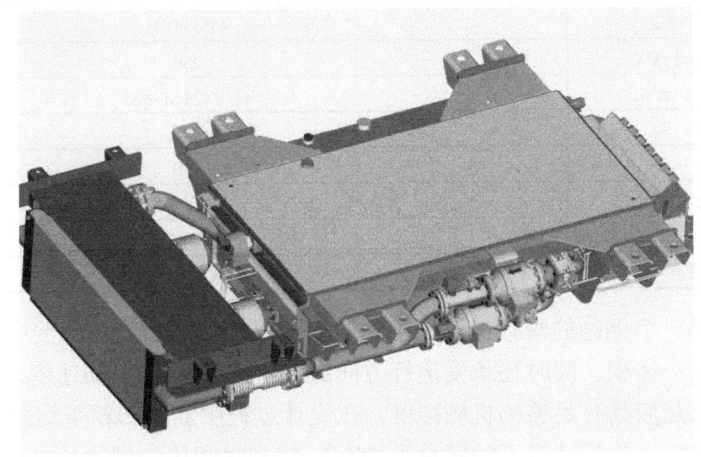

图 2-25　CRH5 主变压器结构图

铁芯磁路为心式结构，由两个芯柱旁轭及两个矩形铁轭组成，采用冷轧晶粒取向硅钢片叠积而成，片间有耐热的绝缘涂层。芯柱采用多级近似圆形的截面，外接圆直径 200cm，有效截面积 $288.84cm^2$。为了适应卧式安装的要求，上下铁轭硅钢片冲孔并用穿心螺杆紧固，芯柱使用苯乙烯塑料绑带绑扎，使之成为一个结实的刚体。

线圈为层式结构，A 级绝缘等级，线圈有两柱，每柱有 2 段绕组，每段绕组都有由高压绕组、滤波绕组和牵引绕组组成的线饼，每个牵引绕组中都有它自身对应的高压绕组，每个变压器共有 4 段绕组。从里到外的顺序为牵引绕组、滤波绕组及高压绕组。线圈的绝缘部分由板材制成。每个绕组带有轴向的同心油道，这些油道用于优化冷却效果。绕组的定位是通过准确的端环来保证的，这样可以减少轴向短路作用力。为满足高阻抗的要求，线圈采用分裂式结构，所有线圈之间均采用退耦布置，四个牵引绕组分别对应四个高压绕组。

该牵引变压器具有如下特点。

(1) 采用轻量化技术，实现大容量、小型化、低质量。
(2) 采用了车体地板下吊挂式安装的卧式扁平结构。
(3) 能承受水平方向 $3g$、横向 $2g$、垂直方向 $1g$ 的冲击加速度。
(4) 绕组结构采用全分裂结构，以满足电磁耦合要求。
(5) 冷却方式为强迫导向油循环风冷，冷却介质采用了具有高燃点的 Ester 脂油。

CRH5 牵引变压器电气参数见表 2-8。

表 2-8 CRH5 变压器电气参数

	高压绕组	牵引绕组		
额定容量/(kV·A)	5262	8776		
额定电压/V	25000	1770×6		
额定电流/A	210	495×6		
施加的工频耐电压/kV	13	13		
端子号	HV N	TR11-TR12 TR41-TR42	TR21-TR22 TR51-TR52	TR31-TR32 TR61-TR62
直流电阻(150℃)	3.02Ω	6×55.08mΩ		
原边对次边牵引绕组		47%+10%		
负载总损耗(150℃)/kW		250		
最大外形尺寸/mm		4124×2465×685		
线圈类型		层式		
油质量/kg		850		
总质量/kg		7000		
相关标准		IEC60310		
储油柜位置		与油箱在一起		

变压器油箱是一个钢制的焊接结构。油箱在真空充油过程中能够承受一定压力。由于变压器要求大容量、小体积，同时还承受运行方向纵向 $3g$、横向 $2g$ 加速度。因此，对变压器油箱最主要的要求是应具有足够的机械强度，在设计过程中油箱和箱盖均采用 ANSYS 软件对其进行有限元分析，分析计算了油箱承受 76kPa 的密封和压力试验，以及添加加速度后变压器的受力变形情况。钢板材料要求耐低温及高强度。几块不锈钢钢板焊接在箱壁上以切断高电流端子的磁场效应。箱盖直接焊接到箱体上，在箱盖上有一个排气孔，在油箱的下部固定有注油阀。油箱通过一个过压阀来保护。打开过压阀时，通过一个内部连接管减少溢油量，这个管位于箱盖下面。油箱喷涂共有三层，50μm 的环氧漆，中间层喷涂 5μm 的聚亚胺酯，最后表面喷涂 50μm 的聚亚胺酯。储油柜侧面放置变压器的一侧。变压器包括的附件如表 2-9 所示。

表 2-9 变压器附件

名 称	数量
冷却器	1
油泵	2
油位指示器	1
压力释放装置	1
开口铁芯电流互感器	1
电火花放电器	1
Pt 100 铂电阻	2
36kV 630A 高压 HV 端子	1
低压牵引端子	12
N 端子	1
吸湿器	1

变压器在安装前，要检查空气干燥器中有没有油，如果发现空气干燥器中没油，应当更换硅胶。变压器与车体的安装通过 8 条螺栓连接。

CRH5 动车组牵引变压器绝缘等级为 F 级，使用耐热等级高的脂油，设计使用环境温度为-25～+45℃，可以在-40～+80℃的温度下储存，但不应当把充满油的变压器露天存放。变压器储存场地必须干燥，必须用塑料布把变压器罩起来。每年必须按 IEC61099 标准要求分析所用变压器油。

油位探测器利用光纤来检测膨胀油箱中的最低油位。如果油位变得太低，则油位探测器就显得多余了。这时就会自动断电，直到再把它与电源连接起来。

油位计位于储油柜上。该指示计用来显示油平面的高度，它可以显示最低和最高油面位置，通过观察上面的对应温度的印记即可了解。变压器要 100%地加满油，直至储油柜相应温度下的刻度。在最低温度为-20℃，最高温度为+120℃时，油位计显示必须能够被看清。

起吊变压器只能使用专用的吊装工具进行起吊，不得利用箱盖吊起整个变压器。在起吊变压器时要注意有无散热器，因为两者的起吊部位是不一样的。

在正常工作期间，每次接通变压器之后都要用油位探测器来检查一下油位。如果列车及变压器较长时间不使用，则这种检查油位的工作应至少 6 个月进行一次。正常情况下油位必须和油位上的相应温度刻度相同(偏差为+20℃/-0℃)。为了保证检查结果真实，应使变压器保持水平。如果油位低于其相应温度刻度，就应当对变压器进行检查并向变压器中加油。但如果油位探测器检测到油位太低，绕组可能低于实际油位而不在真空状态下，此时需判断清楚方可补油。

第一次试运行之后 3 个月要进行第一次取油样工作，以后年年如此。在取油样时应使用干净和干燥的容器，这些容器内不得有清洁液的残留物。在取油样之前应清扫一次变压器上的排油阀。取样时需排出数升油。取油后取样容器也要用油涮一涮。油样必须避光。盛油瓶必须完全充满油。可用暗色玻璃制成的玻璃瓶，带有磨砂玻璃塞。

空气干燥器大致要每 3 个月检查一次硅胶的颜色变化。当有一半以上的硅胶变成无色的(被水饱和)，就应该更换它们。饱和硅胶在 130～160℃条件下可以被烤干。虽然经上述处理的硅胶可以再用，但这种干燥方法对同一硅胶不得使用太多的次数。这一段时间硅胶似乎就不那么有效了，可能是由于时间太长混入灰尘所致。

对于散热器和油泵应检查有无漏油及异音。每隔一周应检查并清扫散热器散热片间的灰尘及异物。

第三章 直流电动机

第一节 直流电动机的基本原理

一、直流电机的用途与结构

直流电机是将直流电能和机械能相互转化的旋转电机,它可用作电动机或发电机。

直流发电机能提供直流电源,如用作同步发电机的励磁机,蓄电池的充电机,专用的可调压直流电源、电解、电镀的低压大电流直流电源等。随着晶闸管整流电源的发展和完善,直流发电机在许多领域中被替代,只在一些特定场合仍具有一定重要性。

直流电动机具有良好的启动、调速和正反转特性,能满足生产过程的各种特殊要求,因而在需要宽广调速的场合和有特殊要求的自动控制系统中,占有突击的应用地位。

直流电机由定子与转子两大部分构成,两者之间存在气隙。定子主要用来建立主磁场,并作为电机的机械支撑,包括主磁极、换向极、机座(磁轭)、端盖和电刷装置等部件。转子主要包括电枢铁芯、电枢绕组和换向器等部件,用来感应电动势、流通电流、产生电磁转矩,从而实现机电能量转换。图3-1为输出直流电机的主要结构。

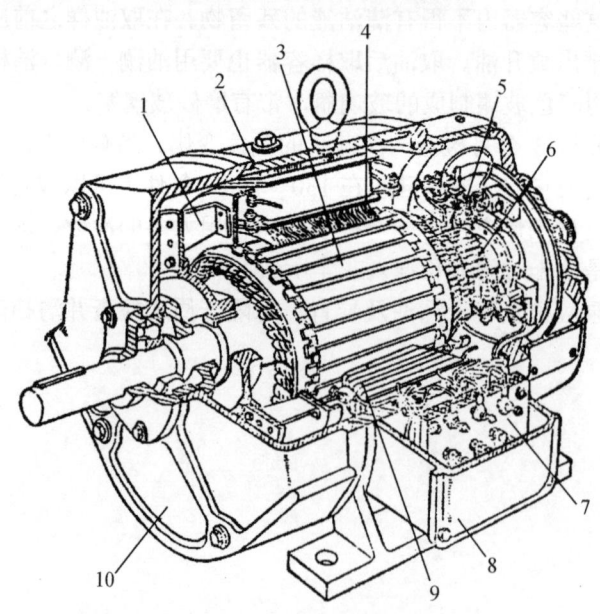

图 3-1 直流电机结构图
1-风扇;2-机座;3-电枢;4-主磁极;5-刷架;6-换向器;7-接线板;8-出线盒;9-换向极;10-端盖

(一)定子

定子结构参见图3-2。

(1)主磁极。简称主极,用来产生主磁场,由主极铁芯和套在铁芯上的励磁绕组构成,如图3-3所示。铁芯由1~1.5mm厚的钢片冲叠而成,并用铆钉紧固成整体,套上励磁绕组后,用螺栓固定在机座上。励磁绕组是绝缘导线绕制而成的集中绕组,它通入直流励磁电流后产生恒定磁场。主极极靴表面与电枢外圆表面间的气隙通常是不均匀的，在主极中心线处最小，朝着极靴边缘气隙逐渐扩大。

(2) 换向极。用来产生换向区磁场以改善直流电机换向性能。其铁芯由整块锻钢或厚钢片冲叠成，铁芯上套置换向极绕组，该绕组是用绝缘扁导线制成的集中绕组，且匝数较少，与电枢绕组串联，如图 3-4 所示。换向极安装在相邻主极的平分线上，换向极数等于主极数。换向极面下的气隙往往较主极极面下气隙大。

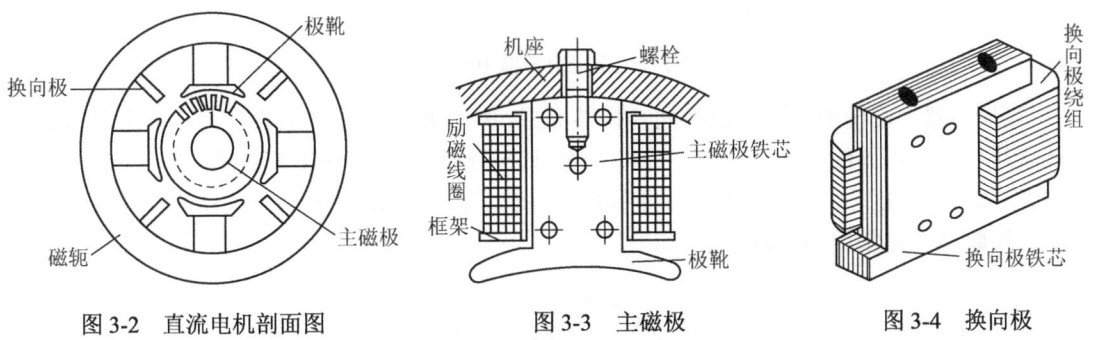

图 3-2　直流电机剖面图　　　　图 3-3　主磁极　　　　图 3-4　换向极

(3) 机座。它是由钢板焊接而成的定子部分外壳，对定子各部件起支撑作用，同时它还是闭合磁路的一部分，起导磁作用(又称磁轭)，如图 3-2 所示。

(4) 电刷装置。它是固定电刷的装置，由刷握、刷杆、座圈等部件组成。电刷置于刷握上的刷盒中，用压力弹簧压住电刷，使电刷与换向器表面保持有适当压力的滑动接触。刷握固定在刷杆上，刷杆固定在座圈上，二者应妥善绝缘。大型电机座圈安装在机座上，小型电机则常装在端盖内，座圈位置可适当调整，以保证电刷安放位置适当。刷杆数等于主极数。大电机各刷握组成电刷组安装在刷杆上。

(二) 转子

转子又称电枢，如图 3-5 所示。

(1) 电枢铁芯。主要用来嵌放绕组和构成电机的磁路。电枢旋转时，电枢铁芯上磁场是交变的，为了减少铁损耗，由两面涂有绝缘漆的、厚度为 0.35～0.5mm 的硅钢冲片叠压组成。图 3-6 给出了冲片形状，可见其外圆上开槽，中间有轴向通风孔，以改善铁芯冷却条件。

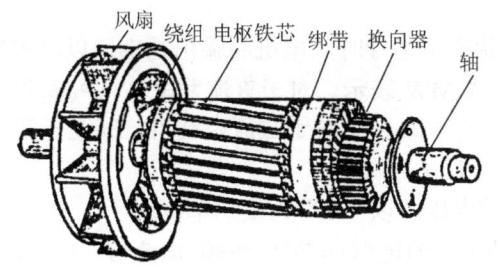　　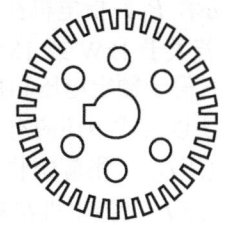

图 3-5　转子　　　　　　　　　图 3-6　电枢铁芯冲片

(2) 电枢绕组。它由许多绝缘导线绕制成线圈按确定规律与换向器连接构成。通常小型电机用圆导线制成线圈，嵌放在梨形槽中，较大容量电机则用矩形截面导线预做出成形线圈，嵌放在矩形槽中如图 3-7 所示。

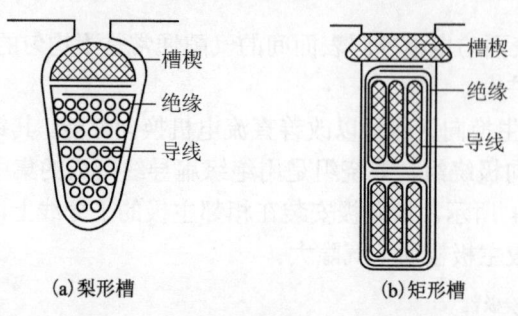

图 3-7 电枢绕组在槽中的剖面图

(3) 换向器。由楔形截面的铜换向片拼装而成,构成圆柱体。一般换向片上有升高片,每个升高片与两个不同线圈端头焊接。片与片间用云母绝缘,换向片下部的鸠尾垫上云母绝缘,用 V 形钢环和螺旋压圈将全部换向片紧固成圆柱体,如图 3-8(b)所示,这种结构的换向器称为拱式换向器,是常用的一种。

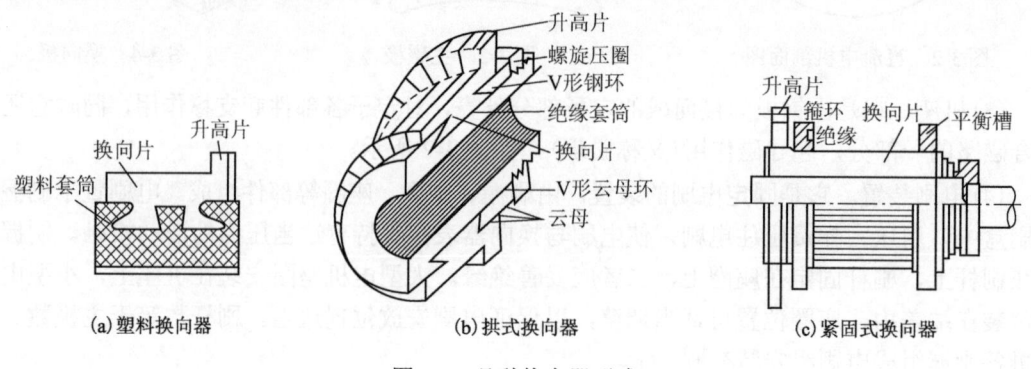

图 3-8 几种换向器形式

(三) 直流电机的额定值

额定值是制造厂对各种直流电机在指定工作条件下运行时所规定的一些量值。在额定状态下运行时,可以保证直流电机设备长期可靠的工作,并具有优良的性能。额定值也是制造厂和用户进行产品设计或试验的依据。额定值通常标在各电器的铭牌上,故又称为铭牌值。直流电机的额定值主要有以下几项。

(1) 额定功率 P_N。指电机在铭牌规定的额定状态下运行时,电机的输出功率,以 "W" 为量纲单位。若大于 1kW 或 1MW 时,则用 kW 或 MW 表示。对于直流发电机,P_N 是指输出的电功率,它等于额定电压和额定电流的乘积,$P_N = U_N I_N$。对于直流电动机,P_N 是指输出的机械功率,所以公式中还应有效率 η_N 存在,$P_N = U_N I_N \eta_N$。

(2) 额定电压 U_N。指额定状态下电机出线端的电压,以 "V" 为量纲单位。

(3) 额定电流 I_N。指电机在额定电压、额定功率时的电枢(电机出线端)电流值,以 "A" 为量纲单位。

(4) 额定励磁电压 U_{fN}。单位为 V。

(5) 额定励磁电流 I_f。指电机在额定状态时的励磁电流值。

(6) 额定功率 P_N。单位为 W 或 kW。

(7) 额定效率 η_N。

(8) 额定转速 n_N。指额定状态下运行时转子的转速,以 "r/min" 为量纲单位。

(9) 额定转矩 T_N。单位为 N·m。

(10) 额定温升 τ_M。单位为 ℃。

一般情况，电机都应该按额定值运行，此时电机处于设计所期求的运行工况，各项性能指标、经济性、安全性等总体上会处于最佳状态。工程中，电机恰以额定容量运行时称为满载，超过额定容量为过载，反之为轻载。电机过载运行可能导致过热，加速绝缘老化，降低使用寿命，甚至损坏电机，是应该加以控制的；但轻载运行会降低效率，且浪费容量，也是应该尽量避免的。因此，根据实际需要，合理选定电机容量，使之基本上以额定工况运行，这是电机应用中的基本要求。

二、直流电机的电枢绕组

电枢绕组是直流电机的电路部分，亦是实现机电能量转换的枢纽。电枢绕组的构成，应能产生足够的感应电动势，并允许通过一定的电枢电流，从而产生所需的电磁转矩和电磁功率。此外，还要节省有色金属和绝缘材料，结构简单，运行可靠。

直流电枢绕组有叠绕组、波绕组和混合绕组等三种类型。叠绕组中又有单叠和复叠绕组之分，波绕组也有单波和复波绕组之分。单叠和单波绕组是电枢绕组的基本形式，复叠和复波绕组分别是单叠和单波绕组的组合，混合绕组则是叠绕组和波绕组的组合。本节主要说明单叠和单波绕组的组成和连接规律。

(一) 直流电枢绕组的构成

组成绕组的基本单元称为元件。一个元件由两条元件边和端接线组成，如图 3-9 所示。元件边置于槽内，能"切割"主极磁场而感应电动势，亦称为有效边。端接线在铁芯之外，不"切割"磁场，故不产生感应电动势，仅起连接线作用。从工艺上考虑，一个线圈在嵌线时必须使一个有效边在下层边，另一个有效边必须在上层边。每个元件可以是单匝，亦可以是多匝。图 3-10 表示一个两匝的叠绕和波绕元件。元件依次地嵌放在电枢槽内，一条有效边放在槽的上层，另一条放在另一槽的下层，构成双层绕组。元件的首端和尾端按一定的规律接到不同的换向片上，最后使整个电枢绕组通过换向片连成一个闭合电路。

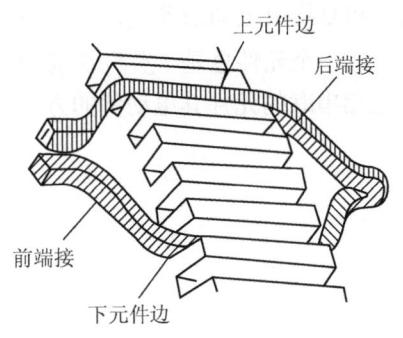

图 3-9 电枢绕组的元件

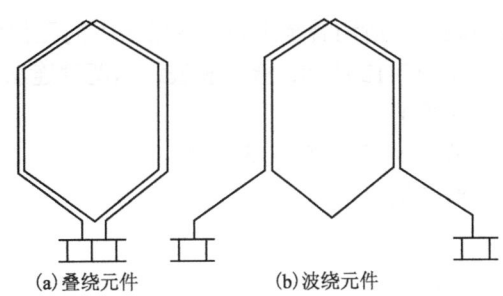

图 3-10 两匝元件

若电枢每槽上、下层只有一个元件边，则整个绕组的元件数 S 应当等于槽数 Q。多数直流电机中，每槽的上、下层各包含 u 个元件，如图 3-11 所示，此时有

$$S = uQ \tag{3-1}$$

式中，u 为槽内一层嵌放的元件边数。

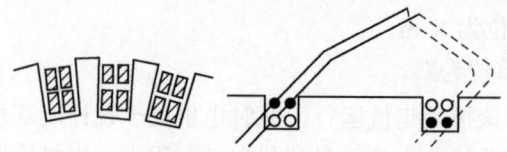

图 3-11　一个线圈内有两个元件($u=2$)的绕组

为了区别同一槽中的各元件边，通常把一个上层和一个下层元件边在槽内所占的空间作为一个"虚槽"，这样虚槽数即等于元件数。由于一个换向片与不同元件的两个出线端相连接，有一个换向片即等于有一个元件，所以换向片数应当等于元件数。于是，直流电枢绕组的元件数 S、换向片数 K 和虚槽数 Q_u 三者相等，即

$$S = K = Q_u \tag{3-2}$$

(二) 直流电枢绕组的节距

电枢绕组的连接规律是通过绕组的节距来表征的。直流电枢绕组的节距有第一节距、第二节距、合成节距和换向器节距等四种。

第一节距。 元件的两条有效边在电枢表面上所跨的距离称为第一节距，用 y_1 表示。第一节距的大小通常用所跨的虚槽数来计算。因为元件边置放在槽内，所以 y_1 必定是一个整数。为得到较大的感应电动势和电磁转矩，y_1 最好等于或接近于一个极距，即

$$y_1 = \frac{Q_u}{2p} \pm \varepsilon \tag{3-3}$$

式中，ε 为使 y_1 凑成整数的一个小数；p 为磁极对数。当 $y_1 = \frac{Q_u}{2p}$ 时，第一节距恰好等于一个极距，称为整距绕组（或全距绕组）；当 $y_1 < \frac{Q_u}{2p}$ 时，第一节距比极距小，称为短距绕组，因为短距绕组有利于换向，对于叠绕组尚能节省部分端部用铜，故常被采用。

第二节距。 在相串联的两个元件中，第一个元件的下层边与第二个元件的上层边在电枢表面上所跨的距离，称为第二节距。第二节距用 y_2 表示，也用虚槽数计算。

合成节距。 在相串联的两个元件的对应边在电枢表面所跨的距离，称为合成节距。合成节距用 y 表示，也用虚槽数计算。波绕和叠绕、单绕组和复绕组之间的差别，主要表现在合成节距上。所谓叠绕组是指各磁极下的元件依次相连，后一个元件总是"叠"在前一个元件上，如图 3-12 所示。叠绕和波绕这两种连法，都能保证相串联的元件其电动势的方向相同而不互相抵消。

从图 3-12 和图 3-13 可见：

对叠绕组

$$y = y_1 - y_2$$

对波绕组

$$y = y_1 + y_2$$

换向器节距。 在换向器表面上，同一元件的两个出线端所接的两个换向片之间所跨的距离，成为换向器节距。换向器节距用 y_c 表示，其大小用换向片数计算。

由于元件数等于换向片数，每连接一个元件时，元件边在电枢表面前进的距离，应当等于其出线端在换向器表面所前进的距离，所以换向器节距应当等于合成节距，即

$$y_c = y \tag{3-4}$$

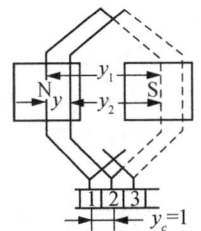
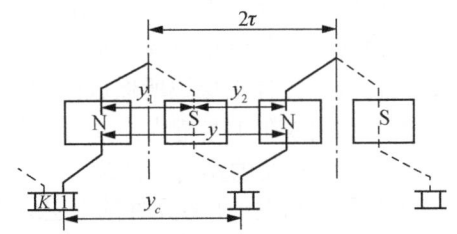

图 3-12 叠绕元件在电枢上的连接   图 3-13 波绕元件在电枢上的连接

(三)单叠绕组

单叠绕组的连接规律是：所有相邻的元件依次串联(即后一个元件的首端与前一个元件的尾端相连)，同时每个元件的出线端一次连接到相邻的换向片上，最后形成一个闭合回路。所以单叠绕组的合成节距等于一个虚槽，换向器节距等于一个换向片，即

$$y = y_c = \pm 1 \tag{3-5}$$

式中，"+1"和"-1"分别串联一个元件就"向右"或"向左"移动一个虚槽或一个换向片，前者称为右行绕组，后者称为左行绕组。$y = -1$ 时，绕组向左移动，元件接到换向片的连接线互相交错，用铜较多，故很少采用。

下面以 $2p = 4$，$S = K = Q_u = 16$，$u = 1$ 为例，说明单叠绕组的连接。

由于绕组为单叠，故合成节距为

$$y = y_c = 1 \tag{3-6}$$

若绕组为整距，则第一节距为

$$y_1 = \frac{Q_u}{2p} \pm \varepsilon = \frac{16}{4} \pm \varepsilon \quad (\text{取 } \varepsilon = 0) \tag{3-7}$$

于是第二节距为

$$y_2 = y_1 - y = 3 \tag{3-8}$$

根据已经确定的各个节距，即可画出绕组的展开图及相应的电路图。

图 3-14 表示这个单叠绕组的展开图。图中磁极设在绕组上面，磁极在纸面上均匀分布，表示一个极的极距。电刷的中心线对着磁极中心线，各电刷之间相隔的换向片数相等。箭头

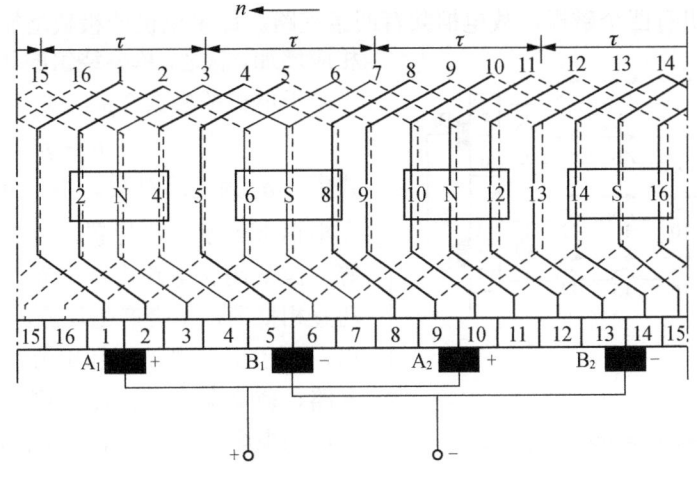

图 3-14 单叠绕组的展开图($2p = 4$，$S = K = Q_u = 16$)

和 n 表示电枢旋转方向和转速。槽内元件的上层有效边用实线表示，下层边用虚线表示。元件、槽及换向片自左至右编号，元件顶上的号码为元件号，中间的号码是虚槽号。编号的原则是：元件号、元件上层边所嵌放的虚槽号以及该边所连接的换向片号均为相同；例如，1号元件的上层边放在1号槽内，并与1号换向片相连。这样，根据编号便可弄清元件边在虚槽内的位置及其所接的换向片位置。

从1号元件出发。1号元件的上层边嵌于1号虚槽内，与1号换向片相连。由于 $y_1=4$，下层边嵌于5号虚槽内。因 $y_c=1$，下层边应与2号换向片相连。接着，2号换向片与嵌于2号虚槽内的2号元件的上层边相连，2号元件的下层边则嵌于6号虚槽内，再接到3号换向片，以此类推，从左到右把各个元件依次连接，同时与所有相应的换向片连接起来，最后即可形成一个闭合电路。

按照电枢绕组的展开图，可以画出该瞬间的电枢电路图。

根据主磁极的极性和电枢的旋转方向，可以确定各元件中感应电动势的方向以及电刷的极性。从图3-14可知，元件2、3、4和10、11、12都在N极下，其中的电动势方向都是从元件尾端指向元件首端；而元件6、7、8和14、15、16都在S极下，电动势的方向相反，即从首端指向尾端。因此，这12个元件将构成四条并联支路，电刷 A_1、A_2 为正极性，B_1、B_2 则为负极性。元件1、5、9、13分别被电刷 A_1、B_1、A_2、B_2 短路。为使正、负电刷间引出的电动势最大，被电刷所短路的元件电动势应当等于零；在元件端接线对称的情况下，电刷的实际位置应在磁极中心线下。此时，被电刷短路的元件其元件边恰好处于两个主极之间的中性线位置（此中性线称为几何中性线），该处的磁通密度为零，故该两条元件边中的感应电动势均等于零，被电刷短路时不致产生环流；另外，正、负电刷间引出的电动势亦为最大。此时的电刷位置，习惯上称为"电刷放在几何中性线位置"。

根据元件中的电动势方向以及通过换向片和各电刷接触的情况，即可画出与图3-14所示的瞬间相对应的电枢电路图，如图3-15所示。图中元件上的箭头表示该瞬间各元件中的电动势方向，无箭头表示电动势等于零。这个电路图虽然是对应于图3-14所示瞬间画出，对于其他时刻，由于该电路的组成情况基本不变，所不同的仅是组成各支路的元件互相轮换，因此这个电路即可作为单叠绕组的电枢电路图。

从图3-14和图3-15可以清楚地看出，每个极下的元件其电动势是同方向的，串联起来组成一个支路。电机有四个磁极，故电枢共有四条支路。如果电机的极数增加，并联支路亦将相应增加。总之，单叠绕组的并联支路数 $2a$ 应当等于电机的极数 $2p$，或

$$a = p \tag{3-9}$$

式中，a 为支路对数。由于组成各支路的元件在电枢上处于对称位置，各支路电动势大小相等，故从闭合电路内部来看，各支路电动势恰巧互相抵消，不会产生环流。从图3-15还可看出，为了引出电动势和电流，电枢电路有四条支路，就必须装置四组电刷。普遍而言，单叠绕组的电刷组数应当等于磁极数。

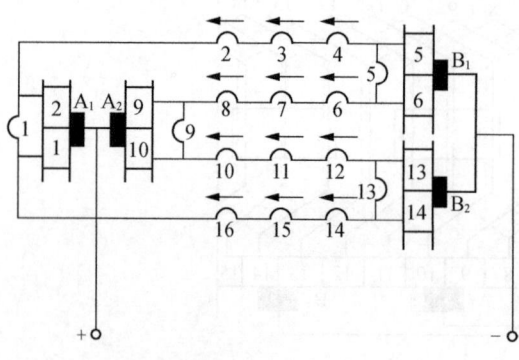

图3-15 瞬间电枢绕组的电路图

(四)单波绕组

单波绕组的连接规律是,从某一换向片出发,把相隔约为一对极距的同极性磁极下对应位置的所有元件串联起来,直到沿电枢和换向器绕过一周之后,恰好回到出发换向片的相邻一片上;然后从此换向片出发,继续绕连,直到把全部元件连完,最后回到开始出发的换向片,构成一个闭合电路。

从图 3-13 可以看出,如果电机有 p 对极,元件接绕电枢一周,就有 p 个元件串联起来。从换向器上看,每连一个元件前进 y_c 片,连接 p 个元件后所跨过的总换向片数应为 py_c。单波绕组在换向器上接绕一周后,应回到出发换向片的相邻一片上,即总共跨过 $K \pm 1$ 片,所以有

$$py_c = K \pm 1$$

或

$$y_c = y = \frac{K \pm 1}{p} \tag{3-10}$$

式中,"-1"表示接绕一周后后退一片,称为左行绕组;"+1"表示接绕一周后前进一片,称为右行绕组。右行绕组因端接部分交叉,故较少采用。

现以 $2p = 4$,$S = K = Q_u = 15$,$u = 1$ 为例,说明单波绕组的连接规律和特点。

根据式(3-11),此单波绕组的合成节应为

$$y = y_c = \frac{K-1}{p} = \frac{15-1}{2} = 7 \text{(左行绕组)} \tag{3-11}$$

第一节距为

$$y_1 = \frac{Q_u}{2p} \pm \varepsilon = \frac{15}{4} - \frac{3}{4} = 3 \text{(短距绕组)} \tag{3-12}$$

由此即可画出绕组的展开图,如图 3-16 所示。

图 3-16 中元件/换向片和虚槽的编号方法与单叠绕组相同。根据已经确定的节距值,从 1 号换向片出发。1 号换向片接到 1 号元件上层边,1 号元件的上层边嵌于 1 号虚槽,根据 $y_1 = 3$,下层边嵌入 4 号虚槽;因 $y_c = y = 7$,故下层边应与 8 号换向片相连。8 号换向片与 8 号元件的上层边相连,其下层边嵌入 11 号虚槽,并与 15 号换向片相连。这样连接了两个元件,在电枢表面跨过了两对极,即绕过电枢和换向器一周,并回到与出发的 1 号换向片相邻的 15 号换向片上。按此规律连续嵌连,可将 15 个元件全部连接起来,最后回到第一号换向片,构成一个闭合回路。元件的连接次序如图 3-16 所示。

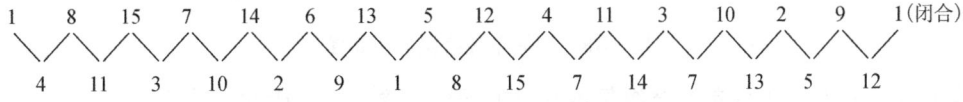

图 3-16 单波绕组元件的连接次序

图 3-18 表示与图 3-17 所示瞬间相应的电枢电路图。图中元件 15、7、14、6、13,其上层边都在 S 极下,电动势方向相同,串联起来组成一条支路;元件 4、11、3、10、2 的上层边都在 N 极下,电动势方向亦相同,串联起来构成另一条支路。为使引出的电动势最大,电刷置放在几何中性线上(实际位置在磁极中性线下),此时元件 5、12 被电刷 A_1、A_2 短路,元件 1、8、9 被电刷 B_1、B_2 短路,这五个元件的两条边因基本处于几何中性线左右对称的位置,元件中的感应电动势接近于零,故环流亦接近于零。

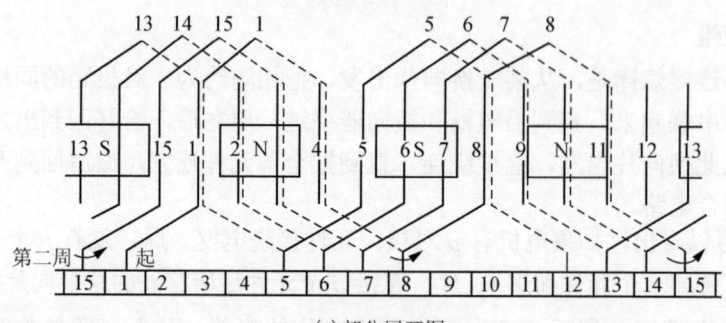

(a) 部分展开图

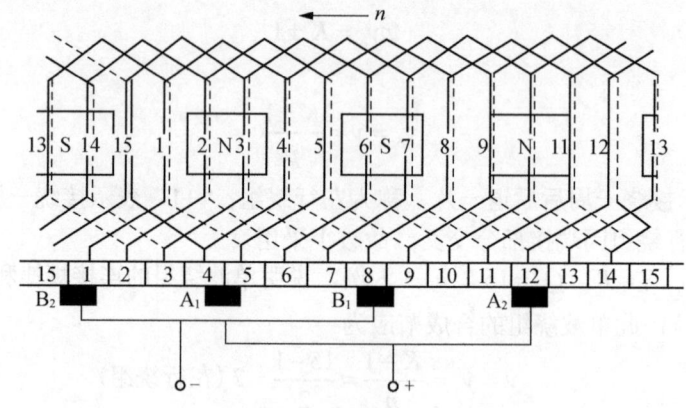

(b) 全部展开图

图 3-17 单波绕组展开图（$2p=4$，$S=K=Q_u=15$）

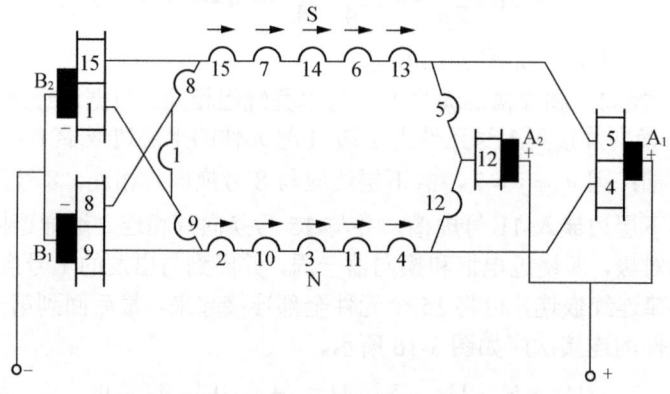

图 3-18 瞬间单波绕组的电路图

从图 3-18 可见，组成单波绕组每条支路的元件包含了同一极性下的所有元件，所以无论电机是多少极，单波绕组只有两条并联支路，即支路对数：

$$a_= = 1 \tag{3-13}$$

由于单波绕组只有两条支路，故如去掉一对电刷 A_1、B_2，不会影响支路数和引出电动势的大小；但因电刷组数减少，每组的电刷面积必须增大，使换向器长度增加，且被电刷短路的换向元件从并联变为串联，对换向不利，所以一般单波绕组的电刷组数仍取为磁极数。

总体来说，直流电枢电路是一个有源多支路电路。对电路内部来说，它是一个闭合回路；从外面观察，同极或同极性下的元件通过电刷组成多支路电路。当电枢旋转时，元件中感应出交变电动势，通过换向器从电刷上引出的电动势则是直流电动势。

(五) 各种绕组的应用范围

除单叠和单波绕组外，电枢绕组还有复叠、复波和混合绕组。

双叠绕组由两个单叠绕组通过电刷并联起来构成，每个单叠绕组的元件互相间隔地嵌入槽内。双波绕组则由两个单波绕组通过电刷并联起来构成，每个单波绕组的元件也是互相间隔地嵌于槽内。所以双绕组的节距与单绕组不同，但连接规律与单绕组并无根本区别。双绕组的支路数应是单绕组的一倍，这是容易理解的。

一套叠绕组和一套波绕组按一定的规律嵌放并连接到同一个换向器上，可以构成混合绕组（亦称蛙型绕组）。

就使用而言，各种直流电枢绕组的主要差别就在于并联支路数的多少。支路多时，每条支路的串联元件数就少。通常都是根据电机额定电流的大小和额定电压的高低来选择绕组型式的。单波绕组的支路数最少，用于小容量电机和电压较高或转速较低的电机。复波绕组可用于多极数、低速的中、大型电机。单叠绕组的支路数比波绕组多，主要用于中等容量、正常电压和转速的电机。复叠绕组用于大容量或低压、大电流的电机。蛙型绕组常用在转速较高、换向困难的大型直流电机上。

三、直流电机的磁场

磁场是电机实现机电能量转化的媒介。直流电机中产生磁场的方式有两种，一种是永久磁铁磁场，只在一些比较特殊的微电机中采用；另一种是电磁铁磁场，是由套在主极铁芯上的励磁绕组通入电流产生的，称为励磁磁场，一般电机都采用这种励磁形式。

(一) 直流电机按励磁方式分类

励磁方式是指励磁绕组的供电方式。直流电机按供电方式可分为他励直流电机和自励直流电机，自励直流电机又分为并励、串励、复励三种直流电机。

(1) 他励直流电机。所谓他励，顾名思义，就是励磁绕组由其他直流电源单独供电，如图 3-19(a) 所示。

(2) 并励直流电机。其接线图如图 3-19(b) 所示。此时励磁绕组与电枢绕组并联，电枢电压即励磁电压。

(3) 串励直流电机。励磁绕组与电枢绕组串联，电枢电流即励磁电流，如图 3-19(c) 所示。

(4) 复励直流电机。励磁绕组分为两部分，一部分与电枢绕组串联，另一部分与电枢绕组并联，如图 3-19(d) 所示。复励直流电机还可以进一步细分，如按实线连接为短复励，虚线连接为长复励；两部分绕组产生的磁场相消为差复励，相长则为积复励。

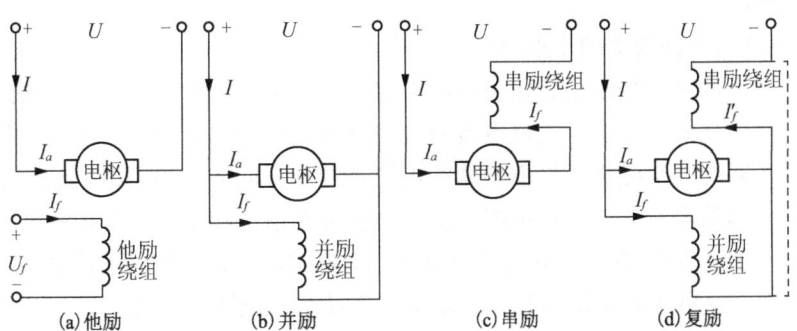

图 3-19 按励磁方式直流电机的分类

(二)直流电机的空载磁场

(1)磁通。空载时电机中的磁场分布是对称的,磁通可分为两部分(图 3-20)。其中绝大部分从主极铁芯经气隙、电枢,再经过相邻主极下的气隙和主极铁芯,最后经定子磁轭闭合,同时交链励磁绕组和电枢绕组,在电枢绕组中感应电动势,实现机电能量转换,称为主磁通;另一小部分不穿过气隙进入电枢,而是经主极间的空气或定子磁轭闭合,不参与机电能量转换,称为漏磁通。每极主磁通记为 Φ_m,漏磁通记为 Φ_σ,则通过每个主极铁芯中的总磁通为

$$\Phi_{总} = \Phi_m + \Phi_\sigma = \Phi_m(1 + \Phi_\sigma/\Phi_m) = k_\sigma \Phi_m$$

式中,$k_\sigma = 1 + \Phi_\sigma/\Phi_m$ 称为主极漏磁系数,其大小与磁路结构即磁场分布情况有关,通常 $k_\sigma = 1.15 \sim 1.25$。

(2)主磁场分布。设电枢表面光滑无齿,气隙磁动势为 F'_δ,x 处的气隙长度和气隙磁密分别为 $\delta(x)$ 和 $B_0(x)$,则有 $B_0(x) = \mu_0 F'_\delta/\delta(x)$,即 $B_0(x)$ 与 $\delta(x)$ 成反比。由于主极下的气隙是不均匀的,且极靴宽度小于极距,故气隙磁密在一个极下的分布规律如图 3-21 所示,通常为一个顶波。

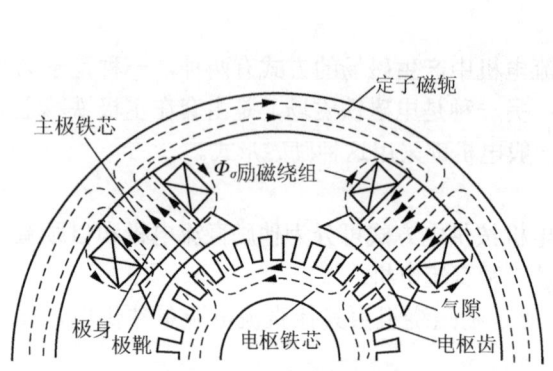

图 3-20 一台四极直流电机中空载磁场分布

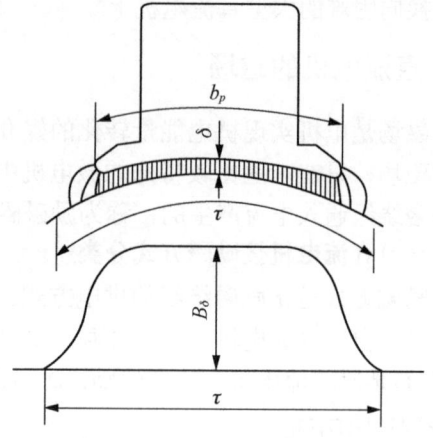

图 3-21 每极下气隙磁密分布

(三)直流电机负载时磁场及电枢反应

当电机有负载、电枢绕组中有电流通过时,该电流也会在电机中产生磁场,称为电枢磁场。载流的电枢绕组也会产生磁动势,称为电枢磁动势。电枢磁动势的出现会对励磁磁场产生影响,从而改变气隙磁密分布情况及每极磁通量的大小。电枢磁动势对励磁磁场产生的影响称为电枢反应。

(1)电刷在几何中性线上的电枢反应。

为简化分析,设电枢绕组是整距绕组。当电刷放于磁极轴线上时,其短路元件的元件边位于电枢的几何中性线上,由于电枢电流通过电刷引入或引出,故相当于电刷位于电枢电流分布的分界处。即同一个磁极下电枢导体的电流是同一方向的,不同极性的磁极下电枢导体电流方向相反。尽管电枢旋转,但电枢导体中电流分布情况不变,因此电枢磁动势的方向是不变的,它与励磁磁动势(图 3-22(a))相对静止。电枢磁场的轴线与励磁磁动势所产生的主磁场轴线相互垂直,这种电枢磁动势称为交轴电枢磁动势,见图 3-22(b)。

当直流电机负载运行时,电机的气隙磁场有励磁磁场与电枢磁场两部分合成,见图3-22(c)。对应的气隙磁密分布曲线为励磁磁场磁密分布曲线与电枢磁场磁密分布曲线的合成,见图3-22(d)。

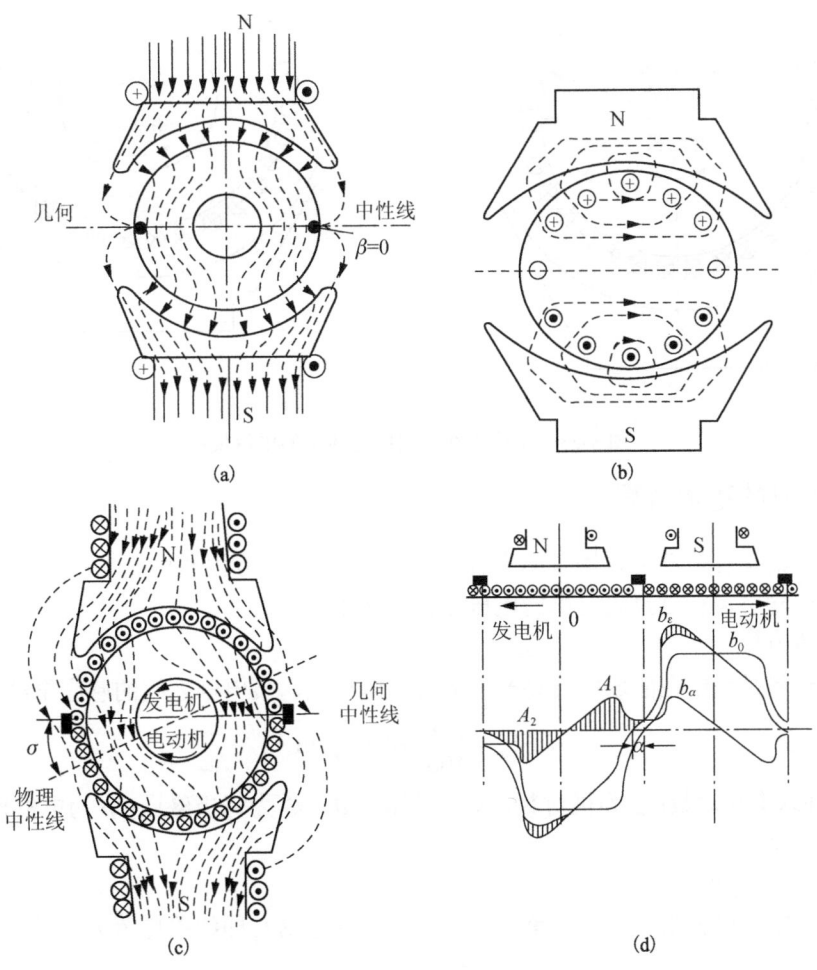

图3-22 电刷在几何中心线上的电枢反应

(2)电刷不在几何中性线上的电枢反应。

若电刷从几何中性线移过β角度,则电枢绕组中电流的分布如图3-23(a)所示。可见,电枢磁动势的位置亦随着移动β角度。此时可将电枢磁动势分解为两个分量:一个作用在交轴上,称为交轴电枢磁动势分量F_{aq};另一个作用在主磁极轴线上,称为直轴电枢磁动势分量F_{ad},如图3-23(b)所示。

交轴电枢磁动势分量的电枢反应如前面的分析。直轴电枢磁动势分量的电枢反应是:若电枢顺发电机转向移过β角度,则直轴电枢反应对励磁磁动势产生的磁场起去磁作用,反之,则起助磁作用。

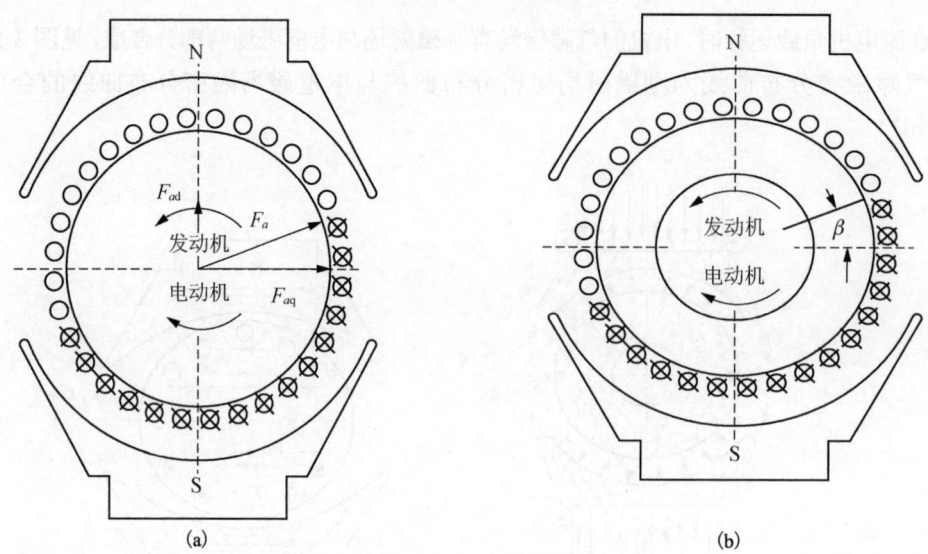

图 3-23 电刷不在几何中心线上的电枢反应

四、直流电机的基本方程

直流电机的运行情况可以用基本方程(即电端口的电压方程和机械端口的转矩方程)来研究。下面导出稳态运行时直流电机的电压方程和转矩方程。

(一)电压方程

电枢电动势是绕组在磁场中转动产生的直流电机正、负电刷之间的感应电动势。则有

$$E_a = \frac{pN}{60a}\Phi n = C_e \Phi n$$

式中,a 为并联支路对数;p 为极对数;N 为导体总数;Φ 为每极磁通;n 为电枢转速,r/min;C_e 为电动势常数。

(1)他励直流电机。

他励时,励磁电流由其他电源单独供电,故电枢电流 I_a 即线路电流 I,即

$$I_a = I \tag{3-14}$$

对于励磁回路,若励磁绕组上所加电压为 U_f,励磁回路的电阻为 R_f,励磁电流为 I_f,则有

$$U_f = I_f R_f \tag{3-15}$$

对于电枢回路,若电机为发电机,电机向负载供电,则电枢绕组内的感应电动势 E_a 必定大于端电压 U。采用发电机惯例,以输出电流作为电枢电流的正方向,如图 3-24(a)所示。若电枢绕组的电阻为 R,正、负一对电刷上的接触电压降为 $2\Delta U_s$,根据基尔霍夫第二定律可知:

$$E_a = U + I_a R + 2\Delta U_s \tag{3-16}$$

式(3-16)亦可以改写成:

$$E_a = U + I_a R_a \tag{3-17}$$

式中,R_a 为电枢回路的总电阻,包括电枢绕组的电阻,电刷的接触电阻;若电机装有换向极绕组,则其电阻亦应包括在内(换向极绕组通常与电枢串联)。

若电机为电动机,则端电压必定大于电枢绕组内的感应电动势 E_a。采用电动及惯例,以

输入电流作为电枢电流的正方向，如图3-24(b)所示，根据基尔霍夫第二定律有

$$U = E_a + I_a R + 2\Delta U_s = E_a + I_a R_a \tag{3-18}$$

图3-24(a)和(b)分别表示与式(3-16)和式(3-17)相应的稳态电路图。

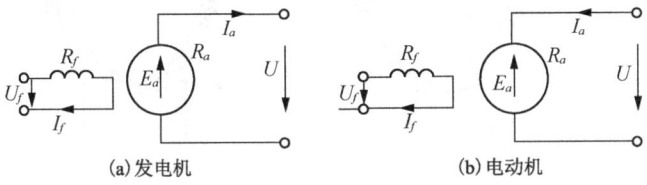

(a) 发电机　　　　　　　(b) 电动机

图 3-24　直流电机的稳态电路图

(2) 并励直流电机。

并励时，励磁回路和电枢回路的电压方程仍与他励时相同，但必须加以下几个约束：

由于励磁绕组与电枢并联，故有

$$U_f = U \tag{3-19}$$

对于并例发电机，励磁电流由电枢供电，所以，有

$$I_a = I + I_f \tag{3-20}$$

对于并励电动机，励磁和电枢电流均由电源供给，故有

$$I = I_f + I_a \tag{3-21}$$

(3) 串励直流电机。

若电机为串励，励磁绕组与电枢绕组相串联，故有

$$I_a = I_f = I \tag{3-22}$$

式中，I_f 为串励绕组中的励磁电流。

(二) 转矩方程

直流电机电磁转矩为电枢绕组所有载流导体与主磁场相互作用力矩之和。并有

$$T_e = \frac{pN}{2\pi a} \Phi I_a = C_m \Phi I_a$$

式中，C_m 与 C_e 的关系为 $C_m = 9.55 C_e$。

如图3-25所示，若转子为逆时针旋转，则主极N极下电枢导体中的感应电动势为流出的方向，S极下导体中的电动势则为流入方向。对于直流发电机，电枢电流与电枢电动势为同一方向，于是N极下导体中的电流将为流出(⊙)，S极下导体则为流入(⊗)，因此电枢上将收到一个顺时针方向的电磁转矩。这说明，在发电机情况下，电磁转矩是一个制动转矩。若 T_1 为原动机的驱动转矩，T_0 为电机本身的机械阻力转矩，则发电机的转矩方程应为

$$T_1 = T_0 + T_e \tag{3-23}$$

相应示意图如图3-25(a)所示。

对于直流电动机，由于电枢电流与感应电动势反向，故电枢逆时针方向旋转时，N极下导体中的电流将为流入(⊗)，S极下则为流出(⊙)，如图3-25(b)所示，于是电枢上将受到一个逆时针方向的电磁转矩。这说明，电动机的电磁转矩是一个驱动转矩。所以电动机的转矩方程为

$$T_e = T_0 + T_2 \tag{3-24}$$

式中，T_2 为电动机轴上的负载转矩。图3-25(b)表示与式(3-24)相应的示意图。

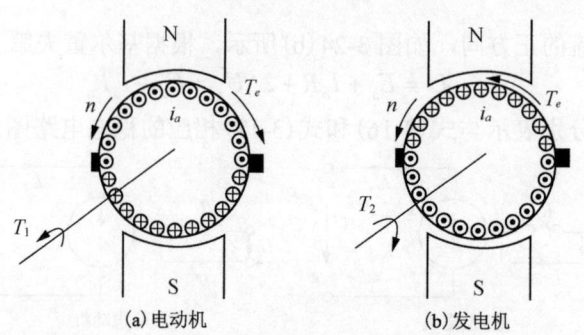

图 3-25 直流电机的电磁转矩和外施转矩

(三) 电磁功率和功率方程

1. 电磁功率

下面采用电动及惯例来分析。

先看励磁回路。励磁绕组的输入功率 P_f 为

$$P_f = U_f I_f = I_f^2 R_f \tag{3-25}$$

这说明励磁绕组的输入功率全部变为励磁绕组内的电阻损耗，励磁绕组与机械系统之间没有能量转换。

再看电枢回路。根据式(3-18)，电枢输入功率为

$$UI_a = I_a^2 R_a + E_a I_a \tag{3-26}$$

式中，$I_a^2 R_a$ 为电枢回路的铜耗；$E_a I_a$ 称为电磁功率 P_e。不难证明，就数值而言：

$$P_e = E_a I_a = \frac{pZ_a}{2\pi a_=} \Omega \Phi I_a = T_e \Omega \tag{3-27}$$

对于电动机，$E_a I_a$ 为电枢中的感应电动势所吸收的电功率，$T_e \Omega$ 为电动机的电磁转矩对机械负载所作的机械功率，由于能量不灭，两者相等。对于发电机，$T_e \Omega$ 为原动机为克服电磁转矩而输入电机的机械功率，$E_a I_a$ 为电枢发出的电功率，两者亦相等。所以，无论是发电机还是电动机，在直流电机中，电磁功率就是能量转换工程中电能转换为机械能或相反转换的转换功率。式(3-27)说明，能量转换发生在电枢电路和机械系统之间，而转换功率(电磁功率)的大小则与励磁电流的大小(即耦合场的强弱)有关。图 3-26 表示直流电机内能量转换的示意图。

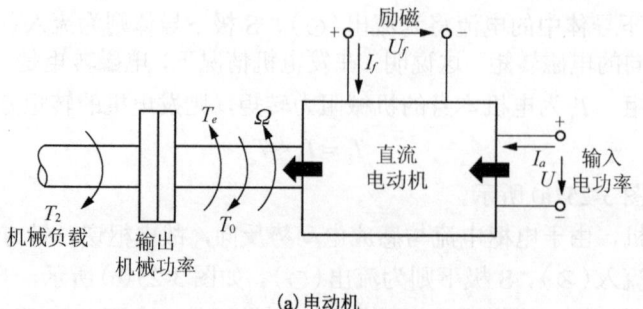

图 3-26 直流电机内能量转换的示意图

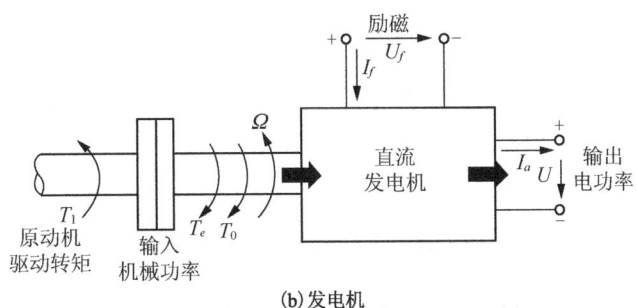

(b) 发电机

图 3-26 直流电机内能量转换的示意图(续)

2. 功率方程

以图 3-27 所示的并励直流电机为例，说明直流电机的功率方程。先讨论电动机的情况。

从图 3-27 可知，对于并励电动机，$U_f = U$，线路电流 $I = I_f + I_a$。根据电压方程可知：

$$\begin{aligned} UI &= U(I_f + I_a) \\ &= U_f I_f + (R_a I_a + E_a) I_a \\ &= U_f I_f + I_a^2 R_a + E_a I_a \end{aligned}$$

即

$$P_1 = p_{Cuf} + p_{Cua} + P_e \tag{3-28}$$

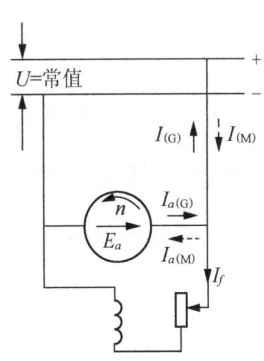

图 3-27 并励直流电机的接线图
(下标(G)表示发电机，(M)表示电动机)

式中，P_1 为从线路输入的总电功率，$P_1 = UI$；p_{Cuf} 为励磁铜耗，$p_{Cuf} = I_f^2 R_f$；p_{Cua} 为电枢回路的总铜耗，$p_{Cua} = I_a^2 R_a$；P_e 为电磁功率。

根据转矩方程可知：

$$T_e \Omega = T_0 \Omega + T_2 \Omega$$

故电磁功率又等于：

$$P_e = p_0 + P_2 \tag{3-29}$$

式中，p_0 为克服机械耗 p_Ω 和铁耗 p_{Fe} 所需的功率，$p_0 = T_0 \Omega$；P_2 为电动机输出的机械功率，$P_2 = T_2 \Omega$。

对于并励发电机，考虑到 $T_1 = T_0 + T_e$ 和 $I_a = I_f + I$，同理可推得

$$P_1 = p_0 + P_e \tag{3-30}$$

而

$$P_e = p_{Cuf} + p_{Cua} + P_2 \tag{3-31}$$

式中，P_1 为原动机输入发电机的机械功率；P_2 为发电机端点输出的电功率。

与式(3-28)、式(3-29)、式(3-30)和式(3-31)相应的电动机和发电机的功率图如图 3-28 所示，图中还进一步计入了杂散损耗 Δp。

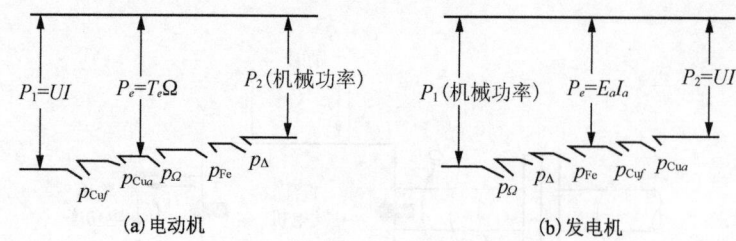

(a) 电动机　　　　　　　　　(b) 发电机

图 3-28　并励直流电机的功率图

第二节　直流电动机的运行特性

由于表征电动机输出机械性能的主要数据是转矩和转速，所以直流电动机的运行特性中最重要的一条就是转矩-转速特性(亦称机械特性)，其次是工作特性。直流电动机的运行性能因励磁方式不同而有很大差异，下面分别加以研究。

一、他励与并励电动机的运行特性

他励电动机和并励电动机的特性大致一样。

图 3-29 表示他(并)励电动机的接线图。他(并)励电动机的运行特性大都可以从电压方程和转矩方程中近似地导出。先讨论转矩-转速特性。

(1) 转矩-转速特性。

他(并)励电动机的转矩-转速特性是指，R_f = 常值时，$n = f(T_e)$。

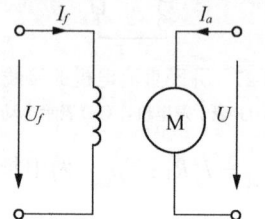

图 3-29　他励电动机的接线图

从电磁转矩公式和电动机的电压方程可知：

$$T_e = C_T \Phi I_a = C_T \Phi \left(\frac{U - C_e n \Phi}{R_a} \right)$$

由此可以解出

$$n = \frac{U}{C_e \Phi} - \frac{R_a}{C_T C_e \Phi^2} T_e \tag{3-32}$$

由于 $U = U_N$，R_f = 常值时，且 $R_a = C_T C_e \Phi^2$，故不计磁饱和效应时，他(并)励电动机的机械特性为一稍微下降的直线。如果计及磁饱和，交轴电枢反应呈现去磁作用，机械特性的下降程度减小，甚至可以成为水平或上翘的曲线。总之，他(并)励电动机的转速随着所需电磁转矩的增加而稍有变化，如图 3-30 所示，这种特性称为硬特性。

(2) 工作特性。

如以电动机的电枢电流或输出功率作为自变量，可将转矩-转速特性分别表示为转速特性和转矩特性，这是两条基本的工作特性。

转速特性是指 $U = U_N$、R_f = 常值时，$n = f(I_a)$ 或 $n = f(P_2)$。

从电动势公式 $E_a = C_e n \Phi$ 和电压方程可知：

$$n = \frac{E_a}{C_e \Phi} = \frac{U}{C_e \Phi} - \frac{R_a}{C_e \Phi} I_a \tag{3-33}$$

式(3-33)通常称为电动机的转速公式。该公式表示，在端电压 U、励磁电流 I_f 均为常值的条件下,影响他(并)励电动机转速的因素有两个:①电枢电阻压降;②电枢反应。当电动机的负载增加时,电枢电流增大,I_aR_a 使电动机的转速趋于下降;电枢反应若有去磁作用,则使转速趋于上升,因此这两个因素对转速的影响部分抵消,使他(并)励电动机的转速变化很小。实际上,为保证他(并)励电动机的稳定运行,常使它具有如图3-31所示的稍微下降的转速特性。

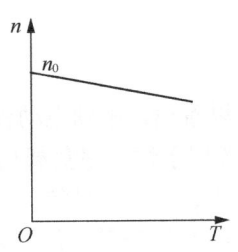

图3-30 他(并)励电动机的转矩-转速特性

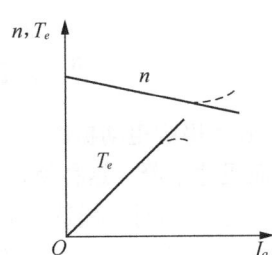

图3-31 他(并)励电动机的工作特性

当 $I_f = I_{fN}$ 时,他(并)励电动机的转速调整率 Δn 为

$$\Delta n = \frac{n_0 - n_N}{n_N} \times 100\% \tag{3-34}$$

式中,n_N 为额定负载、额定励磁下电动机的转速(额定转速);n_0 为同一励磁下电动机的空载转速。他(并)励电动机在负载变化时,转速变化很小,$\Delta n = (3:8)\%$,所以它基本上是一种恒速电机。

注意:他(并)励电动机在运行中,励磁绕组绝对不能断开。若励磁绕组断开,$I_f=0$,主磁通将迅速下降到剩磁磁通,使电枢电流迅速增大。此时若负载为轻载,则电动机的转速将迅速上升,成为"飞车";若负载为重载,所产生的电磁转矩克服不了负载转矩,则电动机可能停转,使电枢电流一直增大到启动电流,引起绕组过热而将电机烧毁。这两种情况都是危险的。

转矩特性是指 $U = U_N$、$R_f =$ 常值时,$T_e = f(I_a)$ 或 $T_e = f(P_2)$。

从电动机的转矩公式 $T_e = C_T \Phi I_a$ 可知,$I_f =$ 常值且不计磁饱和时,Φ 亦为常值,于是电磁转矩将与电枢电流成正比变化,即 $T_e = f(I_a)$ 为一条直线。计及磁饱和时,由于磁通量 Φ 略为减少,故转矩特性 $T_e = f(I_a)$ 将如图3-30所示。

效率特性是指 $U = U_N$、$I_f = I_{fN}$ 时,$\eta = f(P_2)$ 或 $\eta = f(P_2)$。他(并)励电动机的效率特性与其他电机相类似。

二、串励电动机的运行特性

串励电动机的接线图如图3-32所示,串励电动机的特点是电枢电流与励磁电流相等,即 $I_a = I_s = I$。

(1)转矩-转速特性。

串励电动机的转矩-转速特性为 $U = U_N$ 时,$n = f(T_e)$。

从电动机的电压方程可知:

$$U = E_a + I_a(R_a + R_s) = C_e n \Phi + I(R_a + R_s)$$

式中,R_s 为串励绕组的电阻。若把电机的磁化曲线用 $\Phi = K_s I_s$ 表示,则

$$U = (C_eK_en + R_s + R_a)I$$

于是电磁转矩为

$$T_e = C_T\Phi I_a = C_T K_s I^2 = C_T K_s \left(\frac{U}{C_e K_s n + R_a + R_s}\right)^2 \tag{3-35}$$

由此可以解出

$$n = \frac{1}{C_e K_s}\left[\sqrt{\frac{C_T K_s}{T_e}} U - (R_a + R_s)\right] \tag{3-36}$$

图 3-33 表示串励电动机的转矩-转速特性。从图 3-33 可以看出，串励电动机的转速随着转矩的增加而迅速下降，这种特性为软特性。软特性电机一般用于恒功率负载（p 一定时，T 和 n 成正比）。T 一定时一般选用硬特性的电动机，如金属加工、起重机械等。$T=0$ 时，在理想情况下，$n \to \infty$，但实际上负载转矩不会为 0，串励电动机不允许空载运行，因为空载时 I 很小，主磁通 Φ 亦很小，使转速 n 极高，产生"飞车"现象，十分危险。

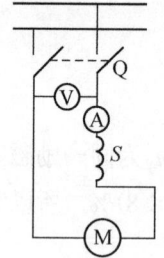

图 3-32 串励电动机的接线图　　图 3-33 串励电动机的转矩-转速特性

(2) 工作特性。

串励电动机的主要工作特性亦是转速特性和转矩特性。

转速特性是指 $U = U_N$ 时，$n = f(I_a)$ 或 $n = f(P_2)$。

转速特性可以从公式得出

$$n = \frac{U - I_a(R_a + R_s)}{C_e\Phi} = \frac{U - I_a(R_a + R_s)}{C_e K_s I_s} = \frac{U}{C_e K_s}\frac{1}{I_a} - \frac{R_a + R_s}{C_e K_s} \tag{3-37}$$

式(3-37)表明，n 与 I_a 大体呈双曲线关系。当负载增加时，I_a 增加，使电枢回路的电阻压降 $I_a(R_a + R_s)$ 增大；另外由于 $I_a = I_s$，故串励磁动势和主磁场亦增大。这两个因素都促使转速下降，所以串励电动机的转速随着负载的增加而迅速下降。这是串励电动机的约束所导致。

串励电动机不允许空载运行，所以转速调整率定义为 $\Delta n = \frac{n_{1/4} - n_N}{n_N} \times 100\%$，式中，$n_{1/4}$ 为输出功率等于 $\frac{1}{4}P_N$ 时电动机的转速。

转矩特性是指 $U = U_N$ 时，$T_e = f(I_a)$ 或 $T_e = f(P_2)$。

从转矩公式可知，当磁路不饱和时，$\Phi = K_s I_s$，K_s 为常值，于是 $T_e \approx C_T'' I_a^2$；当磁路饱和时，$\Phi \approx$ 常值，于是 $T_e \approx C_T'' I_a$。

从转矩关系式可见，轻载时，串励磁动势较小，磁路处于不饱和状态，此时电磁转矩与电枢电流的平方成正比；随着负载的增加，串励磁动势增大，磁路呈现饱和，此时电磁转矩将与电枢电流成正比。这是串励电动机的另一个特点，这点对电动机的启动和过载来说具有重要意义。

三、复励电动机的运行特性

复励电动机通常接成积复励。

由于积复励电动机既有并励绕组，又有串励绕组，故其稳态特性介于并励电动机和串励电动机两者之间。若励磁磁动势以并励磁动势为主，则其稳态特性接近于并励电动机；但由于有串励磁动势的存在，当负载增加、电枢电流增大时，电枢反应的去磁作用可以收到抑制，不致使转速特性上翘，从而保证电动机可以稳定地运行。若励磁磁动势中串励磁动势起主要作用，则稳态特性接近于串励电动机，然而由于有并励磁动势，不会使电动机空载时出现飞车现象。

第三节　直流电动机的使用

启动和调速是评价电动机性能的另外两个重要方面。

一、直流电动机的启动

直流电动机接到电源以后，转速从零达到稳态转速的过程称为启动过程。直流电动机的启动过程是一种动态过程，情况较为复杂，这里仅介绍启动要求和启动方法。

对电动机启动的基本要求是：①启动转矩要大；②启动电流要小；③启动设备要简单、经济、可靠。

直流电动机开始启动时，转速 $n \approx 0$，电枢的感应电动势 $E_a = C_e n\phi \approx 0$，电枢电阻 R_a 又很小，因而启动电流 $I \approx U/R_a$ 将达到很大的数值，常常需要加以限制。另一方面，启动转矩 $T_e = C_T \phi I_a$，减少启动电流将使启动转矩随之减少。这是互相矛盾的。通常采用保证足够的启动转矩下尽量减少启动电流的办法，使电动机启动。

直流电动机常用的启动方法有三种：①直接启动；②串入变阻器启动；③降压启动。分别说明如下。

(1) 直接启动。直接将电动机的电枢投入额定电压的电源上启动，称为直接启动。图 3-34 表示并励电动机启动时的接线图。启动之前先合上励磁开关 Q_1，并将励磁电流调到最大值，使主磁场先建立起来，然后再合上电枢开关 Q_2，使电动机启动。

直接启动法操作简单，无需其他启动设备，但启动时冲击电流较大，可达 $(10\sim20) I_N$，从而造成换向困难，出现强烈火花。很大的冲击电流亦会使电源电压发生瞬时跌落，以致影响其他电力设备的正常运行。故此法只用于小型电动机的启动。

(2) 电枢回路串变阻器启动。为限制启动电流，启动时可将一启动电阻 R_{st} 串入电枢回路，待转速上升后再逐步将启动电阻切除。串入变阻器后启动电流为

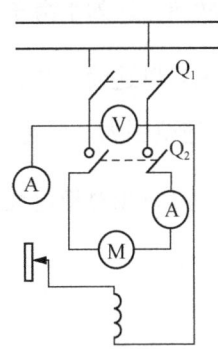

图 3-34　并励电动机直接启动时的接线图

$$I_{st} = \frac{U}{R_a + R_{st}}$$

可见，只要 R_{st} 的值选择得当，就能将启动电流限制在允许范围之内。

启动变阻器有很多类型，今以并励电动机常用的三点启动器为例加以说明。三点启动器的接线图如图 3-35 所示。启动时，先把励磁回路的变阻器调到电阻为 0，再把手柄从触电 0 移到触电 1 处，此时励磁绕组接通，主磁通建立起来，同时电枢绕组亦接通，电动机开始启动，此时全部电阻串在电枢回路内。随着电动机转速的上升，可把手柄移过一个触电，即切除一段电阻；知道手柄移到触电 5 时，启动电阻全部切除，此时电磁铁 Y 把手柄吸住。三点启动器的特点是：启动过程中励磁回路保持全电压，确保主磁通及时建立并为最大；正常运行中，如果电源停电或励磁回路断开，电磁铁 Y 失去吸力，弹簧自动把手柄拉回到起始位置 0，以起保护作用。三点启动器常用于小容量直流并励电动机中。

对于大容量电动机，启动变阻器十分笨重，经常启动时还会消耗很多电能。

降压启动时，开始时加于电动机电枢的端电压很低，随着转速的上升，逐步增高电枢电压，并使电枢电流限制在一定范围以内。

采用降压启动时，需要一套专用的直流发电机或晶闸管整流电源作为电动机的电源。采用专用直流发电机时，通过改变发电机的励磁电流来控制发电机的端电压。采用晶闸管整流电源时，用触发信号去控制输出电压，以达到降压的目的。为使励磁不受电源电压的影响，电动机采用他励。

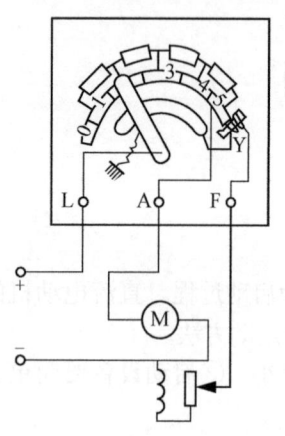

图 3-35 三点启动器及其接线图

降压启动法的优点是启动电流小、启动过程平滑、能量损耗少；缺点是投资较高。

二、直流电动机速度的调节

电动机是用于驱动某种生产机械的。对电动机的转速，不仅要能调节，而且要求调节的范围广，过程平滑，调节方法简单、经济。

1. 直流电动机速度调节的相关指标

(1) 调速均匀平滑，可以无级调速。在一定的调速范围内，调速的级数越多调速越平滑，相邻两级转速之比为平滑系数：$\varphi = \frac{n_i}{n_{i-1}}$。$\varphi$ 越接近 1，平滑性越好。当 $\varphi = 1$ 时，称为无级调速，即转速可以连续调节。调速不连续时，级数有限，称为有级调速。

(2) 调速范围大，调速比可达 200（他励式）以上（调速比 $D = \frac{n_{max}}{n_{min}}$）。

(3) 静差率（相对稳定性）$\delta\%$ 小。指负载变化时，转速变化的程度，转速变化小，稳定性好。由

$$\delta\% = \frac{n_0 - n_N}{n_0} \times 100\% = \frac{\Delta n_N}{n_0} \times 100\%$$

可知 $\delta\%$ 越小，电机运行调速相对稳定性越好。此外，$\delta\%$ 与机械特性硬度和 n_0 有关，且与 D 相互制约：

$$D = \frac{n_{\max}}{n_{\min}} = \frac{n_{\max}}{n_{0\min} - \Delta n_N} = \frac{n_{\max}}{\frac{\Delta n_N}{\delta} - \Delta n_N} = \frac{n_{\max}\delta}{\Delta n_N(1-\delta)}$$

δ 越小，D 越小，相对稳定性越好；在保证一定的指标的前提下，要扩大 D，必须减少，即提高机械特性的硬度。

(4) 调速的经济性。主要指调速的投资，运行效率及维修费用等。

从直流电动机的转速公式 $n = \dfrac{U - I_a R_a}{C_e \phi}$ 可知，调速方法有以下三种。

(1) 磁场控制，即调节励磁电流。
(2) 调节电枢电压调速。
(3) 在电枢电路中接入调速电阻。

下面结合励磁方式来讨论。

2. 他励和并励电动机的速度调节

首先是用磁场控制来调速。在励磁回路中串入可变电阻以调节励磁电流，即可实现场控。从电动机的机械特性可以看出，以 I_f 为参数时，有

$$n = \frac{C}{I_f} - \frac{D}{I_f^2} T_e \qquad (3\text{-}38)$$

式中，$C = U/(C_e K_f)$；$D = R_a/(C_e C_T K_f^2)$。图 3-36 画出了 $I_{f1} > I_{f2}$ 的两条曲线，曲线 1 的斜率小于曲线 2；此时负载的转矩特性与电动机的机械特性分别交于 P 点和 Q 点，对应的转速分别为 n_1 和 n_2，$n_2 > n_1$。这说明减少励磁可使并励电动机的转速升高。

设负载转矩保持不变，现减少磁通量 ϕ，则从电枢的电压方程 $U = E_a + I_a R_a$ 可知，若忽略电枢电阻压降 $I_a R_a$，由于端电压 U 保持不变，故调节励磁前、后 E_a 将基本保持不变，即 $C_e \phi_1 n_1 = C_e \phi_2 n_2$。由此可知，调速前、后稳态转速有下列关系：

$$\frac{n_2}{n_1} \approx \frac{\phi_1}{\phi_2} \qquad (3\text{-}39)$$

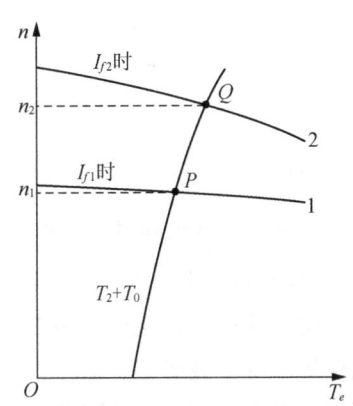

图 3-36 不同的 I_f 时并励电动机的机械特性

若负载转矩保持不变，则减小励磁使电动机的转速上升时，输出功率亦增加；负载转矩不变又使电枢电流增加，故使输入功率相应增加；总体来说，调速前、后电动机的效率 $\eta = \dfrac{P_2}{P_1}$ 可基本保持不变。

用场控这种方法来调速，设备简单，调节也很方便；但若转速调得过高，则励磁过弱和电枢电流过大，可使换向变坏，还可能出现不确定现象。但是若在设计时注意到这些因素，则调速范围可达 2∶1～6∶1。

若用调节电枢电压来调速，则电动机的电枢电路应由专用的直流电源单独供电，励磁绕组则由另一电源他励。

从式(3-32)可见，电枢电压改变时，电动机的机械特性应为

$$n = AU - BT_e \tag{3-40}$$

式中，$A = \dfrac{1}{C_e\phi}$；$B = \dfrac{R_a}{C_T C_e \phi^2}$。画出 $U = U_1$、U_2、U_3 的一组机械特性（其中 $U_1 > U_2 > U_3$），可知这组曲线为近似具有相同斜率的一组平行直线，如图 3-37 所示。从图 3-37 可见，这组机械特性与负载的机械特性具有不同的交点，这些交点对应于不同的转速 n_1、n_2、n_3。

专用的直流电源可以是一台他励发电机。调节发电机的励磁电流，使能任意调节加于电动机的端电压，达到平滑、宽广的调速，且运行效率较高。若改变发电机的励磁方向，可改变发电机端电压的极性，使电动机改变转动方向。此外，还可以实现降压启动。这种方法的缺点是专用直流发电机的投资较高；近年来，由于变流技术的迅速发展，可用晶闸管整流电源去代替直流发电机，使这种方法得到较广的应用。

最后说明电枢电路中接入调速电阻的情况。电枢电路接入调速电阻的情况。电枢电路接入调速电阻 R_Ω 后，电动机机械特性的斜率将随之增大，电动机和负载的机械特性的交点将逐步下移，如图 3-38 所示。于是电动机的转速就下降。

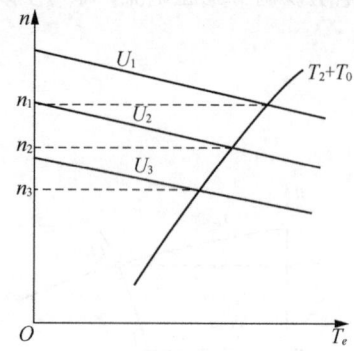

图 3-37 不同电枢电压时并励电动机的机械特性　　图 3-38 电枢接入调速电阻后电动机的机械特性

用这种方法调速时，若负载转矩不变，则调速以后电磁转矩 $T_e = C_T \phi I_a$ 亦不变，即电枢电流保持不变；这样电枢电路的铜耗增加，电动机的输出功率 $P_2 = T_2 \Omega$ 将随着转速的下降而成比例地下降，效率亦是这样。所以这种方法的优点是简单易行，缺点是调速效率较低，耗能较大；接入电阻后机械特性变软，使负载变动时电动机产生较大的速度变化，只适用于小型直流机。

3. 他励调速方式与负载类型的配合

容许输出：指电动机在某一转速下长期可靠工作时所能输出的最大转矩和功率。

充分利用：指在一定的转速下电动机的实际输出转矩和功率达到它的容许值，即电枢电流达到额定值。

当电动机调速时，在不同的转速下，电枢电流能否总保持为额定值，即电动机能否在不同转速下都得到充分利用，与调速方式和负载类型的配合有关。

以电机在不同转速都能得到充分利用为条件，他励直流电动机的调速可分为恒转矩调速和恒功率调速。

电枢串电阻调速和降压调速时，磁通 $\Phi = \Phi_N$ 保持不变，若在不同转速下保持电流 $I_a = I_N$ 不变，即电机得到充分利用，容许输出转矩和功率分别为

$$T \approx T_{em} = C_T \Phi_N I_N = C$$

$$P = \frac{Tn}{9550} = C_1 n$$

电动机的容许输出功率与转速成正比,而容许输出转矩为恒值-恒转矩调速。

弱磁调速时,磁通 Φ 是变化的,在不同转速下若保持电流 $I_a = I_N$ 不变,即电机得到充分利用,容许输出转矩和功率分别为

$$T \approx T_{em} = C_T \Phi I_N = C_T \frac{U_N - I_N R_a}{C_e n} = \frac{C_2}{n}$$

$$P = \frac{Tn}{9550} = \frac{C_2}{n} \frac{n}{9550} = \frac{C_2}{9550}$$

电动机的容许输出转矩与转速成反比,而容许输出功率为恒值-恒功率调速。

上述容许输出转矩和功率与转速的关系如图 3-39 所示。

以 n_N 为界,分两个区域:$n < n_N$ 为恒转矩调速区;$n > n_N$ 为恒功率调速区。

(1)恒转矩负载配恒转矩调速。

P 和 P_L 均为常数,T 和 T_L 均与转速 n 成正比,只要选择电动机的 T 与 T_L 相等,在任何转速下均有:

$$P = P_L, \quad T = T_L, \quad I_a = I_N$$

电机既满足了负载要求,又得到了充分利用。如图 3-40 所示。

这是一种理想的配合,转速是从额定转速向下调,所以额定转速为系统的最高转速。

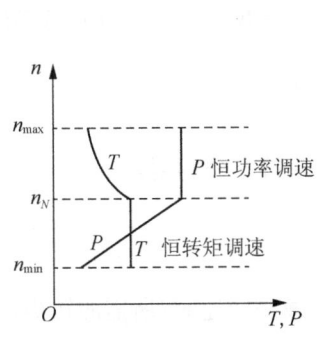

图 3-39 容许输出转矩、功率、转速关系

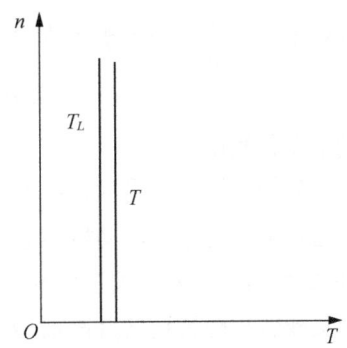

图 3-40 恒转矩负载与恒转矩调速匹配

(2)恒功率负载配恒功率调速。

T_L 和 T 均为常数,P_L 和 P 均与转速 n 成正比,只要选择电动机的 T 与 T_L 相等,在任何转速下均有:

$$P = P_L, \quad T = T_L, \quad I_a = I_N$$

电机既满足了负载要求,又得到了充分利用。如图 3-41 所示。

这是一种理想的配合,转速是从额定转速向上调,所以额定转速为系统的最低转速。

(3)恒转矩负载配恒功率调速。

负载转矩 $T_L = C$,电动机容许输出转矩 $T \propto \frac{1}{n}$,如图 3-42 所示。只有在最高转速时才有

$$P = P_L, \quad T = T_L, \quad I_a = I_N$$

电机得到了充分利用。

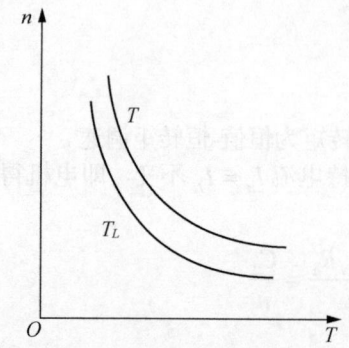
图 3-41 恒功率负载配恒功率调速

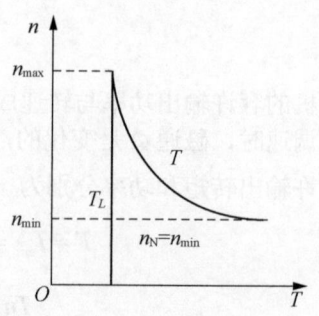
图 3-42 恒转矩负载配恒功率调速

在低于最高转速时：$P_L < P$，$T_L < T$，$I_a < I_N$，电机未被充分利用。

在最低转速时，电动机的实际输出功率（负载功率）只是电动机额定功率的 $\frac{1}{D}$。

$$P_N = P_{L\max} = \frac{T_L n_{\max}}{9550} = \frac{n_{\max}}{n_{\min}} \frac{T_L n_{\min}}{9550} = DP_{L\min}$$

$$P_{L\min} = \frac{1}{D} P_N$$

显然这种配合将造成电动机容量的浪费。

(4) 恒功率负载配恒转矩调速。

负载转矩 $T_L \propto \frac{1}{n}$，电动机容许输出转矩 $T = C$，如图 3-43 所示。只有在最低转速时才有

$$P = P_L, \quad T = T_L, \quad I_a = I_N$$

电机得到了充分利用。

在高于最高转速时：$P_L < P$，$T_L < T$，$I_a < I_N$，电机未被充分利用。

同样这种配合将造成电动机容量的浪费。

(5) 风机型负载与两种调速方式的配合。

由于负载转矩随转速的升高而增大，为了使电动机在最高转速时（所需的转矩最大）能满足负载的需要，应使 $T_{(n=n_{\max})} = T_{L(n=n_{\max})}$，如图 3-44 所示。

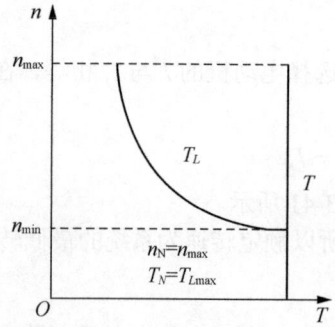
图 3-43 恒功率负载配恒转矩调速

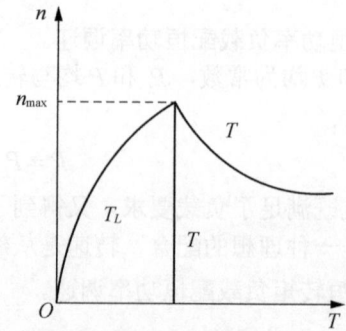
图 3-44 风机型负载与两种调速方式的配合

只有在最高转速时,电动机才被充分利用。恒转矩调速方式所造成的电动机容量浪费比恒功率调速方式小一些。

根据以上五种情况分析可得:电枢串电阻调速和降压调速方式属于恒转矩调速,适用于恒转矩负载;弱磁调速属于恒功率调速方式,适用于恒功率负载;对于泵与风机类负载,三种调速方式都不十分合适,但采用电枢串电阻和降压调速比弱磁调速合适一些。

4. 串励电动机的速度调节

串励电动机亦可以用电枢电路中接入电阻或调节电枢电压的办法来调速。

可以导出,以电枢电压 U 为参数时,机械特性的表达式为

$$n = E\frac{U}{\sqrt{T_e}} - F \tag{3-41}$$

式中,$E = \frac{1}{C_e}\sqrt{\frac{C_T}{K_s}}$; $F = \frac{R_a + R_s}{C_e K_s}$。图 3-45 表示电枢端电压分别为 U_1 和 U_2 时($U_2 > U_1$)的机械特性。从电动机和负载的机械特性的交点可以看出,当 $U_2 > U_1$ 时,$n_2 > n_1$。

和并励电动机一样,电枢接入可变电阻调速时,电动机的效率较低;用改变电枢端电压调速时,效率较高。

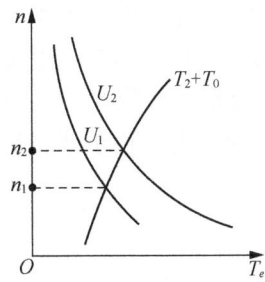

图 3-45 以电枢端为参数时,串励电动机的机械特性

三、直流电动机的制动

在电动拖动机组中,有时要求电动机尽快停转,或者由高速运行很快进入低速运行,此时需要对电动机进行制动。下面介绍三种制动方法。

(1) 能耗制动。

图 3-46 表示并励电动机能耗制动时的接线图。制动时保持励磁电流不变,用开关 Q 将电枢两端从电网断开,并立即将它接到一个制动电阻 R_L 上。这时电机内仍有主磁场,电枢因有惯性而继续旋转,电机变成他励发电机。由于发电机的电磁转矩为制动性转矩,其方向与转子转向相反,故使转速迅速下降。能耗制动时转子的动能大部分转换成电能,消耗在制动电阻上,小部分消耗于机组的机械损耗,直到机组停止转动。

能耗制动操作简便,但低速时制动转矩很小,停转较慢。为加快停转,可加上机械制动闸。

(2) 反接制动。

图 3-47 表示并励电动机反接制动时的接线图。在保持励磁电流不变的条件下,利用反向

开关 Q 把电枢两端反接到电网上，此时电枢电流将变成负值，且电流极大，$I_a = -(U+E)/R_a$，随之产生很大的制动性质的电磁转矩，使电机停转。

反接制动的优点是能很快使机组停转；缺点是电枢电流过大，会引起电网电压降低。为此反接时必须串入足够的电阻，使电枢电流限制在允许值之内。此外，当转速下降到零时，必须及时断开电源，否则机组将反转。

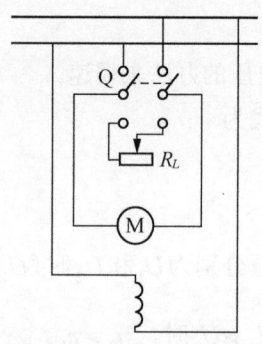
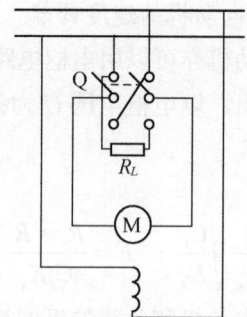

图 3-46　并励电动机能耗制动时的接线图　　图 3-47　并励电动机反接制动时的接线图

（3）回馈制动。

当串励电动机拖动的电车或电力机车下坡时，如果不加以制动，则机车速度会越来越高而达到危险数值。如果此时把串励改成他励，由其他电源供给适量的励磁电流，电枢仍接在电网上，则当转速高于某一数值时，电枢电动势 $E_a > U$，此时电机进入发电机状态。相应地，电磁转矩将起制动作用，限制转速继续上升。由于此法是把下坡时机车位能转换为电能而回馈给电网，故称为回馈制动。

四、直流电机的连接

直流电机有四个出线端，电枢绕组、励磁绕组各两个，可通过绕组电阻的大小区别。其次，出线端还有通过相应标出的字符区分。

(1) 绕组的阻值范围。

① 电枢绕组的阻值在零点几欧姆到 1~2 欧姆。

② 他励/并励电机的励磁绕组的阻值有几百欧姆。

③ 串励电机的励磁绕组的阻值与电枢绕组的相当。

(2) 绕组的符号如表 3-1 所示。

表 3-1　绕组的符号

始端	末端	绕组名称
S_1	S_2	电枢绕组
T_1	T_2	他励绕组
B_1	B_2	并励绕组
C_1	C_2	串励绕组

第四章 交流牵引电动机

交流电机的出现和发展已经有一百多年的历史了,人们已经研究制造了形式多样、用途各异的多种交流电机。常用的交流电机有异步电机和同步电机,其中三相异步电机具有结构简单、运行可靠、价格低廉、维修方便等优点,因此其在各个领域都得到了广泛的应用。

本章将从最基本的三相异步电机的结构和工作原理讲起,具体论述三相异步电机的机械特性以及启动、调速和制动的有关内容,并对异步电动机的各种运行状态作简单的阐述。

第一节 交流电动机的基本结构和工作原理

如前所述,异步电动机的主要优点是机构简单、容易制造、价格低廉、运行可靠、坚固耐用、运行效率较高和具有实用的工作特性。缺点是功率因数较低,总是小于 1,因为它总是从电网吸收一部分无功功率。但它在工业中应用却极其广泛。它可以拖动风机、泵、压缩机、中小型轧钢设备、各种金属切削机床、轻工设备、矿山机械等。在农业中,可以拖动水泵、脱粒机、粉碎机以及其他的加工机械。在民用电器中,电扇、洗衣机、电冰箱、空调机等都由单相异步电动机拖动。

异步电动机运行时,定子绕组接到交流电源上,转子绕组自身短路,由于电磁感应的关系,在转子绕组中产生电动势、电流,从而产生电磁转矩。所以异步电动机又称为感应电动机。按定子相数分,有单相异步电动机、两相异步电动机和三相异步电动机;按转子结构分,有绕线型异步电动机和鼠笼式异步电动机。

一、三相异步电动机的类型

当根据工业应用的需要选用一台异步电动机时,常常发现有多种电机能够满足我们的要求。因此,我们必须做出选择。所以了解各种类型的三相异步电动机的构造和特性是十分有用的。

我国异步电动机的制造现在已实现标准化,标准不仅仅体现在电机的外壳、支架尺寸、安装螺孔、轴系等,而且也涉及电机的电气特性、机械特性和热特性。此外,还要满足一些最基本的要求,如启动转矩、启动电流、过负载能力以及温升等。

异步电动机种类繁多,分类根据使用者的不同要求而各异,但是通常情况下按以下两个主要方面进行分类。

(一)根据运行环境分类

由于生产机械种类繁多,它们的工作环境也各不相同。所以设计和生产出了能运行在不同环境条件下的各种类型的异步电动机。

(1)开启式电动机。

这种类型的电动机在构造上无特殊防护装置,用于干燥无尘的场所。这种电动机散热效果良好。

(2)全封闭式电动机。

这种电动机具有全封闭式的外壳,既防水的滴溅又防粉尘等杂物。散热条件不如开启式电动机。

(3) 密闭式电动机。

密闭式电动机的外壳严密封闭,有的密闭式电动机具有很好的防水性能(如潜水泵电机)。由于采用密闭结构,所以这种电动机的散热条件较差,因此多采用外部冷却的方式。

(4) 防爆电动机。

这种电动机也采用密闭式结构。此外,电机骨架被设计成能够承受巨大的压力,能够将电机内部的火花、绕组电路短路、打火等完全与外界隔绝。这种电机用在一些高粉尘、有爆炸气体、燃烧气体环境的场合。

(二) 根据电气和机械特性分类

由于生产的需要,设计和生产出了多种电气和机械性能不同的电动机,以适合不同机械负载的工作要求。

(1) 普通启动转矩电动机。

用于一般机械负载的启动。大部分的电动机都属于这个范畴。启动系数从 0.7~1.3(从 15~150kW)。一般情况下,启动电流不超过额定电流的 6.4 倍。这些电机用于一般的生产机械、驱动风扇、离心泵等。

(2) 高启动转矩电动机。

这种电动机用于启动条件非常差的场合,如水泵、活塞式压缩机等。这些负载要求电动机的启动转矩是负载额定转矩的 2 倍,但启动电流同样不超过额定电流的 6.4 倍。一般情况下,通常采用具有良好启动转矩特性的双鼠笼结构电动机。

(3) 高转差率电动机。

运行速度通常为同步速度的 85%~90%。这些电机适用加快大惯性负载的启动过程(如离心干燥机、大飞轮)。这种电动机的鼠笼条的电阻值较大,为了防止过热,这种电机常常在间歇工作状态下工作。这种随着负载的增加,速度下降较大的电动机也特别适合挤压和冲孔机械。

二、三相异步电动机的结构

三相异步电动机主要由固定的定子和旋转的转子两个基本部分组成,转子装在定子内腔中,借助轴承被支撑在两个端盖上。此外还有端盖、轴承、机座、风扇等部件。为了保证转子能在定子内自由转动,定子和转子之间必须有一间隙,称为气隙。电机的气隙是一个非常重要的参数,其大小及对称性等对磁通及电机性能有很大影响。如图 4-1 所示为三相鼠笼式异步电动机的组成结构;图 4-2 为鼠笼式异步电动机的断面图,其中(·)表示电流流出,(×)表示电流流入。

(一) 定子

定子由定子三相绕组、定子铁芯和机座组成。

(1) 定子三相绕组。

定子三相绕组是异步电动机的电路部分,在异步电动机的运行中起着很重要的作用,也是把电能转换为机械能的关键部件。定子三相绕组的结构是对称的,一般有六个出线端 U_1、U_2、V_1、V_2、W_1、W_2 置于机座外侧的接线盒内,根据需要接成星形(Y)或三角形(△),如图 4-3 所示。

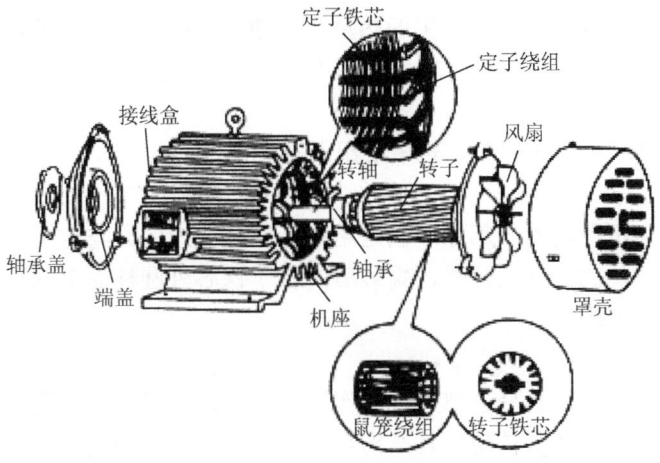

图 4-1 三相异步电机的组成结构

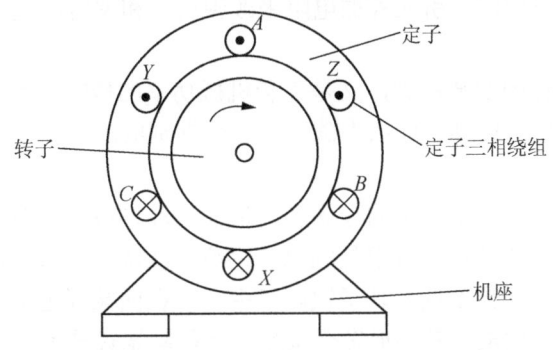

图 4-2 三相异步电机断面图

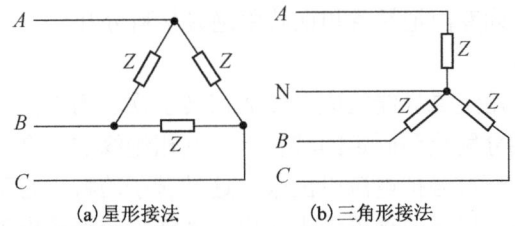

图 4-3 三相负载的两种接法

(2) 定子铁芯。

定子铁芯是异步电动机磁路的一部分，由于主磁场以同步转速相对于定子旋转，为减少在铁芯引起的损耗，铁芯采用 0.5mm 厚的高导磁电工钢片叠成，电动钢片两面涂有绝缘漆以减少铁芯的涡流损耗。中小型异步电动机定子铁芯一般采用整圆的冲片叠成，大型异步电动机的定子铁芯一般采用扇形冲片拼成。在每个冲片内圆均匀地开槽，使叠装后的定子铁芯内圆均匀地形成很多形状相同的槽，用于嵌放定子绕组。槽的形状由电机的容量、电压及绕组的形式而定。绕组的嵌放过程在电机制造厂中称为下线。完成下线并进行浸漆处理后的铁芯与绕组成为一个整体一同固定在机座内。

(3) 机座。

机座又称机壳，它的主要作用是支撑定子铁芯，同时也承受整个电机负载运行时产生的反作用力,运行时由于内部损耗所产生的热量也是通过机座向外散发的。中小型电机的机座一般采用铸铁制成。大型电机因机身较大浇注不便,常用钢板焊接成形。

(二)转子

异步电动机的转子由转子铁芯、转子绕组及转轴组成。

(1)转子铁芯。

转子铁芯也是电机磁路的一部分,也是用电工钢片叠成的。与定子铁芯冲片不同的是,转子铁芯冲片是在冲片的外圆上开槽,叠装后的转子铁芯外圆柱面上均匀地形成许多形状相同的槽,用于放置转子绕组。

(2)转子绕组。

转子绕组是异步电动机的另一部分。其作用为切割定子磁场,产生感应电动势和电流,并在磁场作用下受力而使转子转动。其结构可分为鼠笼式转子绕组和绕线式转子绕组两种类型。这两种转子的各自特点是:鼠笼式转子结构简单,制造方便,经济耐用;绕线式转子结构复杂、价格贵、但转子回路可引入外加电阻来改善启动和调速性能。

(3)转轴。

转轴是整个转子部件的安装基础,又是力和机械功率的传输部件,整个转子靠轴和轴承被支撑在定子铁芯内腔内。转轴一般由中碳钢或合金钢制成。

(三)鼠笼式转子绕组

鼠笼式转子绕组由置于转子槽中的导条和两端的端环构成。为节约用铜和提高生产率,小功率异步电动机的导条和端环一般都是融化的铝液一次浇铸出来的;大功率的电动机,由于铸铝质量不易保证,常用铜条插入转子铁芯槽中,再在两端焊上端环。鼠笼式转子绕组自行闭合,不必由外界电源供电,其外形像个鼠笼,故称鼠笼式转子。

鼠笼式转子绕组的各相均由单根导条组成,其感应电势不大,加上导条和铁芯叠片之间的接触电阻较大,所以无须专门把导条和铁芯用绝缘材料分开。

(四)绕线式转子绕组

绕线式转子绕组是由用绝缘导线组成,嵌放在转子铁芯槽内的三相对称绕组。三相一般为星形接法,三根引出线分别接到固定的转轴上并互相绝缘的三个集电环上,再通过安装在端盖上的电刷装置与集电环接触把电流引出来。这种转子的特点是可以通过集电环和电刷在转子回路中接入附加电阻,用于改善电动机的启动性能,或调节电动机的转速。有的绕线转子异步电动机还装有一种举刷短路装置,当电动机启动完毕而又不需要调节转速时,移动手柄使电刷被举起而与集电环脱离接触,同时使三只集电环彼此短接起来,这样可以减少电刷与集电环间的磨损和摩擦损耗,提高运行可靠性。与鼠笼式转子比较,绕线式转子的缺点是结构复杂,价格较贵,运行的可靠性也较差。因此,绕线转子异步电动机只用在要求启动电流小、启动转矩大,或需要调节转速的场合,例如,用来拖动频繁启动的起重设备。

(五)其他部件

端盖:安装在机座的两端,它的材料加工方法与机座相同,一般为铸铁件。端盖上的轴承室中安装了轴承来支撑转子,以便定子和转子得到较好的同心度,保证转子在定子内腔中正常运转。端盖除了起支撑作用外,还起着保护定、转子绕组的作用。

轴承:连接转动部分与不动部分,目前都采用滚动轴承以减少摩擦。

轴承端盖:保护轴承、使轴承内的润滑油不致溢出。

风扇:冷却电动机。

异步电动机的气隙是很小的，中小型电动机一般为 0.2~2mm。气隙越大，磁阻越大。要产生同样大的磁场，就需要较大的励磁电流。由于气隙的存在，异步电动机的磁路磁阻远比变压器要大，因此异步电动机的励磁电流要比变压器的大得多。变压器的励磁电流约为额定电流的 3%，异步电机的励磁电流约为额定电流的 30%。励磁电流是无功电流，因而励磁电流越大，功率因数越低。为提高异步电机的功率因数，必须减少它的励磁电流，最有效的方法是尽可能缩短气隙长度。但是气隙过小会使装配困难，还有可能使定、转子在运行时发生摩擦或碰撞，因此气隙的最小值由制造工艺以及运行安全可靠等因素来决定。

三、三相异步电动机的工作原理

三相异步电动机转动的一般原理是基于法拉第电磁感应定律和载流导体在磁场中会受到电磁力的作用这两个基本因素的。图 4-4 中 N 和 S 是一对永久磁铁的磁极，这对磁极以 n_0 的转速按顺时针方向进行旋转，从而形成了一个转速为 n_0 的旋转磁场。

当磁场转动时，放置在磁场当中的铜制线框上下两根导条与旋转磁场就有相对运动并切割旋转磁场的磁力线，于是在这两根导条上就产生感应电动势，其方向符合发电机右手定则，有

$$E = Blv \tag{4-1}$$

式中，E 为感应电动势，V；B 为磁感应强度，T；l 为导条长度，m；v 为导条切割磁力线的相对速度，m/s。

由于铜制线框形成一个闭合回路，因此在感应电动势的作用下，线框的上下两根导体中就出现了如图 4-4 所示方向的感应电流。

在磁场中的载流导体将受到电磁力的作用，根据电动机左手定则，上下两根导条所受电磁力的方向如图 4-4 所示。在图中可以看出，N 极下的导条受力方向是朝向右，而 S 极下的导条受力方向是朝向左。这一对力形成一顺时针方向的转矩。如果把异步电动机的鼠笼式转子放置在旋转磁场中（图 4-5）代替线框，不难想象，当磁场旋转时，在磁极经过下的每对导条都会产生这样的电磁转矩，在这些电磁转矩的作用下，转子就按顺时针的方向旋转起来了。

当然，如果磁场按逆时针方向旋转，转子也将按逆时针方向旋转。由此可见，转子的旋转方向同旋转磁场的旋转方向是相同的。

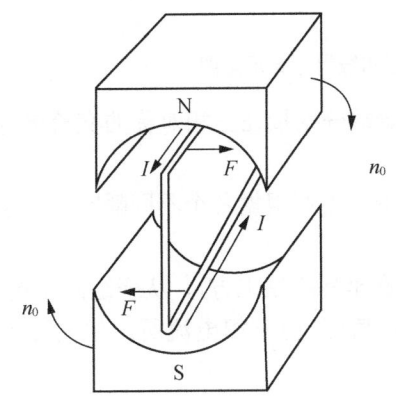

图 4-4 在旋转磁场作用下产生感应电流和转矩

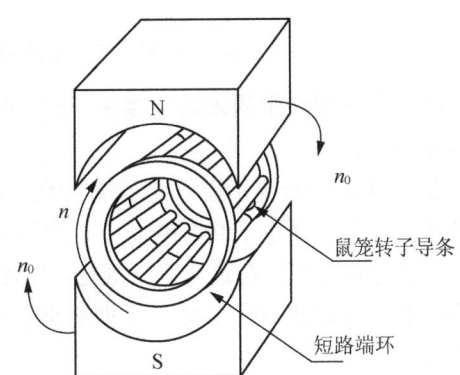

图 4-5 鼠笼式异步电动机转动原理

虽然转子同旋转磁场彼此隔离，但从上面的叙述可知，由于有一个旋转的磁场，在转子的导条中产生了感应电流，而流过电流的导条又在磁场中受到电磁力的作用，产生电磁转矩，从而使转子转动起来。这就是感应式电动机转动的一般原理。

需要指出的是，转子的旋转速度 n（电动机的旋转速度）比旋转磁场的旋转速度 n_0（一般称同步转速）要低一些。这是因为如果这两种转速相等，转子和旋转磁场就没有相对运动，转子导条将不切割磁力线便不能产生感应电动势，也就不能产生感应电流，这样就没有电磁转矩，转子将不会继续旋转。因此，若要转子旋转，旋转磁场和转子之间就一定存在转速差，即转子的旋转速度总要落后于旋转磁场的旋转速度。由于转子的旋转速度不同于，且低于旋转磁场的转速，所以称这种电动机为异步电动机。

1. 旋转磁场的产生

若要异步电动机能够转动，首先应当有一个旋转磁场，在实际应用的异步电动机中，是不可能使用一个旋转的永久磁铁来产生旋转磁场的。

通常在三相异步电动机的定子铁芯中放置三相对称绕组 AX、BY 和 CZ，将三相绕组作星形连接，并接在三相正弦交流电源上，通入三相对称电流，这样，就能在电动机的定子空间中产生一个以固定速度旋转的磁场。

为了简化起见，设每相绕组只有一个线匝，三个绕组分别嵌放在定子铁芯圆周上在空间位置上互差 120° 对称分布的 6 个凹槽之中。A 相绕组的始端用大写英文字母 A 来表示，A 相绕组的末端用大写英文字母 X 来表示。另两相绕组的始末端分别为 BY 和 CZ（图 4-6）。

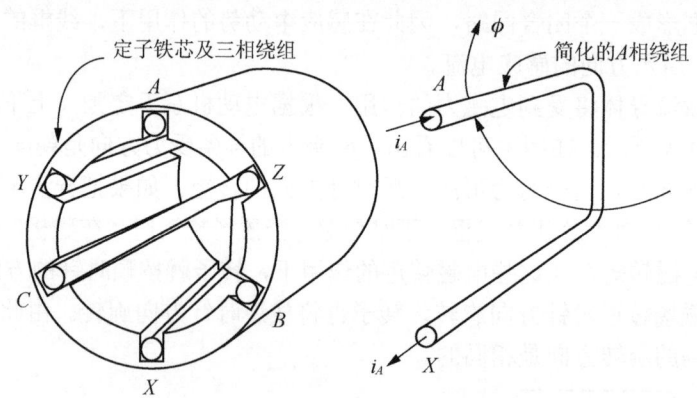

图 4-6　用于产生旋转磁场的定子铁芯和绕组分布示意图

现在将三相绕组的末端连接在一起，每个绕组的始端分别接在三相对称的交流电源上，如图 4-7 所示。

在图 4-8 中给出了流入定子绕组的三相电流的波形。现在根据各个不同瞬时每相绕组电流及其方向来分析定子铁芯磁场分布的情况。

为了分析方便，在这里作一规定，电流为正值时（在坐标横轴上方），从绕组的始端流入，从绕组的末端流出（图 4-6）。下面将分析在不同时间（角度）由三相电流所产生的磁场将如何变化。

当 $\omega t = 0°$ 时，A 相电流 $i_A = 0$。C 相电流 i_C 为正值，即从 C 端流入，在 Z 端流出。B 相电流 i_B 为负值，即从 Y 端流入，在 B 端流出。根据电流的流向，应用右手螺旋定则，由 i_C 和 i_B 产生的合成磁场如图 4-8(a) 所示。

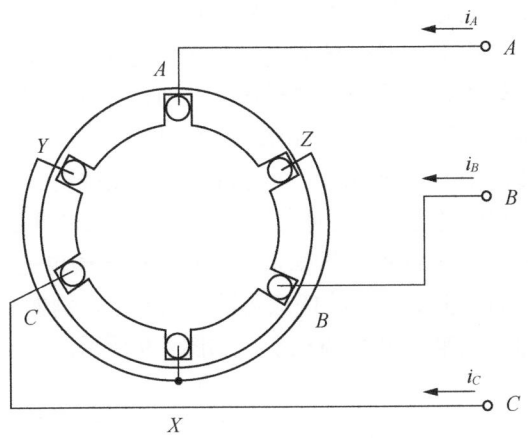

图 4-7　接成星形的三相定子绕组

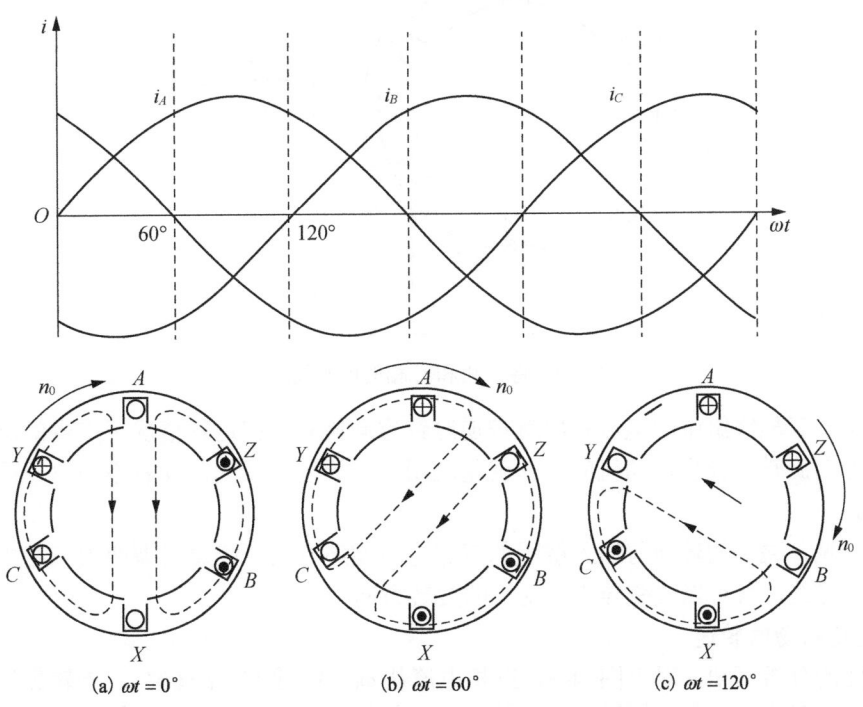

图 4-8　由三相对称电流产生的旋转磁场

当 $\omega t=60°$ 时，C 相电流 $i_C=0$。A 相电流 i_A 为正值，即从 A 端流入，在 X 端流出。B 相电流 i_B 为负值，即从 Y 端流入，在 B 端流出。由 i_A 和 i_B 产生的合成磁场如图 4-8(b)所示。可以看出，此时合成磁场同 $\omega t=0°$ 时相比，按顺时针方向旋转了 $60°$。

当 $\omega t=120°$ 时，B 相电流 $i_B=0$。A 相电流 i_A 为正值，即从 A 端流入，在 X 端流出。C 相电流 i_C 为负值，即从 Z 端流入，在 C 端流出。由 i_A 和 i_C 产生的合成磁场如图 4-8(c)所示。可以看出，此时合成磁场同 $\omega t=60°$ 时相比，又按顺时针方向旋转了 $60°$。同 $\omega t=0°$ 时相比，按顺时针方向旋转了 $120°$。不难理解当 $\omega t=180°$ 时，此时的合成磁场同 $\omega t=0°$ 时相比，按顺时针方向旋转了 $180°$。根据这样的规律，当 $\omega t=360°$ 时，合成磁场正好转了一周。

通过上面的分析可知,当定子绕组中的对称三相电流随时间不断周而复始地变化时,由它们在电动机定子空间所产生的合成磁场随电流的变化而在不断旋转着。这就是使异步电动机转子能够转动所需的旋转磁场。这个旋转磁场同前面讲述三相异步电动机转动的一般原理中所使用旋转着的永久磁铁产生的旋转磁场所起的作用是一样的。

接下来讨论一下旋转磁场的转向问题。电动机定子三相绕组 $A\text{-}X$、$B\text{-}Y$、$C\text{-}Z$ 是按三相电流 A、B、C 的相序接到三相电源上的,这时定子三相绕组中的电流是按顺时针方向排列的(见图 4-8 的三相电流波形图),从前面的分析知道,此时旋转磁场也是按顺时针方向转动的。如果将电源接到定子绕组上的三根引线中的任意两根对调一下,例如,将电源 B 相接到原来的 C 相绕组上,电源 C 相接至原来的 B 相绕组上,如图 4-9 所示。

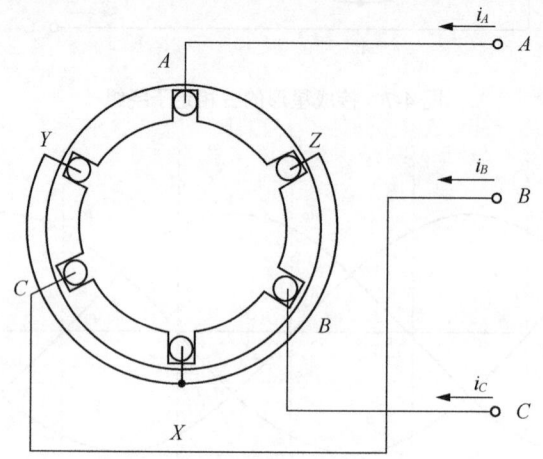

图 4-9 将 B 相和 C 相的电源线对调

这时定子三相绕组中的电流相序就按逆时针方向排列,在这种情况下产生的旋转磁场将按逆时针方向旋转。异步电动机的反转就是利用这一原理实现的。读者不妨自己画图分析来加以证明。

由此可见,磁场的转向与通入绕组的三相电流相序有关。任意对调两根三相电源接到定子绕组上的导线,就可以改变异步电动机的旋转方向。

2. 旋转磁场的转速

从前面的分析可知,对于图 4-8,三相电流从 $\omega t = 0°$ 变到 $\omega t = 60°$,旋转磁场也转动了 60°空间角。当电流变化一周时,磁场恰好在空间旋转了一圈。设电流的频率为 f_1,则每分钟变化 $60 f_1$ 次,旋转磁场的转速为

$$n_0 = 60 f_1$$

n_0 的单位为 r/min。若 f_1 为 50Hz 的工频交流电,则此时的旋转磁场的转速为 3000r/min。

上面所讨论的旋转磁场的转速是对应于一对磁极的情况($p=1$)。也就是分别只有一个 N 极和 S 极。如果电动机绕组由原来的三个绕组增至为六个绕组(为了理解方便,仍使用单匝绕组),每个绕组的始端(或末端)之间在定子铁芯的内圆周上按互差 60°角的规律进行排列。并按相序编出绕组顺序编号,如图 4-10(a)所示。六个绕组的电气连线如图 4-10(b)所示。

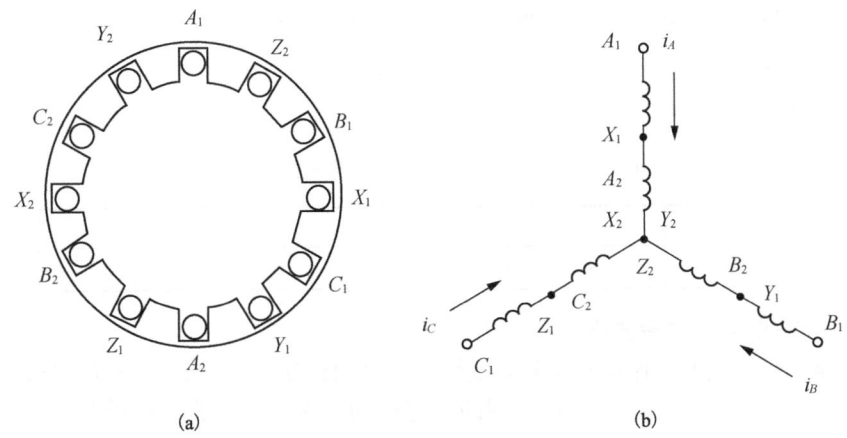

图 4-10 产生两对磁极旋转磁场的定子绕组分布及其电气连线

参考图 4-8，分析图 4-11 的定子绕组上磁场分布情况，易发现，在定子铁芯内圆周上具有两对磁极($p=2$)，如图 4-11 所示。当电流也从 $\omega t=0°$ 到 $\omega t=60°$ 经历了 $60°$ 时，而磁场在空间仅旋转了 $30°$。也就是说，当电流经历了一个周期（$360°$），磁场在空间仅仅能旋转半个周期（$180°$）。由此可知，两对磁极的磁场旋转速度比一对磁极的磁场转速慢了一半，即 $n_0=30f_1$。

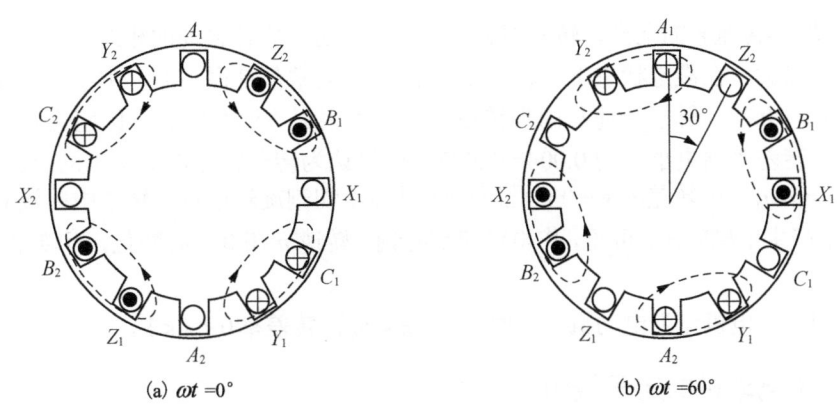

(a) $\omega t=0°$ (b) $\omega t=60°$

图 4-11 两对磁极旋转磁场

因此可以得出如下结论。

(1) 空间对称分布的多相绕组，流过时间上对称的多相电流时，合成磁通势为旋转磁通势，由此磁通势建立的磁场为旋转磁场。

(2) 定子绕组的主要功能在于建立旋转磁通势。

同理，在三对极的情况下（$p=3$），电流变化一个周期，磁场在空间仅旋转了 1/3 转，只是 $p=1$ 情况下的转速的三分之一，即 $n_0=60f_1/3$，所以对于一般情况，当旋转磁场具有 p 对极时，磁场的旋转速度为

$$n_0=60f_1/p \tag{4-2}$$

式中，n_0 为旋转磁场旋转速度（又称同步转速）；f_1 为三相交流电流频率；p 为磁极对数。

由式(4-2)可知，旋转磁场的转速 n_0 的大小与电流频率 f_1 成正比，与磁极对数 p 成反比。其中 f_1 由异步电动机的供电电源频率决定，而 p 由三相绕组的各相线圈串联多少决定。通常

对于一台具体的异步电动机，f_1 和 p 都是确定的，所以磁场转速 n_0 为常数。

在我国，工频 $f_1=50\text{Hz}$，于是由式(4-2)可得出对应于不同极对数 p 的旋转磁场转速 n_0 (r/min)，具体见表4-1。

表4-1 旋转磁场的转速 n_0 与磁极对数 p 的关系

p_0	1	2	3	4	5	6
n_0/(r/min)	3000	1500	1000	750	600	500

3. 三相异步电动机的转差率

从三相异步电动机的工作原理可知，虽然电动机的转动方向同旋转磁场的转动方向相同，但旋转磁场的转速 n_0 同电机转速 n 是不同的。电机的转速 n 低于旋转磁场的转速 n_0。

旋转磁场的转速 n_0 (又称同步转速)与电机转速 n 之差 (n_0-n)，用符号 n 表示，称为转速差(简称转差)。转差与同步转速的比值称为转差率，用 s 表示。

$$s=\frac{n_0-n}{n_0} \tag{4-3}$$

(1)在电机刚起步时，转子转速 $n=0$，则 $s=1$，转子导体切割旋转磁场的相对速度为最大，转子中的电势及电流也最大。如果电动机产生的电磁转矩足以克服机械负载的阻力转矩，转子就开始旋转，转速会不断上升。

(2)随着转子转速 n 的上升，转差率 s 减小，转子切割旋转磁场的相对速度减小，转子中电势及电流也最大。在额定状态下，转差率 s 的数值通常都是很小的，中小型异步电动机的转差率为 0.01～0.07，转子转速与同步转速相差并不很大。而空载时，因阻力矩很小，转子转速 n 很高，转差率则更小，为 0.004～0.007，可以认为转子转速近似等于同步转速。

(3)假设 $n=n_0$，则转差率 $s=0$，此时转子导体不切割旋转磁场，转子中就没有感应电势及电流，也不产生电磁转矩。可见，作电动机运行时，转速 n 在 $0\sim n_0$ 变化，而转差率则在 0～1 变化。

可见三相异步电机作为电动机运行时，$0<n<n_0$，转差率 $0<s<1$。

四、三相异步电动机的定子绕组

1. 三相异步电动机的定子绕组

三相异步电动机的旋转磁场是依靠定子绕组中通以交流电流来建立的。因此，定子绕组必须保证当它通以三相交流电流以后，其所建立的旋转磁场接近正弦波形以及由该旋转磁场在绕组本身中所感应的电动势是对称的。因此需要了解定子绕组的基本要求和分类，也需要了解三相异步电动机定子绕组的基本概念。

2. 对三相异步电动机定子绕组的基本要求

(1)绕组通过电流之后，必须形成规定的磁极对数，这由正确的连线来确定。

(2)三相绕组在空间布置上必须对称，以保证三相磁动势及电动势对称。这不仅要求每相绕组的匝数、线径及在圆周上的分布情况相同，而且要求三相绕组的轴线在空间互差 120°电角度，因此一对磁极范围内六个相带的顺序为 U_1，W_2，V_1，U_2，W_1，V_2。

(3)三相绕组通过电流所建立的磁场在空间的分布应尽量为正弦分布且旋转磁场在三相绕组中的感应电动势必须随时间按正弦规律变化。

(4)在一定的导体数之下,建立的磁场最强而且感应电动势最大。

(5)用铜量少,嵌线方便,绝缘性能好,机械强度高,散热条件好。

3. 三相异步电动机定子绕组的分类

异步电动机定子绕组的种类很多,按相数分,有单相、两相和三相绕组;按槽中绕组数量的不同,有单层、双层和单双层混合绕组;按绕组端接部分的形状分,单层绕组有同心式、交叉式和链式之分;双层绕组有叠绕组和波绕组之分;按每极每相所占的槽数是整数还是分数,有整数槽和分数槽之分等。但构成原则是一致的。

4. 三相异步电动机定子绕组的几个基本概念

从三相异步电动机的工作原理可知,定子三相组是建立旋转磁场,进行能量转换的核心部件。为了便于掌握绕组的排列和连接规律,先介绍有关交流绕组的一些基本知识与概念。

(1)线圈。

组成交流绕组的单元是线圈。它有两个引出线,一个称为首端,另一个称为末端,如图 4-12 所示,在简化实际线圈的描述时,可用一匝线圈来等效多匝线圈,其中,铁芯槽内的直线部分称为有效边,槽外部分称为端部。

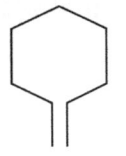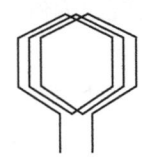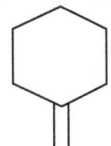

图 4-12 交流绕组的线圈

(2)电角度与机械角度。

电机圆周在几何上分成 360°,这个角度称为机械角度。从电磁观点来看,若磁场在空间按正弦波分布,则经过 N、S 一对磁极恰好相当于正弦曲线的一个周期。如有导体去切割这种磁场,经过 N、S 一对磁极,导体中所感应产生的正弦电动势的变化也为一个周期,变化一个周期即经过 360° 电角度,因而一对磁极占有的空间是 360° 电角度。若电机有 p 对磁极,电机圆周期按电角度计算就为 $p \times 360°$,而机械角度总是 360°,因此

电角度=$p \times$机械角度

(3)绕组及绕组展开图。

绕组是由多个线圈按一定方式连接起来构成的。表示绕组的连接规律一般用绕组展开图,即设想把定子(或转子)沿轴向展开、拉平,将绕组的连接关系画在平面上。

(4)极距 τ。

每个磁极沿定子铁芯内圆所占的范围称为极距。极距 τ 可用磁极所占范围的长度或定子槽数 z_1 表示:

$$\tau = \frac{\pi D}{2p} \quad \text{或} \quad \tau = \frac{z_1}{2p} \tag{4-4}$$

式中,D 为定子铁芯内径;z_1 为定子铁芯槽数。

(5)节距 y。

一个线圈的两个有效边所跨定子内圆上的距离称为节距。一般节距 y 用槽数表示。当 $y = \tau = \dfrac{z_1}{2p}$ 时,称为整距绕组,当 $y < \tau$ 时,称为短距绕组,当 $y > \tau$ 时,称为长距绕组。长

距绕组端部较长,费铜料,故较少采用。

(6)槽距角 α。

相邻两槽之间的电角度称为槽距角,槽距角 α 用式(4-5)表示:

$$\alpha = \frac{p \times 360°}{z_1} \quad (4-5)$$

槽距角 α 的大小即表示了两相邻槽的空间电角度,也反映了两相邻槽中导体感应电动势在时间上的相位移。

(7)每极每相槽数 q。

每一个极下每相所占有的槽数称为每极每相槽数,以 q 表示,有以下关系式:

$$q = \frac{z_1}{2m_1 p} \quad (4-6)$$

式中,m_1 为定子绕组的相数。

5. 三相单层绕组

单层绕组在每一个槽内只安放一个线圈边,所以三相绕组的总线圈数等于槽数的一半。现以 $z_1=24$,要求绕成 $2p=4$,$m_1=3$ 的单层绕组为例,说明三相单层绕组的排列和连接的规律。

(1)计算绕组的数据。

利用在上面提到的公式,可以计算出如下绕组的数据:

$$\tau = \frac{z_1}{2p} = \frac{24}{4} = 6, \quad q = \frac{z_1}{2m_1 p} = \frac{24}{2 \times 3 \times 2} = 2$$

$$\alpha = \frac{p \times 360°}{z_1} = \frac{2 \times 360°}{24} = 30°$$

(2)划分相带。

在图 4-13 的平面上画 24 根垂直线表示定子 $z_1=24$ 个槽和槽中的线圈边,并且按 1、2、…顺序编号。据 $q=2$,即相邻 2 个槽组成一个相带(每个极距内属于同相的槽所占有的区域),两对磁极共有 12 个相带。每对磁极按 U_1、W_2、V_1(N 极),U_2、W_1、V_2(S 极)顺序给相带命名,划分相带实际上是给定子上每个槽划分相属,如属于 U 相绕组的槽号有 1、2、7、8、13、14、19、20 这 8 个槽。

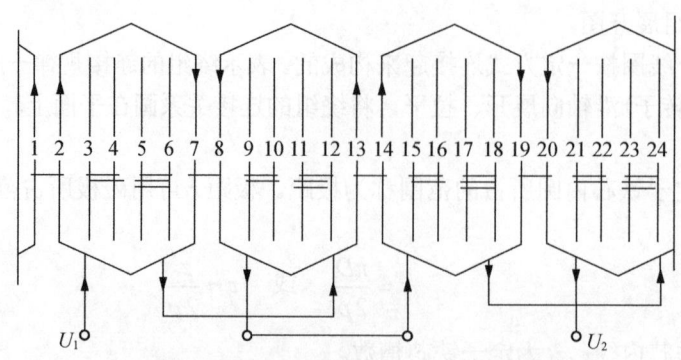

图 4-13　三相单层链式($2p=4$,$q=2$)U 相绕组展开图

(3)画绕组展开图。

① 链式绕组。

先画 U 相绕组。如图 4-13 所示,从同属于 U 相槽的 2 号槽开始,根据 $y = \tau - 1 = 5$,把 2

号槽的线圈边和 7 号槽的线圈边组成一个线圈，8 号和 13 号，14 号和 19 号，20 号和 1 号，共组成 4 个线圈，把这些同一极相的 $2p=4$ 个线圈串联成一个 U_1U_2 线圈组，构成 U 相绕组。各线圈之间的连线按同一相的相邻的线圈边电流应反相的原则，连成一路串联，其规律是线圈的"尾连尾，头连头"。我们称一相绕组为链式绕组。链式绕组为等距元件，而且每个线圈跨距小，端部短，可以省铜，还有 $q=2$ 的两个线圈各朝两边翻，散热好。

对于三相绕组，仿上可以画出分别与 U 相相差 120°的 V 相(从 6 号槽开始)相差 240°的 W 相(从 10 号槽开始)的绕组展开图，从而得到三相对称绕组 U_1U_2、V_1V_2、W_1W_2。然后根据铭牌要求，将线引至接线盒上连接成 Y 或 D。

② 交叉式绕组。

设 $q=3$（如 $z_1=36$，$2p=4$，$m_1=3$），其连接规律是把 $q=3$ 的三个线圈分成 $y=\tau-1$ 的两个大线圈和 $y=\tau-2$ 的一个小线圈各朝两面翻，因此一相绕组就按"两大一小"顺序交错排列，故称之为交叉式绕组。端部连线较短，散热好，因此，$p\geq 2$，$q=3$ 的单层绕组常用交叉式绕组，如图 4-14 所示。

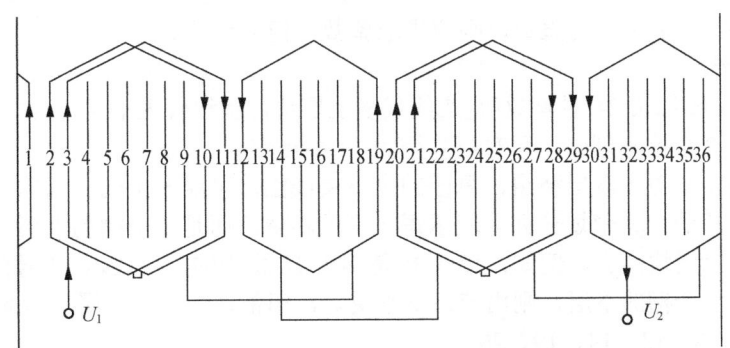

图 4-14 三相单层交叉式绕组 U 相绕组展开图

③ 同心式绕组。

设 $q=4$（如 $z_1=24$，$2p=2$，$m_1=3$），在 $p=1$ 时，同心式绕组嵌线较方便，因此，$p=1$ 的单层绕组常采用同心式绕组，如图 4-15 所示。

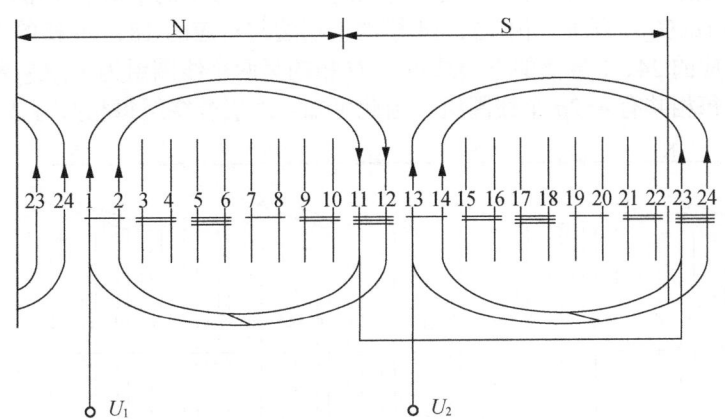

图 4-15 三相单层同心式绕组 U 相绕组展开图

单层绕组的优点是每槽只有一个线圈边，嵌线方便，槽利用率高，而且链式或交叉式绕组的线圈端部也较短，可以省铜。但是从电磁观点来看，其等效节距仍然是整距的，不可能用绕组的短距来改善感应电动势及磁场的波形。因而其电磁性能较差，一般只能适用于中心高 160mm 以下的小型异步电动机。

6. 三相双层绕组

双层绕组是铁芯的每个线槽中分上、下两层嵌放两条线圈边的绕组。为了使各线圈分布对称，安排嵌线时一般某个线圈的一条边若在上层，则另一条一定在下层。以叠绕组为例，这种绕组的线圈用一绕线模绕制，线圈端部逐个相叠，均匀分布，故称"叠绕组"。为使绕组产生的磁场分布尽量接近正弦分布，一般取线圈节距等于极距的 $y = \frac{5}{6}\tau$ 左右，即 $\frac{5}{6}$，这种 $y < \tau$ 的绕组称为短距绕组。这种绕组可使电动机工作性能得到改善，线圈绕制也方便，目前 10kW 以上的电动机，几乎都采用双层短距叠绕组。现以 4 极限 24 槽三相电动机为例，讨论三相双层叠绕组的排列和连接的规律。

(1) 计算绕组数据。

$$\tau = \frac{24}{4} = 6, \quad q = \frac{24}{3 \times 4} = 2, \quad y = \frac{5\tau}{6} = 5$$

即类型为短距绕组。若 y 不为整数，则应当取整数，但 y 小于 τ。

(2) 划分相带。

画 24 对虚实线代表 24 对有效边(实线代表上层边，虚线代表下层边)并按顺序编号；根据每个相带有 $q=2$ 个槽来划分，两对极共得到 12 个相带。

需要指出的是，对于双层绕组，每槽的上下层线圈边可能属于同一相的两个不同线圈，也可能属于不同相的，相带划分并非表示每个槽的相属，而是每个槽的上层边相属关系，即划分的相带是对上层边而言。例如，13 号槽是属于 U_1 相带的，仅表示 13 号槽上层边，对应的下层边放在哪一个槽的下层，则由节距 y 来决定，相带划分无关。属于 U 相绕组的上层边槽号是 1、2、7、8、13、14、19、20。

(3) 画绕组展开图。

先画 U 相绕组。如图 4-16 所示，从 1、2 号槽的上层边(用实线表示)开始，根据 $y=5$ 槽，可知组成对应线圈的另一边分别为 6、7 号槽的下层(用虚线表示)，将此属于同一个 U 相的相邻的 $q=2$ 个线圈串联起来组成一个线圈组 $U_{11}U_{12}$。

由图 4-16 可见，7、8 号槽的上层边与对应的 12、13 号槽的下层边也串联成属于 U 相的另一个线圈组为 $U_{12}U_{22}$。同理，由 13、14 槽的上层边与对应的 18、19 槽的下层边。19、20 槽的上层边与对应的 24、1 号槽的下层边可得 U 相的另两个线圈组为 $U_{13}U_{23}$ 和 $U_{14}U_{24}$，此例两对磁极电机的每相共有 $4=2p$ 个线圈组。由此可知，双层叠绕组每相共有 $2p$ 个线圈组。

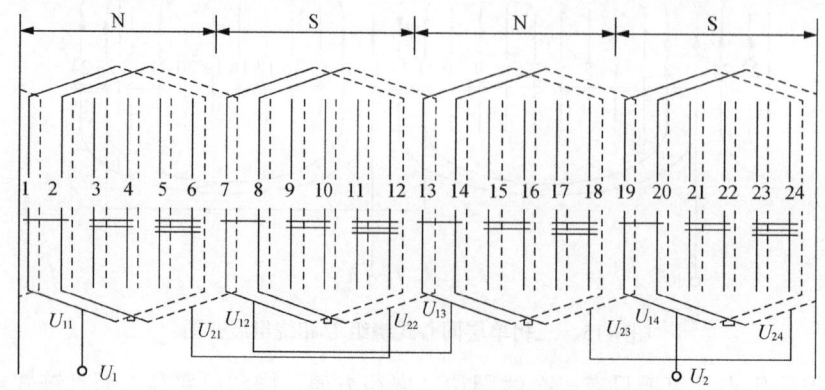

图 4-16 三相双层短距叠绕组 U 相绕组展示图

此例的四个线圈组完全对称,可并可串。串并联的原则仍然是:同一相的相邻极下的线圈边电流应反相,以形成规定的磁场极数。这四个线圈组可并可串,得到的并联支路数可以为 $a=1$,$a=2$,$a_{max}=2p=4$。

同理可画出 V、W 相绕组展开图,然后再连接成 Y 形或 △ 形而得到三相对称的双层叠绕组。

第二节　交流电动机的特性

本节将主要以三相异步电动机为例来论述交流电动机的电路特性、工作特性、机械特性、人为特性等方面的问题。

一、三相异步电动机的电路特性及其功率

异步电动机通过电磁感应把定子边(原边)的电功率转换成转子边(副边)的机械功率。从电磁关系上来看,异步电动机同变压器的运行相似,即定子可看成原端绕组,转子则相当副端绕组。所不同的是在电动机定子绕组和转子绕组中的感应电动势都是由旋转磁场作用产生的,实际上,在电动机运行时,旋转磁场是由定子绕组和转子绕组产生的合成磁场。但它和变压器比较,工作原理和分析方法有很多相似之处。

三相异步电机的每相等效电路如图 4-17 所示。图中的 $\dot{E}_1$ 和 $\dot{E}_2$ 分别为旋转磁场在定子绕组和转子绕组上产生的感应电动势;R_1 和 R_2 分别为定子绕组和转子绕组上的电阻;$X_{\sigma 1}$ 和 $X_{\sigma 2}$ 分别为定子磁路和转子磁路漏磁通产生的感抗;N_1 和 N_2 分别为定子和转子绕组的匝数。

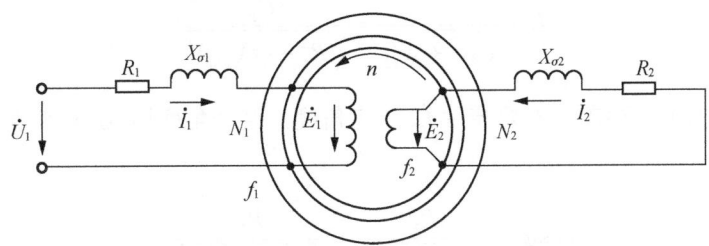

图 4-17　三相异步电动机的每相等效电路

电路中还应该加入等效负载电阻 $\dfrac{1-s}{s}R_2'$,相当于在右边的电路中串接一个滑动变阻器,这里为了讨论方便,暂时省略。在对三相异步电动机功率的讨论中,这部分负载则是应该考虑在内的。

(一) 定子电路

异步电动机的定子绕组是静止的,所以旋转磁场产生的感应电动势的频率等于电源频率 f_1,根据三相异步电动机的每相等效电路,其电压方程见式(4-7):

$$\dot{U}_1 = R_1 \dot{I}_1 + jX_{\sigma 1}\dot{I}_1 + (-\dot{E}_1) \tag{4-7}$$

仿照变压器的分析方法可得

$$U_1 \approx E_1 = 4.44 f_1 N_1 \phi_m \tag{4-8}$$

式中,ϕ_m 为气隙主磁通量。

(二)转子电路

当电动机旋转时,旋转磁场切割转子绕组导体,并且它的上面产生感应电动势。由于旋转磁场是旋转的,对于转子上的每相绕组的导体,旋转磁场的 N 极和 S 极都能扫过它们,所以在绕组上产成的感应电动势应当是一交流电动势。感应电动势的频率取决于旋转磁场同转子的相对速度和磁极对数。旋转磁场切割转子绕组导体的速度为 $n_0 - n$,则转子感应电动势的频率同转差的关系见式(4-9):

$$f_2 = \frac{p(n_0 - n)}{60} = \frac{n_0 - n}{n_0} \cdot \frac{pn_0}{60} = sf_1 \tag{4-9}$$

通常,$f_2 = 0.5 \sim 4.5 \mathrm{Hz}(f_1 = 50 \mathrm{Hz})$。

在电动机启动瞬间,$n=0$,$s=1$,$f_2=f_1$,此时转子绕组中的感应电动势大,为

$$E_{20} = 4.44 f_1 N_2 \phi_m \tag{4-10}$$

当电动机旋转时,在转子绕组上的感应电动势为

$$E_2 = 4.44 f_2 N_2 \phi_m = 4.44 sf_1 N_2 \phi_m = sE_{20} \tag{4-11}$$

由此可见,转子感应电动势与转差率 s 有关。在电动机启动瞬间,$n = 0$,$s =1$,$f_2 = f_1$,此时转子感抗最大,为

$$X_{s20} = 2\pi f_1 L_{s2} \tag{4-12}$$

这里的 L_{s20} 是转子漏磁电感。当电动机旋转时,转子感抗为

$$X_{\sigma 2} = 2\pi f_2 L_{\sigma 2} = 2\pi sf_1 L_{\sigma 2} = sX_{\sigma 20} \tag{4-13}$$

可见 X_{s20} 也同转差有关。

根据图 4-17 的等效电路,可写出转子绕组中的电流有效值为

$$I_2 = \frac{E_2}{\sqrt{R_2^2 + X_{s2}^2}} = \frac{sE_{20}}{\sqrt{R_2^2 + (sX_{s20})^2}} \tag{4-14}$$

由于转子漏电感的存在,$\dot{I}_2$ 要滞后 $\dot{E}_2$ 一定角度,这个角度用 $\cos\phi_2$ 来表示,因此转子电路的功率因数为

$$\cos\phi_2 = \frac{R_2}{\sqrt{R_2^2 + X_{s2}^2}} = \frac{R_2}{\sqrt{R_2^2 + (sX_{s20})^2}} \tag{4-15}$$

转子电流和转子功率因数同转差的关系曲线如图 4-18 所示。

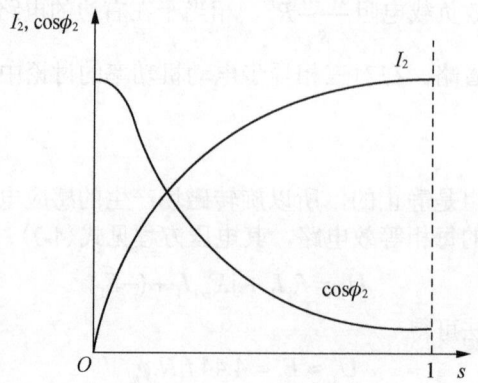

图 4-18 转子电流和转子功率因数同转差的关系曲线

由上述分析可见，由于转子电路是旋转的，转子转速不同时，转子绕组和旋转磁场之间的相对速度不同，所以转子电路中的各个量，如频率、电动势、感抗、电流和功率因数等都与转差率有关，实际上也就是同电动机的转速有关。

(三) 三相异步电动机的功率

若在图 4-17 中右边的电路中串联等效负载电阻 $\frac{1-s}{s}R_2'$，则其 T 型等效电路图如图 4-19 所示。

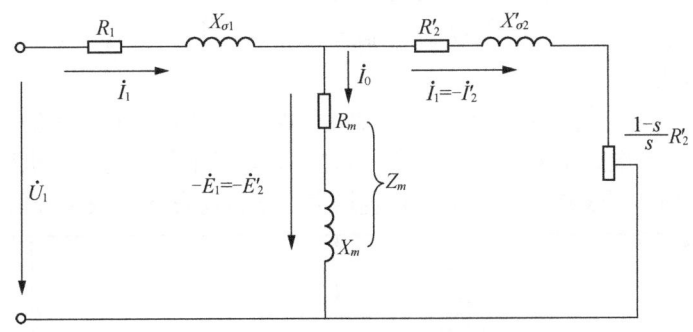

图 4-19 三相异步电动机 T 型等效电路图

1. 功率平衡方程式

异步电动机的功率关系可用 T 型等效电路图来分析。异步电动机通电运行时，T 型等效电路中每个电阻上均产生一定损耗，有

定子电阻 R_1 产生定子铜损耗：
$$p_{\text{Cu1}} = 3I_1^2 R_1 \tag{4-16}$$

励磁电阻 R_m 产生定子铁损耗：
$$p_{\text{Fe}} = p_{\text{Fe}_1} = 3I_m^2 R_m \quad (\text{忽略 } p_{\text{Fe2}}) \tag{4-17}$$

转子电阻产生转子铜损耗：
$$p_{\text{Cu2}} = 3I_2'^2 R_2' \tag{4-18}$$

从而可得三相异步电动机运行时的功率关系如下。

电源输入电功率除去定子铜损耗和铁损耗便是定子传递给转子回路的电磁功率，为
$$P_{\text{em}} = P_1 - p_{\text{Cu1}} - p_{\text{Fe}} \tag{4-19}$$

电磁功率又等于等效电路转子回路全部电阻上的损耗，即
$$P_{\text{em}} = 3I_2'^2 \left[R_2' + \frac{(1-s)}{s} R_2' \right] = 3I_2'^2 \frac{R_2'}{s} \tag{4-20}$$

电磁功率除去转子绕组上的损耗，就是等效负载电阻 $\frac{1-s}{s}R_2'$ 上的损耗，这部分等效损耗实际上是传输给电动机转轴上的机械功率，用 P_{MEC} 表示。它是转子绕组中电流与气隙旋转磁场共同作用产生的电磁转矩，带动转子以转速 n 旋转所对应的功率为
$$P_{\text{MEC}} = P_{\text{em}} - p_{\text{Cu2}} = 3I_2'^2 \frac{1-s}{s} R_2' = (1-s)P_{\text{em}} \tag{4-21}$$

电动机运行时，还存在由于轴承等摩擦产生的机械损耗 p_{mec} 及附加损耗 p_{ad}。大型电机中 p_{ad} 约为 $0.5\%P_N$，小型电机的 $p_{\text{ad}}=(1\sim3)\%P_N$。

转子的机械功率 P_{MEC} 减去机械损耗 p_{mec} 和附加损耗 p_{ad} 才是转轴上实际输出的功率,用 P_2 表示,有

$$P_2 = P_{MEC} - p_{mec} - p_{ad} \tag{4-22}$$

可见异步电动机运行时,从电源输入电功率 P_1 到转轴上输出机械功率的全过程为

$$P_2 = P_1 - (p_{Cu1} + p_{Fe} + p_{Cu2} + p_{mec} + p_{ad}) = P_1 - \sum p \tag{4-23}$$

功率关系可用图 4-20 来表示。从以上功率关系定量分析看出,异步电动机运行时电磁率 P_{em}、转子损耗 p_{Cu2} 和机械功率 P_{MEC} 三者之间的定量关系为

$$P_{em} : p_{Cu2} : P_{MEC} = 1 : s : (1-s) \tag{4-24}$$

也可写成下列关系式:

$$P_{em} = p_{Cu2} + P_{MEC}, \quad p_{Cu2} = sP_{em}, \quad P_{MEC} = (1-s)P_{em} \tag{4-25}$$

式(4-25)表明,当电磁功率一定,转差率 s 越小,转子铜损耗越小,机械功率越大,效率越高。电动机运行时,若 s 增大,转子铜耗也增大,电机易发热,效率降低。

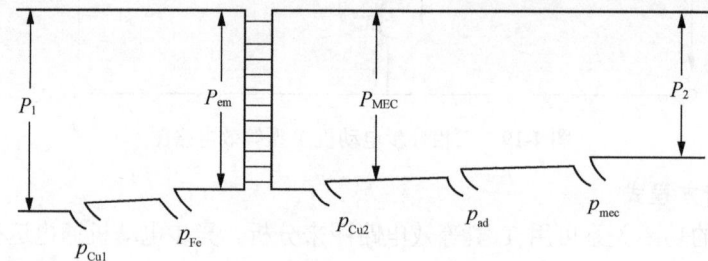

图 4-20 异步电动机功率流程图

2. 转矩平衡方程式

机械功率 P_{MEC} 除以轴的角速度 Ω 就是电磁转矩,即

$$T_{em} = \frac{P_{MEC}}{\Omega} \tag{4-26}$$

电磁转矩与电磁功率关系为

$$T_{em} = \frac{P_{MEC}}{\Omega} = \frac{P_{MEC}}{\frac{2\pi n}{60}} = \frac{P_{MEC}}{(1-s)\frac{2\pi n_1}{60}} = \frac{P_{em}}{\Omega_1} \tag{4-27}$$

式中,Ω_1 为同步角速度(用机械角速度表示)。

式(4-22)两边同时除以角速度可得

$$T_2 = T_{em} - T_0, \quad T_0 = \frac{p_{mec} + p_{ad}}{\Omega} = \frac{p_0}{\Omega} \tag{4-28}$$

式中,T_0 为空载转矩;T_2 为输出转矩。

在电力拖动系统中,常可忽略 T_0,则有

$$T_{em} \approx T_2 = T_L \tag{4-29}$$

式中,T_L 为负载转矩。

二、三相异步电动机的电磁转矩和机械特性

异步电动机的作用是把电能转换为机械能,它输送给生产机械的是转矩和转速。因此电

动机的转矩同哪些因素有关？它的大小受哪些因素的影响？转矩同转速之间的关系怎样？本小节将对这些问题做深入的探讨。

(一) 异步电动机的电磁转矩

三相异步电动机的电流与旋转磁场相互作用产生电磁力，电磁力对电机的转子产生了电磁转矩，由此可见电磁转矩是由转子电流和旋转磁场共同作用所产生的结果，因此电磁转矩的大小与转子电流以及旋转磁场每极磁通成正比。从前面对转子电路的分析知道，转子电路不但有电阻，还有漏感阻抗存在，所以转子电流 $\dot{I}_2$ 与转子感应电动势 $\dot{E}_2$ 之间有一个相位差，用 ψ_2 来表示，于是转子电流可以分为有功分量和无功分量两部分。只有转子电流的有功分量部分 $I_2\cos\psi_2$ 才能与旋转磁场相互作用而产生电磁转矩，这样，写出电磁转矩同磁场和转子电流的关系如下：

$$T = K_T F I_2 \cos\psi_2 \qquad (4\text{-}30)$$

式中，T 为电磁转矩，$\text{N}\cdot\text{m}$；K_T 这电动机结构常数。

将式(4-8)、式(4-10)、式(4-14)、式(4-15)代入式(4-30)，可得到转矩的另一种表达方式：

$$T = K\frac{sU_1^2 R_2}{R_2^2 + (sX_{s12})^2} \qquad (4\text{-}31)$$

这里 K 是整理式(4-31)时得到的一个新的常数。式(4-31)表明，三相异步电动机的转矩与每相电压的有效值平方成正比，也就是说，当电源电压变动时，对转矩产生较大的影响。例如，电源电压降低至额定电压的 80% 时，则转矩只为原来的 64%。过低的电压常使电动机不能启动或被迫停转，这种现象一旦发生就会引起电流剧增，若不及时切断电源，在短时间内就会使电动机烧毁，故在运行中必须引起注意。

此外，转矩与转子电阻也有关。当电压和转子电阻一定时，电磁转矩还同转差率有关。$T = f(s)$ 关系就称为异步电动机的机械特性。$T = f(s)$ 曲线如图 4-21 所示。

(二) 异步电动机的机械特性

电磁转矩特性($T = f(s)$ 曲线)间接地表示了电磁转矩与转速之间的关系，而人们关心的是电动机的电磁转矩与转速的关系，称为机械特性。若将 $T = f(s)$ 曲线的 s 坐标变换成 n 坐标，并顺时针旋转 90°，再将表示 T 的横轴移下，便得到机械特性曲线 $n = f(T)$ 曲线，如图 4-22 所示。

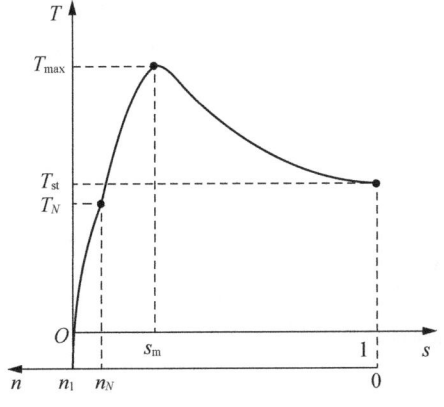

图 4-21　三相异步电动机的 $T = f(s)$ 曲线

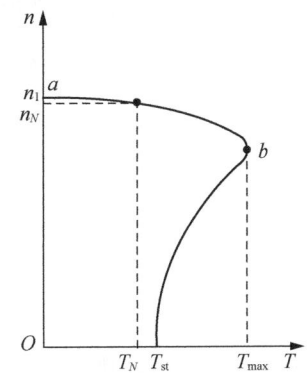

图 4-22　三相异步电动机的 $n = f(T)$ 曲线

研究机械特性的目的是分析电动机的运行性能。现就机械特性曲线讨论三个转矩。

(1) 额定转矩 T_N。

电动机转轴上的输出功率等于角速度与转矩的乘积,故电动机的转矩 T 等于

$$T = \frac{P_2 \times 10^3}{\frac{2\pi n}{60}} = 9550 \frac{P_2}{n} \quad (4-32)$$

式中,P_2 为异步电动机的输出功率,kW;n 为异步电动机的转速,r/min;T 为异步电动机的输出转矩,N·m。

在额定转速 n_N 下输出功率 P_{2N},电动机的转矩为额定转矩。应用式(4-18)可得

$$T_N = 9550 \frac{P_{2N}}{n_N} \quad (4-33)$$

式中,P_{2N} 的单位为 kW;n_N 的单位为 r/min;T_N 的单位为 N·m。

通常三相异步电动机都工作在图 4-22 所示特性曲线的 ab 段。若负载转矩增大(如起重机的起重量加大),在最初瞬间电动机的转矩 $T<T_L$,所以它的转速 n 开始下降。随着转速的下降,由图 4-22 可见,电动机的转矩增加到 $T=T_L$。当转矩增加到 T_L 时,电动机在新的稳定状态下运行,这时转速较前为低。由于 ab 段比较平坦,当负载在空载与额定值之间变化时,电动机的转速变化不大。这种特性称为硬的机械特性。

(2) 最大转矩 $T_{\max}$。

从机械特性曲线看出,转矩有一个最大值,称为最大转矩或临界转矩。从图 4-19 可见对应于最大转矩的转差率为 s_m。由式(4-17)对 s 求导,并令

$$\frac{dT}{ds} = 0$$

可求得

$$s_m = \frac{R_2}{X_{20}} \quad (4-34)$$

式(4-34)表明:s_m 与转子电阻 R_2 成正比,增大 R_2 可使最大转矩向下移,如图 4-23 所示。当 $R_2 = X_{20}$ 时,可使最大转矩在转差率 $s=1$(启动)时出现,这对重载启动很有利。

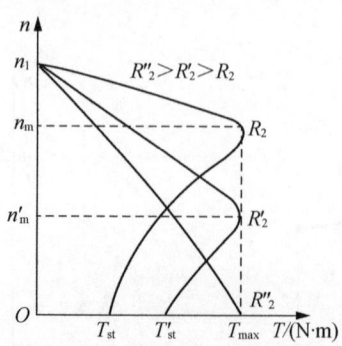

图 4-23 转子电阻不同时的特性

将 s_m 代入式(4-31),则得

$$T_{\max} = K \frac{U_1^2}{2X_{20}} \quad (4-35)$$

可见，最大转矩 T_{max} 与电源电压 U_1 的平方成正比，而与转子电阻 R_2 无关。若 U_1 下降会使 T_{max} 迅速减小。

电动机工作电流超过它所允许的额定值，这种工作状态称为过载。为了避免过热，不允许电动机长期过载运行。在温升允许时，可以短时间的过载。但这时的负载转矩不得超过最大转矩 T_{max}，否则就会停转而烧毁电动机。通常将最大转矩 T_{max} 与额定转矩 T_N 的比值称为电动机的转矩过载系数或过载能力，用 λ 表示，即

$$\lambda = \frac{T_{max}}{T_N} \tag{4-36}$$

一般异步电动机的过载系数 λ 为 1.8~2.2。过载系数 λ 越大，表明电动机过载能力就越强。

(3) 启动转矩 T_{st}。

电动机刚接通电源的瞬间（转速 $n=0$），这时的电磁转矩称为启动转矩 T_{st}。启动转矩 T_{st} 与额定转矩 T_N 的比值称为电动机的启动能力 K_{st}，即

$$K_{st} = \frac{T_{st}}{T_N} \tag{4-37}$$

一般异步电动机的 K_{st} 为 1.7~2.2。启动时，$n=0$、$s=1$，代入式中，则启动转矩 T_{st} 为

$$T_{st} = \frac{R_2 U_1^2}{R_2^2 + X_{20}^2} \tag{4-38}$$

由式(4-38)可知，启动转矩 T_{st} 与转子电阻 R_2 及电源电压 U_1 有关。在绕线转子异步电动机中，转子三相绕组通过外接电阻来适当增加转子电阻，就可以提高其启动转矩 T_{st}（图 4-23），改善电动机的启动性能。

三、三相异步电动机的工作特性

异步电动机的工作特性是指定子的电压及频率为额定时，电动机的转速 n、定子电流 I_1、功率因数 $\cos\varphi_1$、电磁转矩 T_{em}、效率 η 等与输出功率 P_2 的关系曲线。

上述关系曲线可以通过直接给异步电动机带负载测得，也可以利用等效电路参数计算得出。图 4-24 为三相异步电动机的工作特性曲线。

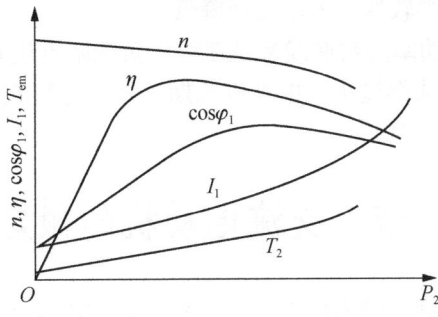

图 4-24 三相异步电动机的工作特性曲线

(一) 转速特性

即 $n=f(P_2)$，三相异步电动机空载时，转子的转速 n 接近于同步转速 n_1。随着负载的增

加，转速 n 要略微降低，这时转子电动势 $E_{2s}=sE_2$ 增大，从而使转子电流 I_{2s} 增大，以产生较大的电磁转矩来平衡负载转矩。因此，随着 P_2 的增加，转子转速 n 下降，转差率 s 增大。转速特性是一条"硬"特性，如图 4-24 所示。

(二) 转矩特性

即 $T_{em}=f(P_2)$，空载时 $P_2=0$，电磁转矩 T_{em} 等于空载制动转矩 T_0。随着 P_2 的增加，已知 $T_2=\dfrac{9.55P_2}{n}$，若 n 基本不变，则 T_2 为过原点的直线。考虑到 P_2 增加时，n 稍有降低，故 $T_2=f(P_2)$ 随着 P_2 增加略向上偏离直线。在 $T_{em}=T_0+T_2$ 式中，T_0 值很小，而且认为它是与 P_2 无关的常数。所以 $T_{em}=f(P_2)$ 将比平行上移 T_0 数值，如图 4-24 所示。

(三) 定子电流特性

即 $I_1=f(P_2)$，当电动机空载时，转子电流 I_2' 近似为零，定子电流等于励磁电流 I_0。随着负载的增加，转速下降（s 增大），转子电流增大，定子电流也增大。当 $P_2>P_N$ 时，由于此时 $\cos\varphi_2$ 降低，I_1 增长更快些，如图 4-24 所示。

(四) 功率因数特性

即 $\cos\varphi_1=f(P_2)$，三相异步电动机运行时，必须从电网中吸取感性无功功率，它的功率因数总是滞后的，且永远小于 1。电动机空载时，定子电流基本上只有励磁电流，功率因数很低，一般不超过 0.2。当负载增加时，定子电流中的有功电流增加，使功率因数提高。接近额定负载时，功率因数也达到最高。超过额定负载时，由于转速降低较多，转差率增大，使转子电流与电动势之间的相位角 φ_2 增大，转子的功率因数下降较多，引起定子电流中的无功电流分量也增大，因而电动机的功率因数 $\cos\varphi_1$ 趋于下降，如图 4-24 所示。

(五) 效率特性

即 $\eta=f(P_2)$，根据

$$\eta=\frac{P_2}{P_1}=1-\frac{\sum p}{P_2+\sum p}$$

可知，电动机空载时 $P_2=0$，$\eta=0$；随着输出功率的增加，效率 η 也增加。在正常运行范围内，因主磁通变化很小，故铁损耗变化不大，机械损耗变化也很小，合起来称不变损耗。定、转子铜损耗与电流平方成正比，随着负载而变化，称可变损耗。当不变损耗等于可变损耗时，电动机的效率达最大。对于中、小型异步电动机，当 $P_2=(0.75\sim1)P_N$ 时，效率最高。如果负载继续增大，可变损耗增加得较快，效率反而降低。

由此可见，效率曲线和功率因数曲线都是在额定负载附近达到最高，选用电动机容量时，应注意与负载相匹配。如果选得过小，电动机长期过载运行影响寿命；如果选得过大，则功率因数和效率都很低，浪费能源。

第三节　交流电动机的额定值

使用电动机时，应以其额定值为依据。电动机的额定值标注在铭牌上和使用说明书上。本节将逐项介绍电动机的额定值。电动机的铭牌上标有额定运行时的主要技术数据，以便于使用者正确使用和选择电动机。

1. 型号

为了适应不同用途和不同工作环境的需要，电动机制成不同的系列，每种系列用各种型号表示。例如：

$$Y\ 132\ M\text{-}4$$

其中，Y 表示三相异步电动机，其中三相异步电动机的产品名称代号还有：YR 为绕线式异步电动机，YB 为防爆型异步电动机，YQ 为高启动转矩异步电动机；132 表示机座中心高(mm)；M 表示机座长度代号；4 表示磁极数。

2. 接法

接法是指定子三相绕组的接法。一般鼠笼式电动机的接线盒中有六根引出线，标有 U_1、V_1、W_1、U_2、V_2、W_2。其中：U_1 和 U_2 是第一相绕组的两端；V_1 和 V_2 是第二相绕组的两端；W_1 和 W_2 是第三相绕组的两端。

如果 U_1、V_1、W_1 分别为三相绕组的始端(头)，则 U_2、V_2、W_2 是相应的末端(尾)。这六个引出线端在接电源之前，相互间必须正确连接。连接方法有星形(Y)连接和三角形(△)连接两种。

3. 额定功率 P_N

额定功率是指电动机在制造厂所规定的额定情况下运行时，其输出端的机械功率，单位一般为千瓦(kW)。

对三相异步电机，其额定功率：

$$P_N = \sqrt{3}U_N I_N \eta_N \cos\phi_N$$

式中，η_N 和 $\cos\phi_N$ 分别为额定情况下的效率和功率因数。

4. 额定电压 U_N

额定电压是指电动机额定运行时，外加于定子绕组上的线电压，单位为伏(V)。

一般规定电动机的工作电压不应高于或低于额定值的 5%。当工作电压高于额定值时，磁通将增大，将使励磁电流大大增加，电流大于额定电流，使绕组发热。同时，由于磁通的增大，铁损耗(与磁通平方成正比)也增大，使定子铁芯过热；当工作电压低于额定值时，引起输出转矩减小，转速下降，电流增加，也使绕组过热，这对电动机的运行也是不利的。

我国生产的 Y 系列中、小型异步电动机，其额定功率在 3kW 以上的，额定电压为 380V，绕组为三角形连接。额定功率在 3kW 及以下的，额定电压为 380/220V，绕组为 Y/△ 连接(即电源线电压为 380V 时，电动机绕组为星形连接；电源线电压为 220V 时，电动机绕组为三角形连接)。

5. 额定电流 I_N

额定电流是指电动机在额定电压和额定输出功率时，定子绕组的线电流，单位为安(A)。

当电动机空载时，转子转速接近于旋转磁场的同步转速，两者之间相对转速很小，所以转子电流近似为零，这时定子电流几乎全为建立旋转磁场的励磁电流。当输出功率增大时，转子电流和定子电流都随着相应增大。

6. 额定频率 f_N

我国电力网的频率为 50 赫兹(Hz)，因此除外销产品外，国内用的异步电动机的额定频率为 50 赫兹。

7. 额定转速 n_N

额定转速是指电动机在额定电压、额定频率下，输出端有额定功率输出时，转子的转速，单位为转/分(r/min)。由于生产机械对转速的要求不同，需要生产不同磁极数的异步电动机，因此有不同的转速等级。最常用的是四个极的异步电动机（n_0=1500r/min）。

8. 额定效率 η_N

额定效率是指电动机在额定情况下运行时的效率，是额定输出功率与额定输入功率的比值。即

$$\eta_N = \frac{P_{2N}}{P_{LN}} \times 100\% = \frac{P_N}{\sqrt{3}U_N I_N \cos\phi_N} \times 100\% \tag{4-39}$$

异步电动机的额定效率 η_N 为 75%～92%。

9. 额定功率因数 $\cos\phi_N$

因为电动机是电感性负载，定子相电流比相电压滞后一个 ϕ 角，$\cos\phi$ 就是异步电动机的功率因数。

三相异步电动机的功率因数较低，在额定负载时为 0.7～0.9，而在轻载和空载时更低，空载时只有 0.2～0.3。因此，必须正确选择电动机的容量，防止"大马拉小车"，并力求缩短空载的时间。

10. 绝缘等级

它是按电动机绕组所用的绝缘材料在使用时容许的极限温度来分级的。所谓极限温度，是指电动机绝缘结构中最热点的最高容许温度。

11. 工作方式

反映异步电动机的运行情况，可分为三种基本方式：连续运行、短时运行和断续运行。

第四节 三相异步电动机的启动、调速和制动

一、三相异步电动机的启动

异步电动机由静止状态过渡到稳定运行状态的过程称为异步电动机的启动。启动是异步电动机应用中重要的物理过程之一。异步电动机在使用过程中，总是需要启动和停机，虽然三相异步电动机具有可以产生一定的启动转矩、拖动负载直接启动的优点，但它的启动电流过大则是必须解决的问题。

当异步电动机启动时，由于电动机转子处于静止状态，旋转磁场以最快速度扫过转子绕组，此时转子绕组感应电动势是最高的，因而产生的感应电流也是最大的，通过气隙磁场的作用，电动机定子绕组也出现非常大的电流。一般启动电流 I_{st} 是额定电流 I_N 的 5～7 倍。

对于这样大的启动电流，如果频繁启动，将引起电动机过热。对于大容量的电动机，在启动这段时间内，甚至引起供电系统过负荷，电源线的线电压因此而产生波动，这可能严重影响其他用电设备的正常工作。

（一）鼠笼式异步电动机的启动

鼠笼式异步电动机启动方法有两种：直接启动和降压启动。

1. 直接启动

直接启动就是用闸刀开关和交流接触器将电机直接接到具有额定电压的电源上。此时 I_{st} 是额定电流 I_N 的 5～7 倍，而 $\lambda_{st} = T_{st}/T_N = 1\sim 2$。

直接启动法的优点是操作简单，无需很多的附属设备；主要缺点是启动电流较大。鼠笼

式异步电动机能否直接启动,要视三相电源的容量而定。通常在一般情况下,10千瓦以上的异步电动机,就不允许直接启动了,必须采用能够减小启动电流的其他的启动方法。

2. 降压启动

这种方法是用降低异步电动机端电压的方法来减小启动电流。由于异步电动机的启动转矩与端电压的平方成正比,所以采用此方法时,启动转矩同时减小,所以该方法只适用于对启动转矩要求不高的场合,即空载或轻载的场合。

(1)星三角启动法。

星三角启动法适用于正常运行时绕组为三角形连接的电动机,电动机的三相绕组的六个出线端都要引出,并接到转换开关上。启动时,将正常运行时三角形接法的定子绕组改接为星形连接,启动结束后再换为三角形连接。这种方法只适用于中小型鼠笼式异步电动机。图4-25所示为这种方法的原理接线图。

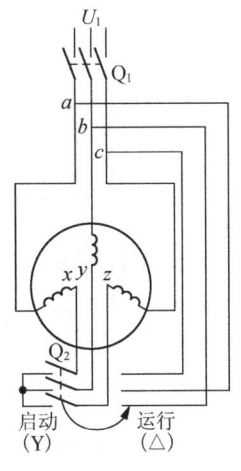

图4-25　Y/△启动电路图

启动时,电机定子绕组星形连接,电机每相定子绕组上的电压是电源线电压U_1的$1/\sqrt{3}$,此时电路的线电流等于相电流,即流过每个绕组的电流(这里的Z是每相绕组的等效阻抗):

$$I_{lY} = \frac{\frac{U_L}{\sqrt{3}}}{Z} \tag{4-40}$$

当电机接近额定速度时,电机定子绕组改为三角形连接,这时电机每相绕组的电压为电源线电压U_1。此时电路的线电流为

$$I_{l\triangle} = \sqrt{3}\frac{U_l}{Z} \tag{4-41}$$

比较以上两个电流,有

$$\frac{I_{lY}}{I_{l\triangle}} = \frac{\frac{U_L}{\sqrt{3}}}{Z} \bigg/ \sqrt{3}\frac{U_l}{Z} = \frac{1}{3}$$

即定子绕组星形连接时,由电源提供的启动电流仅为定子绕组三角形连接时的1/3。

由于启动转矩与每相绕组电压的平方成正比,星形接法时的绕组电压降低了$1/\sqrt{3}$,所以启动转矩将降到三角形接法的1/3,即

$$T_{stY} = \frac{1}{3}T_{st\triangle} \tag{4-42}$$

(2)自耦变压器启动法。

利用自耦变压器降压启动鼠笼异步电动机的原理如图4-26所示。设自耦变压器的变比为k_a,经过自耦变压器降压后,加在电动机上的电压为$\frac{U_l}{k_a}$。此时电动机的启动电流I'_{st}便与电压成相同比例地减小,是原来在额定电压下直接启动电流I_{stN}的$\frac{1}{k_a}$倍,即

$$I'_{st} = \frac{1}{k_a}I_{stN}$$

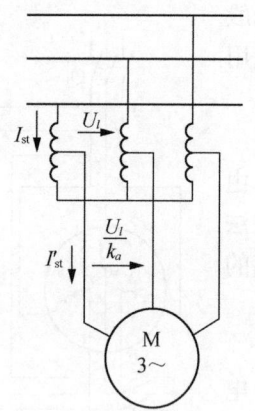

又由于电动机接在自耦变压器的副边,自耦变压器的原边接在三相电源侧,故电源所供给的启动电流为

$$I_{st} = \frac{1}{k_a} I'_{st} = \frac{1}{k_a^2} I_{stN} \tag{4-43}$$

由此可见,利用自耦变压器降压启动鼠笼异步电动机,电网电流比直接启动减少了 $\frac{1}{k_a^2}$。由于加到电动机上的电压减小了 $\frac{1}{k_a}$,因此,同直接启动相比,启动转矩也同样减少了 $\frac{1}{k_a^2}$。

图 4-26 自耦变压器启动电路原理图

(3) 绕线式异步电动机的启动。

到现在为止,我们一直把分析的重点放在鼠笼式异步电动机上。这是因为这种类型的电动机的使用极为广泛。然而,绕线式异步电动机也具有一些鼠笼式电动机所不具备的特殊的性能。

鼠笼式异步电动机为了限制启动电流而采用降压启动的方法,虽然启动电流变小了,但启动转矩也随之变小。电动机理想的启动特性应当是启动电流小,启动转矩要大。而降压启动法只满足了其中的一个方面。因此对于不仅要求启动电流小,而且要求要有相当大的启动转矩的场合,往往不得不采用启动性能较好而价格昂贵、构造复杂的绕线式异步电动机。

绕线式异步电动机的特点是可以在转子绕组电路中串入附加电阻,换句话说,就是可以人为地改变转子电阻 R_2 的阻值。当 R_2 的阻值增大时,电动机的启动转矩变大,从而改变了电动机的启动性能。因此在异步电动机转子回路接入适当的电阻,不仅可以使启动电流减小,而且可以使启动转矩增大,使电动机具有良好的启动性能。

从图 4-23 可以看出,虽然在转子回路串入电阻后获得了比较大的启动转矩,但电动机的机械特性也变"软"了,所以当电机启动到接近额定转速后,就把串在转子绕组中的电阻短路掉,使电动机恢复到原来的机械特性上。

应当指出的是,随着电力电子技术和控制技术的发展,各种针对鼠笼式异步电动机发展起来的电子型降压启动器、变频调速器等装置的推广和使用,使得结构复杂,价格昂贵、维护困难的绕线式异步电动机的活动舞台变得越来越窄。

二、三相异步电动机的调速

调速就是电动机在同一负载下得到不同的转速,以满足生产过程的需要。有些生产机械,为了加工精度的要求,例如,一些机床,需要精确调整转速。另外,像鼓风机、水泵等流体机械,根据所需流量调节其速度,可以节省大量电能。所以三相异步电动机的速度调节是它的一个非常重要的应用方面。

从异步电动机的转速公式

$$n = (1-s)n_0 = (1-s)\frac{60f_1}{p} \tag{4-44}$$

可知,异步电动机可以通过三种方式进行调速:改变电动机旋转磁场的磁极对数 p 调速;改变供电电源的频率 f_1 调速;改变转差率 s 调速。下面分别介绍这几种调速方法。

1. 变极调速

变极调速就是改变电动机旋转磁场的磁极对数 p，从而使电动机的同步转速发生变化而实现电动机的调速，通常通过改变电机定子绕组的连接实现，这种方法的优点是操作设备简单(转换开关)。缺点是只能有极调速，因而调速的级数不可能多，因此只适用于不要求平滑调速的场合。

改变绕组的连接可以有多种形式，可以在定子上安装一套能变换为不同极对数的绕组，也可以在定子上安装两套不同极对数的单独绕组，还可以混合使用这两种方法以得到更多的转速。

应当指出的是，变极调速只适用于鼠笼式异步电动机，因为鼠笼转子的磁极对数能自动随定子绕组磁极对数变化而变化。

2. 变频调速

异步电动机的变频调速是一种很好的调速方法。异步电动机的转速正比于电源的频率 f_1，若连续调节电动机供电电源的频率，即可连续改变电动机的转速。有关异步电动机变频调速的详细内容将在后面的章节中还要进行深入讨论。

3. 变转差调速

分析电磁转矩公式(4-45)：

$$T = K \frac{sU_1^2 R_2}{R_2^2 + (sX_{s12})^2} \tag{4-45}$$

可以看出，若保持转矩不变，当分别改变电源电压 U_1 和转子回路电阻 R_2 时，转差率 s 将改变，转差率的改变引起电动机转速的改变。所以通过改变转差率达到调速的目的。

(1) 调压调速。

改变异步电动机定子电压的机械特性如图4-27所示。从图中可见 n_0、s_m 不变，T_{max} 随电压 U_1 的降低成平方的比例下降。对于负载转矩不变的情况(恒转矩负载)，由负载线(图中平行纵坐标的直线)与不同电压下电动机机械特性的交点，可有以 a、b、c 点所决定的速度。不难看出，其调速范围很小，所以这种调速方法的调速范围是有限的，而且容易使电机过电流。

(2) 转子电路串电阻调速。

这种方法只适用于绕线式异步电动机。对于恒转矩负载，当改变转子电阻时，可以调节电动机的转速(图4-28)。当转子电阻 R_2 增大时，电动机的转速降低。最大转矩 T_{max} 不变，特性变"软"，而且这种方法转子回路消耗功率较大，对节能不利。

由于变频器装置的广泛应用，以上两种调速方法将被逐渐淘汰。

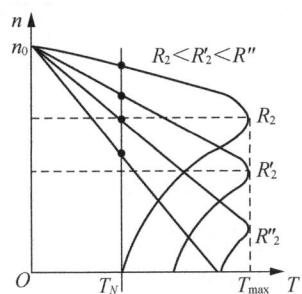

图4-27 调压调速

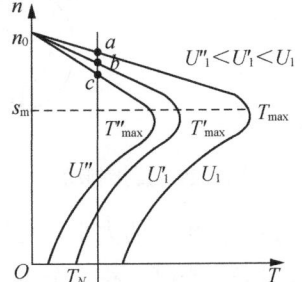

图4-28 调节转子电阻 R_2 调速

三、三相异步电动机的制动

在一些工业应用中,要求电动机能够在很短的时间内停止运转,这就是电动机的制动工作状态。所谓制动是指电动机的转矩 T 与电动机转速 n 的方向相反时的情况,此时电动机的电磁转矩起制动作用,使电动机很快停下来。

(一)电源反接制动

若异步电动机正在稳定运行时,将其连至定子电源线中的任意两相反接,电动机三相电源的相序突改转变,旋转磁场也立即随之反向,转子由于惯性的原因仍在原来方向上旋转,此时旋转磁场转动的方向同转子转动的方向刚好相反。转子导条切割旋转磁场的方向也同原来相反,所以产生的感应电流的方向也相反,由感应电流产生的电磁转矩也同转子的转向相反,对转子产生强烈制动作用,电动机转速迅速下降为零,使被拖动的负载快速刹车(图4-29)。这时,需及时切断电源,否则电动机将反向启动旋转。

这种制动的特点是制动时在转子回路产生很大的冲击电流,从而也对电源产生冲击。为了限制电流,在制动时,常在鼠笼式电动机定子电路串接电阻限流。在电源反接制动下,电动机不仅从电源吸取能量,还从机械轴上吸收机械能(由机械系统降速时释放的动能转换而来)并转换为电能,这两部分能量都消耗在转子电阻上。

这种制动方法的优点是制动强度大,制动速度快。缺点是能量损耗大,对电机和电源产生的冲击大,也不易实现准确停车。

(二)能耗制动

使用异步电动机电源反接制动的方法来准确停车有一定困难,因为它容易造成反转,能耗制动则能较好地解决这个问题。

能耗制动方法就是在电动机切断三相电源同时,将一直流电源接到电动机三相绕组中的任意两相上(图 4-30),使电动机内产生一恒定磁场。由于异步电动机及所带负载有一定的转动惯量,电动机仍在旋转,转子导条切割恒定磁场产生感应电动势和电流,与磁场作用产生电磁转矩,其方向与转子旋转方向相反,对转子起制动作用。在它的作用下,电动机转速迅速下降,此时机械系统存储的机械能被转换成电能后消耗在转子电路的电阻上,所以称能耗制动。

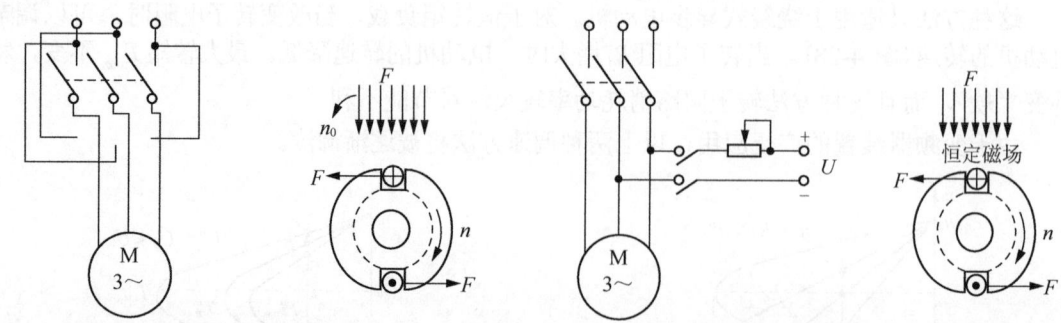

图 4-29 反接制动　　　　　图 4-30 能耗制动

调节激磁直流电流的大小,可以调节制动转矩的大小。这种制动的特点是可以实现准确停车,当转速等于零时,转子不再切割磁场,制动转矩也随之为零。

(三)再生制动

再生制动亦称反馈制动,是一种使用在汽车或铁路列车上的制动技术。其原理是当电机的转子速度超过电机同步磁场的旋转速度时,转子绕组所产生的电磁转矩的旋转方向和转子的旋转方向相反,此时,电机处于制动状态。之所以把此时的状态称为再生制动,是因为此时电机处于发电状态,即电机的动能转化成电能。此时,可以采取一定的措施把产生的电能回馈给电网,达到节能的目的。因此,再生制动也称为发电制动。

再生制动一般出现在以下两种场合。

(1) 起重机重物下降时,电机转子在重物重力的手动下,转子的转速有可能超过同步转速,此时,电机处于再生制动状态。这时,电机的制动转矩是阻止重物的下落,直至制动转矩和重力形成的转矩相等时,重物才会停止下落。

(2) 当变频调速时,当变频器把频率降低时,同步转速也随之降低。但转子转速由于负载惯性的作用,不会马上降低,此时,电机也会处于再生制动状态,直至拖动系统的速度也下降。

第五节 牵引电机设计时要考虑的几个特殊问题

高速列车用的牵引电机与工业用电机不同,它悬挂在转向架或车体上,经常受到振动和冲击,易造成转子与绝缘的破坏。对于逆变器供电的牵引电机在设计时还必须考虑下面两个特殊问题。

一、牵引电机谐波分析

牵引异步电机由静止逆变器供电时,其定子电压可分解为一个基波分量和一系列谐波分量。牵引异步电机在变频调节时,通常是在恒磁通或消弱磁场下运行。这时可以忽略磁路的饱和,而将电机作为一个线性装置来考虑,从而可应用叠加原理。这就是说,利用谐波等值电路,可以单独分析电机在各次谐波下的响应特性,然后进行叠加而得到在非正弦电压运行下的综合结果。

(一) 谐波电流

利用谐波等值电路可计算出相应的谐波电流,电源电压的各谐波分量 U_k 可用傅氏级数分解求得,故谐波电流 $I_k = U_k / Z_k$。Z_k 即 k 次谐波等值电路的输入阻抗,其值利用相应的电路关系不难求得。当频率高时 k 次谐波电流的有效值为

$$I_k = \frac{U_k}{k(X_1 + X_2)} \tag{4-46}$$

一般情况下没有零序谐波和偶次谐波,所以总的谐波电流为

$$I_h = \sqrt{I_5^2 + I_7^2 + I_{11}^2 + I_{13}^2 + \cdots + I_k^2 + \cdots} \tag{4-47}$$

如果电机的基波电流为 I_1,则电机总的有效电流为

$$I_r = \sqrt{I_1^2 + I_h^2} \tag{4-48}$$

由于 s 在电机的整个运行过程中均十分接近于 1,从谐波等值电路可以看出,谐波电流的数值近于恒定,而与电机的转速以及负载情况无关。只有基波电流取决于负载的大小,轻载时电机谐波电流的相对含量较满载时要大很多,所以轻载时电机的损耗明显大于电机在纯正弦电压下运行的损耗。

对于一个给定的电压波形,电机电流中谐波成分的相对含量取决于电机总漏电抗的标幺

值。总漏电抗的标幺值 $\bar{x}_s$ 可以表示为

$$\bar{x}_s = \frac{X_1 + X_2}{U_N / I_N} = (X_1 + X_2)\frac{I_N}{U_N} \tag{4-49}$$

式中，U_N 为电机的额定正弦波相电压；I_N 为电机的额定负载电流。

对单脉冲电压，谐波电压的大小反比于谐波的次数，即 $U_k = \dfrac{U_1}{k}$，代入式(4-46)得

$$I_k = \frac{U_1}{k^2(X_1 + X_2)} \tag{4-50}$$

若以基波相电压 U_1 作为电机的额定正弦电压，则

$$U_1 = U_N / (X_1 + X_2) = \frac{I_N}{\bar{x}_s} \tag{4-51}$$

将式(4-51)代入式(4-50)，可得 k 次谐波电流的标幺值为

$$\bar{I}_k = \frac{I_k}{I_N} = \frac{1}{k^2 \bar{x}_s} \tag{4-52}$$

由式(4-52)可见，总的谐波电流反比于总电抗的标幺值。

(二) 谐波转矩

非正弦电源下，由于电机气隙中存在时间谐波磁势，从而产生附加的谐波。根据产生的具体原因和性质的不同，谐波转矩又可分为两种，即稳定谐波转矩和振动谐波转矩。

振荡转矩不能互相抵消，对电机的稳定运行特别是列车启动时的影响是最大的，必须设法加以抑制。采用 PWM 逆变器是为了减少谐波电压、电流和谐波磁通。VVVF 逆变器供电的牵引电机漏感的设计比较大是为了减少谐波电流，采用这些措施是为了达到减少振荡转矩的目的。

(1) 稳定谐波转矩。

稳定(又称脉动)的谐波转矩是由同次数的气隙谐波磁通和谐波转子电流的相互作用产生的。若气隙中包括基波在内共有 n 个旋转磁场，则会产生 $(n-1)$ 个稳定谐波转矩。这些谐波转矩可以采用与基波相同的方法进行计算，即可采用相应的谐波等值电路求解。

稳定 k 次谐波产生的脉动转矩值为

$$T_k = \pm \frac{pm}{2\pi f_s k} I'_{rk}{}^2 \cdot \frac{r'^2_r}{s_k} \tag{4-53}$$

式中，I'_{rk}、r'_{rk} 为转子电流和转子电阻折算到定子侧的 k 次谐波，$s_k \approx 1$ 是 k 次谐波的转差率。

k 次与 $k+1$ 次谐波产生的脉动转矩一正一负可以相互抵消掉一大部分，所以对电机的影响较小。

电机的合成电磁转矩应为基波转矩与谐波转矩的代数和。这些谐波转矩本身数值很小，且正向和负向谐波转矩之间可相互抵消(如 5 次谐波转矩在抵消后只剩一个极小的反向转矩)，所以实际上这种谐波转矩造成的电机额定转矩的减少是微不足道的，通常可不予考虑。

(2) 振动谐波转矩。

振荡谐波转矩是由不同次的转子谐波电流和谐波磁通相互作用产生的，对于 n 个谐波交互作用产生的 (n^2-n) 个振荡转矩中影响较大而特别值得注意的是谐波电流与基波磁通产生的谐波转矩。如 k 次谐波电流与基波磁通产生的振荡转矩为

$$T_{k-1} = \frac{pm}{2\pi f_s} I'_{rk} E'_{r1} \cos(6\omega t \pm \varphi_r) \tag{4-54}$$

例如，5 次谐波的定子电流在气隙中产生的 5 次谐波磁场以 5 倍的同步速度反向旋转，从而在转子中感应 6 倍基波频率的转子电流，而该转子电流与基波旋转磁场相作用即形成 6 倍基波频率的振动转矩；7 次谐波的定子电流在气隙中产生的 7 次谐波磁场以 7 倍同步速度正向旋转，也在转子中感应 6 倍基波频率的电流，从而与基波磁场一起形成 6 倍基波频率的振动转矩。11 次和 13 次定子谐波电流与基波磁场将产生 12 次谐波振动转矩，进而可以推广到任意次定子谐波电流与任意次时间谐波磁场所产生振动转矩，其振动频率可以从电流和磁场谐波次数得出来（谐波电流和磁场以其旋转方向加正负号表示）。

综上所述，异步电机在非正弦电源下运行时，除去基波成分之外，还有若干不同振幅和频率的电流及谐波磁通。这些谐波将引起电机的附加铜耗和铁耗，损耗总增量为基波损耗的 20%，所导致电机温升的提高将使效率降低 2%左右。同时这些谐波又产生稳定谐波转矩和振动谐波转矩，稳定谐波转矩的影响可以忽略，振动谐波转矩为额定转矩的 5%～10%，其主要影响是使电机转矩产生脉动，从而造成电机转速（主要是低速时）的振荡。适当增加电机的漏感抗，可以将电机的谐波电流限制在给定的极限范围之内。应当指出，上面着重分析的是六段波电压逆变器供电的情况，当采用电流型逆变器向电机供电时，基本情况相似，只是谐波铜耗略有增大，且振动谐波转矩的数值会随负载电流而变化。

二、并联运行时的负载分配

高速列车中一台逆变器可能给多台并联的牵引电机供电，牵引电机特性的差异和轮径的偏差都会导致牵引电机的负载分配不均匀。特性差异和轮径偏差越大，并联运行电机的负载分配将出现严重不均匀状况，有的电机电流很大，有的则很小。容易造成个别电机过热、出现空转滑行，使列车的功率显著减少，严重时会影响列车的正常运行。

对异步电机的矩速特性影响最大的是转子电阻，所以要选择合适的转子材料，其电阻率随温度的变化越小越好，还要保持同型号电机转子材质的均匀性和一致性。同时提高电机的制造工艺和制造技术也是十分必要的。

即使并联运行的各台电机的特性完全一致，由于轮径的偏差也会造成电机负载分配的不均匀。列车牵引运行时所有轮缘的线速度是相等的，因此轮径大则引起该轮对上牵引电机的转速低、转矩大、电流大、温升高，但当转子电阻随温升增加时，牵引电机的矩速特性移动，使得在相同转差率下的电流减少，并迟缓了温度的上升。从热的角度来看，有利于缓和轮径偏差的影响。但是，选择牵引电机的额定转差率，要考虑轮径偏差引起的转矩不平衡、转子温升和电机效率变化等多种因素。轮径偏差时，转矩不平衡与额定转差率的关系可以用式(4-55)表示：

$$\frac{\Delta T}{T} = \left(\frac{1}{s_N} - 1\right) \cdot \frac{\Delta D}{2D} \cdot 100\% \tag{4-55}$$

式中，T 是平均转矩；ΔT 为平均转矩偏差值；s_N 为额定转差率；D 是动轮直径；ΔD 为轮径偏差。

第五章 交流电动机调速与控制

本章将首先介绍异步电动机的基本特性和变频控制基础,然后介绍标量控制技术、矢量控制技术、直接转矩控制技术等。

第一节 异步电动机的特性和变频调速基础

由于直流电动机控制技术非常成熟,而以前交流电机的调速控制系统无法与直流调速系统相匹敌,因此高性能可调速拖动都采用直流电机。但由于直流电机本身存在一些难以克服的缺点,例如,直流电机的电压、电流的极限容许值对转速和功率的限制;直流电机体积大、重量大、转动惯量大、动态响应差;维护检修工作量大、成本高;应用环境受限制。特别是直流电机的换向问题,换向火花使直流电机的应用环境受到限制,以及换向能力也限制直流电机的容量和速度,而且电刷和换相器需要经常检查维修。交流电机虽然控制复杂,但交流电机本身比直流电机结构简单、成本低廉、工作可靠、维护方便、惯量小、效率高,特别是不存在换向的问题。所以用交流调速拖动系统代替直流调速拖动系统的需求越来越强烈。随着交流电机控制技术的发展,交流调速拖动控制系统已经成为当前电力拖动控制的主要发展方向。

目前交流电机不但可以应用在风机、水泵等通用机械的一般性能调速,而且用在高性能的交流调速系统和伺服系统。特别是 20 世纪 70 年代初发明了矢量控制技术,也称磁场定向控制技术。它通过坐标变换,把交流电机的定子电流分解成转矩分量和励磁分量,用来分别控制电机的转矩和磁通,就可以获得和直流电机相仿的高动态性能,从而使交流电机的调速技术取得了突破性的进展。以后又陆续提出了直接转矩控制、解耦控制等方法,形成了一系列可以和直流调速系统媲美的高性能交流调速系统。还有特大容量、极高转速的交流调速,这是直流电机所不能胜任的。直流电机换向能力限制了它的容量转速积不超过 10^6 kW·r/min,超过这一数值,其设计与制造就非常困难。而交流电机没有换向器,不受这种限制,因此特大容量的电力拖动设备,如厚板轧机、矿井卷扬机等,以及极高转速的拖动,如高速磨头、离心机等,都以采用交流调速为宜。

交流电机主要分为异步电动机(即感应电机)和同步电机两大类。按照能量的角度还可以分为转差功率消耗型调速系统、转差功率馈送型调速系统和转差功率不变型调速系统。按异步电动机常见的调速方法可分为:①降电压调速;②转差离合器调速;③转子串电阻调速;④绕线电机串级调速或双馈电机调速;⑤变极对数调速;⑥变压变频(VVVF)调速等。其中变压变频调速是目前牵引传动控制中最常用的。变压变频调速通过与电动机容量相当的变压变频器的输出,可取代直流调速,构成高动态性能的交流调速系统,应用最广。

总体来说,交流电动机比直流电动机的控制要复杂得多,特别是高性能的交流传动系统,原因在于交流电机的复杂动态特性、电机参数的变化,还需要频率可变的最佳功率变流器以及对含有谐波的反馈信号的处理等。

一、异步电动机的机械特性

根据电机学原理,在①忽略空间和时间谐波、②忽略磁饱和、③忽略铁损的三个假定条件下异步电动机的稳态等效电路如图 5-1 所示。

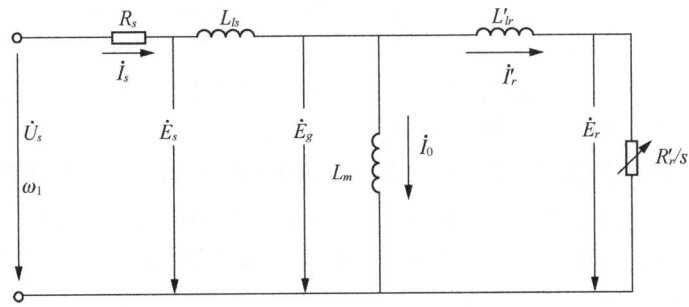

图 5-1 异步电动机的稳态等效电路

图 5-1 中,R_s 为定子每相电阻;R_r' 为折合到定子侧的转子每相电阻;L_{ls} 为定子每相漏感;L_{lr}' 为折合到定子侧的转子每相漏感;L_m 为定子每相绕组产生气隙主磁通的等效电感,即励磁电感;U_s 为定子相电压;ω_1 为定子供电角频率,也称同步角速度;s 为转差率;转差频率 $\omega_{sl} = s \cdot \omega_1$;$\dot{E}_s$ 为定子全磁通在定子每相绕组中的感应电动势;$\dot{E}_g$ 为气隙(或互感)磁通在定子每相绕组中的感应电动势;$\dot{E}_r$ 为转子全磁通在转子绕组中的感应电动势(折合到定子侧)。

由图中可以导出电流公式:

$$I_r' = \frac{U_s}{\sqrt{\left(R_s + C_1 \frac{R_r'}{s}\right)^2 + \omega_1^2 \left(L_{ls} + C_1 L_{lr}'\right)^2}} \tag{5-1}$$

式中,$C_1 = 1 + \dfrac{R_s + j\omega_1 L_{ls}}{j\omega_1 L_m} \approx 1 + \dfrac{L_{ls}}{L_m}$。

在一般情况下,$L_m \gg L_{ls}$,则 $C_1 \approx 1$,这相当于将上述假定条件的第③条改为忽略铁损和励磁电流。这样电流公式可简化成:

$$I_s \approx I_r' = \frac{U_s}{\sqrt{\left(R_s + \frac{R_r'}{s}\right)^2 + \omega_1^2 \left(L_{ls} + L_{lr}'\right)^2}} \tag{5-2}$$

令电磁功率 $P_m = 3I_r'^2 R_r'/s$,同步机械角转速 $\omega_{m1} = \omega_1/n_p$,$n_p$ 为极对数,则异步电动机的电磁转矩为

$$T_e = \frac{P_m}{\omega_{m1}} = \frac{3n_p}{\omega_1} I_r'^2 \frac{R_r'}{s} = \frac{3n_p U_s^2 R_r'/s}{\omega_1 \left[\left(R_s + \frac{R_r'}{s}\right)^2 + \omega_1^2 \left(L_{ls} + L_{lr}'\right)^2\right]} \tag{5-3}$$

式(5-3)就是异步电动机的机械特性方程式。它表明,当转速或转差率一定时,电磁转矩与定子电压的平方成正比。不同电压下的机械特性如图 5-2 所示,U_{sN} 表示额定定子电压。

将式(5-3)对 s 求导,并令 $dT_e/ds = 0$,可求出对应于最大转矩时的静转差率 s_m 和感应电

机的最大转矩 $T_{e\max}$（也称颠覆转矩）：

$$s_m = \frac{R_r'}{\sqrt{R_s^2 + \omega_1^2(L_{ls} + L_{lr}')^2}} \tag{5-4}$$

$$T_{e\max} = \frac{3n_p U_s^2}{2\omega_1 \left[R_s + \sqrt{R_s^2 + \omega_1^2(L_{ls} + L_{lr}')^2} \right]} \tag{5-5}$$

由图 5-2 可见，带恒转矩负载工作时，普通鼠笼式异步电动机在变电压时的稳定工作点为 A、B、C，转差率 s 的变化范围为 $0 \sim s_m$，调速范围有限。如果带风机类负载运行，则工作点为 D、E、F，调速范围可以大一些。为了能在恒转矩负载下扩大调速范围，并使电机能在较低转速下运行而不致过热，就要求电机转子有较高的电阻值，此时电机在变电压时的机械特性如图 5-3 所示。显然，带恒转矩负载时的变压调速范围增大了，堵转工作也不致烧坏电机，这种电机又称作交流力矩电机。

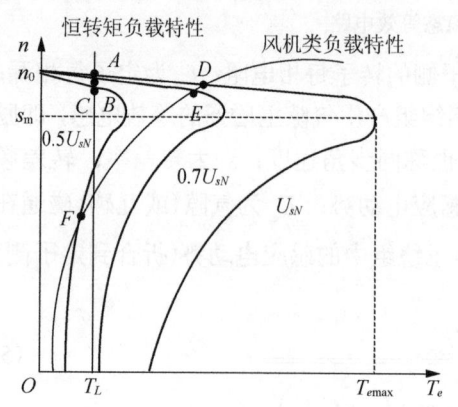 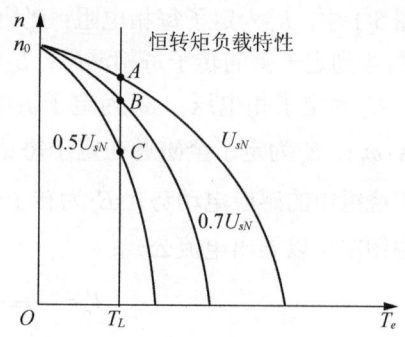

图 5-2 异步电动机机械特性　　　　图 5-3 高转子电阻电动机在不同电压下的机械特性

二、异步电动机变频控制的理论基础

目前应用最广泛、调速性能最好的是异步电动机变压变频（VVVF）调速系统-转差功率不变型调速系统。异步电动机在进行变压变频调速时，要求对变频器的电压、电流、频率进行适当的控制。变压变频调速控制的发展，到目前为止大体分为三个阶段：

① 普通功能型 U/f 控制的通用变频器。其转速开环控制，不具有转矩控制功能。

② 高功能型的转差频率控制。其转速需要闭环检测，具有转矩控制功能，能使电机在恒磁通或恒功率下运行，能充分发挥电机的运行效率，其输出静态特性较 U/f 控制方式有较大改进。

③ 高性能矢量控制或直接转矩控制。可以实现直流电动机的控制特性，具有较高的动态性能。

前两种方法都是基于异步电动机稳态数学模型建立的，而矢量控制和直接转矩控制是基于异步电动机动态数学模型建立的。

（一）变频调速的基本控制方式

在进行电机调速时，希望保持电机中每极磁通量 Φ_m 不变。如果磁通太弱，则没有充分利用电机的铁芯；如果过分增大磁通，又会使铁芯饱和，从而导致过大的励磁电流，严重时会因绕组过热而损坏电机。对于直流电机，励磁系统是独立的，只要对电枢反应有恰当的补偿，Φ_m保持不变是很容易做到的。交流异步电动机的磁通Φ_m是由定子和转子磁势合成产生的，要保持磁通恒定就比较麻烦。特别是鼠笼型转子的异步电动机，转子电流难以直接检测和控制。

图 5-1 中异步电动机的稳态等效电路，定子的每相电动势为

$$\begin{cases} E_g = 4.44 f_1 N_s k_{Ns} \Phi_m \\ E_s = 4.44 f_1 N_s k_{Ns} \Phi_{ms} \\ E_r = 4.44 f_1 N_s k_{Ns} \Phi_{mr} \end{cases} \quad (5-6)$$

式中，E_g为气隙(或互感)磁通量Φ_m在定子每相绕组中的感应电动势的有效值，V；E_s为定子全磁通Φ_{ms}在定子每相绕组中的感应电动势的有效值，V；E_r为转子全磁通Φ_{mr}在转子绕组中的感应电动势(折合到定子侧)的有效值，V。Φ_m为气隙磁通量，Wb；Φ_{ms}为定子全磁通量，Wb；Φ_{mr}为转子全磁通量，Wb；定子磁场ψ_s、转子磁场ψ_r或气隙磁场ψ_m一起以同步角速度ω_s($\omega_s = \omega_1 = 2\pi f_1$)旋转。$f_1$为定子频率，Hz；$N_s$为定子每相绕组串联匝数；$k_{Ns}$为基波绕组系数。

由式(5-6)可知，只要控制好E_g、E_s、E_r和f_1，便可达到控制磁通的目的，因此需要考虑基频(额定频率)以下和基频以上两种情况。

1. 基频以下调速

要保持Φ_m、Φ_{ms}或Φ_{mr}不变，当频率f_1从额定值f_{1N}向下调节时，由式(5-6)可知，必须同时降低E(E_g、E_s或E_r)，使

$$\frac{E_g}{f_1} \text{ 或 } \frac{E_s}{f_1} \text{ 或 } \frac{E_r}{f_1} = \text{常值}$$

即采用恒电动势频率比的控制方式。但绕组中的感应电动势是难以直接控制的，例如，为保持气隙磁通不变，当电动势值较高时，可以忽略定子绕组的电阻和漏抗压降，而认为定子相电压$U_s \approx E_g$，则得

$$\frac{U_s}{f_1} = \text{常值}$$

这是恒压频比的控制方式。但是，在低频时U_s和E_g都较小，定子阻抗压降所占的份量就比较显著，不能忽略。这时需要人为地把电压U_s抬高一些，以近似地补偿定子压降。带压降补偿的恒压频比控制特性如图 5-4 所示。

2. 基频以上调速

在基频以上调速时，频率应该从基频f_{1N}向上升高，但定子电压U_s却不可能超过额定电压U_{sN}，最多只能保持$U_s = U_{sN}$，这将迫使磁通与频率成反比地降低，相当于直流电机弱磁升速的情况。把基频以下和基频以上两种情况的控制特性组合在一起，如图 5-5 所示。 如果电机在不同转速时所带的负载都能使电流达到额定值，且能在允许温升下长期运行，则转矩基本上随磁通变化，按照电力拖动原理，在基频以下，磁通恒定时转矩也恒定，属于"恒转矩调速"；而在基频以上，转速升高时转矩降低，基本上属于"恒功率调速"。

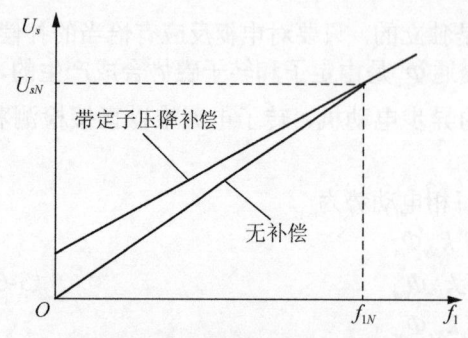 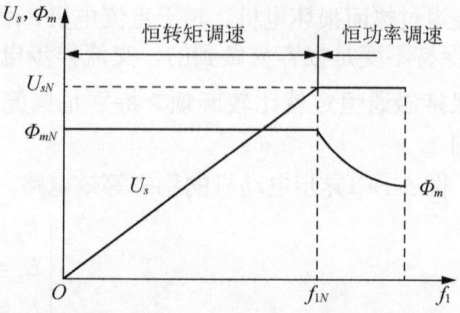

图 5-4 恒压频比控制特性　　　　图 5-5 异步电动机变压变频调速的控制特性

(二) 异步电动机电压、频率协调控制的稳态机械特性

1. 恒压恒频(CVCF)正弦波供电时异步电动机的机械特性

异步电动机在恒压恒频正弦波供电时的机械特性方程式，当定子电压 U_s 和电源角频率 ω_1 恒定时，转矩公式(5-3)可以改写成如下形式：

$$T_e = 3n_p \left(\frac{U_s}{\omega_1}\right)^2 \frac{s\omega_1 R'_r}{(sR_s + R'_r)^2 + s^2\omega_1^2(L_{ls} + L'_{lr})^2} \tag{5-7}$$

当 s 很小时，可忽略式(5-7)分母中含 s 各项，则

$$T_e \approx 3n_p \left(\frac{U_s}{\omega_1}\right)^2 \frac{s\omega_1}{R'_r} \propto s \tag{5-8}$$

也就是说，当 s 很小时，转矩近似与 s 成正比，机械特性是一段直线，如图 5-6 所示。当 s 接近于 1 时，可忽略式(5-7)分母中的 R'_r，则

$$T_e \approx 3n_p \left(\frac{U_s}{\omega_1}\right)^2 \frac{\omega_1 R'_r}{s[R_s^1 + \omega_1^2(L_{ls} + L'_{lr})^2]} \propto \frac{1}{s} \tag{5-9}$$

即 s 接近于 1 时转矩近似与 s 成反比，这时机械特性曲线是对称于原点的一段双曲线；当 s 为以上两段的中间数值时，机械特性从直线段逐渐过渡到双曲线段，如图 5-6 所示。

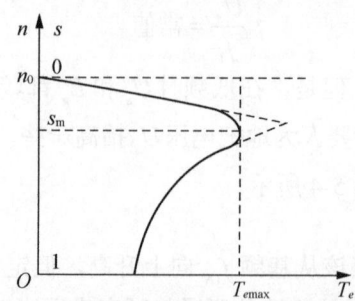

图 5-6 恒压恒频时异步电动机的机械特性

2. 基频以下电压-频率协调控制时的机械特性

由式(5-6)可以看出，对于同一组转矩 T_e 和转速 n（或转差率 s）的要求，电压 U_s 和频率 ω_1 可以有多种配合方式。在 U_s 和 ω_1 的不同配合方式下机械特性也是不一样的，因此可以有不同方式的电压-频率协调控制。

(1) 恒压频比控制(U_s/ω_1)。

为了保持气隙磁通近似不变，在基频以下必须采用恒压频比控制。这时同步转速 ω_1 自然要随频率变化。转矩公式与式(5-7)~式(5-9)相同，当 ω_1 变化时，在式(5-8)所表示的机械特性近似直线段上，可以导出：

$$\omega_{sl} = s\omega_1 \approx \frac{R'_r T_e}{3n_p \left(\dfrac{U_s}{\omega_1}\right)^2} \tag{5-10}$$

由此可见，当 U_s/ω_1 为恒值时，对于同一转矩 T_e，$\omega_{sl} = s\omega_1$ 是基本不变的，因而 $\Delta n = sn_0$ 也是基本不变的。这就是说，在恒压频比的条件下改变频率 ω_1 时，机械特性基本上是平行下移，如图 5-7 所示。它们和直流他励电机变压调速时的情况基本相似。所不同的是，当转矩增大到最大值以后，转速再降低，特性就折回来了，而且频率越低最大转矩值越小。临界转差率 s_m 和最大转矩 $T_{e\max}$ 为

$$s_m = \frac{R'_r}{\sqrt{R_s^2 + \omega_1^2(L_{ls} + L'_{lr})^2}} \tag{5-11}$$

$$T_{e\max} = \frac{3n_p}{2}\left(\frac{U_s}{\omega_1}\right)^2 \frac{1}{\dfrac{R_s}{\omega_1} + \sqrt{\left(\dfrac{R_s}{\omega_1}\right)^2 + (L_{ls} + L'_{lr})^2}} \tag{5-12}$$

可见恒 U_s/ω_1 控制时，最大转矩 $T_{e\max}$ 是随着 ω_1 降低而减小的。频率很低时，$T_{e\max}$ 太小将限制电机的带载能力，可以采用定子压降补偿，适当地提高电压 U_s，增强带载能力，如图 5-7 所示。

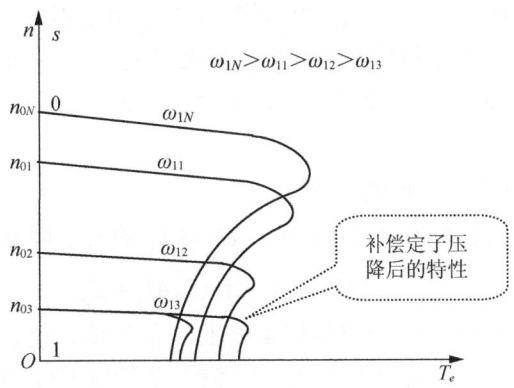

图 5-7 恒压频比控制时变频调速的机械特性

(2) 恒 E_s/ω_1 控制(恒定子磁通 Φ_{ms} 控制)。

从图 5-1 的异步电动机稳态等效电路可知，U_s 与 E_s 的关系可表示为

$$\dot{U}_s = R_s \dot{I}_s + \dot{E}_s \tag{5-13}$$

从式(5-13)看出，只要适当提高定子电压 U_s 去抵消定子电阻压降 $R_s I_s$，就可以保持 E_s/ω_1 =常值，实现恒定子磁通 Φ_{ms} 控制。

忽略励磁电流 I_0，可以得到转子电流 I'_r 和转矩 T_e，为

$$I_s \approx I'_r = \frac{E_s}{\sqrt{\left(\dfrac{R'_r}{s}\right)^2 + \omega_1^2 (L_{ls} + L'_{lr})^2}} \tag{5-14}$$

$$T_e = 3n_p \left(\frac{E_s}{\omega_1}\right)^2 \frac{s\omega_1 R'_r}{R'^2_r + s^2 \omega_1^2 (L_{ls} + L'_{lr})^2} \tag{5-15}$$

利用与前面相似的分析方法,当 s 很小时,可忽略式(5-15)分母中含 s 项,则

$$T_e \approx 3n_p \left(\frac{E_s}{\omega_1}\right)^2 \frac{s\omega_1}{R'_r} \propto s \tag{5-16}$$

这表明机械特性的这一段近似为一条直线。当 s 接近于 1 时,可忽略式(5-15)分母中的 R'^2_r 项,则

$$T_e \approx 3n_p \left(\frac{E_s}{\omega_1}\right)^2 \frac{R'_r}{s\omega_1 (L_{ls} + L'_{lr})^2} \propto \frac{1}{s} \tag{5-17}$$

这时机械特性曲线是对称于原点的一段双曲线。s 值为上述两段的中间值时,机械特性在直线和双曲线之间逐渐过渡,整条特性与恒 U_s/ω_1 特性相似。

将转矩公式求导,并令 $\dfrac{\mathrm{d}T_e}{\mathrm{d}t} = 0$,可求出临界转差率 s_m 和最大转矩 $T_{e\max}$:

$$s_m = \frac{R'_r}{\omega_1 (L_{ls} + L'_{lr})} \tag{5-18}$$

$$T_{e\max} = \frac{3n_p}{2} \left(\frac{E_s}{\omega_1}\right)^2 \frac{1}{(L_{ls} + L'_{lr})} \tag{5-19}$$

由式(5-18)和式(5-19)可见,当 E_s/ω_1 为恒值时,$T_{e\max}$ 恒定不变,其稳态性能优于恒 U_s/ω_1 控制的性能。而且临界转差率 s_m 和最大转矩 $T_{e\max}$ 均大于恒 U_s/ω_1 控制的转差率 s_m 和最大转矩 $T_{e\max}$。与恒 U_s/ω_1 控制相比,不但转矩较大,线性调节范围也较宽。机械特性曲线可参考图 5-8 和图 5-9。

(3) 恒 E_g/ω_1 控制(恒气隙磁通 Φ_m 控制)。

从图 5-1 的异步电动机稳态等效电路可知,U_s 与 E_g 的关系可表示为

$$\dot{U}_s = (R_s + \mathrm{j}\omega_1 L_{ls})\dot{I}_s + \dot{E}_g \tag{5-20}$$

如果在电压-频率协调控制中,恰当地提高电压 U_s 的数值,使它在克服定子阻抗(定子电阻 R_s 和定子漏感 L_{ls})压降以后,能维持 E_g/ω_1 为恒值(基频以下),实现恒气隙磁通 Φ_m 控制。

忽略励磁电流 I_0,可以得到转子电流 I'_r 为

$$I'_r = \frac{E_g}{\sqrt{\left(\dfrac{R'_r}{s}\right)^2 + \omega_1^2 L'^2_{lr}}} \tag{5-21}$$

代入电磁转矩关系式(5-3),得

$$T_e = \frac{3n_p}{\omega_1} \frac{E_g^2}{\left(\dfrac{R'_r}{s}\right)^2 + \omega_1^2 L'^2_{lr}} \frac{R'_r}{s} = 3n_p \left(\frac{E_g}{\omega_1}\right)^2 \frac{s\omega_1 R'_r}{R'^2_r + s^2 \omega_1^2 L'^2_{lr}} \tag{5-22}$$

利用与前相似的分析方法，当 s 很小时，可忽略式(5-22)分母中含 s 项，则

$$T_e \approx 3n_p \left(\frac{E_g}{\omega_1}\right)^2 \frac{s\omega_1}{R_r'} \propto s \tag{5-23}$$

这表明机械特性的这一段近似为一条直线。当 s 接近于 1 时，可忽略式(5-22)分母中的 $R_r'^2$ 项，则

$$T_e \approx 3n_p \left(\frac{E_g}{\omega_1}\right)^2 \frac{R_r'}{s\omega_1 L_{lr}'^2} \propto \frac{1}{s} \tag{5-24}$$

这时机械特性曲线是对称于原点的一段双曲线；s 值为上述两段的中间值时，机械特性在直线和双曲线之间逐渐过渡，整条特性与恒 U_s/ω_1 和 E_s/ω_1 特性相似。但是，将式(5-22)与式(5-7)和式(5-15)对比可以看出，恒 E_g/ω_1 特性分母中含 s 项的参数要小于恒 U_s/ω_1 和 E_s/ω_1 特性中的同类项，s 值要更大一些才能使该项占有显著的份量，因此恒 E_g/ω_1 特性的线性段范围更宽。

将式(5-22)对 s 求导，并令 $dT_e/ds = 0$，可得恒 E_g/ω_1 控制特性在最大转矩时的转差率和最大转矩为

$$s_m = \frac{R_r'}{\omega_1 L_{lr}'} \tag{5-25}$$

$$T_{e\max} = \frac{3}{2} n_p \left(\frac{E_g}{\omega_1}\right)^2 \frac{1}{L_{lr}'} \tag{5-26}$$

值得注意的是，在式(5-26)中，当 E_g/ω_1 为恒值时，$T_{e\max}$ 恒定不变，而且临界转差率 s_m 和最大转矩 $T_{e\max}$ 均大于恒 U_s/ω_1 和恒 E_s/ω_1 控制的转差率 s_m 和最大转矩 $T_{e\max}$。转矩更大，线性调节范围更宽。其稳态性能优于恒 U_s/ω_1 和恒 E_s/ω_1 控制的性能。这正是恒 U_s/ω_1 控制中补偿定子压降所追求的目标，如图 5-8 所示。

(4) 恒 E_r/ω_1 控制(恒转子磁通 Φ_{mr} 控制)。

从图 5-1 的异步电动机稳态等效电路可知，U_s 与 E_r 的关系可表示为

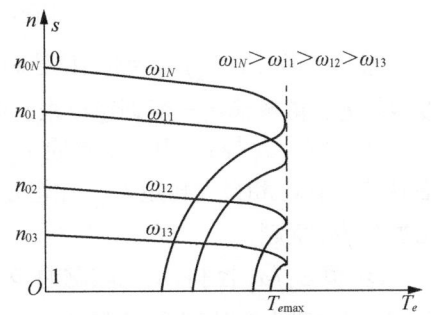

图 5-8 恒 E_g/ω_1 控制时变频调速的机械特性

$$\dot{U}_s = [R_s + j\omega_1(L_{ls}+L_{lr}')]\dot{I}_s + \dot{E}_r \tag{5-27}$$

如果在电压-频率协调控制中，把电压 U_s 再进一步提高，使它在克服定子阻抗(定子电阻 R_s、定子漏感 L_{ls} 和转子漏感 L_{lr}')压降以后，能维持 E_r/ω_1 为恒值(基频以下)，实现恒转子全磁通 Φ_{mr} 控制。

忽略励磁电流 I_0，可以得到转子电流 I_r'：

$$I_r' = \frac{E_r}{R_r'/s} \tag{5-28}$$

代入电磁转矩基本关系式(5-3)，得机械特性：

$$T_e = \frac{3n_p}{\omega_1} \frac{E_r^2}{\left(\frac{R_r'}{s}\right)^2} \frac{R_r'}{s} = 3n_p \left(\frac{E_r}{\omega_1}\right)^2 \frac{s\omega_1}{R_r'} = 3n_p \left(\frac{E_r}{\omega_1}\right)^2 \frac{\omega_{sl}}{R_r'} \tag{5-29}$$

从式(5-29)可以看出,这时机械特性完全是一条直线,转矩 T_e 完全和转差频率 ω_{sl} 成正比,如图 5-9 所示。显然,恒 E_r/ω_1 控制的稳态性能最好,可以获得和直流电机一样的线性机械特性。这正是高性能交流变频调速所要求的性能。这也是建立在异步电动机动态数学模型的基础上按转子磁链定向的矢量控制系统所遵循的原则。

(5) 几种协调控制方式的比较。

在正弦波供电时,按不同的电压-频率协调控制方法可得不同类型的机械特性。几种不同的电压频率协调控制关系如图 5-9 所示。

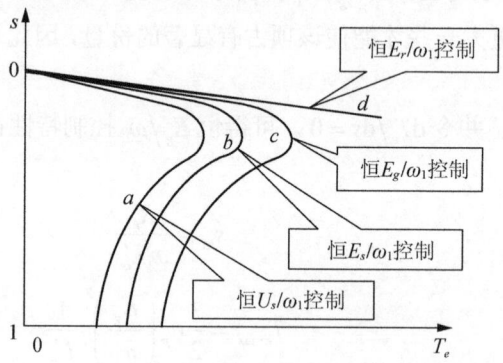

图 5-9 不同电压频率协调控制方式时的机械特性

① 恒压频比(U_s/ω_1 =恒值)控制最容易实现,它的变频机械特性基本上是平行下移,硬度也较好,能够满足一般调速要求,但低速带载能力有限,必须对定子压降实行补偿。

② 恒 E_s/ω_1 控制(恒定子磁通 Φ_{ms} 控制),可以在稳态时达到 Φ_{ms} 为恒值,T_{emax} 恒定不变。临界转差率 s_m 和最大转矩 T_{emax} 比恒 U_s/ω_1 控制的大。线性调节范围比恒 U_s/ω_1 宽,稳态性能比恒 U_s/ω_1 优越。

③ 恒 E_g/ω_1 控制(恒气隙磁通 Φ_m 控制)是对恒压频比(恒 U_s/ω_1)控制实行电压补偿的标准,可以在稳态时达到 Φ_m 为恒值,T_{emax} 恒定不变,临界转差率 s_m 和最大转矩 T_{emax} 比恒 U_s/ω_1 和恒 E_s/ω_1 控制的都大。线性调节范围也比恒 U_s/ω_1 和恒 E_s/ω_1 都宽,稳态性能比恒 U_s/ω_1 和恒 E_s/ω_1 都优越,但机械特性还是非线性的,产生转矩的能力仍受到限制。

④ 恒 E_r/ω_1 控制(恒转子磁通 Φ_{mr} 控制)可以得到和直流他励电机一样的比较理想的线性机械特性。按 E_r/ω_1 =恒值控制,使转子全磁通 Φ_{rm} 恒定。在动态中尽可能保持 Φ_{rm} 恒定也是矢量控制系统要实现的目标,当然实现起来比较复杂。

3. 基频以上恒压变频时的机械特性

在基频以上变频调速时,由于定子电压 $U_s = U_{sN}$ 不变,根据式(5-3)或式(5-7),机械特性方程式可以写成:

$$T_e = 3n_p U_{sN}^2 \frac{sR_r'}{\omega_1[(sR_s + R_r')^2 + s^2\omega_1^2(L_{ls} + L_{lr}')^2]} \tag{5-30}$$

根据式(5-5)或式(5-12),转矩公式(5-30)的最大转矩表达式可写成:

$$T_{e\max} = \frac{3}{2}n_p U_{sN}^2 \frac{1}{\omega_1[R_s + \sqrt{R_s^2 + \omega_1^2(L_{ls} + L_{lr}')^2}]} \quad (5\text{-}31)$$

由式(5-31)可见，当角频率 ω_1 提高时，同步转速随之提高，最大转矩 $T_{e\max}$ 减小，机械特性上移，而形状基本不变，如图 5-10 所示。根据式(5-6)，频率提高时，而电压不变，气隙磁通 Φ_{rm} 势必减弱，导致转矩的减小。但转速升高了，可以认为输出功率基本不变。所以基频以上变频调速属于弱磁恒功率调速。

以上分析的机械特性都是在正弦波电压供电的情况。如果电压源含有谐波，将使机械特性受到扭曲，增加电机中的损耗。在设计变频装置时，应尽量减少输出电压中的谐波。

总之，电压 U_s 与频率 ω_1 是变频器-异步电动机调速系统的 2 个独立的控制变量，在变频调速时需要对这 2 个控制变量进行协调控制。①在基频以下，

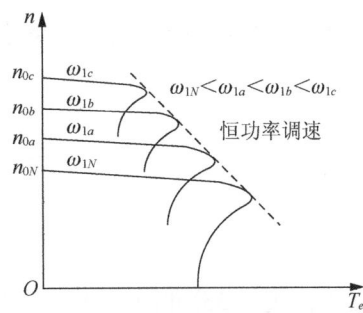

图 5-10 基频以上恒压变频调速时的机械特性

追求的目标是调速过程中保持磁通恒定，进而保持转矩恒定，属恒转矩或恒磁调速。有 4 种协调控制方式，采用不同的协调控制方式，得到的系统稳态性能不同，其中恒 E_r/ω_1 控制的性能最好。②在基频以上，采用保持电压不变的恒功率弱磁调速。

三、列车牵引电动机及其运行特性

高速列车是以牵引电机为动力、将电能转变成机械能而驱动列车运行的。因此，牵引电机的转矩和转速分别决定了列车的牵引力和速度。

牵引电机的转速与列车运行速度成正比，计算公式为

$$n_d = \frac{1000\mu_c}{60\pi D}v_k \quad (5\text{-}32)$$

式中，n_d 为电机的转速，r/min；μ_c 为齿轮传动比；D 为列车动轮直径，m。v_k 为列车运行速度，km/h。

牵引电机的转矩与列车牵引力成正比，计算公式为

$$T = \frac{D}{2\mu_c \eta_1 N} F_k \times 10^3 \quad (5\text{-}33)$$

$$F_k = \frac{P_k \cdot 3.6}{v_k} \quad (5\text{-}34)$$

式中，T 为牵引电机的转矩，N·m；F_k 为牵引力，kN；P_k 为列车牵引功率，kW。

牵引电机的转矩-速度特性决定着列车的牵引特性，无论采用什么类型的电机做牵引电机，都必须满足机车牵引的要求。高速列车均采用交流传动系统，牵引电机有异步电动机和同步电机两种选择，目前采用较多的是交流异步电动机。

本节从理论上分析异步电动机的转矩-速度特性是如何满足列车牵引要求的。为与普通电动机相区别和对照，在这里，牵引电动机通常用 f_s 或 f_1 表示定子供电频率，简称为定子频率，$f_s = \dfrac{\omega_1}{2\pi}$；$\omega_1 = \omega_s$ 表示牵引电机定子供电角频率，也称同步角速度；转差频率 $f_{sl} = s \cdot f_s =$

$\dfrac{s \cdot \omega_1}{2\pi} = \dfrac{\omega_{sl}}{2\pi}$；转差角频率 $\omega_{sl} = \omega_s - \omega_r$；$f_2$ 或 f_r 表示转子频率，$f_2 = f_s - f_{sl} = \dfrac{(1-s)\omega_1}{2\pi} = \dfrac{\omega_r}{2\pi}$，转子角频率 $\omega_r = \omega_s - \omega_{sl}$。

1. 恒力矩启动

采用 $U_s/f_s = \text{const}$ 控制，低频时适当提高 U_s，抵消定子阻抗的影响，可以实现恒力矩控制；采用 $E_s/f_s = \text{const}$（$\Phi_m = \text{const}$）控制，可以实现恒力矩控制。电机各参数与 f_s 的关系为

$$\begin{cases} U_s \propto f_s & (\text{低频}\ U_s \uparrow) \\ E_s \propto f_s & \\ T = \text{const} & (f_{sl} = \text{const}) \\ T_{\max} = \text{const} & \\ I_s = \text{const} & \end{cases} \quad (5\text{-}35)$$

对于公式(5-35)和图 5-11，可以参考恒 E_s/ω_1 或恒 E_g/ω_1 控制中的图 5-8 和式(5-22)等公式，请读者自行分析。

2. 恒功率运行

恒功率运行时列车运行速度高，定子电阻可以忽略不计，$U_s \approx E_s$，可以推导出转矩公式和功率关系，有

$$T = \dfrac{mn_p}{2\pi R_r'}\left(\dfrac{U_s}{f_s}\right)^2 f_{sl}, \qquad T_{\max} = \dfrac{mn_p}{8\pi^2}\left(\dfrac{U_s^2}{f_s^2(L_{ls}+L_{lr}')}\right) \quad (5\text{-}36)$$

$$P \propto T f_s \propto U_s^2 \dfrac{f_{sl}}{f_s}, \qquad P \propto T f_s \propto \dfrac{U_s^2}{f_s} f_{sl} \quad (5\text{-}37)$$

式中，n_p 为电动机的极对数；m 为电动机的定子相数。由式(5-37)可知，恒功率控制有两种不同的控制策略，即 $U_s = \text{const}$，$s = f_{sl}/f_s = \text{const}$ 的恒电压、恒转差率控制；$U_s^2/f_s = \text{const}$，$f_{sl} = \text{const}$ 的恒转差频率控制。

(1) 采用 $U_s = \text{const}$，$s = f_{sl}/f_s = \text{const}$ 控制(最大电机最小逆变器方案)。

牵引电机重要的输入输出量与频率的关系如图 5-12 所示，用公式可表示为

$$U_s = \text{const}, \qquad I_s = \text{const}, \qquad T \propto 1/f_s, \qquad T_{\max} \propto 1/f_s^2 \quad (5\text{-}38)$$

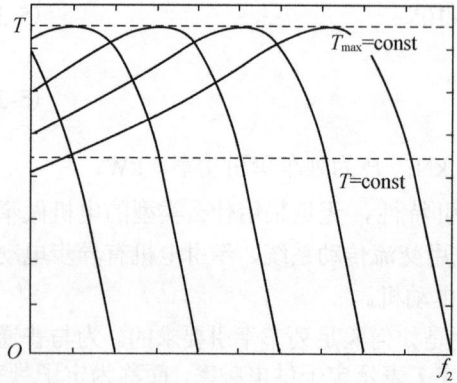

图 5-11 恒磁通控制变频调速的矩速特性

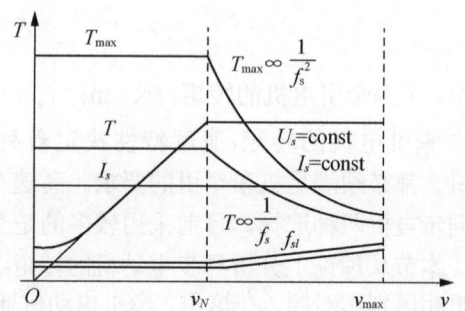

图 5-12 第一种恒功运行参数与速度的关系

由于速度增加时,电机的最大转矩 T_{max} 与速度(∞f_s)的平方成反比,电机的过载系数 $\lambda = T_{max}/T_N \infty 1/f_s$ 随速度的增加而减小,电机的额定过载系数要设计得大一些,电机的容量没有充分利用。而速度增加时逆变器的输入电压、电流保持恒定,逆变器的容量可以根据额定速度下的电压、电流值进行计算,逆变器的容量得到充分的利用。因此称为最大电机最小逆变器方案。

(2)采用 $U_s^2/f_s = \text{const}$,$f_{sl} = \text{const}$ 控制(最小电机最大逆变器方案)。

牵引电机重要的输入、输出量与频率的关系如图 5-13 所示,用公式可表示为

$$U_s \infty \sqrt{f_s}; \quad I_s \infty 1/\sqrt{f_s}; \quad T \infty 1/f_s; \quad T_{max} \infty 1/f_s \tag{5-39}$$

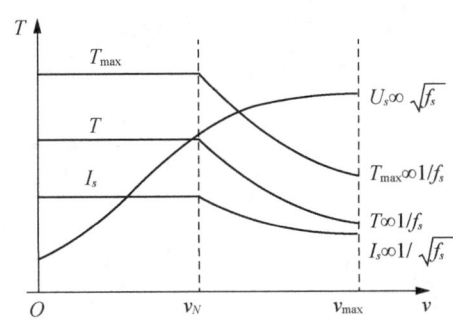

图 5-13 第二种恒功运行参数与速度的关系

牵引电机在额定速度点发出的力矩近似等于它的最大转矩,速度增加时电机的最大转矩和过载系数 λ 恒定不变,牵引电机的容量得到充分的利用;逆变器的容量需要按照启动时的最大电流和最高速度下的最大电压计算,逆变器的容量没有充分发挥。因此称为最小电机最大逆变器方案。

变频调速异步牵引电机的特性及基本理论,是列车实现牵引/制动特性、列车牵引控制(标量控制、矢量控制、直接转矩控制、逆变器的 PWM 调制)、逆变器和电机容量选择的最核心的理论基础。

第二节 标量控制技术

标量控制,就是仅仅只对变量的幅值进行控制,且忽略电机中的耦合效应。而后面讨论的矢量控制是对变量的幅值和相位都进行控制。标量控制的传动系统性能差一些,但实现起来容易,因此在传动系统中一度得到广泛应用。

一、闭环控制的变压调速系统

采用普通异步电动机的变电压调速时,调速范围很窄,采用高转子电阻的力矩电机虽可以增大调速范围,但机械特性又变软,因而当负载变化时静差率很大,开环控制很难解决这个矛盾。

1. 系统组成

对于恒转矩性质的负载,要求调速范围大于 $D=2$ 时,往往采用带转速反馈的闭环控制系统,如图 5-14(a)所示。该系统并没有采用 V/F 控制,只是变压调速,而不是变压变频(VVVF)调速,是一种最简单的闭环调速系统。

2. 系统静特性

闭环控制变压调速系统的静特性如图 5-14(b) 所示。当系统带负载在 A 点运行时，如果负载增大引起转速下降，反馈控制作用能提高定子电压，从而在右边一条机械特性上找到新的工作点 A'。同理，当负载降低时，会在左边一条特性上得到定子电压低一些的工作点 A''。按照反馈控制规律，将 A''、A、A' 连接起来便是闭环系统的静特性。尽管异步电动机的开环机械特性和直流电机的开环特性差别很大，但是在不同电压的开环机械特性上各取一个相应的工作点，连接起来便得到闭环系统静特性，这样的分析方法对两种电机是完全一致的。

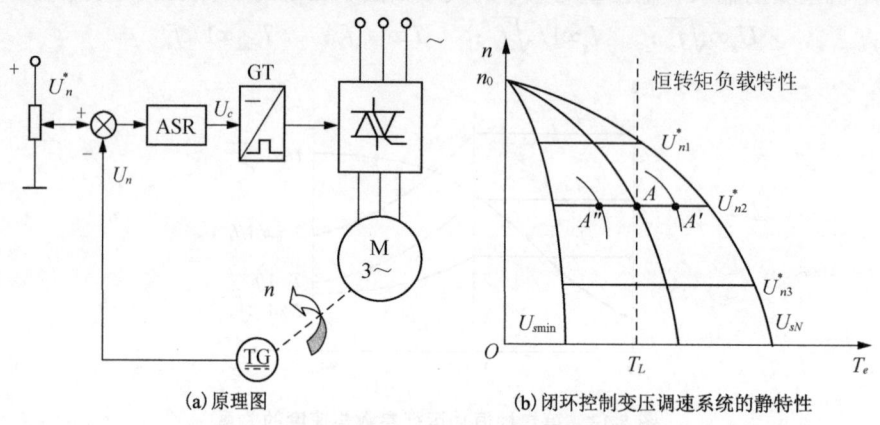

(a) 原理图　　　　(b) 闭环控制变压调速系统的静特性

图 5-14　带转速负反馈闭环控制的交流变压调速系统

尽管异步力矩电机的机械特性很软，但由系统放大系数决定的闭环系统静特性却可以很硬。如果采用 PI 调节器，照样可以做到无静差。改变给定信号，则静特性平行地上下移动，达到调速的目的。异步电动机闭环变压调速系统不同于直流电机闭环变压调速系统的地方是：静特性左右两边都有极限，不能无限延长，它们是额定电压 U_{sN} 下的机械特性和最小输出电压 U_{smin} 下的机械特性。

当负载变化时，如果电压调节到极限值，闭环系统便失去控制能力，系统的工作点只能沿着极限开环特性变化。

3. 系统静态结构

根据图 5-14(a) 所示的原理图，可以画出静态结构图，如图 5-15 所示，$K_s = U_s / U_c$ 为晶闸管交流调压器和触发装置的放大系数；$\alpha = U_n / n$ 为转速反馈系数；ASR 采用 PI 调节器；$n = f(U_s, T_e)$ 是式(5-3) 所表达的异步电动机机械特性方程式，它是一个非线性函数。稳态时，$U_n^* = U_n = \alpha n$，$T_e = T_L$ 根据负载需要的 n 和 T_L 可由式(5-3) 计算出或用机械特性图解法求出所需的 U_s 以及相应的 U_c。

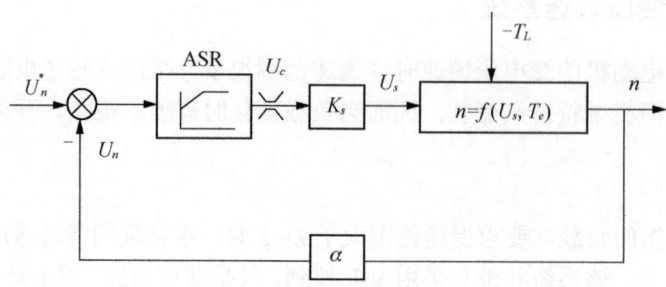

图 5-15　异步电动机闭环变压调速系统的静态结构图

二、转速开环、恒压频比控制的变频调速系统

目前通用变频器大都是采用二极管整流和全控开关器件 IGBT 或功率模块 IPM 组成的 PWM 逆变器，一起构成交-直-交电压型变压变频器，PWM 变压变频器的基本控制作用如图 5-16 所示。它根据异步电动机稳态模型来设计控制系统，为实现电压-频率协调控制，它采用转速开环、恒压频比、带低频电压补偿的控制方案。

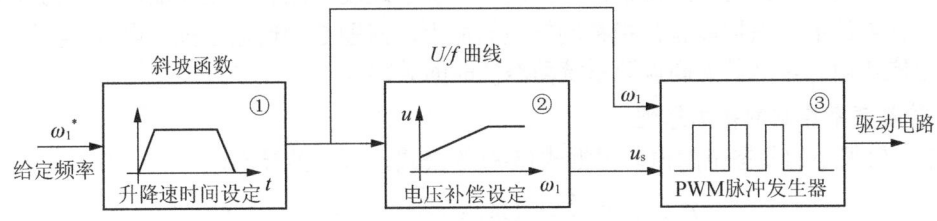

图 5-16 电压型逆变器的开环 V/F 速度控制

PWM 发生器的主要功能是通过产生相应的驱动脉冲来驱动电压型逆变器，将经过电压补偿后的 U_s^* 变换成 U_a^*、U_b^*、U_c^*，然后送给电压型逆变器。依据公式如下：

$$\begin{cases} \theta_1 = \int \omega_1^* dt \\ U_a^* = \sqrt{2} U_s \sin \theta_1 \\ U_b^* = \sqrt{2} U_s \sin(\theta_1 - 120°) \\ U_c^* = \sqrt{2} U_s \sin(\theta_1 + 120°) \end{cases} \tag{5-40}$$

PWM 变频器主要包括以下功能。

① 给定积分。由于系统本身没有自动限制启动、制动电流的作用，因此工作频率设定信号必须通过给定积分算法产生平缓的升速或降速信号，升速和降速的积分时间可以根据负载需要由操作人员分别选择。

② 信号设定。主要是 U/f 特性。由于通用变频器-异步电动机系统是转速或频率开环、恒压频比控制系统，低频时由于线圈电阻的影响比较大，都得靠改变 U/f 函数发生器的特性来补偿，使系统达到 $\varPhi_m$ 恒定的功能。因此称作"电压补偿"或"转矩补偿"，补偿方法主要有以下两种。

(a) 在微型计算机存储多条不同斜率和折线段的 U/f 函数，用户根据需要选择最佳特性。

(b) 采用霍尔电流传感器检测定子电流或直流回路电流，按电流大小自动补偿定子电压。但无论如何都存在过补偿或欠补偿的可能，这是开环控制系统的不足之处。

此外需要设定的控制信息还包括工作频率、频率升高时间、频率下降时间等，还可以有一系列特殊功能的设定。

③ PWM 信号产生。可采用专用的 PWM 生成电路芯片或由微型计算机本身的软件产生，由 PWM 端口输出控制信号去控制 IGBT 等开关元件。

驱动电路中还包括检测与保护电路。由电压、电流、温度等检测信号经信号处理电路进行光电隔离、滤波、分压、放大等处理，再进入 A/D 转换器，输入给 CPU 作为控制算法，或作为各种故障的保护依据，产生保护信号和显示信号。

目前 PWM 变频器的控制电路大都是以微处理器为核心的数字电路，其功能主要是接受各种设定信息和指令，再根据它们的要求形成驱动逆变器工作的 PWM 信号。微型计算机芯

片主要采用 8 位或 16 位的单片机,或用 32 位的 DSP,现在已有应用 RISC 的产品出现。驱动和控制电路之间要进行电气隔离。

三、转速闭环、转差频率控制的变频调速系统

如果对调速范围和起、制动性能要求更高,并提高静态和动态性能,可以采用转差频率控制的调速系统。它采用转速反馈闭环控制,增加了速度检测和采集功能。从电力拖动理论可知,调速系统的动态性能就是指控制转矩的能力,问题是如何通过控制电压(电流)和频率来控制电磁转矩 T_e,这是提高调速系统动态性能的关键。

1. 转差频率控制的基本原理

当在 s 值很小的稳态范围内,根据式(5-8)等公式,可以推导出:

$$T_e \approx K_m \Phi_m^2 \frac{\omega_{sl}}{R_r'} \quad (\omega_{sl} = s\omega_1, \quad \omega_1 = \omega_r + \omega_{sl}) \tag{5-41}$$

式(5-41)表明,在 s 值很小的稳态范围内,如果能够保持气隙磁通 Φ_m 不变,异步电动机转矩 T_e 就近似与转差角频率 ω_{sl} 成正比,如图 5-17 所示。因此在异步电动机中,控制转差频率 ω_{sl} 就代表控制转矩。就和直流电机控制电流一样,能够起到间接控制力矩的作用。

而上述规律是在保持 Φ_m 恒定的前提下才成立的。由式(5-6)可知,按恒 E_g/ω_1 控制时,就能保持 Φ_m 不变。同时由图 5-1 的异步电动机稳态等效电路可以推出:

$$U_s = f(\omega_1, I_s) = I_s(R_s + j\omega_1 L_{ls}) + E_g = I_s(R_s + j\omega_1 L_{ls}) + \left(\frac{E_g}{\omega_1}\right)\omega_1 \tag{5-42}$$

要实现恒 E_g/ω_1 控制,必须在 U_s/ω_1 恒值的基础上再提高电压 U_s 以补偿定子电阻和漏抗压降。如果忽略电流相量相位变化的影响,不同定子电流时恒 E_g/ω_1 控制所需的电压-频率特性 $U_s = f(\omega_1, I_s)$,如图 5-18 所示。

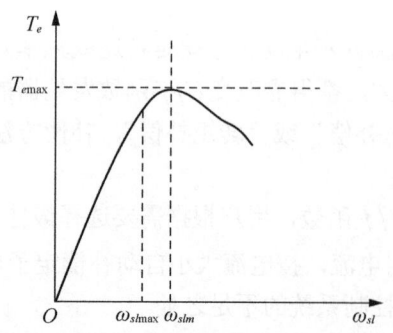
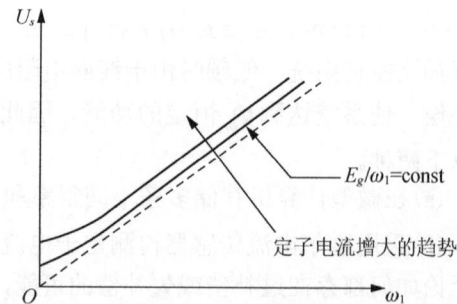

图 5-17　按恒 Φ_m 值控制的 $T_e = f(\omega_s)$ 特性　　图 5-18　不同定子电流时恒 E_g/ω_1 控制所需的电压-频率特性

转差频率控制的特点如下。

(1)在 $\omega_{sl} \leqslant \omega_{sl\max}$ 的范围内,如图 5-17 所示,转矩 T_e 基本上与 ω_{sl} 成正比,条件是气隙磁通 Φ_m 不变。

(2)在不同的定子电流值时,按图 5-18 的函数关系 $U_s = f(\omega_1, I_s)$ 控制定子电压和频率,就能保持气隙磁通 Φ_m 恒定。

2. 转差频率控制系统

如图 5-19 所示为典型的实现转差频率控制规律的转速闭环变压变频调速系统的结构原理图。

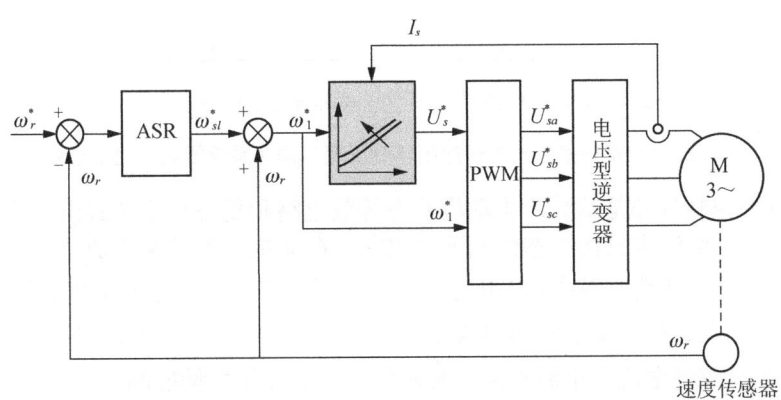

图 5-19 转差频率控制的转速闭环变压变频调速系统结构原理图

转差频率控制系统的控制过程主要包括以下几方面。

(1) 频率控制。由于在恒定磁链下的转差率与输出转矩成正比,可认为该速度环内存在一个转矩开环控制。

转速调节器 ASR 的输出信号是转差频率给定 ω_{sl}^* 与实测转速信号 ω_r 相加,即得定子频率给定信号 ω_1^*,即 $\omega_{sl}^* + \omega_r = \omega_1^*$,它表明在调速过程中,实际频率 ω_1 随着实际转速 ω_r 同步地上升或下降,加、减速平滑而且稳定,这是转差频率控制系统的特点。当动态调节过程中转速调节器 ASR 饱和,系统能用对应于 ω_{slm} 的限幅转矩 T_{emax} 进行控制,保证了在允许条件下的快速性。在阶跃速度给定下,电机在转差率限幅值下自由地加速,该转差率限幅值对应于定子电流或转矩的限幅值。最终电机进入稳态运行,此时的转差率由稳态时负载的转矩决定。

(2) 电压控制。由 ω_1 和定子电流反馈信号 I_s 从微型计算机存储的 $U_s = f(\omega_1, I_s)$ 函数中查得定子电压给定信号 U_s^*,在低速时为克服定子阻抗的影响,维持磁通恒定,需要对 U_s^* 进行电压补偿。用 U_s^* 和 ω_1^* 控制 PWM 电压型逆变器,对异步电动机进行调速。

(3) 系统特性。转差频率控制的转速闭环 V/F 调速系统具有很好的抗负载转矩和电网电压波动的能力。①当负载转矩变化时,如图 5-20(a) 所示,如果初始工作点在曲线 a 上的点 1,当负载转矩从 T_L 变为 T_L',速度将会相应地降到曲线 a 上的点 2。但由于速度控制环作用,频率 ω_1 将会上升,直到在曲线 b 上的点 3 处恢复到原来的速度。②当电网电压变化时,如图 5-20(b) 所示,由于没有磁链闭环控制,输入电压的变化将导致磁链改变。设初始工作点为曲线 a 上的点 1,输入电压的下降将会减小磁链,从而工作点移动到曲线 b 上的点 2 处,导致的速度降落将会作用在速度环上且使频率 ω_1 上升,最终恢复到曲线 c 上的点 1。该系统在弱磁情况下也能良好地工作。

可见,转速闭环转差频率控制 VVVF 调速系统能够像直流电机双闭环控制系统那样具有较好的静、动态性能,是一个比较优越的控制策略,结构也不算复杂。但它的静、动态性能还不能完全达到直流双闭环系统的水平,差距存在的原因有以下几个方面。

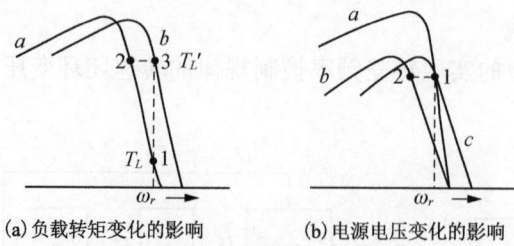

(a) 负载转矩变化的影响　　　　(b) 电源电压变化的影响

图 5-20　转差频率控制的转速闭环变压变频调速系统的动态调节过程

① 转差频率控制规律是从异步电动机稳态等效电路和稳态转矩公式出发的，所谓的"保持磁通 $\varPhi_m$ 恒定"的结论也只在稳态情况下才成立，在动态中难以保持 $\varPhi_m$ 恒定。

② $U_s = f(\omega_1, I_s)$ 函数关系中只采用了定子电流的幅值，没有控制到电流的相位，定子电流 I_s 的瞬时相位情况直接决定着瞬态过程中的 I_0 分量（图 5-1）是否恒定，也是影响转矩变化的因素。所以这种只控制电流大小而不控制其相位的方法称作标量控制。

③ 在频率控制环节中，取 $\omega_{sl} + \omega_r = \omega_1$，如果转速 ω_r 检测信号不准确或存在干扰，也就会直接给频率 ω_1 造成误差，进而传递到频率 ω_1 的控制信号上。

但转差频率控制的变频调速系统，已经与直流电动机双闭环系统性能很接近，实现了直接对转矩的控制，改善了系统的动态性能。

四、并联电动机的牵引传动

目前列车大都采用电压型逆变器，对于地铁、动车组的牵引传动系统，大都采用多台电动机由单台电压型逆变器供电以并联形式工作，且每台电机拖动列车的一个轴。如果电机的转矩-速度特性相同且速度相等，那么对于相同的变频电源，表现为相同的阻抗，运行时它们分担的转矩将相同。但实际上，电机之间的特性有所不同，电机的转速也可能因轮子直径不完全一致会有些差异。具体表现如下。

(1) 电机特性不匹配但轮径相同。首先考虑电机特性的差异，假设电机 1 的转差率 S 比电机 2 小，如图 5-21(a) 所示。但每根轴的轮子直径相等，使 ω_r 相等，供电电源频率为 ω_1，因此转差频率 $\omega_{sl} = S\omega_1$ 相同。具有较低转差率 S 特性的电机 1 将会比电机 2 承担更多的转矩。对于高效低转差率的电机，这种转矩负担的不均衡将更明显。在电动状态下，电机 1 可能因过载而导致轴轮打滑，因打滑而导致的速度增量将减少其转矩负载，从而实现自我校正。在再生方式下，若电机 1 打滑，则其速度增量将会导致其转矩负载增加，从而使情况恶化。

(2) 电机特性匹配但轮径不相同。假设这些电机完全匹配，但电机 2 的传动轮子直径比电机 1 稍小，则对同样的列车运行速度 v_k，将会出现 ω_{r2} 大于 ω_{r1}，如图 5-21(b) 所示。这种情况将会使电机 1 在电动状态下分担的转矩 T_{e1} 大于电机 2 的转矩 T_{e2}；而在再生方式下，它承担的转矩 T_{b1} 则小于电机 2 的转矩 T_{b2}。轮子打滑的结果与前面讨论的结论相同。实际上电机特性不匹配和轮子直径不相同的问题也可能同时存在。

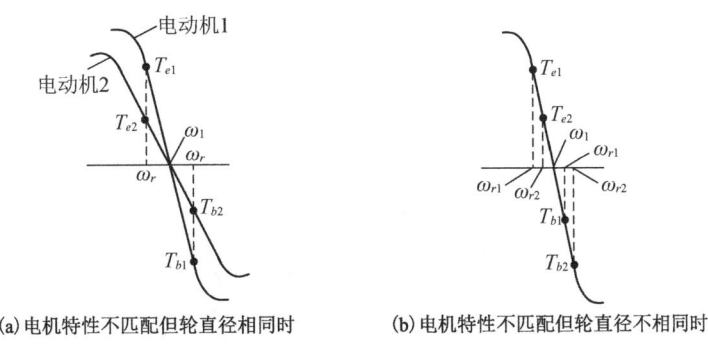

(a) 电机特性不匹配但轮直径相同时　　(b) 电机特性不匹配但轮直径不相同时

图 5-21　电动机并联特性

第三节　矢量控制技术

异步电动机是一个多变量的多输入输出系统，而电压、电流、频率、磁通、转速之间又互相有影响，所以是强耦合的多变量系统，因此针对异步电动机的动态数学模型也是一个高阶、非线性、强耦合的多变量系统。当需要异步电动机具有高动态性能时，必须面对这样一个动态模型，因此产生了按转子磁链定向的矢量控制系统，简称 VC (Vector Control) 系统。矢量控制传动系统的良好性能很受欢迎，导致标量控制的重要性日益下降。

一、问题的提出

对于直流电动机，可以认为励磁电流 I_f 产生的主磁通 Φ 和电枢绕组电流 I_a 产生的转子磁场是互相独立的，电机设计保证了励磁磁势与电枢磁势互相垂直，可认为互相解耦，此时直流电动机电磁转矩为

$$T_e = K_T \Phi I_a = K_T' I_f I_a$$

利用补偿绕组可以对电枢电流变化引起主磁通的变化进行补偿，保证上述公式的准确性。仅控制电枢电流 I_a 就可以方便地控制电机的转矩。

但是异步电动机的情况比直流电动机复杂得多，磁场是定子电流和转子电流共同产生的，通过定子绕组的电流既有产生磁场的励磁分量也有产生转矩的有功（转矩）分量，二者耦合在一起，仅控制电枢电流不能控制电磁转矩，而且鼠笼式异步电动机转子电流也难以直接测量和控制。

从电机学理论可知，异步电动机的电磁转矩 $T_e = C_T \psi_m I_r \cos\varphi_2$，它是气隙磁场 ψ_m 和转子电流有功分量 $I_r \cos\varphi_2$ 相互作用产生的。其中 $\cos\varphi_2$ 是功率因数，是由于电枢绕组或鼠笼转子的短路笼条的电感导致每根笼条内的电流都将在时间上滞后于电动势而导致的。异步电动机矢量图如图 5-22 所示，可以看出，转子磁链 ψ_r 和转子电流 I_r 在相位上互相垂直，而异步电动机的转子磁链 $\psi_r = \psi_m \cos\varphi_2$，因此可知 $T_e = C_T \psi_r I_r$，在形式上和直流电机的转矩公式完全相似。如果能设法保持异步电动机转子磁链 ψ_r 恒定，则只要控制转子电流 I_r 就能达到有效控制电机转矩的目的，这就是所谓以转子磁链定向的矢量控制。但对于三相鼠笼式异步电动机，转子电流 I_r 难以直接测量和控制，至于如何控制定子三相电流的瞬时值 i_A、i_B、i_C 以达到上述矢量控制的目的。这需要坐标变换的方法。

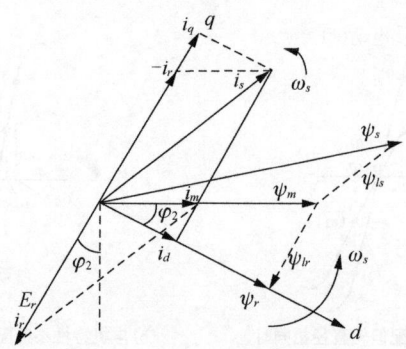

图 5-22 异步电动机矢量图

二、坐标变换的基本概念

不同电动机模型彼此等效的原则是：不同坐标下所产生的磁动势完全一致。通常产生旋转磁场有三种方法：三相旋转磁场、两相旋转磁场和旋转体的旋转直流磁场，如图 5-23 所示。如果这三种方法产生的旋转磁场完全相同（磁极对数相同、磁感应强度相等、转速相同），则认为这时的三相磁场系统、两相磁场系统和旋转直流磁场系统是等效的，因此这三种旋转磁场之间是可以进行等效变换的。

如图 5-23(a) 所示，设旋转坐标系相对于静止三相坐标系 A-B-C 的转速为 ω，在使用时常取同步角速度，即 $\omega = \omega_1$。经过变换后，三相交流电流 i_A、i_B、i_C，所产生的旋转磁场可用一组以同步旋转的二相绕组中通以相应直流电流 i_d、i_q 来等效，如图 5-23(c) 所示。

但是三相交流绕组旋转磁场和直流旋转磁场之间，要进行直接变换比较困难，要以两相交流绕组旋转磁场为中间桥梁。因为三相交流绕组中线圈之间存在磁耦合；而两相交流绕组中，线圈相互之间不存在磁耦合。在三相交流绕组中，任何一相电流所产生的磁通，必将穿过另外两相，也就是说，三相绕组相互之间存在着磁的耦合。当线圈 A 中的电流穿过另一个线圈 B 时，线圈 A 中的电流变化将在线圈 B 中引起感应电动势，这种现象称为互感。所产生的感应电动势，称为互感电动势。这种两线圈因磁通而互相关联的现象称为磁耦合或耦合。但在两相交流绕组中，如图 5-23(b) 所示，由于两个绕组处于垂直状态，任一相电流所产生的磁通，并不穿过另一相，因此两相绕组相互间不存在磁耦合。

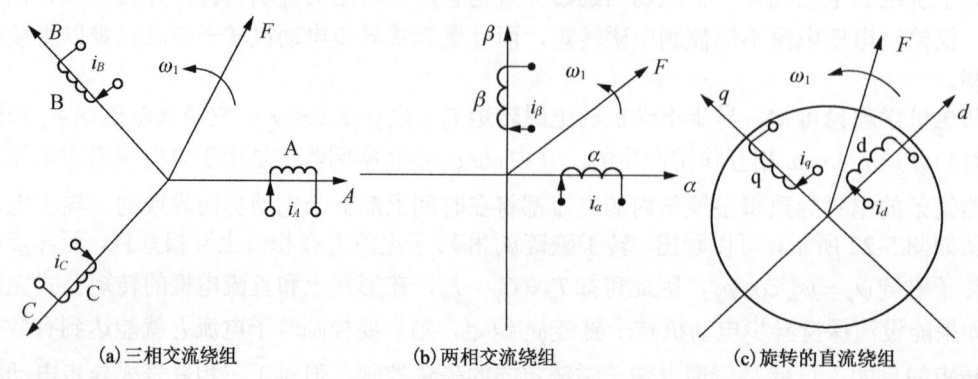

(a) 三相交流绕组　　　　(b) 两相交流绕组　　　　(c) 旋转的直流绕组

图 5-23　等效的交流电动机绕组和直流电动机绕组

三相旋转磁场和两相旋转磁场由于都是多相交变磁场的合成结果，相互间容易变换，称为三相-两相变换（3/2 变换）或两相-三相变换（2/3 变换）。当进行 3/2 变换时，原来存在耦合的三相绕组被变换成没有耦合的两相绕组了，绕组间的磁耦合被解除了，也称为解耦变换。

这样两相旋转磁场和直流旋转磁场都是由两个相互正交的磁场构成的，绕组间都没有磁的耦合，相互间也容易变换，称为交/直或直/交变换。

三相静止坐标系 A-B-C 和两相静止坐标系 α-β 之间的变换，简称 3/2 变换。从静止的二相坐标系变换到按某一转速旋转的二相坐标系，称为旋转变换(VR)。具体的从两相静止坐标系 α-β 到任意两相旋转坐标系 d-q 之间的变换称为两相-两相旋转变换，简称 $2s/2r$ 变换。其中 s 表示静止，r 表示旋转。反之，从某一旋转的二相坐标系变换到静止的二相坐标系则称为旋转逆变换(VR^{-1})，或 $2r/2s$ 变换。

可以推导出各种坐标变换的公式如下。

(1) 对于 3/2 变换或 2/3 变换。

$$\begin{bmatrix} i_\alpha \\ i_\beta \end{bmatrix} = \sqrt{\frac{2}{3}} \begin{bmatrix} 1 & -\frac{1}{2} & -\frac{1}{2} \\ 0 & \frac{\sqrt{3}}{2} & -\frac{\sqrt{3}}{2} \end{bmatrix} \begin{bmatrix} i_A \\ i_B \\ i_C \end{bmatrix} = C_{3/2} \begin{bmatrix} i_A \\ i_B \\ i_C \end{bmatrix}, \quad C_{3/2} = \sqrt{\frac{2}{3}} \begin{bmatrix} 1 & -\frac{1}{2} & -\frac{1}{2} \\ 0 & \frac{\sqrt{3}}{2} & -\frac{\sqrt{3}}{2} \end{bmatrix} \tag{5-43}$$

$$\begin{bmatrix} i_A \\ i_B \\ i_C \end{bmatrix} = \sqrt{\frac{2}{3}} \begin{bmatrix} 1 & 0 \\ -\frac{1}{2} & \frac{\sqrt{3}}{2} \\ -\frac{1}{2} & -\frac{\sqrt{3}}{2} \end{bmatrix} \begin{bmatrix} i_\alpha \\ i_\beta \end{bmatrix} = C_{2/3} \begin{bmatrix} i_\alpha \\ i_\beta \end{bmatrix}, \quad C_{2/3} = \sqrt{\frac{2}{3}} \begin{bmatrix} 1 & 0 \\ -\frac{1}{2} & \frac{\sqrt{3}}{2} \\ -\frac{1}{2} & -\frac{\sqrt{3}}{2} \end{bmatrix} \tag{5-44}$$

(2) 对于 $2r/2s$ 或 $2s/2r$ 变换。

$$\begin{bmatrix} i_\alpha \\ i_\beta \end{bmatrix} = \begin{bmatrix} \cos\theta & -\sin\theta \\ \sin\theta & \cos\theta \end{bmatrix} \begin{bmatrix} i_d \\ i_q \end{bmatrix} = C_{2r/2s} \begin{bmatrix} i_d \\ i_q \end{bmatrix} \tag{5-45}$$

$$C_{2r/2s} = \begin{bmatrix} \cos\theta & -\sin\theta \\ \sin\theta & \cos\theta \end{bmatrix}$$

$$\begin{bmatrix} i_d \\ i_q \end{bmatrix} = \begin{bmatrix} \cos\theta & -\sin\theta \\ \sin\theta & \cos\theta \end{bmatrix}^{-1} \begin{bmatrix} i_\alpha \\ i_\beta \end{bmatrix} = \begin{bmatrix} \cos\theta & \sin\theta \\ -\sin\theta & \cos\theta \end{bmatrix} \begin{bmatrix} i_\alpha \\ i_\beta \end{bmatrix} = C_{2s/2r} \begin{bmatrix} i_\alpha \\ i_\beta \end{bmatrix} \tag{5-46}$$

$$C_{2s/2r} = \begin{bmatrix} \cos\theta & \sin\theta \\ -\sin\theta & \cos\theta \end{bmatrix}$$

其中，θ 表示二相静止坐标系 α 轴与旋转坐标系 d 轴之间的夹角，d-q 坐标系可以以任意速度 ω 旋转，如果以 ω_1 的速度旋转，则 $\theta = \int \omega_1 dt$。

(3) 直角坐标-极坐标变换(K/P 变换)。

设电流矢量 i_s 和 d 轴的夹角为 θ_s，已知 i_d、i_q，求 i_s 和 θ_s，就是直角坐标/极坐标变换，简称 K/P 变换，变换公式为

$$i_s = \sqrt{i_d^2 + i_q^2}, \quad \theta_s = \arctan\frac{i_q}{i_d} \tag{5-47}$$

由于 θ_s 在 0°～90° 变化时，$\tan\theta_s$ 的变换范围是 0～∞，这个变化幅值太大，在数字变换器中很容易溢出，因此常改用下列表达式表示 θ_s：

$$\tan\frac{\theta_s}{2}=\frac{\sin\frac{\theta_s}{2}}{\cos\frac{\theta_s}{2}}=\frac{\sin\frac{\theta_s}{2}\left(2\cos\frac{\theta_s}{2}\right)}{\cos\frac{\theta_s}{2}\left(2\cos\frac{\theta_s}{2}\right)}=\frac{\sin\theta_s}{1+\cos\theta_s}=\frac{i_q}{i_s+i_d}$$

则

$$\theta_s = 2\arctan\frac{i_q}{i_s+i_d} \tag{5-48}$$

(4) 由三相静止坐标系 *A-B-C* 到任意二相旋转坐标系 *d - q* 上的变换（3s/2r 变换）。

可以推出：

$$\begin{bmatrix}i_d\\i_q\\i_0\end{bmatrix}=\begin{bmatrix}\cos\theta&\sin\theta&0\\-\sin\theta&\cos\theta&0\\0&0&1\end{bmatrix}\begin{bmatrix}i_\alpha\\i_\beta\\i_0\end{bmatrix}=\sqrt{\frac{2}{3}}\begin{bmatrix}\cos\theta&\sin\theta&0\\-\sin\theta&\cos\theta&0\\0&0&1\end{bmatrix}\begin{bmatrix}0&-\frac{1}{2}&-\frac{1}{2}\\0&\frac{\sqrt{3}}{2}&-\frac{\sqrt{3}}{2}\\\frac{1}{\sqrt{2}}&\frac{1}{\sqrt{2}}&\frac{1}{\sqrt{2}}\end{bmatrix}\begin{bmatrix}i_A\\i_B\\i_C\end{bmatrix}=C_{3s/2r}\begin{bmatrix}i_A\\i_B\\i_C\end{bmatrix}$$

$$\tag{5-49}$$

$$C_{3s/2r}=\sqrt{\frac{2}{3}}\begin{bmatrix}\cos\theta&\sin\theta&0\\-\sin\theta&\cos\theta&0\\0&0&1\end{bmatrix}\begin{bmatrix}0&-\frac{1}{2}&-\frac{1}{2}\\0&\frac{\sqrt{3}}{2}&-\frac{\sqrt{3}}{2}\\\frac{1}{\sqrt{2}}&\frac{1}{\sqrt{2}}&\frac{1}{\sqrt{2}}\end{bmatrix}=\sqrt{\frac{2}{3}}\begin{bmatrix}\cos\theta&\cos(\theta-120°)&\cos(\theta+120°)\\-\sin\theta&-\sin(\theta-120°)&-\sin(\theta+120°)\\\frac{1}{\sqrt{2}}&\frac{1}{\sqrt{2}}&\frac{1}{\sqrt{2}}\end{bmatrix}$$

$$\tag{5-50}$$

$$C_{2r/3s}=C_{3s/2r}^{-1}=C_{3s/2r}^{\mathrm{T}}=\sqrt{\frac{2}{3}}\begin{bmatrix}\cos\theta&-\sin\theta&\frac{1}{\sqrt{2}}\\\cos(\theta-120°)&-\sin(\theta-120°)&\frac{1}{\sqrt{2}}\\\cos(\theta+120°)&-\sin(\theta+120°)&\frac{1}{\sqrt{2}}\end{bmatrix} \tag{5-51}$$

其中，i_0 为将变换阵增广成可逆方阵，而在两相系统上人为地增加一项零轴磁动势 $N_2 i_0$，并定义为 $i_0=K\frac{N_3}{N_2}(i_A+i_B+i_C)=\frac{1}{\sqrt{3}}(i_A+i_B+i_C)$，因此 *d - q* 坐标系也可以称为 *d - q* -0 坐标系。θ 表示二相静止坐标系 α 轴与旋转坐标系 *d* 轴之间的夹角，如果以 ω_1 的速度旋转，则 $\theta=\int\omega_1 \mathrm{d}t$。

三、异步电动机在不同坐标系上的数学模型

（一）异步电动机在三相静止坐标系上的数学模型

无论电动机转子是绕线型还是笼型的，在理想条件下，都将它等效成三相绕线转子，并折算到定子侧，折算后的定子和转子绕组匝数都相等。如图 5-24 所示，以 *A* 轴为参考坐标轴，定子三相绕组轴线 *A*、*B*、*C* 在空间上是固定的，转子绕组轴线 *a*、*b*、*c* 随转子旋转，转子 *a*

轴和定子 A 轴间的电角度 θ 为空间角位移变量，同时规定各绕组电压、电流、磁链的正方向符合电动机惯例和右手螺旋定则。

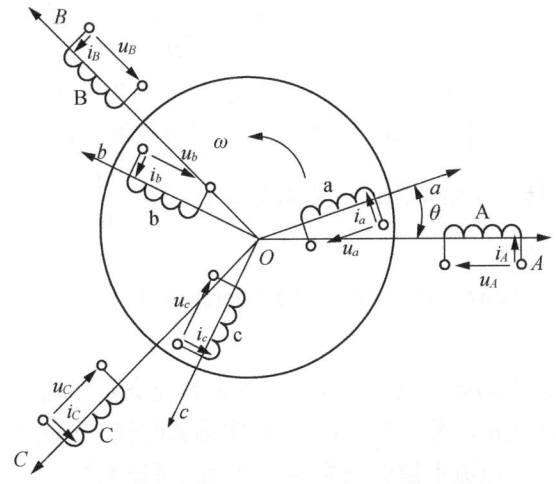

图 5-24 三相异步电动机的物理模型

图 5-24 中，u_A、u_B、u_C、u_a、u_b、u_c 为定子和转子相电压的瞬时值；i_A、i_B、i_C、i_a、i_b、i_c 为定子和转子相电流的瞬时值；ψ_A、ψ_B、ψ_C、ψ_a、ψ_b、ψ_c 为各相绕组的全磁链；ψ_s 和 ψ_r 为定子绕组和转子绕组的磁链列阵；u_s 和 u_r 为定子和转子电压的列阵；i_s 和 i_r 为定子和转子电流的列阵。

$$\psi_s = \begin{bmatrix} \psi_A \\ \psi_B \\ \psi_C \end{bmatrix}, \quad \psi_r = \begin{bmatrix} \psi_a \\ \psi_b \\ \psi_c \end{bmatrix}, \quad u_s = \begin{bmatrix} u_A \\ u_B \\ u_C \end{bmatrix}, \quad u_r = \begin{bmatrix} u_a \\ u_b \\ u_c \end{bmatrix}, \quad i_s = \begin{bmatrix} i_A \\ i_B \\ i_C \end{bmatrix}, \quad i_r = \begin{bmatrix} i_a \\ i_b \\ i_c \end{bmatrix}$$

1. 磁链方程

$$\begin{bmatrix} \psi_s \\ \psi_r \end{bmatrix} = \begin{bmatrix} L_{ss} & L_{sr} \\ L_{rs} & L_{rr} \end{bmatrix} \begin{bmatrix} i_s \\ i_r \end{bmatrix} \tag{5-52}$$

$$L_{ss} = \begin{bmatrix} L_{ms}+L_{1s} & -\frac{1}{2}L_{ms} & -\frac{1}{2}L_{ms} \\ -\frac{1}{2}L_{ms} & L_{ms}+L_{1s} & -\frac{1}{2}L_{ms} \\ -\frac{1}{2}L_{ms} & -\frac{1}{2}L_{ms} & L_{ms}+L_{1s} \end{bmatrix}, \quad L_{rr} = \begin{bmatrix} L_{mr}+L_{1r} & -\frac{1}{2}L_{ms} & -\frac{1}{2}L_{ms} \\ -\frac{1}{2}L_{ms} & L_{ms}+L_{1r} & -\frac{1}{2}L_{ms} \\ -\frac{1}{2}L_{ms} & -\frac{1}{2}L_{ms} & L_{ms}+L_{1r} \end{bmatrix} \tag{5-53}$$

$$L_{rs} = L_{sr}^{\mathrm{T}} = L_{ms} \begin{bmatrix} \cos\theta & \cos(\theta-120°) & \cos(\theta+120°) \\ \cos(\theta+120°) & \cos\theta & \cos(\theta-120°) \\ \cos(\theta-120°) & \cos(\theta+120°) & \cos\theta \end{bmatrix} \tag{5-54}$$

式中，L_{ms} 为定子互感，即与定子一相绕组交链的最大互感磁通；L_{mr} 为转子互感，即与转子一相绕组交链的最大互感磁通；L_{1s} 为定子漏感，即定子各相漏磁通；L_{1r} 为转子漏感，即转子各相漏磁通。

2. 电压方程

$$\begin{bmatrix} u_s \\ u_r \end{bmatrix} = \begin{bmatrix} R'_s & 0 \\ 0 & R'_r \end{bmatrix} \begin{bmatrix} i_s \\ i_r \end{bmatrix} + p \begin{bmatrix} \psi_s \\ \psi_r \end{bmatrix} = \begin{bmatrix} R'_s & 0 \\ 0 & R'_r \end{bmatrix} \begin{bmatrix} i_s \\ i_r \end{bmatrix} + p \begin{bmatrix} L_{ss} & L_{sr} \\ L_{rs} & L_{rr} \end{bmatrix} \begin{bmatrix} i_s \\ i_r \end{bmatrix} \quad (5\text{-}55)$$

$$R'_s = \begin{bmatrix} R_s & 0 & 0 \\ 0 & R_s & 0 \\ 0 & 0 & R_s \end{bmatrix}, \quad R'_r = \begin{bmatrix} R_r & 0 & 0 \\ 0 & R_r & 0 \\ 0 & 0 & R_r \end{bmatrix}$$

式中，R_1、R_2 为定子和转子绕组电阻；p 为微分算子，$p = \dfrac{\mathrm{d}}{\mathrm{d}t}$。

3. 电磁转矩方程

$$T_e = n_p L_{ms} [(i_A i_a + i_B i_b + i_C i_c)\sin\theta + (i_A i_b + i_B i_c + i_C i_a)\sin(\theta + 120°) + (i_A i_c + i_B i_a + i_C i_b)\sin(\theta - 120°)] \quad (5\text{-}56)$$

公式是在线性磁路、磁动势在空间按正弦分布的假定条件下得出的，但对定子、转子电流对时间的波形未作任何假定，式中的电流 i 都是实际瞬时值。因此上述电磁转矩方程完全适用于变压变频器供电的含有电流谐波的三相异步电动机调速系统。

4. 电力拖动系统运动方程

在忽略电力拖动系统传动机构中的黏性摩擦和扭转弹性，系统的运动方程为

$$T_e - T_L = \frac{J}{n_p} \frac{\mathrm{d}\omega_r}{\mathrm{d}t} \quad (5\text{-}57)$$

式中，T_e 为电磁转矩；T_L 为负载阻转矩；ω_r 为电机旋转电角频率，$\omega_r = \dfrac{\mathrm{d}\theta_r}{\mathrm{d}t}$，$\theta_r$ 为电角度，n_p 为电机极对数；θ_m 为机械角位移，$\theta_m = \theta_r / n_p$。

（二）异步电动机在两相任意旋转坐标系（d-q 坐标系）上的数学模型

设两相旋转 d-q 坐标系与三相坐标系 A 轴的夹角为 θ_s，$p\theta_s = \omega_{dqs}$ 为 d-q 坐标系相对于定子的角速度；ω_{dqr} 为 d-q 坐标系相对于转子的角速度。经三相静止坐标系 A-B-C 到任意二相坐标系 d-q 上的变换（3s/2r 变换）（参考公式(5-50)）。变换后的磁链、电压、转矩和运动方程分别如下。

(1) 磁链方程。

$$\begin{bmatrix} \psi_{sd} \\ \psi_{sq} \\ \psi_{rd} \\ \psi_{rq} \end{bmatrix} = \begin{bmatrix} L_s & 0 & L_m & 0 \\ 0 & L_s & 0 & L_m \\ L_m & 0 & L_r & 0 \\ 0 & L_m & 0 & L_r \end{bmatrix} \begin{bmatrix} i_{sd} \\ i_{sq} \\ i_{rd} \\ i_{rq} \end{bmatrix} \quad (5\text{-}58)$$

或写成

$$\begin{cases} \psi_{sd} = L_s i_{sd} + L_m i_{rd} \\ \psi_{sq} = L_s i_{sq} + L_m i_{rq} \\ \psi_{rd} = L_r i_{rd} + L_m i_{sd} \\ \psi_{rq} = L_r i_{rq} + L_m i_{sq} \end{cases} \quad (5\text{-}59)$$

其中，L_m 为 d-q 坐标系定子与转子同轴等效绕组间的互感，$L_m = \dfrac{3}{2} L_{ms}$（$L_{ms}$ 参见公式(5-53)）；

L_s 为 d-q 坐标系定子等效两相绕组的自感，$L_s = \frac{3}{2}L_{ms} + L_{ls} = L_m + L_{ls}$；$L_r$ 为 d-q 坐标系转子等效两相绕组的自感，$L_r = \frac{3}{2}L_{ms} + L_{lr} = L_m + L_{lr}$。

(2) 电压方程。

根据 A-B-C 坐标系中，A 相电压方程，$u_A = i_A R_s + p\psi_A$，并将 u_A、i_A、ψ_A 代入并整理，并略去零轴分量后，可得

$$\begin{cases} u_{sd} = R_s i_{sd} + p\psi_{sd} - \omega_{dqs}\psi_{sq} \\ u_{sq} = R_s i_{sq} + p\psi_{sq} + \omega_{dqs}\psi_{sd} \\ u_{rd} = R_r i_{rd} + p\psi_{rd} - \omega_{dqr}\psi_{rq} \\ u_{rq} = R_r i_{rq} + p\psi_{rq} + \omega_{dqr}\psi_{rd} \end{cases} \quad (5\text{-}60)$$

其中，p 为微分算子，将式(5-59)代入式(5-60)可得

$$\begin{bmatrix} u_{sd} \\ u_{sq} \\ u_{rd} \\ u_{rq} \end{bmatrix} = \begin{bmatrix} R_s + L_s p & -\omega_{dqs}L_s & L_m p & -\omega_{dqs}L_m \\ \omega_{dqs}L_s & R_s + L_s p & \omega_{dqs}L_m & L_m p \\ L_m p & -\omega_{dqr}L_m & R_r + L_r p & -\omega_{dqr}L_r \\ \omega_{dqr}L_m & L_m p & \omega_{dqr}L_r & R_r + L_r p \end{bmatrix} \begin{bmatrix} i_{sd} \\ i_{sq} \\ i_{rd} \\ i_{rq} \end{bmatrix} \quad (5\text{-}61)$$

当 d-q 坐标系以定子频率的同步角速度 ω_s 旋转时，即 $\omega_{dqs} = \omega_s$，且转子的角速度为 ω_r，此时 d-q 坐标系相对于转子的角速度为转差频率，即 $\omega_{dqr} = \omega_s - \omega_r = \omega_{sl}$。此时电压方程(5-61)转变为

$$\begin{bmatrix} u_{sd} \\ u_{sq} \\ u_{rd} \\ u_{rq} \end{bmatrix} = \begin{bmatrix} R_s + L_s p & -\omega_s L_s & L_m p & -\omega_s L_m \\ \omega_s L_s & R_s + L_s p & \omega_s L_m & L_m p \\ L_m p & -\omega_{sl}L_m & R_r + L_r p & -\omega_{sl}L_r \\ \omega_{sl}L_m & L_m p & \omega_{sl}L_r & R_r + L_r p \end{bmatrix} \begin{bmatrix} i_{sd} \\ i_{sq} \\ i_{rd} \\ i_{rq} \end{bmatrix} \quad (5\text{-}62)$$

此电压方程也是矢量控制的基础之一。

(3) 转矩和运动方程。

$$T_e = n_p L_m (i_{sq} i_{rd} - i_{sd} i_{rq}) \quad (5\text{-}63)$$

$$T_e - T_L = \frac{J}{n_p} \frac{d\omega_r}{dt} \quad (5\text{-}64)$$

式中，$\omega_r = \omega_{dqs} - \omega_{dqr} = \omega_s - \omega_{sl}$ 为电机转子电角速度。$\omega_r = \frac{d\theta_r}{dt}$，$\theta_r$ 为电角度，n_p 为电机极对数，θ_m 为机械角位移，$\theta_m = \theta_r / n_p$。

(三) 异步电动机在基于转子磁场 ψ_r 定向两相同步旋转坐标系(M-T 坐标系)上的数学模型

在以同步角速度 ω_s 旋转的两相旋转 d-q 坐标系中，可以选择将定子磁化电流 i_{ds} 定向在转子磁场 ψ_r 或气隙磁场 ψ_m 或定子磁场 ψ_s 都可以实现矢量控制。简单地说，转子磁场定向可以得到自然的解耦控制，而气隙磁场定向或定子磁场定向会产生耦合效应，必须通过解耦的补偿电流实施补偿。

(1) 定子磁场 ψ_s 定向。在一般的调速范围内可利用定子方程作磁通观测器，非常易于实现，且不包括对温度变化敏感的转子参数，可达到相当好的动静态性能，适用于大范围弱磁运行

的情况，同时控制系统结构也相对简单。但在低速时，由于定子电阻压降占端电压的大部分，致使反电动势测量误差较大，导致定子磁通观测不准，影响系统性能。

(2) 气隙磁场 ψ_m 定向。虽具有一些状态能直接测量的优点，如气隙磁通。但磁通关系和转差关系中存在耦合，需要增加解耦器这使得它比转子磁通的控制方式要复杂。

(3) 转子磁场 ψ_r 定向。将定子电流分解为励磁分量 i_{sm} 和转矩分量 i_{st}，i_{sm} 直接决定转子磁链 ψ_r，而电磁转矩正比于 $\psi_r i_{st}$，通过控制定子电流的 T 轴分量 i_{st} 就可以控制电磁转矩，实现了定子电流两个分量的完全解耦。基于转子磁场 ψ_r 定向的控制效果最好，能实现完全的解耦，无须增加解耦器，还降低了微分方程组的阶次。控制方式简单，具有较好动态性能和控制精度，故应用最为广泛。本书只介绍转子磁链 ψ_r 定向的矢量控制。

对于转子磁场 ψ_r 定向的 d-q 坐标系称为 M-T 坐标系，由于鼠笼转子内部是短路的，满足 $u_{rm} = u_{rt} = 0$，此时电压方程(5-62)可变为

$$\begin{bmatrix} u_{sm} \\ u_{st} \\ 0 \\ 0 \end{bmatrix} = \begin{bmatrix} R_s + L_s p & -\omega_s L_s & L_m p & -\omega_s L_m \\ \omega_s L_s & R_s + L_s p & \omega_s L_m & L_m p \\ L_m p & -\omega_{sl} L_m & R_r + L_r p & -\omega_{sl} L_r \\ \omega_{sl} L_m & L_m p & \omega_{sl} L_r & R_r + L_r p \end{bmatrix} \begin{bmatrix} i_{sm} \\ i_{st} \\ i_{rm} \\ i_{rt} \end{bmatrix} \quad (5\text{-}65)$$

同时转子磁场 ψ_r 在 M-T 坐标系的分量 T 轴和 M 轴分量满足 $\psi_{rt} = 0$，$\psi_{rm} = \psi_r$，故满足

$$\begin{cases} \psi_{rm} = \psi_r = L_r i_{rm} + L_m i_{sm} \\ \psi_{rt} = 0 = L_r i_{rt} + L_m i_{st}，\quad 且 \quad p\psi_{rt} = 0 \end{cases} \quad (5\text{-}66)$$

此时磁链方程为

$$\begin{bmatrix} \psi_{sm} \\ \psi_{st} \\ \psi_r \\ 0 \end{bmatrix} = \begin{bmatrix} L_s & 0 & L_m & 0 \\ 0 & L_s & 0 & L_m \\ L_m & 0 & L_r & 0 \\ 0 & L_m & 0 & L_r \end{bmatrix} \begin{bmatrix} i_{sm} \\ i_{st} \\ i_{rm} \\ i_{rt} \end{bmatrix} \quad (5\text{-}67)$$

电压方程式(5-60)也可以变为

$$\begin{cases} u_{sm} = R_s i_{sm} + p\psi_m - \omega_s \psi_{st} \\ u_{st} = R_s i_{st} + p\psi_{st} + \omega_s \psi_{sm} \\ 0 = R_r i_{rm} + p\psi_r - \omega_{sl} \psi_{rt} \\ 0 = R_r i_{rt} + \omega_{sl} \psi_{rm} \end{cases} \quad (5\text{-}68)$$

将式(5-66)代入式(5-67)，或直接从式(5-68)的第 3、4 行对照，可得基于转子磁场 ψ_r 定向的矢量控制的电压方程为

$$\begin{bmatrix} u_{sm} \\ u_{st} \\ 0 \\ 0 \end{bmatrix} = \begin{bmatrix} R_s + L_s p & -\omega_s L_s & L_m p & -\omega_s L_m \\ \omega_s L_s & R_s + L_s p & \omega_s L_m & L_m p \\ L_m p & 0 & R_r + L_r p & 0 \\ \omega_{sl} L_m & 0 & \omega_{sl} L_r & R_r \end{bmatrix} \begin{bmatrix} i_{sm} \\ i_{st} \\ i_{rm} \\ i_{rt} \end{bmatrix} \quad (5\text{-}69)$$

(四) 异步电动机按转子磁链定向的矢量控制方程

异步电动机在任意二相旋转坐标系上的数学模型、二相静止坐标系上的数学模型和二相同步旋转坐标系上的数学模型。其中最常用的一种旋转坐标系，如图 5-25 所示，是取 d-q 坐标系以同步转速 ω_1 旋转，同时规定 d 轴沿着转子总磁链矢量 ψ_r 的方向定向，称之为 M

(Magnetization)轴,而 q 轴则逆时针旋转 90°,垂直于 ψ_r,称之为 T(Torque)轴,这种按转子磁场 ψ_r 定向的旋转坐标系称为 M-T 坐标系。

M-T 坐标系的同步旋转保证了当三相坐标系的电压和电流都是交流正弦波时,变换到 M-T 坐标系上就成为直流;因为 ψ_r 本身就是以同步转速 ω_1 旋转的矢量,同时 M-T 坐标系按照磁链 ψ_r 定向还可以减少同步旋转坐标系数学模型的多变量之间的耦合关系,使数学模型进一步简化。

目前最常用的矢量控制方案,就是按转子磁场方向定向的矢量控制。如图 5-25 所示,静止轴系的 α 轴与三相轴系的 A 轴一致,M 轴与 A 轴(α 轴)之间相角为 ϕ。定子电流 i_s 在 M-T 坐标系上分解为 i_{sm} 和 i_{st},其夹角 θ_s 为力矩角。

根据以上基于转子磁场 ψ_r 定向两相同步旋转坐标系(M-T 坐标系)上的数学模型,将电动机定子和转子的各物理量,如电压、电流和磁链等经过坐标变换,变换到

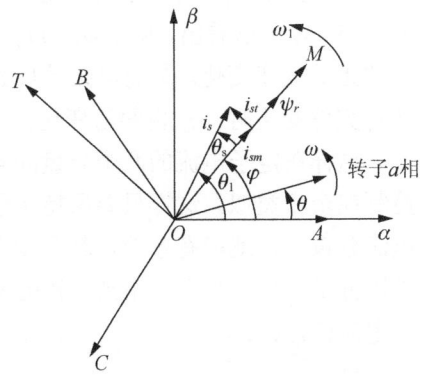

图 5-25 M-T 坐标系的空间矢量图

M-T 坐标系上,如将式(5-69)中的第 3 行和第 4 行展开,通过推导可以得到异步电动机在 M-T 坐标系上的各物理之间的关系式:

$$T_e = n_p \frac{L_m}{L_r} \psi_r i_{st} \quad 或 \quad i_{st} = \frac{L_r}{n_p L_m \psi_r} T_e \tag{5-70}$$

$$\psi_r = \frac{L_m}{T_r p + 1} i_{sm} \quad 或 \quad i_{sm} = \frac{T_r p + 1}{L_m} \psi_r \tag{5-71}$$

$$\omega_{sl} = \omega_1 - \omega_r = \frac{L_m}{T_r \psi_r} i_{st} \quad 或 \quad i_{st} = \omega_{sl} \frac{T_r}{L_m} \psi_r \tag{5-72}$$

$$i_s = \sqrt{i_{sm}^2 + i_{st}^2} \tag{5-73}$$

$$\theta_s = \arctan \frac{i_{st}}{i_{sm}} = 2 \arctan \frac{i_{st}}{i_s + i_{sm}} \tag{5-74}$$

$$\varphi = \int \omega_1 \mathrm{d}t \tag{5-75}$$

$$\theta_1 = \varphi + \theta_s = \int \omega_1 \mathrm{d}t + \theta_s \tag{5-76}$$

$$i_{rm} = -\frac{p\psi_r}{R_r} \tag{5-77}$$

$$i_{rt} = -\frac{\omega_{sl}\psi_r}{R_r} = -\frac{L_m}{L_r} i_{sT} \tag{5-78}$$

$$T_e = n_p \frac{L_m^2}{L_r} i_{sm} i_{st} \quad (稳态时) \tag{5-79}$$

式中,T_e 为电磁力矩;L_r 为转子电感,$L_r = L_m + L_{lr}$(L_m 为 d-q 坐标系定子与转子同轴等效绕组间的互感,L_{lr} 为转子漏感);T_r 为转子电磁时间常数,$T_r = \frac{L_r}{R_r} = \frac{L_m + L_{lr}}{R_r}$;$p$ 为微分算子,$p = \frac{\mathrm{d}}{\mathrm{d}t}$;$\omega_1$ 为定子频率的同步角速度;ω 或 ω_r 为转子速度;$\omega_{sl} = \omega_1 - \omega$ 为转差频率;φ 为转

子磁链 ψ_r 的相位角；θ_s 为定子电流矢量 i_s 与 M 轴的夹角；θ_i 为定子电流 i_s 的相位角。

从式(5-71)可以看出：①在转子磁场定向中，当转子磁链 ψ_r 稳定时，$p\psi_r=0$，$i_{rm}=0$，$\psi_r=L_m i_{sm}$，在 M 轴上，只要保持 i_{sm} 不变，则转子磁链 ψ_r 保持不变，ψ_r 的大小只取决于定子磁化电流分量 i_{sm}，与定子转矩电流 i_{st} 无关，此时转矩从式(5-70)变为式(5-79)。当 i_{sm} 突变时，从式(5-71)可以看出，由于 ψ_r 与 i_{sm} 是一阶惯性环节，ψ_r 的变化存在延时，并按转子时间常数 T_r 的指数规律变化。②而电磁转矩 T_e 仅与定子电流有功分量 i_{st} 成正比，从式(5-78)可以看出，当 i_{st} 突然变化时，i_{rt} 也跟随变化，用于改变电动机的转矩，没有任何滞后。

这样在定子电流的两个分量间实现了解耦，i_{sm} 只决定磁链，i_{st} 只影响力矩，和直流电机控制完全相类似。这样只要保持定子磁化电流分量 i_{sm} 恒定不变，控制定子电流中的瞬时转矩电流分量 i_{st}，就能有效地控制异步电动机的瞬时转矩。当知道所需的定子电流磁化分量 i_{sm} 和转矩分量 i_{st} 后，利用二相到三相的反变换式($C_{2r/3s}$)，就不难求出实际需要控制的定子三相瞬时电流值 i_a、i_b、i_c。

四、异步电动机矢量控制的基本原理

矢量控制的基本原理是认为异步电动机与直流电机具有相同的转矩产生机理。因为直流电动机的励磁电流和电磁转矩电流是独立的、解耦的，异步电动机的矢量控制就是仿照直流电机解耦控制的思路，把定子电流分解为磁场电流分量和力矩电流分量，并加以控制。实际上是借助坐标等效变换，把异步电动机的物理模型等效地变换成类似于直流电机的物理模型，变换前后在不同坐标系下电动机模型的功率相同及磁动势不变，如图 5-26 所示。

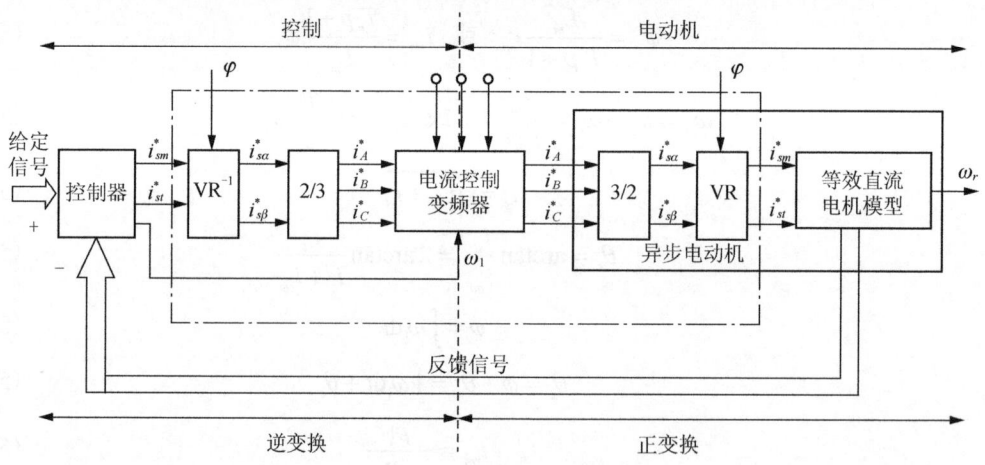

图 5-26 矢量控制系统原理结构图

图中，3/2 为三相/两相变换；VR 为同步旋转变换；φ 为 M 轴与 α 轴(A 轴)的夹角，在三相坐标系上的定子交流电流 i_A、i_B、i_C，通过 3/2 变换可以等效成两相静止坐标系上的交流电流 $i_{s\alpha}$、$i_{s\beta}$，再通过同步旋转变换 VR，可以等效成同步旋转 M-T 坐标系上的直流电流 i_{sm} 和 i_{st}，产生同样的旋转磁动势。如果观察者站到铁芯上与 M-T 坐标系一起旋转，他所看到的便是一台直流电机，如图 5-27 所示。可以控制使交流电机的转子总磁通 Φ_r 就是等效直流电机的磁通，则 M 绕组相当于直流电机的励磁绕组，i_{sm} 相当于励磁电流，T 绕组相当于伪静止的电枢绕组，i_{st} 相当于与转矩成正比的电枢电流，且 i_{sm} 和都是直流电流。

图 5-27 异步电动机的等效直流电机模型

从整体上看，输入为 A、B、C 三相电压，输出转速为 ω_r，是一台异步电动机。从内部看，经过 3/2 变换和 VR 变换，变成一台由 i_{sm} 和 i_{st} 输入，输出 ω_r 的直流电机。既然异步电动机经过坐标变换可以等效成直流电机，那么模仿直流电机的控制策略，得到直流电机的控制量，经过相应的坐标反变换，就能够控制异步电动机了。

若给定和反馈信号经过类似于直流调速系统所用的控制器，产生励磁电流给定值 i_{sm}^* 和电枢电流给定值 i_{st}^*，经过反向旋转变换器 VR^{-1} 得到 $i_{s\alpha}^*$ 和 $i_{s\beta}^*$，再经过 2/3 变换得到 i_A^*、i_B^*、i_C^*。由这 3 个电流控制信号和由控制器直接得到的频率控制信号 ω_1，就可以输出异步电动机所需的三相变频电流。

在设计矢量控制系统时，可以认为，在控制器后面引入的反旋转变换器 VR^{-1} 与电机内部的旋转变换环节 VR 抵消，2/3 变换与电机内部的 3/2 变换环节抵消，如果再忽略变频器中可能产生的滞后，则图 5-26 中虚线框内的部分可以完全删去，虚线框外就是一个直流调速系统了。所以矢量控制交流变频调速系统的动、静态特性完全能和直流调速系统相媲美。

五、转子磁链矢量的检测

在按转子磁场定向的矢量控制中，关键是要获得转子磁链 ψ_r 信号（磁链观测）。矢量控制总是以转子磁链 ψ_r 定向，为此测出 ψ_r 的大小及在静止 α-β 坐标系的相位，即 ψ_r 相对 α 轴的相位角 φ（图 5-25）是矢量控制的前提。同时还可以供磁链反馈以及除法环节的需要。根据求得磁链向量所用的不同方法可以分为两类：直接检测法和磁链计算法，磁链计算法也通常称为磁链观测器。

（一）直接检测法

在开始提出矢量控制系统时，曾尝试直接检测磁链的方法。直接检测法一种是在电机槽内埋设探测线圈，另一种是利用贴在定子内表面的霍尔元件或其他磁敏元件。利用诸如霍尔元件之类的磁敏传感器直接测量电机气隙中相差 90° 电角度的 2 点，即选作 α、β 轴线位置上的气隙磁场，然后通过计算推算出转子的总磁链，从理论上说，直接检测应该比较准确，但实际上会遇到不少工艺和技术问题，而且由于齿槽影响，即受气隙齿谐波磁场的影响，使检测信号中含有较大的脉动分量，越到低速时影响越严重。因此测量误差较大，实际使用比较少。

（二）磁链计算法

现代实用的矢量控制系统中，多采用间接观测磁链的方法，即间接计算法。利用容易测得的电压、电流或转速等信号，根据转子磁链模型，实时计算出转子磁链 ψ_r 的幅值和相位。转子磁链的观测模型是建立在异步电动机动态数学模型的基础上的，具体还分为电压模型和电流模型。

1. 计算转子磁链的电压模型

最简单的磁链计算法，就是根据电压方程中电动势等于磁链变化率的关系，对电机的电动势进行积分就可以得到磁链，这样的模型称为电压模型。

经过推导可以得出：

$$\psi_{r\alpha} = \frac{L_r}{L_m}\left[\int(u_{s\alpha} - R_s i_{s\alpha})\mathrm{d}t - \sigma L_s i_{s\alpha}\right] \tag{5-80}$$

$$\psi_{r\beta} = \frac{L_r}{L_m}\left[\int(u_{s\beta} - R_s i_{s\beta})\mathrm{d}t - \sigma L_s i_{s\beta}\right] \tag{5-81}$$

式中，L_m 为 d-q 坐标系定子与转子同轴等效绕组间的互感；L_s 为 d-q 坐标系定子等效两组绕组的自感；L_r 为 d-q 坐标系转子等效两绕组的自感；σ 为漏磁系数，$\sigma = 1 - \dfrac{L_m^2}{L_s L_r}$。

从公式可以看出，它只需要实测的电压、电流信号，不需要转速信号，且算法与转子电阻 R_r 无关，只与定子电阻 R_s 有关，而 R_s 容易测得。$u_{s\alpha}$、$u_{s\beta}$、$i_{s\alpha}$、$i_{s\beta}$ 等电量容易由测量得到的电机定子三相电压、电流经过 3/2 变换得到，因此算法简单，便于应用，电压模型受电动机参数变化的影响也较小。但是，由于电压模型中包含纯积分项，积分的初始值和累积误差都影响计算结果；在低速时，定子电阻压降变化的影响也较大。因此电压模型计算法低速时测量精度可能不高，而更适用于中、高速范围。

2. 计算转子磁链的电流模型

它是根据定子电流和转子转速信号求得的。利用能够实测的物理量的不同组合，可以获得多种转子磁链模型，现在给出两个典型的模型。

(1) 在两相静止坐标系 α-β 上的转子磁链模型。

由实测的三相定子电流通过 3/2 变换很容易得到两相静止坐标系上的电流 $i_{s\alpha}$ 和 $i_{s\beta}$，可以推出转子磁链在 α 轴上的分量为

$$\psi_{r\alpha} = L_m i_{s\alpha} + L_r i_{r\alpha} \tag{5-82}$$

$$\psi_{r\beta} = L_m i_{s\beta} + L_r i_{r\beta} \tag{5-83}$$

$$i_{r\alpha} = \frac{1}{L_r}(\psi_{r\alpha} - L_m i_{s\alpha}) \tag{5-84}$$

$$i_{r\beta} = \frac{1}{L_r}(\psi_{r\beta} - L_m i_{s\beta}) \tag{5-85}$$

进一步还可推出转子磁链模型：

$$\psi_{r\alpha} = \frac{1}{T_r p + 1}\left(L_m i_{s\alpha} - \omega_r T_r \psi_{r\beta}\right) \tag{5-86}$$

$$\psi_{r\beta} = \frac{1}{T_r p + 1}\left(L_m i_{s\beta} + \omega_r T_r \psi_{r\alpha}\right) \tag{5-87}$$

在两相静止 α-β 坐标系上，按式 (5-86)、式 (5-87) 构成的转子磁链模型的运算框图如图 5-28 所示。有了 $\psi_{r\alpha}$ 和 $\psi_{r\beta}$，要计算 ψ_r 的幅值和相位就很容易了。

转子磁链模型适用于模拟控制，用运算放大器和乘法器就可以实现。采用微型计算机数字控制时，由于 $\psi_{r\alpha}$ 和 $\psi_{r\beta}$ 之间有交叉反馈关系，离散计算时可能不收敛，不如采用下面第二种模型。

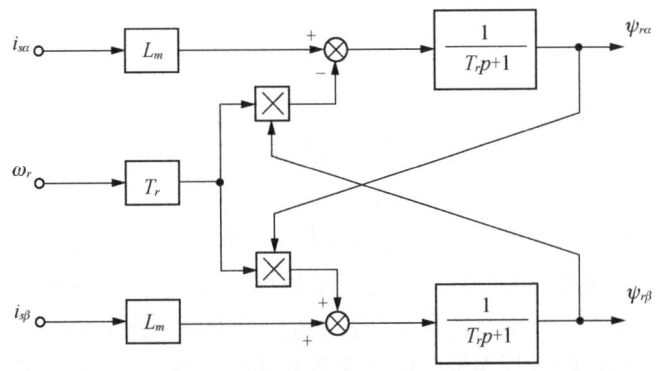

图 5-28 在两相静止坐标系上计算转子磁链的电流模型

(2) 按磁场定向两相旋转坐标系 M-T 上的转子磁链模型。

如图 5-29 所示,是另一种转子磁链模型的运算框图。三相定子电流 i_A、i_B、i_C 经 3/2 变换变成两相静止坐标系电流 $i_{s\alpha}$、$i_{s\beta}$,再经同步旋转变换并按转子磁链定向,得到 M-T 坐标系上的电流 i_{sm}、i_{st},利用矢量控制方程式(5-71)和式(5-72)可以获得 ψ_r 和 ω_{sl} 信号,由 ω_{sl} 与实测转速 ω_r 相加得到定子频率信号 ω_1,再经积分即转子磁链的相位角 φ,它也就是同步旋转变换的旋转相位角。和第一种模型相比,这种模型更适用于微型计算机实时计算,容易收敛,也比较准确。

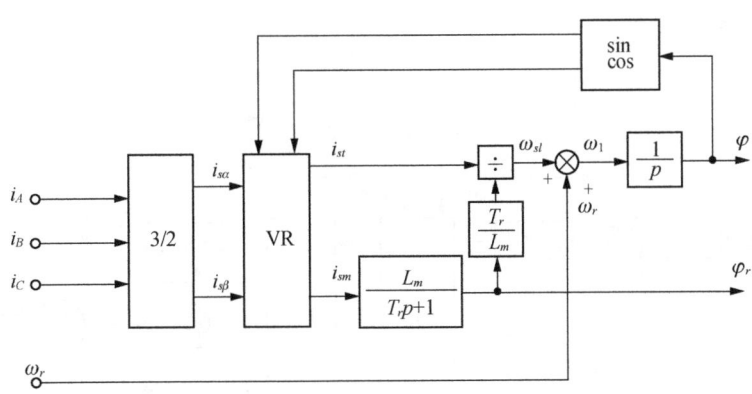

图 5-29 在按转子磁链定向两相旋转坐标系上计算转子磁链的电流模型

上述两种转子磁链电流模型的应用都比较普遍,都需要实测的电流和转速信号,但也都受电机参数变化的影响,例如,电机温升和频率变化都会影响转子电阻 R_r,从而改变时间常数 T_r;磁饱和程度将影响电感 L_m 和 L_r,使 $T_r = L_r / R_r$ 也改变。这些影响都将导致磁链幅值与相位信号失真,而反馈信号的失真必然使磁链闭环控制系统的性能降低。这是电流模型的不足之处。尤其是当转子频率变化时,由于趋肤效应的影响,电感 L_r 和电阻 R_r 朝着不同的方向变化,频率增高、电阻 R_r 增加、电感 L_r 减少,T_r 变化较大,为弥补这个缺点,现在有采用参数实时在线辨识的方法,对 T_r 的值进行实时测量,实时对磁通观测器的参数加以校正,这样使系统更复杂了。也可以把转子磁链的电压模型和电流模型结合起来,在低速时采用电流模型,在中、高速时采用电压模型,可以提高在整个运行范围内计算转子磁链的准确度。

六、异步电动机的矢量控制系统

将定子磁化电流 i_{ds} 定向在转子磁链 ψ_r 的矢量控制,按有无磁链的闭环反馈,可分为直接矢量控制系统和间接矢量控制系统；按有无速度传感器又可分为带速度传感器的矢量控制系统和无速度传感器的矢量控制系统。

直接矢量控制：又称为磁场反馈控制，在系统中有磁链闭环，必须获得磁链反馈信号方可实现。可利用定子电压、电流或定子磁链 ψ_s 的实际值进行解算实现矢量控制，因此转速、磁链闭环控制的矢量系统又称为直接矢量控制系统。但由于转子磁链 ψ_r 反馈信号由磁链模型获得，幅值和相位受到电机参数 T_r 和 L_m 变化的影响，造成控制的不准确性。

间接矢量控制：又称为转差频率矢量控制或磁场前馈控制，系统中无磁链闭环，采用磁链开环的控制方式，无需转子磁链的幅值的反馈值，转矩和磁链的幅值和相角由控制系统给定值计算出来，靠矢量控制方程保证，因此磁链开环转差型矢量控制系统又称为间接矢量控制系统。它既继承了稳态模型转差频率控制系统的优点，又利用基于动态模型的矢量控制规律克服了它大部分不足之处，但仍然需要转子磁链的位置信号，转子磁链的计算仍然不可避免。目前高速列车上一般使用间接矢量控制策略。

二者本质的区别在于转子磁链 ψ_r（M 轴）相对于 α 轴的相位角 φ 是如何产生的。直接矢量控制的 φ 是通过磁链观测模型获得的磁链反馈信号（$\psi_{r\alpha}$、$\psi_{r\beta}$）计算得到的；间接矢量控制除了 φ 角以前馈方式产生外，和直接矢量控制本质上是相同的。

（一）直接矢量控制

直接矢量控制又称反馈矢量控制，比较典型的是转速和磁链闭环的电流滞环型 PWM 变频调速系统，如图 5-30 所示。

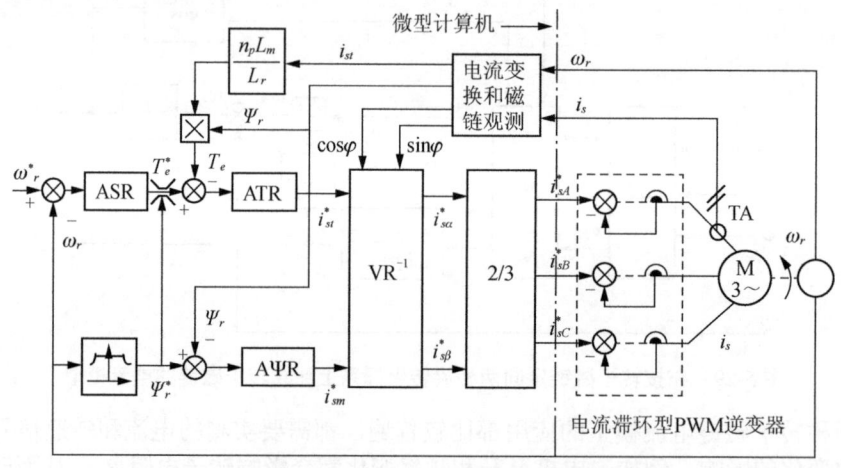

图 5-30　带转矩内环的转速、磁链闭环矢量控制系统

通过磁链观测模型可以得到转子磁链 ψ_r 在 α-β 坐标系的分量 $\psi_{r\alpha}$、$\psi_{r\beta}$，因为 M-T 坐标的 M 轴定向在转子磁链 ψ_r 上，因此通过对 $\psi_{r\alpha}$、$\psi_{r\beta}$ 进行 K/P 变换，可以从以下公式中计算出 M 轴相对于 α 轴的相位角 φ 等参数。

$$\psi_r = \sqrt{\psi_{r\alpha}^2 + \psi_{r\beta}^2} \tag{5-88}$$

$$\cos\varphi = \frac{\psi_{r\alpha}}{\psi_r}, \quad \sin\varphi = \frac{\psi_{r\beta}}{\psi_r} \tag{5-89}$$

$$T_e = n_p \frac{L_m}{L_r} \psi_r i_{st} \tag{5-90}$$

知道了 $\cos\varphi$ 和 $\sin\varphi$ 后，才可以进行 VR 变换等，将矢量控制系统中的磁链指令 ψ_r^* 和转速指令 ω_r^* 所产生的定子电流的励磁分量 i_{sm}^* 和定子电流的转矩分量 i_{st}^*，经过 $2r/3s$ 变换，变成为 i_a^*、i_b^*、i_c^* 给逆变器。转速调节器 ASR 的输出作为转矩给定信号，弱磁时它还受到磁链给定信号的控制。磁链给定信号由函数发生程序获得。此外系统在转速环内增设转矩控制内环，以提高转速和磁链闭环控制系统解耦性能。在转矩内环中，磁链对控制对象的影响相当于一种扰动作用，因而受到转矩内环的抑制，从而改造了转速子系统，使它少受磁链变化的影响。

(二) 间接矢量控制

图 5-31 为转速和电流采用闭环控制的间接矢量控制系统，也属于磁链开环、转差型矢量控制。

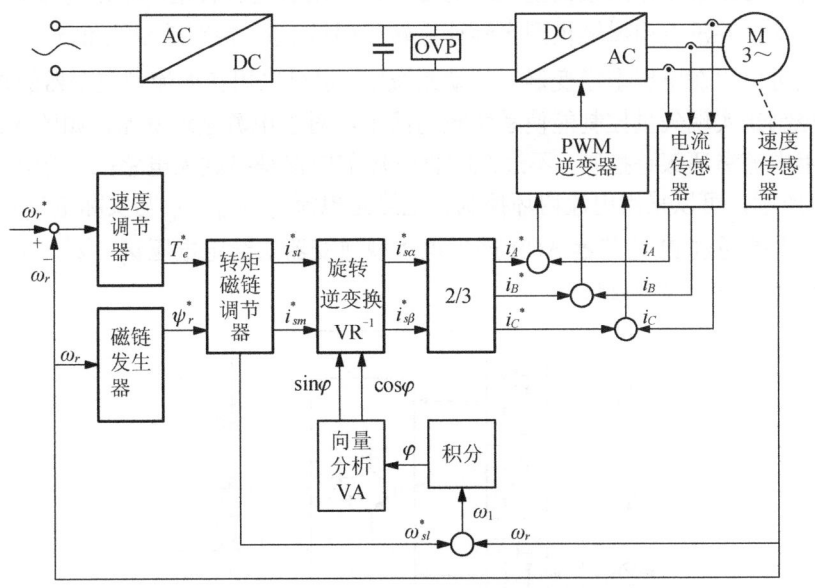

图 5-31　电流和转速闭环的矢量控制系统

速度偏差信号 $(\omega_r^* - \omega_r)$ 经速度调节器产生力矩给定值 T_e^*，而转速信号 ω_r 送到磁通发生器，该发生器在基速以下提供恒定磁通和恒定的转子磁化电流给定值（恒力矩运行区），在超过基速以后实现磁场削弱（恒功率运行区），从而确定磁通给定值 ψ_r^*。

由给定力矩 T_e^* 和给定转子磁链 ψ_r^* 通过转矩磁链调节器计算出给定电流 i_{sm}^*、i_{st}^* 和给定转差角频率 ω_{sl}^*。ω_{sl}^* 与测得的转速信号 ω_r 相加得转子磁链 ψ_r 的同步转速 ω_1，ω_1 经积分后得同步旋转 M-T 坐标系和静止 α-β 坐标系之间角位移 φ。利用向量分析器（VA）可得 $\cos\varphi$ 和 $\sin\varphi$。

转速磁链调节器主要是根据下列公式，根据输入的 T_e^*、ψ_r^* 和速度传感器采集的电机转速 ω_r，计算出 i_{st}^*、ω_{sl}^*、T_e^* 和 φ 的值：

$$i_{st}^* = \frac{L_r}{n_p L_m \psi_r^*} T_e^* \tag{5-91}$$

$$i_{sm}^* = \frac{T_r p + 1}{L_m} \psi_r^* \tag{5-92}$$

$$\omega_{sl}^* = \omega_1 - \omega_r = \frac{L_m}{T_r \psi_r^*} i_{st}^* \tag{5-93}$$

$$\phi = \int \omega_1 \mathrm{d}t = \int (\omega_r + \omega_{sl}^*) \mathrm{d}t \tag{5-94}$$

然后把 i_{st}^*、i_{sm}^* 和 $\cos\phi$、$\sin\phi$ 送入向量旋转器 VR^{-1} 后，可得 $i_{s\alpha}^*$ 和 $i_{s\beta}^*$，再经 2/3 变换，则产生 i_A^*、i_B^*、i_C^*，作为可控电流 PWM 逆变器的三相电流控制信号。

此外，通过对 i_{st}^*、i_{sm}^* 进行 K/P 变换还可以计算出定子电流 i_s 幅值、力矩角 θ_s 和定子电流相位角 θ_1（图 5-25），定子电流相位的控制也很重要，如果幅值很大，但相位落后 90°，所产生的转矩仍然是 0。

由以上特点可以看出，间接矢量控制的磁场定向由磁链和转矩的给定信号 T_e^*、ψ_r^* 确定，靠矢量方程保证，并没有用磁链模型实际计算转子磁链 ψ_r，特别是相位角 φ。

矢量控制可以用在电压型逆变器的传动系统中，也可以用在电流型逆变器的传动系统中。一般用电流控制来实现矢量控制能使系统较为简单。对于电流型逆变器，如图 5-32(a) 所示，可以直接采用电流滞环跟踪控制，不过此时直流环节应该是串联大电感；对于电压型逆变器，如图 5-32(b) 所示，可以采用电流内环控制，把给定电流 i_A^*、i_B^*、i_C^* 与实际电流 i_A、i_B、i_C 相比较，相应的误差通过 PI 调节器 ACR 产生电压型逆变器的给定电压 u_A^*、u_B^*、u_C^*。两种逆变器都是由电流进行直接或间接控制。

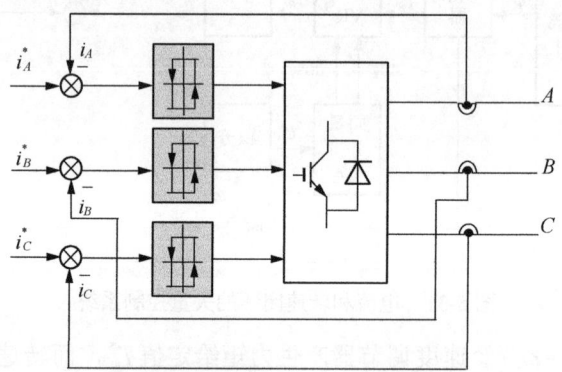

(a) 电流滞环跟踪控制的电流型逆变器

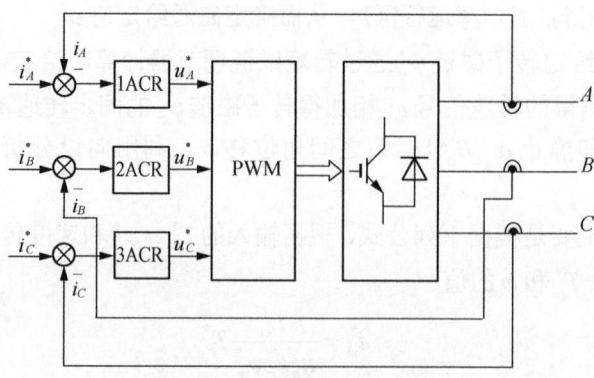

(b) 带电流内环控制的电压型逆变器

图 5-32 电流型和电压型逆变器

电流的控制采用滞环比较的方法，缺点是其谐波含量不是最优的，当电机速度较高时，由于存在较高的反电动势，电流控制器在某些时段内将趋于饱和，此时基波电流的幅值和相位将不能跟踪给定电流，从而导致矢量控制失效。因此需要对逆变器的瞬时电流进行控制。在电机调速范围较宽时，可采用同步电流控制策略来解决，也称为直流电流控制，如图 5-33 所示。

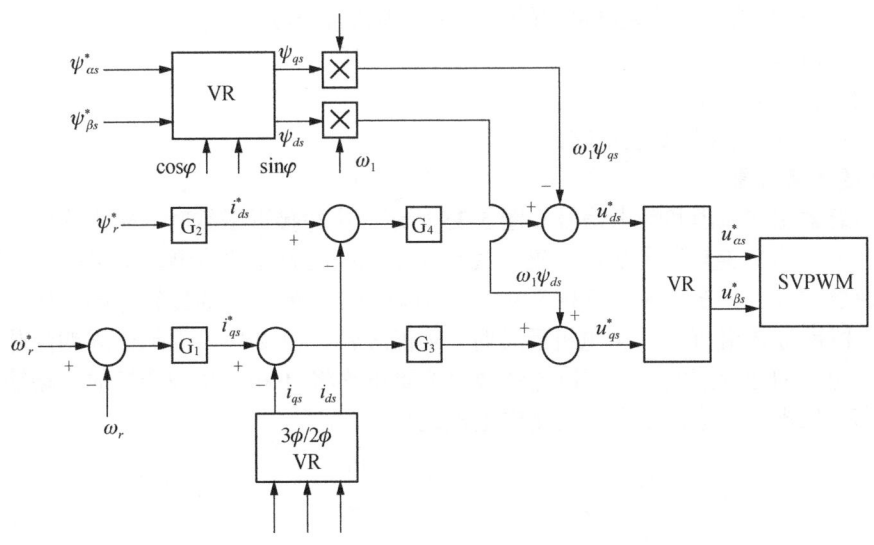

图 5-33 带前馈反电动势的同步电流控制

图 5-33 中，d-q 坐标系相对于 α-β 坐标系以 ω_1 的速度旋转，电流指令 i_{ds}^* 和 i_{qs}^* 分别与通过静止 3/2 变换和矢量旋转变换（VR）产生的 i_{ds} 和 i_{qs} 进行比较，相应的误差通过 PI 调节后产生电压给定 u_{ds}^* 和 u_{qs}^*，再将电压给定值转换为二相或三相静止坐标系下的电压。采用 PI 控制器的同步坐标系下的电流控制可以保证电流幅值和相位的及时跟踪，即使当 PWM 控制器进入了过调制区域。

反馈环的引入会带来一些耦合效应。图中（$\psi_{\alpha s}^*$，$\psi_{\beta s}^*$）为定子磁链，为了提高电流环的响应速度，在各个环中可加入前馈反电动势，即信号 $\omega_1 \psi_{ds}$ 加入 i_{qs} 环，而在 i_{ds} 环中减去信号 $\omega_1 \psi_{qs}$。

（三）速度传感器

在转差闭环的控制系统中，电机速度信号是一个关键的量，要求采用高精度和高分辨率的检测装置。目前普遍采用的是速度脉冲传感器，也称为脉冲发生器，简称 PG（Pulse Generator）。

例如，CRH2 动车组在牵引电机的非传动轴端安装了两个速度传感器，如图 5-34 所示，用于给传动控制系统提供速度信号，便于逆变器控制和制动控制。下面以 CRH2 动车组的速度传感器为例，说明速度传感器的功能和原理。

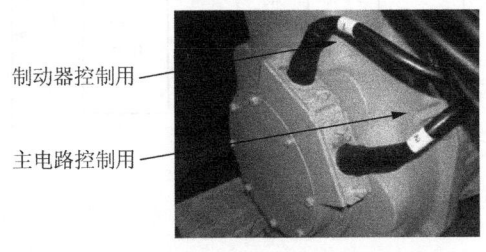

图 5-34 速度传感器外观图

1. CRH2 动车组速度传感器的功能

(1) 各车轮直径大小不一致造成转速存在差异,此差异可以通过设定控制牵引电机的逆变器频率予以消除。逆变器频率设定依据如下:

① 牵引工况时按 4 台并联电机中转数最低的电机设定频率。

② 制动工况时按 4 台并联电机中转数最高的电机设定频率。

(2) 空转检测。

(3) 控制制动器。

(4) 运行方向检测和控制主电路。

2. 速度传感器原理

速度传感器工作原理和输出信号如图 5-35 所示。齿轮接近磁铁时,磁力线就会集中到齿轮的齿部,并随齿轮旋转发生变化。磁力线移动变化经磁阻元件检测、电路处理后作为脉冲输出。传感器的 A 相、B 相的相位相差 90°,可以用来判断电机的旋转方向。例如,当电机正转时,A 相超前 B 相 90°;当电机反转时,A 相落后 B 相 90°。而每个周期内脉冲的个数可以反映出电机的运行速度。还可以通过数字逻辑电路将 A 相、B 相变换成一路输出脉冲,一路输出高、低电平,这样更容易检测出电机旋转方向。

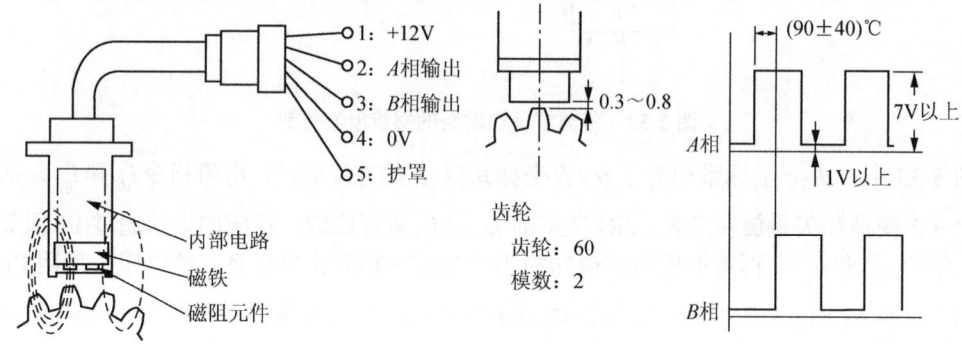

图 5-35 速度传感器原理图

3. 速度检测及处理原理

为更好地说明问题,以国产第一台 AC4000 型交流电力机车为例,来说明速度传感器检测和处理的一般工作原理。它是一台转差-电流控制的闭环系统,是一种采用速度外环控制和电流内环的双闭环控制系统。

在 AC4000 型交流电力机车上,每台异步电动机的非传动轴端安装一台速度脉冲传感器。如图 5-36 所示为机车一个转向架的速度信号检测与处理装置的原理框图,包括以下处理环节。

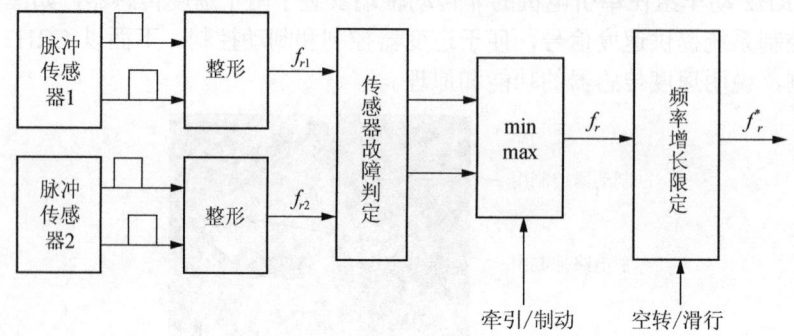

图 5-36 速度检测及处理原理图

(1) 整形环节。信号经脉冲整形环节得到两台电机转子频率(转速)值 f_{r1}、f_{r2}。

(2) 最大最小(min, max)运算处理环节。正常运行时,两路速度信号经取最小(牵引工况)和最大(制动工况)环节得到速度反馈信号 f_r,取最小和最大运算处理是为了抑制转向架发生单轴滑行和空转。

(3) 传感器故障判定环节。应该注意的是电力机车在采用转差频率控制时,速度的检测以及速度传感器的作用是非常重要的。还通常对两路信号进行故障判定,若一旦发现某一路出现故障,则迅速用另一路信号取代。

(4) 频率增长限定环节。另外,在速度处理单元还经常设置频率增长限定环节,该环节受到来自空转/滑行信号控制。正常情况下 $f_r = f_r^*$ ($\omega_r = 2\pi f_r$),当空转/滑行电路检测到轮对空转/滑行已经发生时,该环节使 f_r^* 不随 f_r 而变化,这样控制频率 $f_1^* = f_r^* + f_{sl}^*$ ($\omega_1^* = 2\pi f_1^*$,$\omega_{sl}^* = 2\pi f_{sl}^*$) 也保持不变,电动机仍然在稳定区段上运行。

(四) 无速度传感器矢量控制系统

交流传动系统中的速度传感器,一般采用磁或光电码盘等脉冲发生器(PG)进行速度检测,并反馈速度信号,然后进行速度的闭环控制。但已经成为进一步提高运用可靠性、改进控制性能、减少维修工作量的技术障碍。因此近年来出现了无速度传感器矢量控制。

与有速度传感器矢量控制相比,无速度传感器矢量控制具有以下优点。

(1) 提高牵引电动机输出功率,使牵引电机小型轻量化。交流电动车组的控制部件主要都在车下,空间有限,因此增加电机的功率比较困难。如果取消速度传感器,仅此一点就可以增大电机功率,降低车重。安装在牵引电动机轴端的速度传感器厚度约为 40mm,牵引电动机铁芯叠片的厚度约为 200mm。如果设计时省去速度传感器,预计可提高转矩约 20%。在电机功率不变的情况下,去掉速度传感器可使牵引电机小型轻量化。

(2) 提高系统可靠性。在运营中,速度传感器故障要占各种传感器故障的一半以上,去掉速度传感器,则免除了由于断线必须切除电机的不正常状态,也消除了速度传感器信号引起的噪声干扰。

(3) 可维护性提高,成本也降低。使电机轴向体积减小,便于电机维修,同时安装电机简单坚固,增加了系统的鲁棒性;也不必考虑速度传感器的维修,以及故障响应对策等。

(4) 可提高黏着控制。电信号相应速度明显高于使用速度传感器时的检测速度,因此无速度传感器矢量系统滞后时间短,空转/滑行的检测、处理时间可以缩短。

(5) 降低系统成本。越高精度的速度传感器价格也越贵。

无速度传感器矢量控制系统除了采用速度估计器代替速度传感器对电机转速进行估算外,基本与带速度传感器的控制系统相同,一般并不增加控制硬件,仅改变相应的控制软件。它的核心问题是通过检测定子电流、电压等参数来估算 ω_r。

采用无速度传感器矢量控制的电动车组已经试验和运行在日本轻轨和地铁线路上。

总之,矢量控制系统有如下特点。

(1) 在按转子磁链定向的 $d-q$ 同步旋转坐标系(两相旋转坐标按转子磁链定向)上,使定子电流的转矩分量与磁链分量解耦。把定子电流分解为其励磁分量和转矩分量,得类似于直流电机的动态模型。

(2) 解耦成独立的转速子系统和转子磁链子系统,分别用 PI 调节器进行连续控制。

(3) 如选用高性能的 DSP 和高精度的光电码盘等速度传感器,系统的调速范围可达 1∶1000。

(4) 可获得很好的动态性能,调节范围宽。

矢量控制的不足:矢量控制强调转矩和磁链的解耦,有利于分别设计转速和磁链调节器,可获得较宽的调速范围。但缺点是按转子磁链定向易受电机参数(如转子电阻)变化的影响而失真,从而降低了系统的调速性能,而且旋转坐标变换较复杂。解决办法:①提高参数辨识的准确度;②采用智能控制方法以提高控制系统的鲁棒性。

值得一提的是近年来发展起来的直接力矩控制(DTC)系统,它是继矢量控制系统之后发展起来的,也是基于异步电动机的动态模型,并按定子磁链 ψ_s 控制的另一种高动态性能的交流 VVVF 调速系统。它利用转速环里面的转矩反馈直接控制电机的电磁转矩,直接在电机定子侧计算转矩和磁链,借助两点式调节器(Band-Band 控制)产生 PWM 信号,直接控制逆变器的开关状态。因为 DTC 控制的是定子磁链而不是转子磁链,不受转子参数变化的影响,解决了矢量控制系统中需要复杂的坐标变换和控制性能容易受参数变化影响的问题;也避开了将定子电流分解成转矩和磁链分量,省去了旋转变换和电流控制,从而简化了控制器的结构。但缺点是 DTC 容易产生转矩脉动,低速性能较差,调速范围不够宽。目前国外的部分电力机车已有采用。

第四节 直接转矩控制技术

直接转矩控制简称 DTC(Direct Torque Control)或 DSC(Direct Self-Control,直接自控制),是 20 世纪 80 年代中期继矢量控制系统之后出现的另一种高动态性能的异步电动机控制方法。与矢量控制采用的解耦方法不同,DTC 通过快速改变转差频率,直接控制异步电动机的转矩和转矩增长率。在 DTC 系统中,采用电机定子侧参数计算出磁通和转矩,并用两点式调节器直接控制逆变器的开关状态,对电机磁通和转矩进行直接自调整控制,不仅能获得快速的动态响应,而且具有最佳的开关频率和最小的开关损耗。

一、直接转矩控制思想

直接转矩控制,是将逆变器的控制模式和电机运行性能作为一个整体来考虑的,特点是:一是保持定子总磁链基本恒定;二是对电机转矩进行直接控制。通过直接对逆变器的开关控制,既能实现磁链的幅值控制,又能实现电机转矩控制,两者均通过闭环控制实现。

目前电机与逆变器控制功能包括电机闭环控制和逆变器的 PWM 控制两个部分。在牵引领域应用的电机闭环控制策略主要有转差电流控制、磁场定向控制以及直接转矩控制。在采用前两种控制方法时,电机闭环控制和 PWM 控制的任务是分开的;而在采用直接转矩控制方法时,逆变器的开关动作是直接由磁通和转矩控制器产生的,不需要另外的 PWM 控制。

异步电动机定子磁链的控制是通过控制电机的输入电压来实现的,当对称三相正弦波电压加于对称三相绕组时,电机的气隙中将产生具有恒定幅值和恒定旋转速度的磁通。当电机由一个三相逆变器供电时,电机的输入电压完全取决于逆变器的开关切换模式,而电机的磁通又取决于电压模式。直接转矩控制的目标之一就是建立磁链和逆变器开关模式之间的关系,通过逆变器开关的电压空间矢量脉宽调制(SVPWM)或称磁链跟踪控制技术,使电机获得一个准圆形的气隙磁场。因此,从总体控制结构上看,DTC 和 VC 一样,都能获得较高的静、动态特性。

二、直接转矩控制的异步电动机数学模型

1. 逆变器电压空间矢量

如图 5-37 所示的两点式逆变器可以组成 8 个开关状态，用开关量 S_a、S_b 和 S_c 分别代表 3 个支路开关元件的状态，等于 1 表示上部开关元件导通，等于 0 表示下部开关元件导通。逆变器直流输入电压为 U_d，则电机输出的三相相电压为

$$\begin{cases} U_{an} = \dfrac{U_d}{3}(2S_a - S_b - S_c) \\ U_{bn} = \dfrac{U_d}{3}(-S_a + 2S_b - S_c) \\ U_{cn} = \dfrac{U_d}{3}(-S_a - S_b + 2S_c) \end{cases} \quad (5\text{-}95)$$

8 组开关状态对应 S_a、S_b 和 S_c 的 8 种代码，代入式(5-95)就代表 8 组三相相电压。可以把这 8 组电压变换成 8 个电压空间矢量 U_0、U_1、…、U_7。幅值不变的原则下，三相电压的 Park 矢量表达式为

$$u_a = \frac{2}{3}U_d(S_a + aS_b + a^2S_c) \quad (5\text{-}96)$$

式中，a 为矢量旋转因子，$a = e^{j2\pi/3}$。

以定子绕组轴线为空间坐标系，在空间建立静止三相坐标系 a-b-c，同时建立正交二相坐标系 α-β，使 a 轴与 α 轴重合。按式(5-96)就可以画出 8 个电压空间矢量，如图 5-38 所示，其中 U_0、U_7 为零电压矢量，$U_1 \sim U_6$ 为非零电压矢量。

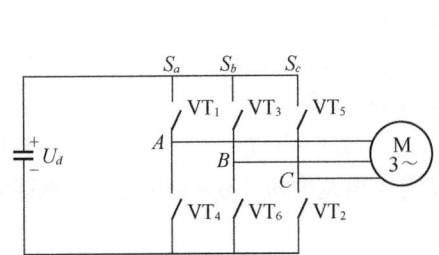

图 5-37　异步电动机两点式逆变器

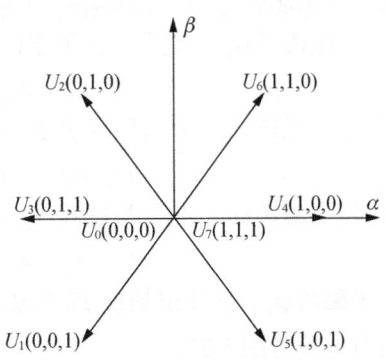

图 5-38　电压空间矢量图

异步电动机数学模型如下：

$$u_s = R_s i_s + \frac{d\psi_s}{dt} \quad (5\text{-}97)$$

由式(5-97)的定子电压和定子磁链的关系可知，忽略定子电阻 R_s，得

$$\dot{U}_s = \frac{d\dot{\psi}_s}{dt} \quad (5\text{-}98)$$

或

$$\Delta \dot{\psi}_s = \dot{U}_s \Delta t \quad (5\text{-}99)$$

由电压空间矢量理论可以得到以下结论：

① 定子磁链空间矢量顶点的运动方向和轨迹(以下简称为定子磁链的运动方向和轨迹,或ψ_s的运动方向和轨迹)对应于相应的电压空间矢量U_s的作用方向,ψ_s的运动轨迹平行于U_s指示的方向。只要定子电阻压降与U_s的幅值相比足够小,那么这种平行就能得到很好的近似。

② 在电源频率较高时,依次给出定子电压空间矢量U_s,则定子磁链的运动轨迹形成正六边形磁链。

③ 电源频率较低时,利用电压空间矢量8个开关状态的线性组合,构成一组等幅不同相的电压空间矢量,可形成准圆形的旋转磁场。

④ 若电压空间矢量为零电压矢量$U_s(1,1,1)$或$U_s(0,0,0)$,忽略定子电阻影响,磁链空间矢量ψ_s在空间上静止,保持不变。显然,直接利用逆变器的8种工作开关状态,可以得到正六边形或圆形的磁链轨迹来控制电动机,这就是电压空间矢量(SVPWM)的原理,也直接转矩控制 DTC 控制的基础。

2. 异步电动机的数学模型

(1) 异步电动机的磁链关系。

异步电动机在静止α-β坐标系下的稳态等效电路,如图 5-39 所示。

图中,定子绕组全电感$L_s = L_m + L_{ls}$;转子的总电感$L_r = L_m + L_{lr}$;其中,L_m为定转子绕组互感,L_{ls}为定子绕组漏感;L_{lr}为转子绕组漏感;励磁电流$i_m = i_s + i_r$。

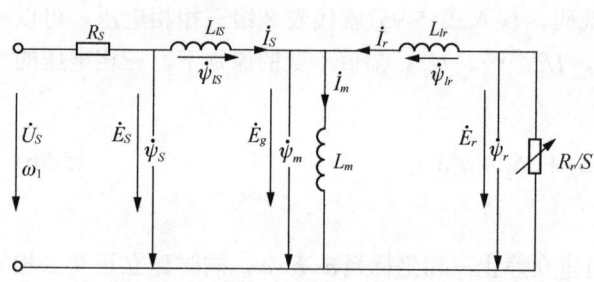

图 5-39 异步电动机的稳态等效电路

感应电机的磁链可分为定子磁链、转子磁链和气隙磁链三种,其中磁链的关系是理解直接转矩控制的关键。

① 气隙磁链$\dot{\psi}_m$:是定、转子通过气隙相互交链的那部分磁链,即

$$\psi_m = L_m i_m = L_m(i_s + i_r) \tag{5-100}$$

② 定子磁链$\dot{\psi}_s$:是气隙磁链$\dot{\psi}_m$与定子漏磁链$\dot{\psi}_{ls}$的和,即

$$\psi_s = \dot{\psi}_m + \dot{\psi}_{ls} = L_m i_s + L_m i_r + L_{ls} i_s = L_s i_s + L_m i_r \tag{5-101}$$

③ 转子磁链$\dot{\psi}_r$:是气隙磁链$\dot{\psi}_m$与转子漏磁链$\dot{\psi}_{lr}$的和,即

$$\psi_r = \dot{\psi}_m + \dot{\psi}_{lr} = L_m i_s + L_m i_r + L_{lr} i_r = L_r i_r + L_m i_s \tag{5-102}$$

定子磁场ψ_s、转子磁场ψ_r或气隙磁场ψ_m一起以同步角速度ω_s($\omega_s = \omega_1$)旋转。磁链矢量关系还可以参考图 5-22。

(2) 定子磁链ψ_s模型。

DTC 采用的是两相静止坐标(α-β坐标),为简化数学模型,由三相坐标变换到两相坐标是必要的,所避开的仅仅是坐标旋转变换。可以推出定子磁链计算公式:

$$u_{s\alpha} = R_s i_{s\alpha} + L_s p i_{s\alpha} + L_m p i_{r\alpha} = R_s i_{s\alpha} + p\psi_{s\alpha} \tag{5-103}$$

$$u_{s\beta} = R_s i_{s\beta} + L_s p i_{s\beta} + L_m p i_{r\beta} = R_s i_{s\beta} + p\psi_{s\beta} \tag{5-104}$$

其中,p为微分算子。如图 5-40 所示,定子磁链计算公式移项并积分后得

$$\psi_{s\alpha} = \int(u_{s\alpha} - R_s i_{s\alpha})dt \tag{5-105}$$

$$\psi_{s\beta} = \int(u_{s\beta} - R_s i_{s\beta})dt \tag{5-106}$$

$$|\psi_s| = \sqrt{\psi_{s\alpha}^2 + \psi_{s\beta}^2} \tag{5-107}$$

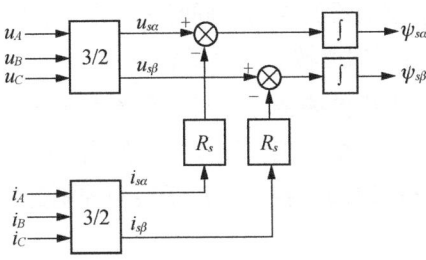

图 5-40 定子磁链计算模型框图

(3) 转矩 T_e 模型。

$$\frac{d\omega_r}{dt} = \frac{n_p}{J}(T_e - T_L) \tag{5-108}$$

式中，ω_r 为电机转子电角速度，$\omega_r = \frac{d\theta_r}{dt}$，$\theta_r$ 为电角度；θ_m 为机械角位移，$\theta_m = \theta_r/n_p$；n_p 为电机极对数；T_e 为电机转矩；T_L 为负载转矩；J 为转动惯量。

可以推出，在静止两相坐标系 α-β 上的电磁转矩表达式为

$$T_e = n_p L_m (i_{s\beta} i_{r\alpha} - i_{s\alpha} i_{r\beta}) = n_p L_m |\dot{I}_r \times \dot{I}_s| \tag{5-109}$$

这里，"×"表示矢量积（叉乘），还可以推出：

$$i_{r\alpha} = \frac{1}{L_m}(\psi_{s\alpha} - L_s i_{s\alpha}) \tag{5-110}$$

$$i_{r\beta} = \frac{1}{L_m}(\psi_{s\beta} - L_s i_{s\beta}) \tag{5-111}$$

$$T_e = n_p(i_{s\beta}\psi_{s\alpha} - i_{s\alpha}\psi_{s\beta}) = n_p |\dot{\psi}_s \times \dot{I}_s| \tag{5-112}$$

由定子磁链 ψ_s 和转子磁链 ψ_r 的关系（式(5-100)~式(5-102)）以及上述公式，还可以推出以下关系式：

$$T_e = n_p \frac{L_m}{L_r L_s - L_m^2} |\dot{\psi}_r \times \dot{\psi}_s| = n_p \frac{L_m}{L_r L_s'} \psi_r \psi_s \sin\theta_{sr} \tag{5-113}$$

$$\dot{\psi}_s = \frac{L_m}{L_r}\dot{\psi}_r + L_s' \dot{I}_s \tag{5-114}$$

式中，$L_s' = L_s - \frac{L_m^2}{L_r} = L_m + L_{ls} - \frac{L_m^2}{L_m + L_{lr}} \approx L_{ls} + L_{lr}$，$\theta_{sr}$ 为 $\dot{\psi}_s$ 相对 $\dot{\psi}_r$ 的空间相位角。从式(5-113)可以看出，θ_{sr} 较小时（<90°），T_e 随着 $\dot{\psi}_s$ 相对 $\dot{\psi}_r$ 的空间相位角 θ_{sr} 的增大而增大。

因此可以通过选取不同的电压矢量 $\dot{U}_s$ 来直接控制定子磁链矢量 $\dot{\psi}_s$ 的运动方向，例如，向前运动、停止、向后运动，也可以控制磁链的幅值，进而定子磁链矢量 $\dot{\psi}_s$ 和转子磁链矢量 $\dot{\psi}_r$ 的相对角度 θ_{sr}，这也是直接转矩控制系统的出发点。

三、直接转矩控制基本原理

DTC 系统的核心就是转矩 T_e 和定子磁链 ψ_s 反馈信号的计算模型，并利用空间电压矢量的概念，用两个控制器的输出信号来控制产生电压空间矢量的 SVPWM 波形和对电机逆变器的开关管的开通和关断进行综合控制，从而避开了将定子电流分解成转矩和磁链分量，省去了

旋转变换和电流控制，简化了控制器的结构；同时选择定子磁链ψ_s作为被控量，而不像VC系统中那样选择转子磁链ψ_r需要知道转子的电阻和电感，可以不受转子参数变化的影响，提高了控制系统的鲁棒性；控制电机的磁链与转矩运算均在定子坐标系中进行，省掉了矢量旋转变换等复杂的变换与计算，信号处理工作简单；虽然通常按定子磁链控制要比按转子磁链定向控制复杂，但由于采用Band-Band控制，追求转矩控制的快速性和准确性，这种复杂性对控制器并没有影响。

如图5-41所示为按定子磁链控制的直接转矩控制系统(DTC)的原理框图。和矢量控制(VC)系统一样，它也是分别控制异步电动机的转速和磁链。转速调节器ASR的输出作为电磁转矩的给定信号T_e^*，在T_e^*的后面设置转矩控制内环，它可以抑制磁链变化对转速子系统的影响，从而使转速和磁链子系统实现了近似的解耦。

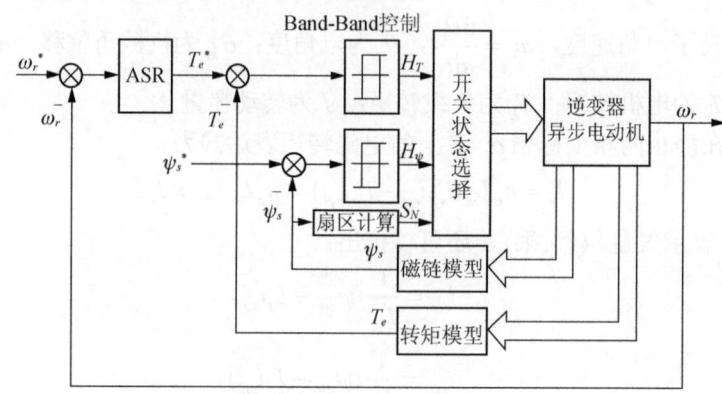

图5-41 直接转矩控制系统

控制过程：逆变器输出的三相电压输入给异步电动机，从电动机可以检测出定子电流i_A、i_B、i_C，通过3/2变换得到$i_{s\alpha}$、$i_{s\beta}$；由逆变器输出电压u_A、u_B、u_C也可以计算出$u_{s\alpha}$、$u_{s\beta}$。再由定子磁链模型可以得到$\psi_{s\alpha}$、$\psi_{s\beta}$，进行数学变换后可以得到定子磁链幅值并与给定值比较后可以得到H_ψ；将$i_{s\alpha}$、$i_{s\beta}$、$\psi_{s\alpha}$、$\psi_{s\beta}$送入转矩模型可以得到实际转矩T_e，与给定值T_e^*相比较，得到H_T；扇区计算是根据磁链$\psi_{s\alpha}$、$\psi_{s\beta}$在三相坐标的投影ψ_A、ψ_B、ψ_C计算出磁链所在的扇区S_N。最后由H_ψ、H_T、S_N三个输入量通过开关状态选择，用查表方式，查找电压矢量表就可以为逆变器产生适当的控制电压矢量，即控制电力器件的开关状态，最终得到逆变器所需要的SVPWM波形，从而实现异步电动机的直接转矩控制。

DTC控制主要由磁链两点式控制和转矩两点式控制组成。

(1)磁链两点式Band-Band控制。

磁链轨迹准圆形控制的基本思想是：实际定子磁链空间矢量ψ_s的端点轨迹不允许超出以给定磁链幅值为中心圆半径的圆形偏差带，即应满足不等式$|\psi_s^* - \psi_s| \leq \varepsilon_\psi$。

在磁链旋转过程中，除了考虑磁链偏差的大小，同时还要考虑磁链方向，以此选择合适的电压空间矢量来减小或增大磁链。通过选择和切换合适的电压空间矢量，就可以构成ψ_s的二维偏差带控制，通常用滞环比较器或称两点式Band-Band调节器来实现。至于旋转速度的调节，则需要在上面所述的非零矢量控制的基础上，靠适当插入一些零矢量来加以控制。磁链控制规则如表 5-1 所示，ψ_s 为实测磁链幅值；ψ_s^* 为给定磁链幅值；ε_ψ 为磁链幅值允许偏差，$\varepsilon_\psi = \dfrac{\Delta \psi_s}{2}$；$H_\psi$ 是为描述磁链调节器输出状态而设置的状态量。

表 5-1 磁链控制规则

磁链偏差情况	H_ψ 取值	输出电压矢量性质
$\psi_s^* - \psi_s \geqslant \varepsilon_\psi$	1	使磁链模增大的电压矢量
$\psi_s^* - \psi_s \leqslant -\varepsilon_\psi$	-1	使磁链模减小的电压矢量
$|\psi_s^* - \psi_s| < \varepsilon_\psi$	保持不变	维持原状态不变

适当选择各段时间中的电压空间矢量，使磁链空间矢量 ψ_s 的幅值变化限定在给定值和允许偏差 $\pm \varepsilon_\psi$ 的范围内，保持其平均值不变，从而能实现 ψ_s 的准圆形旋转磁场，如图 5-44 所示。

(2) 转矩两点式 Band-Band 控制。

由电压空间矢量 PWM 控制原理可知，当磁链闭环时，定子磁链 ψ_s 的顶端轨迹为正多边形或准圆形。若没有加入零矢量，定子磁链以 ω_1 为角速度旋转，设在 $t = t_0$ 时刻转子旋转角速度为 ω_r，则对异步电动机而言，相当于有一个 $\omega_{sl} = \omega_1 - \omega_r$ 的转差频率作为励磁，使转矩增长。此时，如果不适时改变转矩变化规律（即 $\omega_{sl} = \omega_1 - \omega_r$ 变化规律），将导致转矩严重偏离给定值。因此，必须引入闭环控制来"修正"磁链闭环对电压空间矢量的控制。以异步电动机正转牵引情况（$T^* > 0$）为例：当实际转矩 T 低于给定转矩 T^* 的允许偏差下限时，按磁链控制得到相应的电压空间矢量，使定子磁链向前旋转，使转矩上升；当实际转矩 T 达到给定转矩 T^* 允许偏差上限时，立即切换到零电压矢量，使定子磁链静止不动，转矩下降。稳态时，上述情况不断重复，使转矩波动控制在允许范围之内；在加速、减速或负载变化的动态过程中，可以获得快速的转矩响应。

零矢量 $U_s(1,1,1)$ 和 $U_s(0,0,0)$ 的选择，按开关变化次数最少原则来确定。因此，在电压空间矢量按磁链控制的同时，也接受转矩的 Band-Band 控制，如图 5-42 所示。在具体选择定子输入电压矢量 $U_s(S_a, S_b, S_c)$ 时，要注意同时兼顾保持转矩 T_e 在偏差 $\pm \varepsilon_T$ 之内和保持磁链在偏差 $\pm \varepsilon_\psi$ 之内。即当给定转矩 T^* 与实际测得的电机输出转矩 T 之差大于允许偏差 ε_T 时，让逆变器由磁链环来控制其输出状态；当两者偏差小于负的允许偏差 $-\varepsilon_T$ 时，让逆变器输出零电压矢量；在允许偏差范围内时，则维持原控制状态不变。转矩控制规则如表 5-2 所示，其中 T^* 为给定转矩；T 为实测转矩；ε_T 为允许偏差；H_T 是为描述转矩调节器输出而设置的状态量。

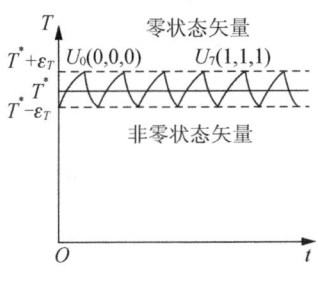

图 5-42 转矩控制图

表 5-2　两电平转矩控制规则

转矩偏差情况	H_T 取值	输出电压矢量性质
$T^* - T \geqslant \varepsilon_T$	1	由磁链环控制
$T^* - T \leqslant -\varepsilon_T$	-1	输出零电压矢量
$|T^* - T| < \varepsilon_T$	保持不变	维持原状态不变

因此，将磁链调节器和转矩调节器连接起来，共同控制逆变器的开关状态，既保证了电机的磁链空间矢量近似为一个旋转的圆，又能让电机的输出转矩快速跟随给定值而变化，从而使调速系统获得很高的动态性能。

此外近年来还出现了三电平输出的转矩控制环，控制规则如表 5-3 所示。

表 5-3　三电平转矩控制规则

转矩偏差情况	H_T 取值	输出电压矢量性质
$T^* - T \geqslant \varepsilon_T$	1	需用非零相量增加转矩
$T^* - T \leqslant -\varepsilon_T$	-1	需用非零相量减小转矩
$|T^* - T| < \varepsilon_T$	0	需用零电压矢量改变转矩方向

(3) 电压矢量的选择。

下面以三电平转矩控制环为例，具体说明电压矢量选择的过程。

根据电压空间矢量 (SVPWM) 的原理和式 (5-97)～式 (5-99)，定子磁链矢量 ψ_s 的增量为电压矢量 U_s 与时间增量 Δt 的乘积，也就是说它与逆变器的六个非零矢量 $U_1 \sim U_6$ 存在一定的对应关系，例如，$\Delta \psi_1 = U_1 \Delta t_1$，$\Delta \psi_2 = U_2 \Delta t_2$，…，$\Delta \psi_6 = U_6 \Delta t_6$ 等，如图 5-43(a) 所示。

当定子磁链矢量 ψ_{s1} 在如图 5-43(b) 所示的位置时，若施加电压矢量 U_2，则 U_{2d} 分量使 ψ_{s1} 的幅值减小，而 U_{2q} 使定子磁链矢量朝正向旋转，只要定子磁链 ψ_s 的转速 ω_s 大于转子磁链 ψ_r 的转速 ω_r，ψ_s 相对 ψ_r 的空间相位角 θ_{sr} 增大或转差频率 $\omega_{sl} = \omega_s - \omega_r$ 也增大，根据公式 (5-113)，转矩 T_e 变大；而电压矢量 U_1 则使 ψ_s 的幅值也减小，而 ψ_{s1} 朝反向旋转，转矩 T_e 急剧减小；电压矢量 U_6 则使 ψ_{s1} 的幅值增大，而 ψ_{s1} 朝正向旋转，转矩 T_e 增大；电压矢量 U_5 也使 ψ_s 的幅值增大，而 ψ_{s1} 朝反向旋转，转矩 T_e 急剧减小；而零电压矢量 (U_0、U_7) 则使 ψ_{s1} 原位置不动，θ_{sr} 减小，随之转矩 T_e 减小。因此通过控制电压矢量，使定子磁链走走停停，也就控制了 θ_{sr} 的大小，进而控制转矩。

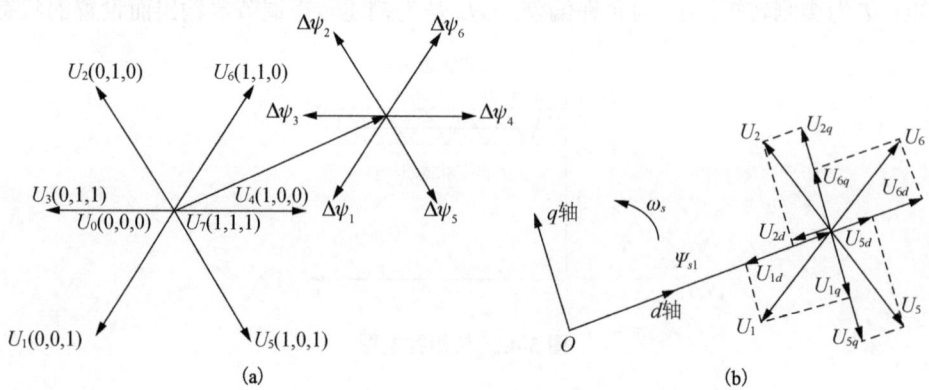

图 5-43　逆变器电压矢量及 Δt 时间内的 $\Delta \psi_s$

电机刚上电时,在直流电压的作用下,电机的磁链沿着图 5-44 中 S_1 扇区中多个箭头所指的轨迹逐渐建立起来,当额定磁链被建立起来以后,系统发出给定转矩命令,给定磁链 ψ_s^* 会沿着图中虚线圆的半径旋转,而实际磁链 ψ_s 可以通过选择适当的电压矢量作用于系统,其电压矢量同时对系统的转矩和磁链进行控制。对于三电平输出的转矩控制环的电压矢量开关表,如表 5-4 所示。

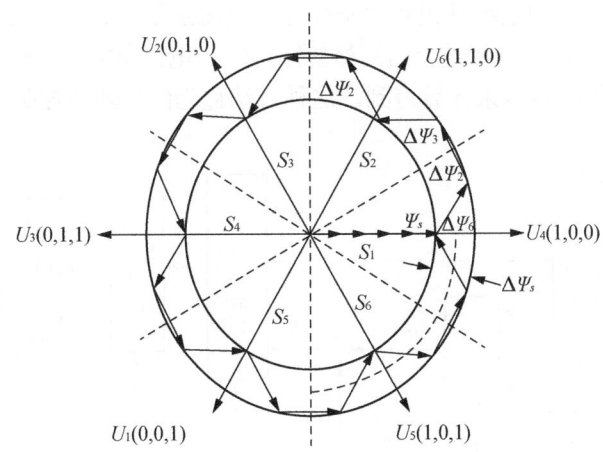

图 5-44　DTC 控制下定子磁链 ψ_s 的轨迹

表 5-4　逆变器电压矢量开关表

H_ψ	H_T	S_1	S_2	S_3	S_4	S_5	S_6
	1	$U_6(1,1,0)$	$U_2(0,1,0)$	$U_3(0,1,1)$	$U_1(0,0,1)$	$U_5(1,0,1)$	$U_4(1,0,0)$
1	0	$U_7(1,1,1)$	$U_0(0,0,0)$	$U_7(1,1,1)$	$U_0(0,0,0)$	$U_7(1,1,1)$	$U_0(0,0,0)$
	-1	$U_5(1,0,1)$	$U_4(1,0,0)$	$U_6(1,1,0)$	$U_2(0,1,0)$	$U_3(0,1,1)$	$U_1(0,0,1)$
	1	$U_2(0,1,0)$	$U_3(0,1,1)$	$U_1(0,0,1)$	$U_5(1,0,1)$	$U_4(1,0,0)$	$U_6(1,1,0)$
-1	0	$U_0(0,0,0)$	$U_7(1,1,1)$	$U_0(0,0,0)$	$U_7(1,1,1)$	$U_0(0,0,0)$	$U_7(1,1,1)$
	-1	$U_1(0,0,1)$	$U_5(1,0,1)$	$U_4(1,0,0)$	$U_6(1,1,0)$	$U_2(0,1,0)$	$U_3(0,1,1)$

在确定了 H_ψ、H_T 之后,在进行开关状态选择前,还必须进行扇区计算,来确定当前定子磁链 ψ_s 所在扇区。可以将磁链 $\psi_{s\alpha}$、$\psi_{s\beta}$ 进行 2/3 变换,求出在三相坐标的 ψ_A、ψ_B、ψ_C,根据它们的正负号来确定磁链 ψ_s 所在的扇区,并计算出扇区号 S_N。最后由 H_ψ、H_T、S_N 三个输入量通过查找电压矢量开关表,就可以为逆变器产生适当的控制电压矢量。

另外,零电压矢量(U_0、U_7)的选择应以最小开关损耗为原则,即每个小区间虽有多次开关状态的切换,但每次切换只涉及一个功率开关器件,因而开关损耗小。此外,零矢量(U_0、U_7)使电机终端短路,此时保持磁链和转矩不变。但由于存在一定的定子电阻 R_s 压降,转矩和磁链在电机终端短路时会略有减小。

四、直接转矩控制在列车牵引中的应用

为满足机车牵引的要求,电力牵引中的转矩控制系统在低频段采用间接转矩控制;在较高频段采用直接转矩控制;在高频段采用磁场削弱的直接转矩控制。

1. 列车启动时的控制方法

列车启动时,即在定子频率接近于零的低速范围内,由于变流器开关器件最小导通时间

的限制,如果只通过转矩的 Band-Band 控制来变换有效电压空间矢量和零电压矢量,很难获得所希望的足够小的电压。并且由于定子电阻的影响,在低速时定子磁链的运动轨迹产生较为严重的畸变。为了提高黏着利用,要求电动机提供更加平直的转矩,尽可能减少转矩的脉动分量,逆变器需要产生更加接近正弦波形的输出电压。因此在较低频率的运行区段,宜采用圆形磁链定向的方式,与六边形的磁链空间矢量端点运动轨迹相比,此时的最佳运动轨迹是圆形的。但直接转矩控制系统开关频率不固定,电流正弦性差,谐波含量高。这时可采用直接转矩控制和 SVPWM 优点相结合的间接转矩控制。电机所需要的电压矢量可通过定子磁链、电磁转矩及转子机械转速来计算得到,这种方法称为间接转矩控制,控制原理如图 5-45 所示。

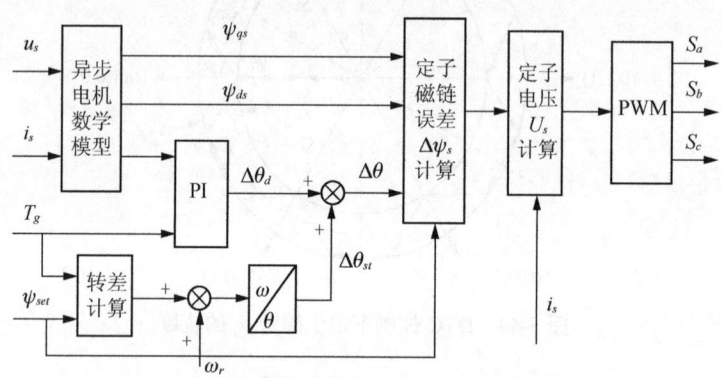

图 5-45 低速下间接转矩控制原理框图

图中,定子磁链角度的变化值由静态分量 $\Delta\theta_{st}$ 和动态分量 $\Delta\theta_d$ 两部分组成。静态分量 $\Delta\theta_{st}$ 由转子机械转速及转差计算得到,动态分量由转矩控制器得到。

定子电压 U_s 计算单元计算出定子磁链 ψ_s 沿圆形轨迹运动且保证电动机转矩等于给定值时所需的端电压,并采用电压空间矢量脉宽调制(SVPWM)技术,形成逆变器的控制信号。

2. 列车在高速范围内(较高频段)的控制方法

列车在额定速度及其以下的较高频段的运行范围内,通过控制电机定子磁链,以六边形轨迹运动,在 6 个有效电压矢量中均匀地加入零电压矢量,实现对转矩控制的目的,其控制原理如图 5-46 所示。

控制框图中各部分的功能如下。

(1)逆变器模型(INV):根据输出状态计算电动机端电压矢量。

(2)异步电动机数学模型:输出定子磁链和电磁转矩。

(3)磁链调节器(AψR):其作用是控制定子磁链的幅值等于给定值。为了减小定子电阻压降对定子磁链的影响,根据定子磁链当前所在的区域,选择合适的电压矢量,使磁链值快速增加,确保磁链幅值在一定的容差范围内。

(4)转矩调节器(ATR):实现对转矩的两点式调节,使电磁转矩能快速准确地跟踪给定转矩的变化,使其在给定值附近形成 Band-Band 控制。

(5)磁链自控单元(DMC):用来控制定子磁链矢量正六边形轨迹定向和确定定子磁链当前位置。也就是识别磁链运动轨迹的区段,给出正确的磁链开关信号,以产生相应的电压空间矢量,控制磁链按正六边形运动轨迹正确地旋转。它与坐标变换和开关状态选择单元共同配合来完成磁链自控。

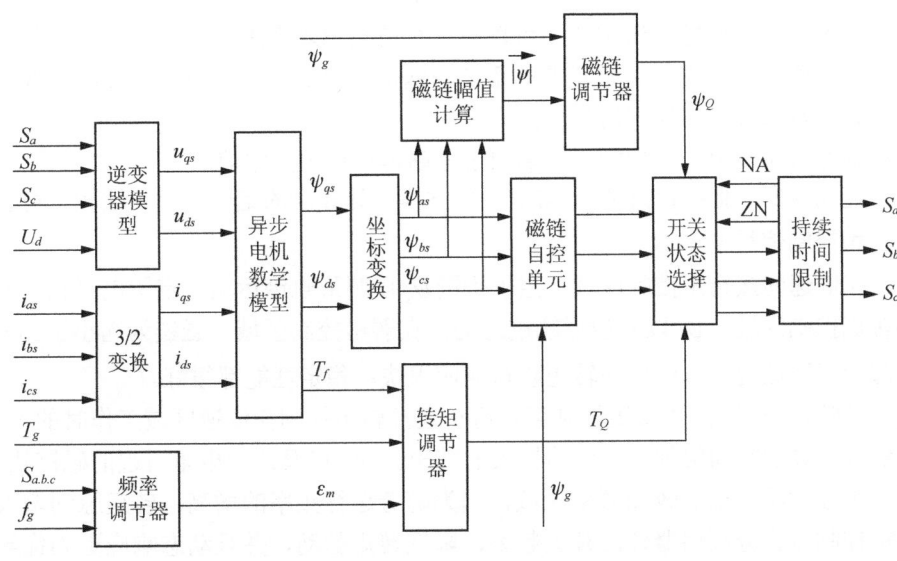

图 5-46 高速范围内的直接转矩控制框图

(6) 开关状态选择：将根据当前输入的信息，正反转控制以及开关转换次数最少的原则，并根据电压矢量对定子磁链和电磁转矩的关系，优化输出逆变器的控制信号，对定子磁链和转矩实行直接控制。

(7) 开关持续时间限制：对于大功率调速系统，为了减小开关器件的发热损耗，必须将其开关频率限制在一定的范围内，需要满足变流器最小开关持续时间的要求。

(8) 频率调节器（AFR）：则动态调节转矩调节器的容差带，充分利用开关频率。根据检测到的开关频率与给定开关频率的差值，实现对开关频率的控制。

3. 列车在磁场削弱区（高频段）内的控制方法

当列车的速度达到额定速度值以上时，对电机实行恒功控制，电机激励电压保持恒定，若要提高电机的转速，必然减少定子磁链 ψ_s 的幅值，即电动机弱磁运行，来实现对列车速度的控制。磁场削弱区内的控制方法如图 5-47 所示。

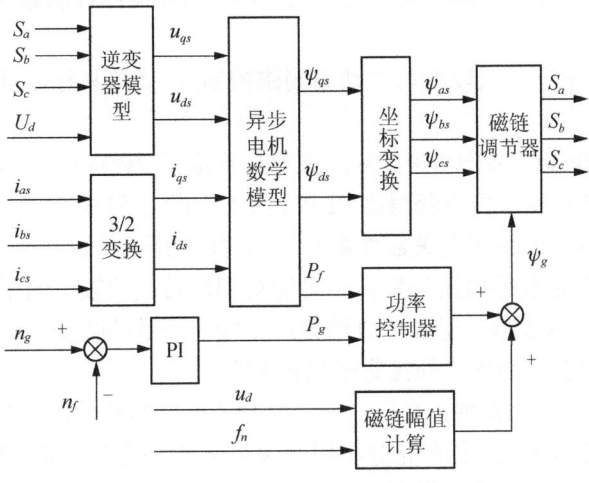

图 5-47 弱磁范围内的直接转矩控制框图

通过动态改变定子磁链的给定值,可以对电机的输出功率进行动态的调节,从而保证了电机输出的功率稳定。其中,定子磁链的幅值由两部分组成,稳态分量通过磁链幅值计算单元得到,动态分量通过功率控制器得到。

功率控制器可实现恒功率控制,并输出定子磁链幅值的给定值。

通过磁链比较器,把给定磁链 ψ_g 与电机数学模型计算出的定子磁链相比较,可直接得到逆变器的三相控制信号 S_a、S_b 和 S_c。

总之,在低速间接转矩控制区域,定子磁链 ψ_s 以圆形轨迹运动,定子电流正弦性好;在高速直接转矩控制区域,ψ_s 以六边形轨迹运动;在弱磁控制区域,磁链为缩小了的六边形。这样在全部运行区域内,电动机的转矩阶跃响应很快,稳定性能都很好。

理论和试验也证明,间接转矩控制可以避免直接转矩控制在低速区域工作时的不利结果,即开关器件最小导通时间限制而造成的较大的转矩脉动,以及定子电阻引起的磁链轨迹畸变。但是间接转矩控制不适用于较高频率区域,因为随着运行频率的增高,转矩脉动增大,而这时直接转矩控制可充分利用器件的开关频率,降低转矩脉动,并且动态响应更为优异。因此这两个方案结合起来比较理想。而当电机工作于弱磁范围时,功率调节器控制定子磁链给定,一方面实现恒功控制,另一方面实现动态弱磁,加速转矩的动态响应。

五、直接转矩控制的特点

1. 直接转矩控制的特点

(1)概念新颖,无需坐标变换,控制结构简单,易于实现。

直接转矩控制直接在定子坐标系下分析交流电动机的数学模型、控制电机的磁链和转矩;采用定子磁场定向,便于计算;按定子磁链控制,避免了转子参数变化的影响;采用离散的电压状态、六边形轨迹或近似圆形磁链轨迹的概念,对转矩进行直接控制,不极力获得理想的正弦波,也不专门强调磁场的圆形轨迹。

(2)完全的瞬态控制,反馈信号处理相当简便,无须特殊处理,可直接用于控制系统各环节的计算。因此结构简单,便于实现全数字化。

(3)定子磁链的计算受到电动机定子电阻的影响,但在实际控制系统中,定子参数易于测量、修正、补偿。

(4)在恒功弱磁工况下,采取所谓"动态弱磁控制",简单易行,且动态响应与恒磁通工况结果一样快速。

(5)在采用 Band-Band 控制转矩的同时,又直接形成了 PWM 信号,可充分利用开关频率。Band-Band 控制属于 P 控制,可以获得比 PI 控制更快的动态转矩响应。

(6)在启动和低速阶段,由于开关器件最小导通时间的限制,如果只通过转矩的 Band-Band 控制来变换有效电压矢量和零电压矢量,不可能得到所希望的较小的平均输出电压;另外,由于定子电阻的影响,六边形定子磁链轨迹将产生较为严重的畸变。因此,只能采用不同的控制方案——以圆形磁链定向的"间接定子量控制"。

(7)随着电力电子技术的发展,高压、大功率开关器件的开关速度越来越快。由于控制系统中微型计算机处理速度有限,若在充分利用开关频率的前提下仍采取转矩 Band-Band 控制,会影响控制精度。目前的解决方法是采用"间接定子量控制",在这一点上,显示出直接转矩控制的多样性。

2. 直接转矩控制的不足

(1) Band-Band 控制会引起转矩在上下限脉动，不是完全恒定的。

(2) 带积分环节的电压型磁链模型在低速时误差大，积分初值、累积误差和定子电阻的变化都会影响磁链计算的准确度，这两个问题的影响在低速时比较显著，因而使 DTC 系统的调速范围受到限制，解决办法：低速时改用电流型磁链模型，可减小磁链误差，但又受转子参数变化影响，牺牲了鲁棒性。

3. 直接转矩控制(DTC)与矢量控制(VC)的区别和联系

(1) 二者的数学模型本质相同，只是控制方式不同。

将定子磁链 ψ_s 按转子磁链 ψ_r (M-T 坐标)磁场定向后，可以分解成 $\psi_{st} = L_s i_{st} + L_m i_{rt}$，而 $\psi_{rt} = L_r i_{rt} + L_m i_{st}$，并且满足 $\psi_{rt} = 0$，可推出 $\psi_{st} = L'_s i_{st}$，如图 5-48 所示，再根据公式(5-113)和式(5-114)可以推出：

$$T_e = n_p \frac{L_m}{L_r L_s - L_m^2} |\dot{\psi}_r \times \dot{\psi}_s| = n_p \frac{L_m}{L_r L'_s} \psi_r \psi_s \sin\theta_{sr} = n_p \frac{L_m}{L_r L'_s} \psi_r \psi_{st} = n_p \frac{L_m}{L_r} \psi_r i_{st} \tag{5-115}$$

与基于转子磁链定向的矢量控制的转矩公式(5-70)完全相同。可见二者本质相同，只是控制方式不同。DTC 通过电压矢量来直接闭环控制定子磁链 ψ_s，保持幅值不变，调节 θ_{sr} 就相当于调节 ψ_{st}，进而调节 i_{st}，从而调节了转矩 T_e。DTC 并没有特意地去控制转子磁链 ψ_r，而且因为 $L'_s \approx L_{ls} + L_{lr}$ 比较小，所以 i_{st} 的变化要远快于 i_{sm} 的变化，使得 ψ_s 的变化要快于 ψ_r 的变化(ψ_r 存在一阶惯性环节，惯性时间常数 T_r 较大，ψ_r 的变化存在滞后性，参考公式(5-71))，ψ_s 的变化的短暂瞬间，ψ_r 基本相对不变。DTC 实质也是通过 i_{st} 来控制电磁转矩，但不是对 i_{st} 定量控制也无闭环控制，ψ_s 与 ψ_r 之间角度 θ_{sr} 不断脉动，转矩 T_e 也不断脉动。而矢量控制是通过基于转子磁链 ψ_r 定向的 M-T 坐标旋转变换，直接将转矩电流 i_s 分解为 i_{st} 和 i_{sm}，将 i_{sm} 控制 ψ_r 的幅值，ψ_r 可以闭环控制也可以开环控制，并将 i_{st} 作为控制量进行定量的闭环控制以连续控制转矩 T_e，转矩平滑，ψ_s 与 ψ_r 之间相对静止。

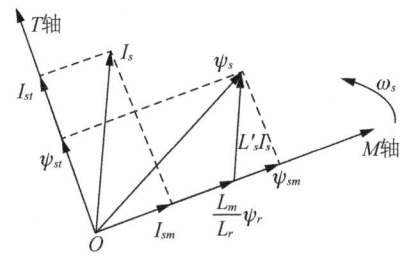

图 5-48 直接转矩的矢量关系

(2) 选用的状态变量不完全相同。DTC 选用转速+定子磁链+定子电流，选用 ω_r-ψ_s-i_s 方程；VC 选用转速+转子磁链+定子电流，而选用 ω_r-ψ_r-i_s 方程。

(3) 矢量控制和直接转矩控制都采用输出量的转速、磁链分别控制，因而都需要解耦。矢量控制是将两相旋转坐标按转子磁链定向，使定子电流的转矩分量与磁链分量解耦。直接转矩控制是将转矩控制环处于转速环的内环，可抑制磁链变化对转速子系统的影响，使转速和磁链子系统近似解耦。

(4) 两种方案都适用于高性能异步牵引电动机的调速控制。矢量控制更适用于宽范围调速系统和伺服系统；直接转矩控制更适用于需要快速转矩响应(特别在弱磁范围)的大惯量运动控制系统。但二者都可用于牵引控制。

两种控制策略都有一些不足之处，研究和开发工作都朝着克服其缺点的方向发展。

DTC 控制理论自问世，已成功地应用于大功率交-直-交传动领域，德国的 Ruhr 大学和 ABB 合作，成功地将该技术应用在轨道车辆的电力牵引系统中。DTC 在电力牵引领域表现出的发展态势是其他控制方法无法比拟的，DTC 的电力牵引交流传动系统将越来越广泛地应用于铁路机车车辆。

思 考 题

5-1 简述异步电动机在不同电压-频率协调控制时的机械特性并进行比较？

5-2 简述标量控制和矢量控制的区别？

5-3 比较列车牵引电动机在恒功率运行时，在 $U_s = \text{const}$，$s = f_{sl}/f_s = \text{const}$ 和 $U_s^2/f_s = \text{const}$，$f_{sl} = \text{const}$ 两种情况下运行参数与速度关系的区别？

5-4 分别简述直接矢量控制系统和间接矢量控制系统的基本原理，二者的区别在何处？

5-5 试比较转子磁链的电压模型和电流模型的运算方法及优缺点？

5-6 试分析异步电动机矢量变换的基本思想和方法？

5-7 简述直接转矩控制(DTC)的基本思想？

5-8 按定子磁链控制的直接转矩控制(DTC)系统与按转子磁链定向的矢量控制(VC)系统在控制方法有什么区别和联系？各自的优缺点是什么？

5-9 试根据异步电动机的等效电路(图5-39)画出完整的电压矢量和磁链矢量关系图？

第六章 轨道车辆牵引与控制原理

第一节 轨道车辆牵引变流器原理及控制

20世纪90年代末期，随着大功率电力电子技术的不断进步与发展，车辆牵引电气系统也在不断地更新与发展。牵引逆变器中的电力电子器件经历了半控型晶闸管(SCR)、全控型晶闸管(GTO)及绝缘门极双极型晶体管(IGBT)的发展过程。IGBT元件属于电压驱动的全控型开关器件，脉冲开关频率高、性能好、损耗小且自保护能力强。无论是对于运输部门，还是对于制造厂商，IGBT变流器都有2个重要的优点：①这种变流器组装成本低并且提高了牵引系统的效率；②这种牵引系统具有较高的可靠性和可用性，这一优点有利于IGBT变流器迅速投入使用。与GTO晶闸管不同的是，IGBT晶体管由电压控制，元件输入电容的充放电控制电流很小，其门极控制电路大为简化。因此，在牵引传动领域中，IGBT越来越起到主导作用。

从大功率的机车、动车组到地铁车辆、轻轨车辆、磁悬浮列车等应用场合，IGBT得到最广泛的应用。牵引逆变器未来发展趋势是：①确立以IGBT(IPM)为开关元件；②功率密度大、轻量化、低能耗设计；③电路结构简单化设计；④模块化结构设计；⑤低噪声，良好的电磁兼容性能，产品朝着环境友好型方向发展；⑥大功率牵引逆变器冷却方式以高效环保的水冷散热器或热管散热器为发展方向。

一、牵引变流器用电力电子器件

电力电子器件是列车牵引变流器的基础与核心，电力电子器件的性能直接决定了牵引变流器的性能指标。其发展经历了两个重要阶段，即以SCR为代表的传统半控型电力电子时代和以IGBT为代表的全控型自关断现代电力电子器件时代。

电力电子器件可分为双极型、单极型和混合型三大类型。除了晶闸管、RCT、ASCR和TRIAC等器件之外，GTO、IGBT/IPM、IGCT等均为全控型器件。下面对常用的GTO、IGBT/IPM等进行简单介绍。

(1)可关断晶闸管(简称GTO)。

GTO是高电压、大电流双极型全控型器件。与SCR相比，GTO的工作频率较高且具有自关断能力，省去了强迫换流电路，所以整体体积减小、重量减轻、效率提高、可靠性增加。在大容量变流设备中GTO发挥了其高电压大电流的优势，在机车牵引传动、交流电机调速、不停电电源和直流斩波调速等领域被广泛应用。

GTO的缺点有两个：一是关断增益较小，门极反向关断电流较小；二是为限制du/dt及关断损耗需设置专门的缓冲电路，这部分电路消耗一定能量，而且需要快速恢复二极管、无感电阻、无感电容等器件。

(2)绝缘门栅极晶体管(简称IGBT)。

IGBT是一种增强型场控(电压)复合器件，集大功率晶体管GTR通态压降小、载流密度大、耐压高和功率MOSFET驱动功率小、开关速度快、输入阻抗高、热稳定性好的优点于一身。IGBT 通过施加正向门极电压形成沟道、提供晶体管基极电流使 IGBT 因流过反向门极电流而关断,其门极控制电路大为简化。大功率 IGBT 的研制成功为提高电力电子装置的性能,特别是为牵引变流器的小型化、高效化、低噪化提供了有利条件。目前常用于机车牵引变流器的 IGBT 器件容量为 3300V/1200A、6500V/600A 等多个等级。

智能型功率模块 IPM 是以 IGBT 技术为基础的电力电子开关,由高速低功耗的管芯和优化的门极驱动电路以及快速保护电路构成。与 IGBT 器件相比,IPM 还具有以下特点:①快速的过流保护;②过热保护;③桥臂对管互锁保护;④器件布局合理,无外部驱动线,抗干扰能力强,工作可靠性高;⑤驱动电源欠压保护。

二、脉冲整流器工作原理

脉冲整流器是列车牵引传动系统电源侧变流器。在牵引时作为整流器,将单相交流电转变成直流电;再生制动时作为逆变器,将直流电转变成单相交流电,它可方便地运行于电压电流平面的四个象限,因此亦称为四象限脉冲整流器。

(一)脉冲变流器基本工作原理

图 6-1 为脉冲整流器电路原理图,由交流回路、功率开关桥路以及直流回路组成。其中交流回路包括变压器牵引绕组的输出电压 U_N、漏电感 L_N 和绕组电阻 R_N(R_N 很小,可以忽略不计);直流回路包括二次滤波环节 L_2、C_2 和中间支撑电容 C_d。其简化的等效电路如图 6-2 所示。

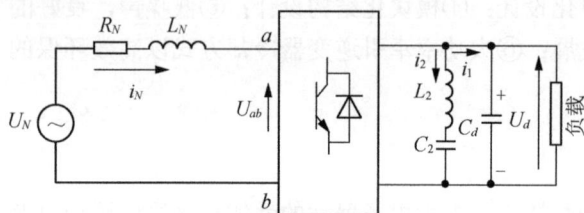

图 6-1 脉冲整流器模型电路

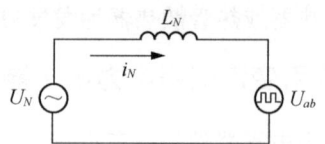

图 6-2 脉冲整流器的简化等效电路

脉冲整流器的电压矢量平衡方程为

$$\dot{U}_N = j\omega L_N \dot{I}_N + \dot{U}_{ab} \tag{6-1}$$

式中,$\dot{U}_N$ 为二次侧牵引绕组电压相量;$\dot{I}_N$ 为二次侧牵引绕组电流的基波相量;$\dot{U}_{ab}$ 为调制电压的基波相量。

当二次侧牵引绕组电压 $\dot{U}_N$ 一定时,$\dot{I}_N$ 的幅值和相位仅由 $\dot{U}_{ab}$ 的幅值及其与 $\dot{U}_N$ 的相位差来决定。改变基波的幅值和相位,就可以使 $\dot{I}_N$ 与 $\dot{U}_N$ 同相位或反相位。在牵引工况下,$\dot{I}_N$ 与 $\dot{U}_N$ 的相位差为 0°,该工况下的矢量图如图 6-3(a)所示,此时 $\dot{U}_{ab}$ 滞后 $\dot{U}_N$;而对于再生制动工况,$\dot{I}_N$ 与 $\dot{U}_N$ 的相位差为 180°,该工况下的矢量图如图 6-3(b)所示,此时 $\dot{U}_{ab}$ 超前 $\dot{U}_N$,电机通过脉冲整流器向接触网反馈能量。

由图 6-3 可以得到式(6-2):

$$\begin{cases} U_{ab} = U_d \cdot M_\alpha / \sqrt{2} \\ U_{ab}^2 = U_N^2 + (\omega L_N I_N)^2 \\ \omega L_N I_N = K U_N \end{cases} \tag{6-2}$$

式中，U_d 为直流侧电压；M_α 为变流器的调制深度，从系统工作的安全可靠性和电网的特性考虑，控制系统应保证 $0.8 \leqslant M_\alpha \leqslant 0.9$；$K$ 为短路阻抗的标幺值，一般取 0.3~0.35。

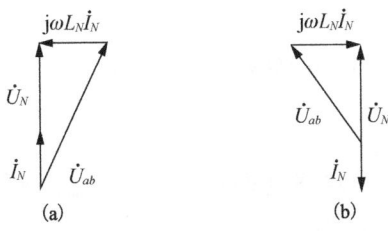

图 6-3 脉冲整流器简化基波相量图

由式(6-2)可得

$$U_d = U_N \cdot \sqrt{2(1+K^2)} / M_\alpha \tag{6-3}$$

式(6-3)表明中间直流电压 U_d 与变压器牵引绕组电压 U_N、变压器短路阻抗标幺值 K 以及调制深度 M_α 的关系。

由图 6-3 可知，如果保持 $\dot{I}_N$ 与 $\dot{U}_N$ 同方向，即位移因数为 1，则 $\dot{U}_{ab}$ 随负载电流变化。显而易见，当 $\dot{I}_N = 0$ 时，$\dot{U}_{ab\min} = \dot{U}_N$，这时调制深度 M_α 为最小，即 $M_{\alpha\min} = \sqrt{2}U_{ab\min}/U_d = \sqrt{2}U_N/U_d$。而 M_α 的最大值主要取决于元件的开关频率及调制比。

在图 6-4 中，当调制比达到其最大值时，门极信号相邻两个开关点的间距必须满足 $t_{de} \geqslant t_{on} + t_D$，其中 t_{on} 是为了复原吸收回路所需的最短时间；t_D 是保证一个器件开通之前另一个器件必须完全关断所需的最小时间，假定载波信号的幅值为 1，则由 $\Delta ABC \cong \Delta Ade$，有

$$\frac{1 - M_{\alpha\min}}{1} = \frac{\frac{1}{2}(t_{on} + t_D)}{\overline{BC}}$$

$$M_{\alpha\max} = 1 - \frac{t_{on} + t_D}{2\overline{BC}} \tag{6-4}$$

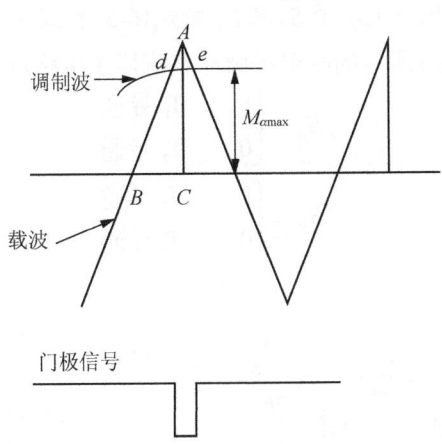

图 6-4 最大调制深度计算示意图

假定对于高速列车，满足 $U_d = 3000\text{V}$，$K = 0.3$。当 $M_{\alpha\max} = 0.9$ 时，有

$$U_{ab\max} = U_d \cdot M_\alpha / \sqrt{2} = 3000 \times 0.9 / \sqrt{2} = 1909.2(\text{V})$$

$$U_{N\max} = U_d \cdot M_\alpha / \sqrt{2(1+K^2)} = 3000 \times 0.9 / \sqrt{2(1+0.3^2)} = 1828.67(\text{V})$$

考虑网压波动范围为 22.5~29kV，如果上述最大值只有在网压为 29kV 的工况下才允许出现，而在系统设计时，变流器的输入电压通常对应于 25kV 工况，因此折算到 25kV 时的额定电压为

$$U_N = U_{N\max} \times \frac{25}{29} = 1576.44(\text{V}), \quad U_{ab} = U_{ab\max} \times \frac{25}{29} = 1645.85(\text{V})$$

折算到 22.5kV 时的额定电压为

$$U_N = U_{N\max} \times \frac{22.5}{29} = 1418.8(\text{V}), \quad U_{ab} = U_{ab\max} \times \frac{22.5}{29} = 1481.3(\text{V})$$

(二)两电平脉冲整流器

1. 两电平脉冲整流器的工作原理

单相两电平脉冲整流器主电路如图 6-5 所示，L_N 和 R_N 分别为牵引绕组漏电感和电阻，开关管 T_1、T_2、T_3、T_4 组成一个全控桥电路，L_2 和 C_2 组成一个二次滤波器，C_d 为中间直流侧支撑电容。

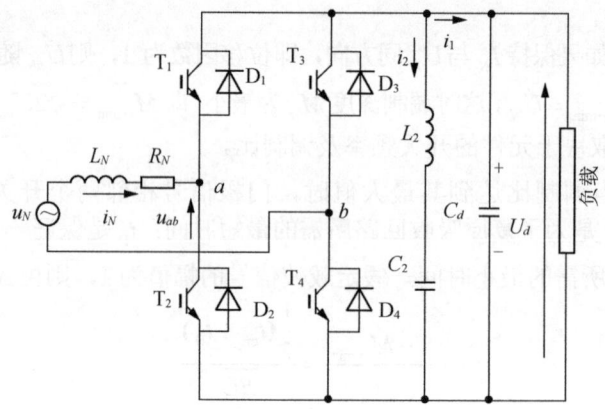

图 6-5 两电平限脉冲整流器主电路

为了便于分析，定义理想开关函数 S_A 和 S_B 如式(6-5)和式(6-6)所示。采用理想开关函数并忽略牵引绕组电阻，则图 6-5 所示的两电平脉冲整流器主电路可以等效为图 6-6 所示的电路。

$$S_A = \begin{cases} 1, & T_1 \text{ 导通} \\ 0 & T_2 \text{ 导通} \end{cases} \tag{6-5}$$

$$S_B = \begin{cases} 1 & T_3 \text{ 导通} \\ 0 & T_4 \text{ 导通} \end{cases} \tag{6-6}$$

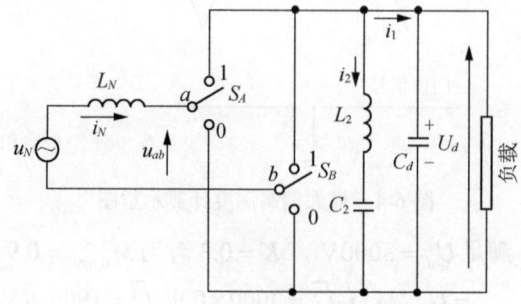

图 6-6 两电平脉冲整流器开关等效图

由于上桥臂与下桥臂不允许直通，则 S_i（$i=A,B$）与 S_i'（为下桥臂的开关函数）必须满足 $S_i'=1-S_i$。于是 u_{ab} 的取值有 U_d、0、$-U_d$ 三种电平，有效的开关组合有 $2^2=4$ 种，即 S_AS_B=00、01、10、11 四种逻辑，则 u_{ab} 可表示为

$$u_{ab}=(S_A-S_B)U_d \tag{6-7}$$

对应于四个开关的不同开闭状态，电路共有以下三种工作模式。

工作模式 1：S_AS_B=00 或 11，即下桥臂开关或上桥臂开关全部导通，则此时 u_{ab}=0，电容 C_d 向负载供电，直流电压通过负载形成回路释放能量，直流电压下降。另一方面，牵引绕组两端电压 u_N 直接加在电感 L_N 上，对电感 L_N 充放电：当 $u_N>0$ 时，D_1 与 T_3 导通或 T_2 与 D_4 导通，电感电流 i_N 上升，电感 L_N 储存能量；当 $u_N<0$ 时，D_3 与 T_1 导通，或 T_4 和 D_2 导通，电感电流 i_N 下降，电感 L_N 释放能量。在此过程中，有下式成立：

$$u_N=L_N\frac{di_N}{dt}$$

工作模式 2：S_AS_B=01，其等效电路如图 6-7(a) 所示，此时 $u_{ab}=-U_d$；T_1 和 T_4 同时关断，由 D_3 和 D_2 导通形成回路，$u_N<0$，电流流向与电流 i_N 的参考方向相反，并对电感充电储能，电感电流 i_N 上升，满足如下关系式：

$$L_N\frac{di_N}{dt}=u_N+U_d$$

工作模式 3：S_AS_B=10，其等效电路如图 6-7(b) 所示，此时 $u_{ab}=U_d$；T_3 和 T_2 同时关断，由 D_1 和 D_4 导通形成回路，$u_N>0$，储存在电感中的能量向负载 R_L 和电容 C_d 释放，电感电流 i_N 下降，一方面给电容充电，使得直流电压上升，保证直流电压稳定，同时高次谐波电流通过电容形成低阻抗回路；另一方面给负载提供恒定的电流；满足如下关系式：

$$L_N\frac{di_N}{dt}=u_N-U_d$$

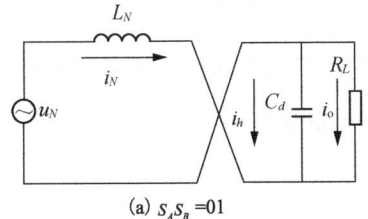
(a) S_AS_B=01

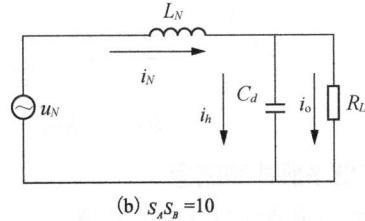
(b) S_AS_B=10

图 6-7 不同开关模式下的等效电路

在任意时刻，处于整流状态的脉冲整流器都只能工作在三种模式中的一种，在不同的时间段，通过对上述 3 种开关模式的切换，实现直流侧负载电压的稳定和负载电流的双向流动。

2. 两电平脉冲整流器的 PWM 控制原理

两电平脉冲整流器采用 SPWM 调制，其调制方式如图 6-8 所示。当 $u_a>u_{ca}$ 时，S_A 为 1，否则为 0。b 相与 a 相调制方式相同，但 u_b 与 u_a 相位相差 180°，u_{cb} 与 u_{ca} 相同。图 6-9 为两电平脉冲整流器 SPWM 调制波形。

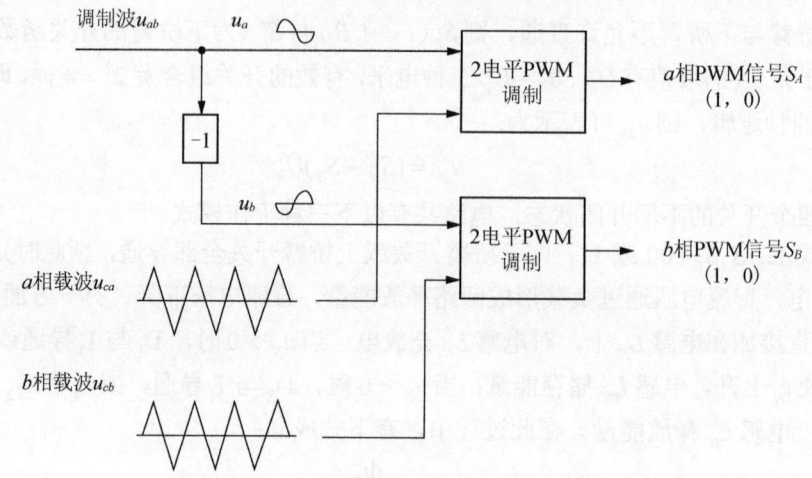

图 6-8 两电平脉冲整流器 SPWM 调制示意图

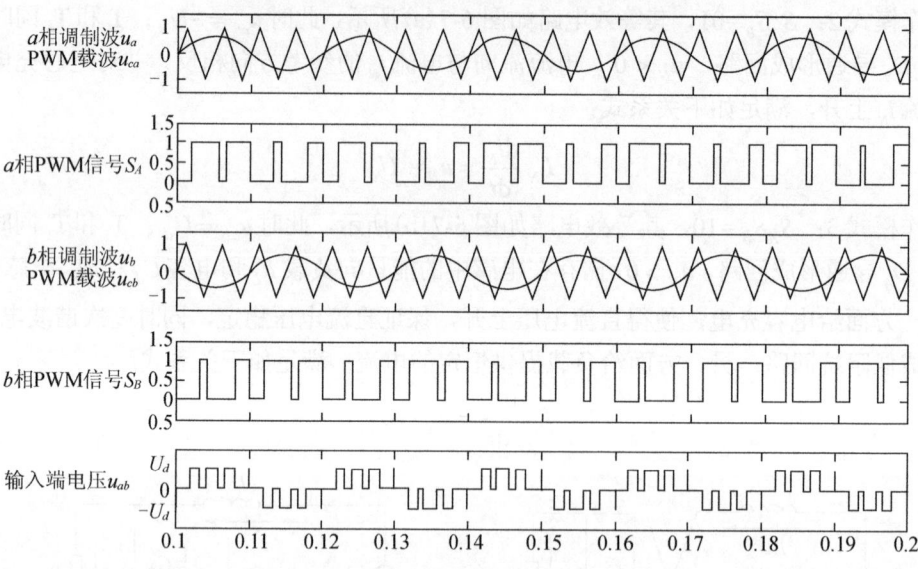

图 6-9 两电平脉冲整流器 SPWM 调制波形

(三) 三电平脉冲整流器

1. 三电平脉冲整流器工作原理

单相三电平脉冲整流器主电路如图 6-10 所示,图中 u_1 为直流侧支撑电容 C_1 上的电压,u_2 为直流侧支撑电容 C_2 上的电压。为了便于分析,定义理想开关函数 S_A 和 S_B 如式 (6-8)、式 (6-9) 所示。采用理想开关函数并忽略牵引绕组电阻,则图 6-10 所示的三电平脉冲整流器主电路可以等效为图 6-11 所示的电路。

$$S_A = \begin{cases} 1, & T_{a1} \text{和} T_{a2} \text{导通} \\ 0, & T_{a2} \text{和} T_{a3} \text{导通} \\ -1, & T_{a3} \text{和} T_{a4} \text{导通} \end{cases} \tag{6-8}$$

$$S_B = \begin{cases} 1, & T_{b1} \text{和} T_{b2} \text{导通} \\ 0, & T_{b2} \text{和} T_{b3} \text{导通} \\ -1, & T_{b3} \text{和} T_{b4} \text{导通} \end{cases} \tag{6-9}$$

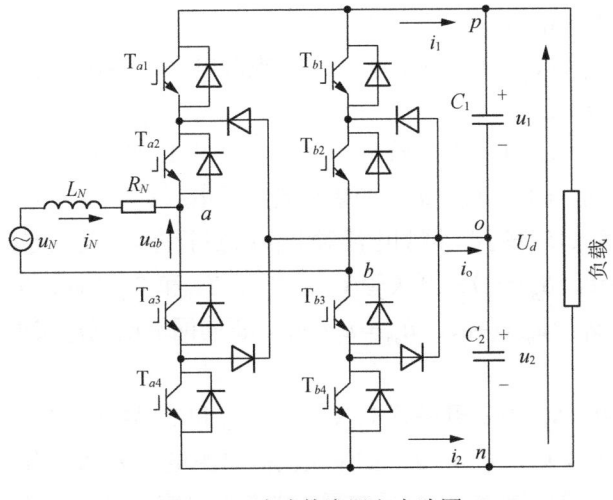

图 6-10 脉冲整流器主电路图

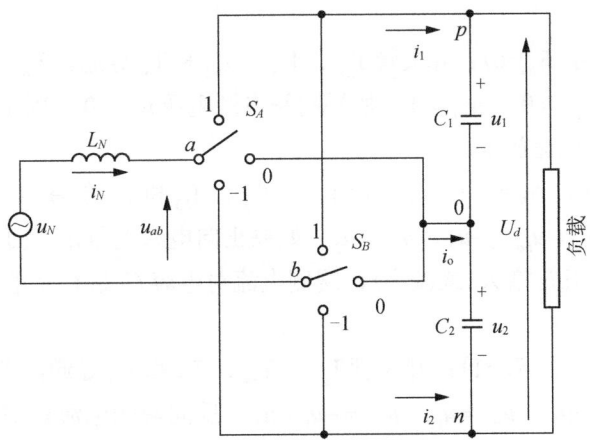

图 6-11 脉冲整流器开关等效电路图

显然，由 S_A 和 S_B 组成的电路共有 $3^2=9$ 种组合，对应主电路有 9 种工作模式。开关状态及相应的电压值如表 6-1 所示。

表 6-1 工作状态及相应的电压值

T_{a1}	T_{a2}	T_{a3}	T_{a4}	T_{b1}	T_{b2}	T_{b3}	T_{b4}	S_A	S_B	u_{ao}	u_{bo}	u_{ab}	Mode
1	1	0	0	1	1	0	0	1	1	u_1	u_1	0	1
1	1	0	0	0	1	1	0	1	0	u_1	0	u_1	2
1	1	0	0	0	0	1	1	1	-1	u_1	$-u_2$	u_1+u_2	3
0	1	1	0	1	1	0	0	0	1	0	u_1	$-u_1$	4
0	1	1	0	0	1	1	0	0	0	0	0	0	5
0	1	1	0	0	0	1	1	0	-1	0	$-u_2$	u_2	6
0	0	1	1	1	1	0	0	-1	1	$-u_2$	u_1	$-u_1-u_2$	7
0	0	1	1	0	1	1	0	-1	0	$-u_2$	0	$-u_2$	8
0	0	1	1	0	0	1	1	-1	-1	$-u_2$	$-u_2$	0	9

工作模式 1（$S_A=1$，$S_B=1$）：开关管 T_{a1}、T_{a2}、T_{b1} 和 T_{b2} 导通，T_{a3}、T_{a4}、T_{b3} 和 T_{b4} 关断，网侧端电压 $u_{ao}=u_1$，$u_{bo}=u_1$，$u_{ab}=0$。如果网侧电源电压 $u_N>0$，则网侧电流 i_N 增大，电容 C_1 和 C_2 通过负载电流放电。

工作模式 2（$S_A=1$，$S_B=0$）：开关管 T_{a1}、T_{a2}、T_{b2} 和 T_{b3} 导通，T_{a3}、T_{a4}、T_{b1} 和 T_{b4} 关断，网侧端电压 $u_{ao}=u_1$，$u_{bo}=0$，$u_{ab}=u_1$。如果正向电源电压 u_N 大于（或小于）直流侧电压 U_d 的一半，则网侧电流 i_N 增大（或减小），网侧电流对电容 C_1 进行充电，而电容 C_2 通过负载电流放电。

工作模式 3（$S_A=1$，$S_B=-1$）：开关管 T_{a1}、T_{a2}、T_{b3} 和 T_{b4} 导通，T_{a3}、T_{a4}、T_{b1} 和 T_{b2} 关断，网侧端电压 $u_{ao}=u_1$，$u_{bo}=-u_2$，$u_{ab}=u_1+u_2$。正向网侧电流 i_N 减小，正向网侧电流对电容 C_1 和 C_2 充电。

工作模式 4（$S_A=0$，$S_B=1$）：开关管 T_{a2}、T_{a3}、T_{b1} 和 T_{b2} 导通，T_{a1}、T_{a4}、T_{b3} 和 T_{b4} 关断，网侧端电压 $u_{ao}=0$，$u_{bo}=u_1$，$u_{ab}=-u_1$。如果反向的电源电压 u_N 大于（或小于）直流侧电压 U_d 的一半，则网侧电流 i_N 减小（或增大），反向网侧电流对电容 C_1 进行充电，而电容 C_2 通过负载电流放电。

工作模式 5（$S_A=0$，$S_B=0$）：开关管 T_{a2}、T_{a3}、T_{b2} 和 T_{b3} 导通，T_{a1}、T_{a4}、T_{b1} 和 T_{b4} 关断，网侧端电压 $u_{ao}=0$，$u_{bo}=0$，$u_{ab}=0$。如果网侧电源电压 $u_N>0$，则正向网侧电流 i_N 增大，电容 C_1 和 C_2 通过负载电流放电。

工作模式 6（$S_A=0$，$S_B=-1$）：开关管 T_{a2}、T_{a3}、T_{b3} 和 T_{b4} 导通，T_{a1}、T_{a4}、T_{b1} 和 T_{b2} 关断，网侧端电压 $u_{ao}=0$，$u_{bo}=-u_2$，$u_{ab}=u_2$。如果正向电源电压 u_N 大于（或小于）直流侧电压 U_d 的一半，则网侧电流 i_N 增大（或减小），网侧电流对电容 C_2 进行充电，而电容 C_1 通过负载电流放电。

工作模式 7（$S_A=-1$，$S_B=1$）：开关管 T_{a3}、T_{a4}、T_{b1} 和 T_{b2} 导通，T_{a1}、T_{a2}、T_{b3} 和 T_{b4} 关断，网侧端电压 $u_{ao}=-u_2$，$u_{bo}=u_1$，$u_{ab}=-u_1-u_2$。反向网侧电流 i_N 减小，反向网侧电流对电容 C_1 和 C_2 进行充电。

工作模式 8（$S_A=-1$，$S_B=0$）：开关管 T_{a3}、T_{a4}、T_{b2} 和 T_{b3} 导通，$2^3=8$，T_{a2}、T_{b1} 和 T_{b4} 关断，网侧端电压 $u_{ao}=-u_2$，$u_{bo}=0$，$u_{ab}=-u_2$。如果反向的电源电压 u_N 大于（或小于）直流侧电压 U_d 的一半，则网侧电流 i_N 减小（或增大）；反向网侧电流对电容 C_2 进行充电，而电容 C_1 通过负载电流放电。

工作模式 9（$S_A=-1$，$S_B=-1$）：开关管 T_{a3}、T_{a4}、T_{b3} 和 T_{b4} 导通，T_{a1}、T_{a2}、T_{b1} 和 T_{b2} 关断，网侧端电压 $u_{ao}=-u_2$，$u_{bo}=-u_2$，$u_{ab}=0$。如果网侧电源电压 $u_N>0$，则正向网侧电流 i_N 增大，电容 C_1 和 C_2 通过负载电流放电。

2. 三电平脉冲整流器 PWM 控制原理

三电平脉冲整流器 PWM 调制方式为 SPWM，其理想相开关函数如式(6-10)所示，其调制方式如图 6-12 所示。当 b 相调制波 u_b 与 a 相相差 180° 相位时，其与 b 相载波 u_{ab} 之间的关系与上述关系相同，为减少高次谐波，b 相载波需要偏离 a 相载波 180° 相位。

$$\begin{cases} u_a > u_{ca}(\text{正侧载波}) > u_{ca}(\text{负侧载波}) \text{ 时,} & S_A=1 \\ u_{ca}(\text{正侧载波}) > u_a > u_{ca}(\text{负侧载波}) \text{ 时,} & S_A=0 \\ u_{ca}(\text{正侧载波}) > u_{ca}(\text{负侧载波}) > u_a \text{ 时,} & S_A=-1 \end{cases} \quad (6\text{-}10)$$

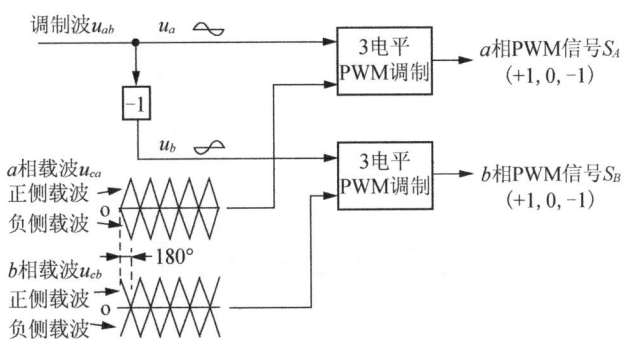

图 6-12 脉冲整流器 SPWM 调制方式

三电平脉冲整流器利用上述调制方式进行切换动作，得到的 PWM 调制和动作波形如图 6-13 所示，u_{ab} 是采用 U_d、$U_d/2$、0、$-U_d/2$、$-U_d$ 这 5 种电平来等效的正弦波。与两电平脉冲整流器相比，这样可以有效地减小网侧输入端电流 i_N 的谐波。

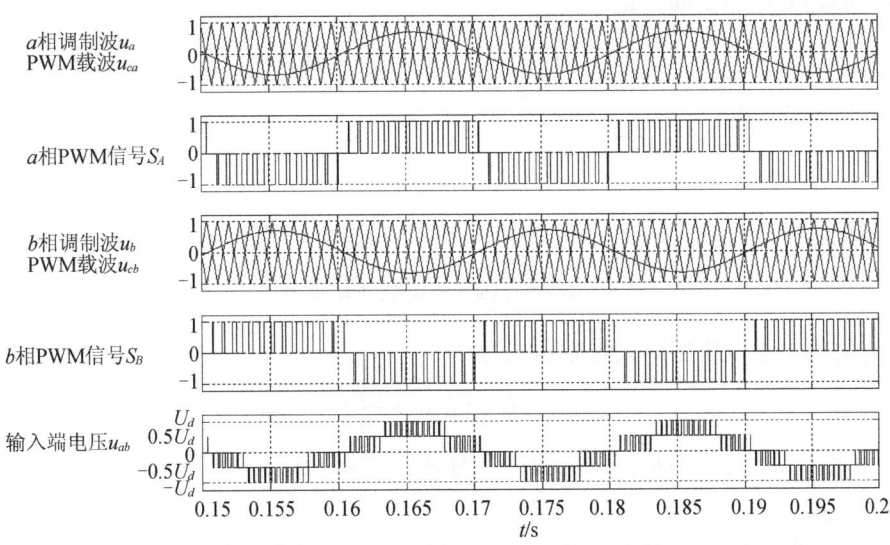

图 6-13 三电平脉冲整流器 PWM 调制动作波形

三、牵引逆变器工作原理

牵引逆变器可以分成电压源型和电流源型两种，为同步电机供电的大多采用电流源型逆变器，为异步电机供电的大多采用电压源型逆变器，我国高速列车全部采用电压源型逆变器。根据输出电平数的不同，电压源型牵引逆变器又可分为两电平和三电平两种。

（一）两电平牵引逆变器主电路构成及工作模式

两电平式逆变器主电路如图 6-14 所示，每时刻都有三个开关管导通，共有 $T_1T_2T_3$、$T_2T_3T_4$、$T_3T_4T_5$、$T_4T_5T_6$、$T_5T_6T_1$、$T_6T_1T_2$、$T_1T_3T_5$ 和 $T_2T_4T_6$ 导通 8 种工作状态，从而获得三相对称输出电压波形。

牵引逆变器采用 PWM 控制方式，包括正弦 PWM、特定谐波消除 PWM、滞环电流控制 PWM 和空间矢量 PWM。空间矢量 PWM 是通过对电压矢量进行适当的切换控制，就可以用尽可能多的多边形磁通轨迹来接近理想的磁通圆形轨迹。轨迹越接近于圆，引起的电流、转矩波动越小，谐波损耗也会下降，电机运行性能也越好。

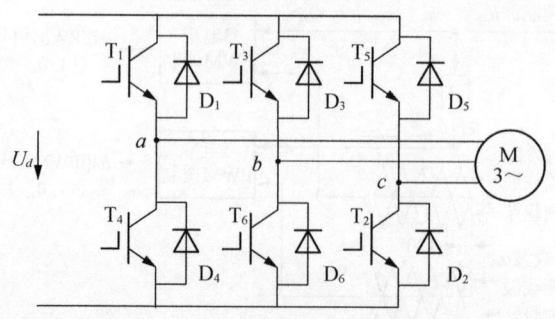

图 6-14 两电平式逆变器主电路图

当逆变器向电动机供电时,可以利用空间矢量概念,建立逆变器开关模式及其输出电压与电动机磁链之间的关系。然后根据要跟踪的磁链空间矢量的运动轨迹,选择逆变器的开关模式,使逆变器输出适当波形的电压,这就是空间矢量 PWM 的基本原理。

在复平面建立电压空间矢量:

$$U_s = \frac{2}{3}(u_{sa} + au_{sb} + a^2 u_{sc}) \tag{6-11}$$

定子磁链空间矢量:

$$\psi_s = \frac{2}{3}(\psi_{sa} + a\psi_{sb} + a^2 \psi_{sc}) \tag{6-12}$$

转子磁链空间矢量:

$$\psi_r = \frac{2}{3}(\psi_{ra} + a\psi_{rb} + a^2 \psi_{rc}) \tag{6-13}$$

异步电动机定子电压空间矢量方程式为

$$U_s = R_s I_s + \frac{d\psi_s}{dt} \tag{6-14}$$

式中,U_s 为定子三相电压合成空间矢量;I_s 为定子三相电流合成空间矢量;ψ_s 为定子三相磁链合成空间矢量。

当转速较高时,定子电阻压降较小,可忽略不计,则定子电压与磁链的近似关系为

$$U_s \approx \frac{d\psi_s}{dt} \quad 或 \quad \psi_s \approx \int U_s dt \tag{6-15}$$

在由三相平衡电压供电时,电机定子磁链空间矢量为

$$\Psi_s = \Psi_{sm} e^{j\omega_s t} \tag{6-16}$$

式中,Ψ_{sm} 为 Ψ_s 的幅值;ω_s 为其旋转角速度。

磁链矢量顶端的运动轨迹形成圆形的空间旋转磁场(一般简称为磁链圆)。由式(6-15)和式(6-16)可得

$$U_s = \frac{d}{dt}(\Psi_{sm} e^{j\omega_s t}) = j\omega_s \Psi_{sm} e^{j\omega_s t} = \omega_s \Psi_{sm} e^{j(\omega_s t + \pi/2)} \tag{6-17}$$

由式(6-17)可见,当磁链幅值 Ψ_{sm} 一定时,U_s 的大小与 ω_s(或供电电压频率 f_s)成正比,其方向为磁链圆形轨迹的切线方向。当磁链矢量的空间旋转一周时,电压矢量也连续地沿磁链圆的切线方向运动 2π 弧度,其轨迹与磁链圆重合。这样,电机旋转磁场的形状问题就可转化为电压空间矢量运动形状问题。

为了便于分析,电力电子器件采用理想开关表示,定义开关函数为 S_i(i 为 A, B, C),

$$S_A = \begin{cases} 1, & T_1 导通 \\ 0, & T_4 导通 \end{cases}, \quad S_B = \begin{cases} 1, & T_3 导通 \\ 0, & T_6 导通 \end{cases}, \quad S_C = \begin{cases} 1, & T_5 导通 \\ 0, & T_2 导通 \end{cases}$$

三相不同开关组合有 $2^3 = 8$ 种工作状态，当列车运行速度大于额定速度时就是采用这种方式。

对于每一个有效的工作状态，相电压都可用一个合成空间矢量表示，其幅值相等，只是相位不同而已。如以 U_{s_1}，U_{s_2}，…，U_{s_6} 依次表示 100，110，…，101 六个有效工作状态的电压空间矢量，它们的相互关系如图 6-20 所示。设逆变器的工作周期从 100 状态开始，其电压空间矢量 U_{s_1} 与 x 轴同方向，它所存在的时间为 $\pi/3$。在这段时间以后，工作状态转为 110，电机的电压空间矢量为 U_{s_2}，它在空间上与 U_{s_1} 相差 $\pi/3$ rad。随着逆变器工作状态的不断切换，电机电压空间矢量的相位也作相应的变化。到一个周期，U_{s_6} 的顶端恰好与 U_{s_1} 的尾端衔接，一个周期的六个电压空间矢量共转过 2π rad，形成一个封闭的正六边形。至于 111 与 000 这两个工作状态，可分别冠以 U_{s_7} 和 U_{s_0}，并称之为零矢量，它们的幅值为 0，也无相位，可认为坐落在六边形的中心点上。

交流电机定子磁链矢量端点的运动轨迹。对于这个关系，可进一步说明如下。

设在逆变器工作的第一个 $\pi/3$ 期间，电机的电压空间矢量为图 6-16 中的 U_{s_1}。此时定子磁链为 ψ_{s_1}。逆变器进入第二个 $\pi/3$ 期间，电压空间矢量变为 U_{s_2}，按式 (6-15)，可写为

$$U_s \Delta t = \Delta \psi_s \tag{6-18}$$

此处 U_s 是 $U_{s_1} \sim U_{s_6}$ 的广义表示。就第二个工作期间而言，式 (6-18) 表明在 $\Delta \psi_s$ 对应的 $\pi/3$ 期间内，在 U_{s_2} 的作用下，ψ_{s_1} 产生增量 $\Delta \psi_{s_1}$，其 $|U_{s_2}| \Delta t$ 方向与 U_{s_2} 一致。最终形成图 6-16 所示的新的磁链矢量 $\psi_{s_2} = \psi_{s_1} + \Delta \psi_{s_1}$，依此类推，可知磁链矢量的顶端运动轨迹也是一个正六边形。

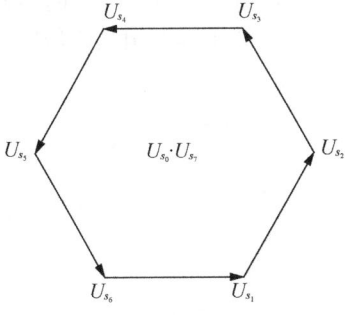

图 6-15 三相电机的电压空间矢量

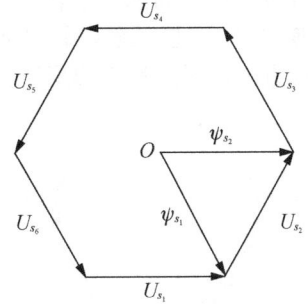

图 6-16 电压空间矢量与磁链矢量的关系

(1) 近似圆形旋转轨迹。

常规六拍逆变器供电的异步电机只产生正六边形的旋转磁场，显然这不利于电机的匀速旋转。如果想获得更多边形或逼近圆形的旋转磁场，就必须有更多的逆变器开关状态，以形成更多的空间电压矢量。为此，必须对逆变器的控制模式进行改造。可以利用基本空间电压矢量的线性组合，以获得更多的与 $U_{s_0} \sim U_{s_7}$ 相位不同的新的空间电压矢量，最终构成一组等幅、不同相的空间电压矢量，从而形成尽可能逼近圆形旋转磁场的磁链多边形，如图 6-17 所示。这样，在一个周期内，逆变器的开关状态会多次重复出现，逆变器的输出电压是一系列

等幅不等宽的脉冲波，这就形成了空间电压矢量控制的 PWM 逆变器。(图中小圆圈表示零矢量)，空间电压矢量扇区分布图如图 6-18 所示。

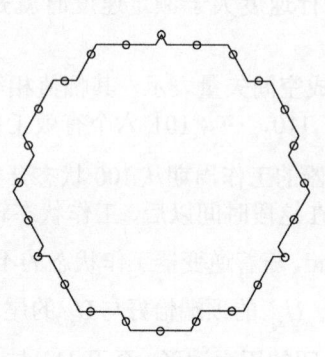

图 6-17 分频的磁链轨迹图

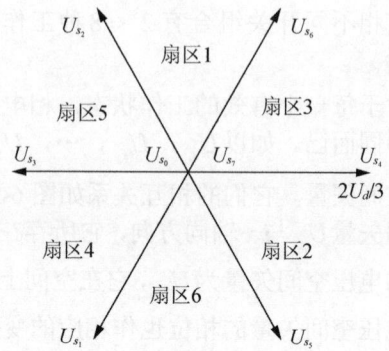

图 6-18 空间电压矢量扇区分布图

(2)控制模式的应用。

在大功率牵引领域，由于功率开关元件的开关频率有限，因而在整个调速范围内，必须应用空间电压矢量脉宽调制策略构成多种调制方式，以满足控制要求。在低频起动区段，采用异步调制可充分利用开关器件允许的开关频率，使磁链轨迹逼近理想圆，转矩脉动小；在输出频率较高时，为了保证三相输出电压、电流间的对称性，消除寄生谐波，宜采用同步调制。

同步调制时，不同的矢量拟合方式将得到不同的多边形磁链轨迹和输出结果，所以应选择磁链对称高的矢量拟合方式，同步 11、5、3 分频及方波工况对应的磁链圆轨迹分别如图 6-19(a)、(b)、(c)、(e)所示。当逆变器由 3 分频工况直接进入方波工况时，输出电压的基波分量将突然增大，该增量加在电机定子漏抗上，使电机电流迅速增大。中间直流环节电压越高，电流增量越大，极易引起系统功率冲击，影响系统的正常工作，因此必须实现同步 3 分频和方波工况之间的平滑转换，以避免电压跳变和系统的功率冲击，折角调制就是一种很好的过渡方案，对应的磁链轨迹如图 6-19(d)所示，当传动系统工作在恒功阶段时，一般采用方波运行方式，对应为六边形磁链，如图 6-19(e)所示。

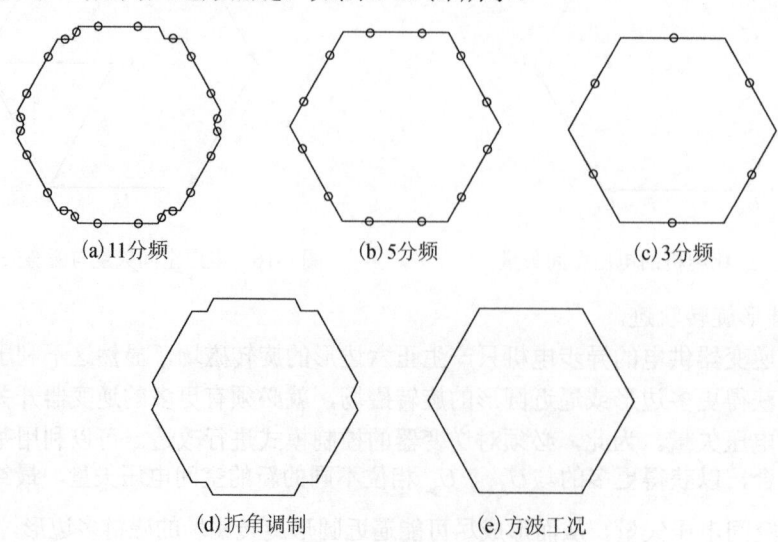

图 6-19 不同调制磁链轨迹

不同调制方法之间转换时,为保证空间电压矢量的连续性,转换时刻宜选择在前一扇区结束,后一扇区刚开始工作处。过渡过程必须保证逆变器输出电压不会发生幅值和相位的跳变。因此应根据转换前后两种调制方法的不同,选择适当的矢量拟合方式进行过渡,这是整个控制过程很重要的一个问题。

(二)三电平牵引逆变器

1. 主电路结构及工作状态

三电平三相逆变器电路如图 6-20 所示。由于三相桥臂工作过程完全相同,因此以 a 相桥臂为例进行说明。

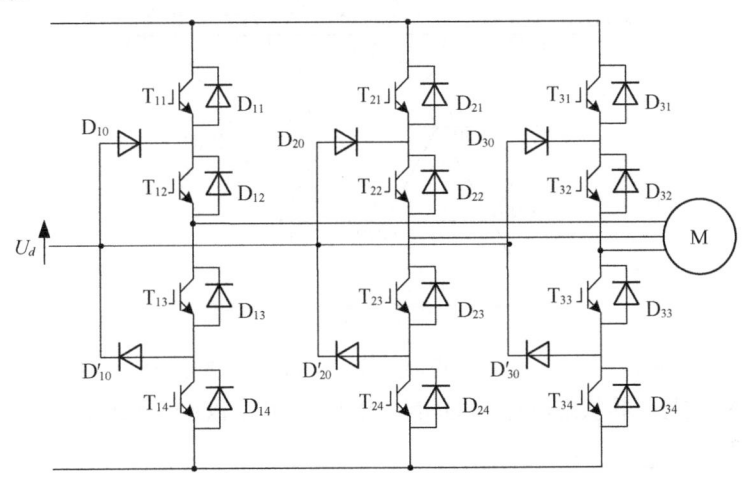

图 6-20 三电平式逆变器主电路原理图

两电平逆变器中相电压为 $+0.5U_d$、$-0.5U_d$,三电平逆变器中相电压为 $+0.5U_d$、0 和 $-0.5U_d$。两电平逆变器中线电压为 $+U_d$、0 和 $-U_d$ 相比较,三电平逆变器中线电压为 $+U_d$、$+0.5U_d$、0、$-0.5U_d$ 和 $-U_d$。

忽略中点电位的偏移,可以看到每一个开关器件所承受的电压均为 $0.5U_d$。

当上桥臂开关器件导通时,即状态 P,下桥臂的开关 T_{13}、T_{14} 各承受 $0.5U_d$ 的电压;当下桥臂开关器件导通时,即状态 N,上桥臂的开关 T_{11}、T_{12} 各承受 $0.5U_d$ 的电压;当辅助开关器件导通时,即状态 O,主电路中的开关 T_{11}、T_{14} 各承受 $0.5U_d$ 的电压。

2. 三电平逆变器控制

三电平逆变器控制包括空间电压矢量控制技术及中点电位平衡控制两方面。

(1)空间矢量原理。

三相三电平逆变器具有 $3^3=27$ 个开关状态。图 6-21 给出了对应所有开关状态的三电平逆变器空间矢量图,可分为四类矢量。

为了便于分析和控制,将 27 个开关状态分为四类矢量,即大六边形的顶角状态(PNN、PPN、NPN、NPP、NNP 和 PNP)对应为大开关矢量;外六边形各边的中点对应六个空间矢量为中开关矢量;内六边形的每一个空间矢量对应着两种可能的开关状态,称为小开关矢量。还有三种可能的零状态(OOO、PPP、NNN),分别对应于辅助器件的全导通、上臂器件的全导通以及下臂器件的全导通,称为零开关矢量。

图 6-21 中同时给出了一个旋转的指令电压矢量 V^*(区域 1),在欠调制区工作时,这个矢量应该在大六边形之内。在任一瞬间,这个矢量都在一个三角形内,用这个三角形三个顶点

的开关状态来选择生成相应的 PWM 波。当 V^* 位于区域 1 时，所选择的状态可能是 OOO、PPP、NNN、PPO、OON、POO 和 ONN。图 6-22 给出了相应的对称 PWM 波形。其状态顺序为 NNN、ONN、OON、OOO、POO、PPO、PPP、PPP、PPO、POO、OOO、OON、ONN、NNN。

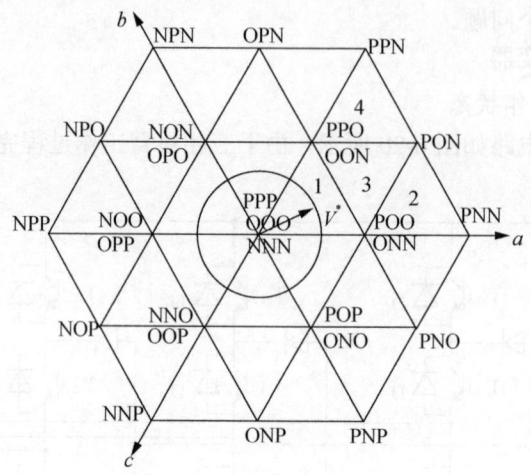

图 6-21　三电平逆变器空间矢量图

当 V^* 位于区域 2 时，所在三角形顶点状态为 POO、ONN、PNN、PON，图 6-23 给出了相应的对称 PWM 波形，其状态顺序为 ONN、PNN、PON、POO、POO、PON、PNN 和 ONN。

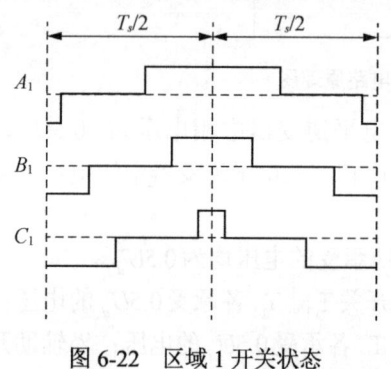

图 6-22　区域 1 开关状态

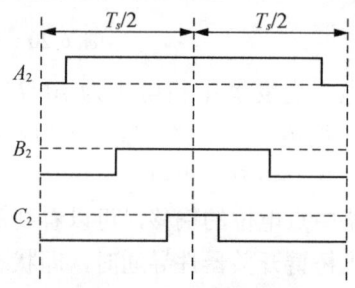

图 6-23　区域 2 开关状态

当 V^* 位于区域 3 时，所在三角形顶点状态为 ONN、OON、PON、POO、PPO，图 6-24 给出了相应的对称 PWM 波形，其状态顺序为 ONN、OON、PON、POO、PPO、PPO、POO、PON、OON 和 ONN。

当 V^* 位于区域 4 时，所在三角形顶点状态为 OON、PON、PPN、PPO，图 6-25 给出了相应的对称 PWM 波形，其状态顺序为 OON、PON、PPN、PPO、PPO、PPN、PON 和 ONN。

在区域 1 中输出 PWM 波形含有零状态，区域 2、3、4 中，不包含任何零状态。在所有 PWM 模式中，开关状态改变一次只能带来 $0.5U_d$ 的变化。

(2) 中点电压控制。

三电平逆变器中间电位平衡的控制问题是非常重要的，若中点电位偏移，在输出电压中会产生附加的畸变。如果正电流从中点流出，则上端的电容器处于充电状态；而下端的电容器处于放电状态，从而降低 O 点的电位。反之，当电流流入中点时，O 点的电位会增加。在大六边形顶角状态下 (PNN、PPN、NPN、NPP、NNP 和 PNP) 以及零状态下 (OOO、NNN、

PPP),没有中点电流,不会产生中点电位的偏移;而在其他状态时,中点电位可以通过调节不同开关工作状态的时间间隔来加以控制。

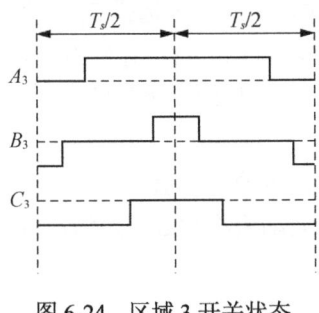

图 6-24　区域 3 开关状态

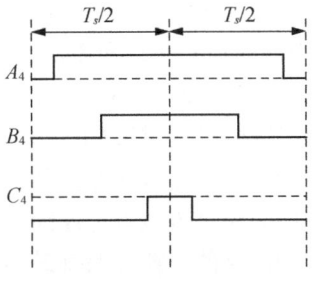

图 6-25　区域 4 开关状态

四、中间直流环节工作原理

在交-直-交变流器中,中间直流回路属于储能环节。在电压型脉冲整流器中,其组成部分包括:相应于 2 倍电网频率的串联谐振电路;支撑电容器和过压限制电路。

1. 二次串联谐振电路

由于脉冲整流器输出的电流含有大量的高次谐波,其中二次谐波对系统的性能影响最大。二次串联谐振电路的作用就是消除二次谐波,下面首先分析二次谐波产生的机理。

交流电源提供的瞬时功率为

$$P_N(t) = u_N(t) \times i_N(t) = \sqrt{2}U_N \sin\omega_N t \times \sqrt{2}I_N \sin\omega_N t$$
$$= U_N I_N - U_N I_N \cos 2\omega_N t \tag{6-19}$$

其中包含一个恒定分量和一个以 2 倍电源频率脉动的交变分量。

变压器漏抗上的瞬时无功功率为

$$Q_{LN}(t) = u_{LN}(t) \times i_N(t) = \sqrt{2}U_{LN} \sin\omega_N t \times \sqrt{2}I_N \sin\left(\omega_N t + \frac{\pi}{2}\right)$$
$$= U_{LN} I_N \sin 2\omega_N t \tag{6-20}$$

变流器输入瞬时功率为

$$P_s(t) = u_{ab}(t) \times i_N(t) = \sqrt{2}U_{LN} \sin(\omega_N t - \phi) \times \sqrt{2}I_N \sin\omega_N t$$
$$= U_N I_N - U_N I_N \cos 2\omega_N t - U_{LN} I_N \sin 2\omega_N t \tag{6-21}$$

变流器输出电流可根据变流器为无损耗和无储能器件的简化假设,由以下功率平衡关系求得:

$$i_N(t)u_{ab}(t) = i_{dc}(t)U_d$$

则

$$i_{dc} = \frac{\sqrt{2}U_{ab} \sin(\omega_N t - \phi) \times \sqrt{2}I_N \sin\omega_N t}{U_d} = \frac{U_{ab} I_N}{U_d}[\cos\phi - \cos(2\omega_N t - \phi)] \tag{6-22}$$

从式(6-22)可知,变流器的输出电流包含直流分量和 2 倍于供电频率的交流两个重要的分量,其中直流分量 $U_{ab}I_N \cos\phi/U_d$ 流入负载,幅值为 $U_{ab}I_N/U_d$ 的二次谐波电流分量从串联谐振电路流过,而串联谐振电路吸收漏抗产生的无功功率,因而可以降低电源瞬时功率的脉动分量。

2. 支撑电容器

在电压源型变流器中,支撑电容器作为储能器可以支撑中间回路电压并使其保持稳定。支撑电容 C_d 值的大小直接决定着中间直流环节的工作性质,因此合理选择 C_d 的值十分重要。

由于中间回路与两端变流器之间存在着复杂的能量交换过程,迄今还没有简单实用的方法来选择合适的支撑电容器 C_d 的值。但可以通过系统仿真,并按照以下准则来判定经验取值的正确性。这些准则包括以下几方面。

(1) 中间回路直流电压保持稳定,峰-峰波动值不超过规定的允许值。

(2) 中间回路直流电流是连续的,没有间断,其峰-峰波动值不超过规定的许可值。

(3) 中间回路的损耗应保持最小。

(4) 所选择的电容器的参数不会影响整个系统的稳定性。

(5) 应当成功地抑制逆变器和电机中发生的暂态过程,保持系统稳定。

(6) 防止高频电流可能引起对通信和信号系统的电磁干扰。

五、动车组牵引控制策略及其实现

列车牵引控制系统的主要控制目标是:①网侧功率因数接近于 1,电流畸变小;②在网压波动时中间直流电压保持恒定;③在负载或供电电压波动时具有快速响应的动态性能,保持良好的稳态运行能力;④起动平稳,谐波转矩小,起动力矩恒定;⑤在宽广的速度范围内实现恒功率控制。目前高速列车牵引控制常采用的控制策略有脉冲整流器瞬态直接电流控制;牵引逆变器-异步电机驱动系统磁场定向矢量控制和直接转矩控制。

1. 中间直流环节的稳压控制

目前动车组牵引用脉冲整流器普遍采用瞬态直接电流控制策略,其控制框图如图 6-26 所示。主要由电压电流传感器、电压电流调节器、比较器、函数发生器、运算器及 SPWM 控制器组成。其数学表达式为

$$\begin{cases} I_{N1} = K_p(U_d^* - U_d) + 1/T_i \int (U_d^* - U_d) \mathrm{d}t \\ I_{N2} = I_d U_d / U_N \\ I_N^* = I_{N1}^* + I_{N2}^* \\ u_{ab}(t) = u_N(t) - \omega L I_N^* \cos \omega t - R_N I_N^* \sin \omega t - K[I_N^* \sin \omega t - i_N(t)] \end{cases} \quad (6\text{-}23)$$

式中, K_p 和 T_i 为 PI 调节器的参数; U_d^* 为中间直流侧电压给定值; I_d、U_d 分别为中间直流环节电流和中间直流环节电压; K 为比例放大系数; ω 为网侧电压的角频率。

瞬态电流控制的基本原理:为了达到中间直流环节恒压控制的目的,将实时检测到的中间直流电压 U_d 与给定值 U_d^* 比较,当 $U_d < U^*$ 时,$\Delta e > 0$,PI 调节器的输出 I_{N1}^* 增加,使脉冲整流器的输入电流增加,达到增加 U_d 的目的;当 $U_d > U^*$ 时,反之。

实时检测电网电压和电流值,按照式 (6-23) 组成运算电路,输出为参考电压信号即调制信号 $u_{ab}(t)$,这个调制信号包含了相角和幅值的信息,该调制信号与三角载波进行 SPWM 调制,生成 PWM 信号来驱动开关器件。

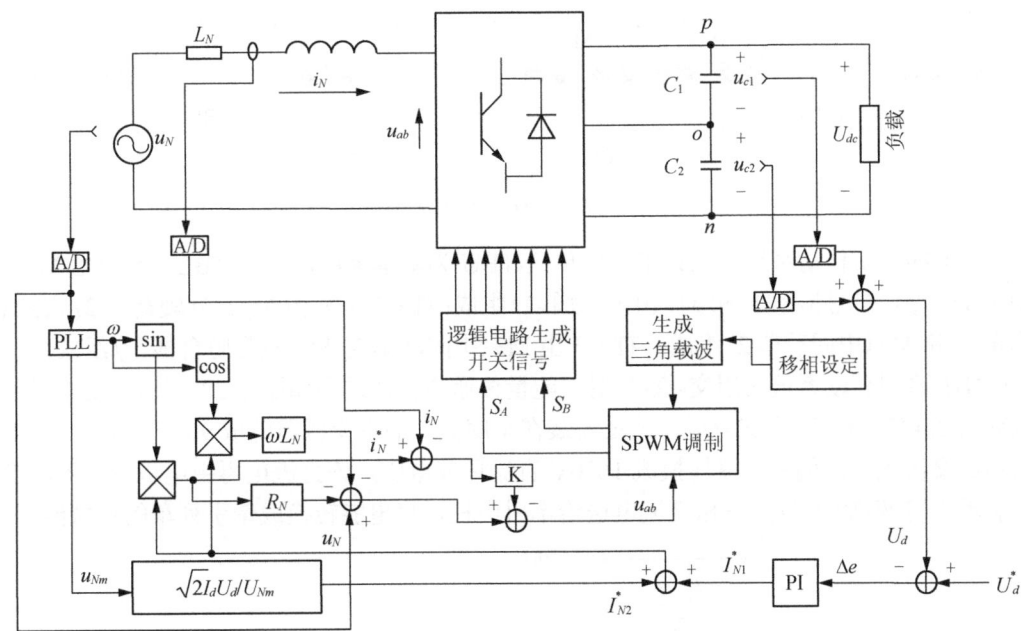

图 6-26 瞬态直接电流控制原理图

由式(6-23)可知,瞬态电流控制为电压电流双闭环控制系统,对于某一参数变动时,控制系统具有自动校正调节功能,最终达到稳态平衡。

采用瞬态直接电流控制策略,能够使系统具有直流侧电压稳定快、动态响应好、对系统参数变化能很快作出调整等优点。

2. 磁场定向矢量控制策略及其实现

交流电机矢量控制技术是指利用电机统一理论使交流电机的控制性能与直流电机可以媲美。在矢量控制系统中,根据定向空间旋转磁场的不同,可分为定子磁场定向矢量控制系统、转子磁场定向矢量控制系统和气隙磁场定向矢量控制系统。由于转子磁场定向的矢量控制基于交流电机的动态数学模型,动态性能好,转矩响应速度快,磁链模型比较简单,可增强列车防滑和抗负载扰动能力,已被大量应用于高速动车组牵引领域。

第二节 CRH1 动车组牵引传动系统

一、CRH1 动车组牵引传动系统组成及工作原理

(一)概述

动车组的编组基于"单元",即列车基本单元(TBU),也称基本动力单元。每一单元由两动一拖或一动一拖组成。一列 CRH1 的编组如图 6-27 所示,由三个 TBU 共 8 辆车(5M+3T)组成一列动车组,8 节车共有 20 个驱动轴,占车轴总数的 5/8。其中 TBU1 和 TBU2 完全对称,由两动一拖构成;TBU3 由一动一拖构成。根据客流需要,可将两列动车组编挂成一列,共 16 辆车,最大定员 1340 人,单列整备质量 421t。

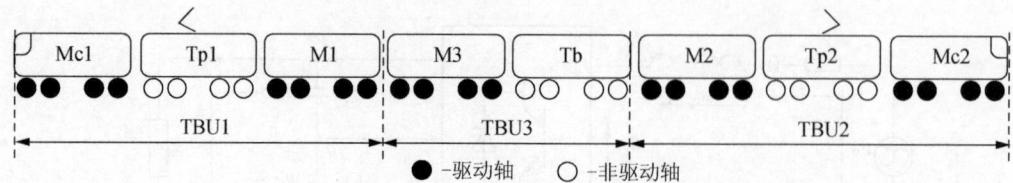

图 6-27 CRH1 动车组构成

CRH1 的牵引传动系统是以列车基本单元 TBU 为基本单位，其中 TBU1 单元由 Mc1（驾驶动车 1）、Tp1（带弓拖车 1）和 M1（中间动车 1）组成；TBU2 单元由 Mc2（驾驶动车 2）、Tp2（带弓拖车 2）和 M1（中间动车 2）组成；TBU3 由 M3（中间动车 3）和 Tb（带吧台拖车）组成。

CRH1 牵引传动系统采用交-直-交型，能量传递与转换过程如图 6-28 所示。受电弓从接触网获得 25kV 50Hz 高压交流电，经过安装在车底架上的主变压器降成 900V 50Hz 交流电，降压后的交流电经网侧变流器转换成 1650V 直流环节电压，该直流电再由电机变流器转换成电压和频率可变（VVVF）的三相交流电送给牵引电机，将电能转换成牵引列车的机械能。

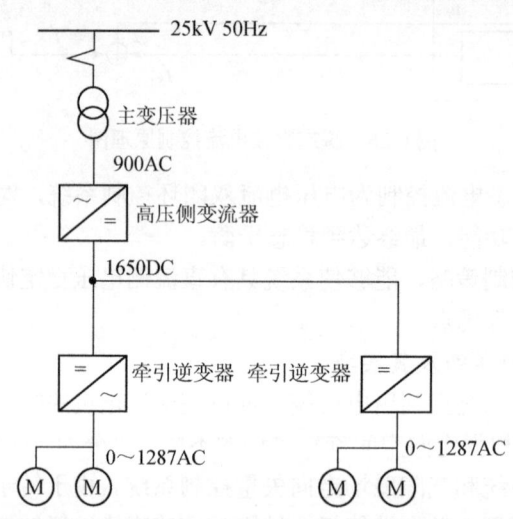

图 6-28 牵引传动系统的能量传递与转换过程示意图

CRH1 动车组的牵引主回路主要由以下电器设备组成：受电弓、高压电器开关、主变压器、网侧变流器、电机变流器及三相异步牵引电动机。主电路的能量转换由以 MITRAC 通用计算机系统为核心的列车控制与管理系统（TCMS）控制。可以说牵引主电路是列车运行的驱干，TCMS 系统是列车运行的灵魂。

（二）牵引传动系统主电路

CRH1 主电路如图 6-29 所示，牵引传动系统主电路主要由高压系统和牵引系统电路构成，此外 CRH1 主电路还包括辅助供电系统。

高压系统：包括受电弓、主断路器、主变压器初级绕组、电流互感器、电压互感器、避雷器、接地开关、网侧滤波器、受电弓切断开关等部件。

牵引系统：从主变压器次级绕组开始，包括网侧变流器 LCM、电机变流器 MCM、滤波器箱、牵引电动机等。

辅助供电系统：包括辅助变流器 ACM、三相 L-C 滤波器、三相辅助变压器等和蓄电池系统。

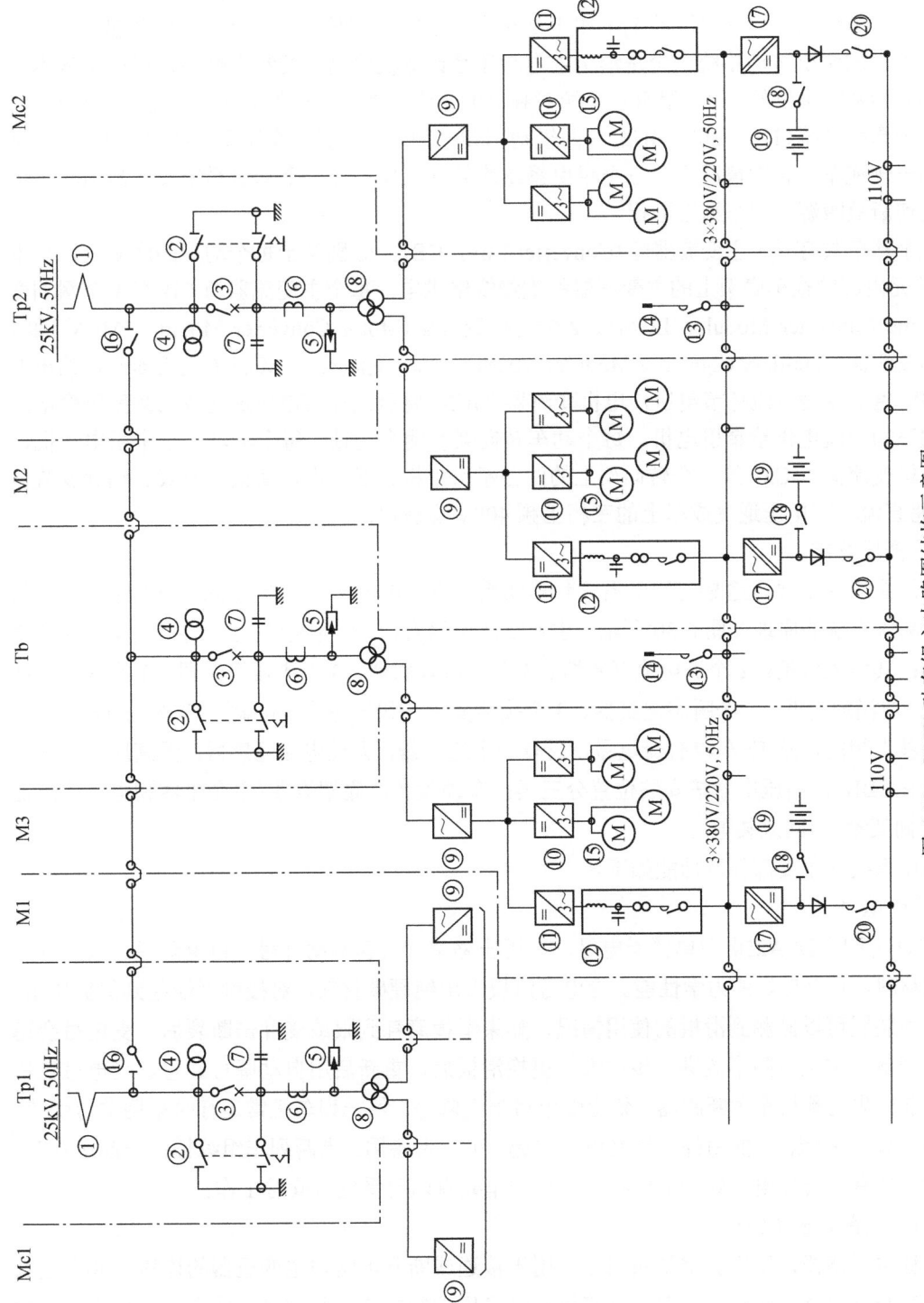

图 6-29 CRH1 动车组主电路图结构示意图

1-受电弓；2-接地开关；3-变压器网侧断路器；4-电压互感器；5-电涌放电器；6-电流互感器；7-RC 滤波器；8-主变压器；9-网侧变流器；10-电机变流器；11-辅助变流器；12-滤波器/变压器；13-切换触点；14-外部三相电源；15-牵引电机；16-高压总线网侧断路器；17-电池充电器；18-电池开关；19-电池；20-电池触点

CRH1 的 8 辆车中包括 5 辆动车(Mc1、M1、Mc2、M2、M3)和 3 辆拖车(Tp1、Tp2、Tb)，动车组有两个受电弓，分别位于 Tp1 和 Tp2 车上，正常工作时只有一个受电弓升起。

CRH1 的牵引传动系统无论是牵引主电路还是计算机检测与控制电路都是以列车基本单元(TBU)为基本单位的。动车组有三个相对独立的主牵引系统，分别对应于上述的三个 TBU。其中两个牵引系统(TBU1 和 TBU2)有两辆动车和一辆拖车，另一个牵引系统(TBU3)有一辆动车和一辆拖车。正常情况下，三个牵引系统均并行工作，当一个牵引系统发生故障时，可以自动切断故障源，列车继续运行。

五个动车共有五个主变流器箱(Converter Box, CB)，分别位于每个动车的底架上，从本 TBU 单元内部的拖车底架上的主变压器的次级绕组供电。每个主变流器箱 CB 有 1 个网侧变流器(Line Converter Module, LCM)、2 个电机变流器(Motor Converter Module, MCM)和 1 个辅助变流器(Auxiliary Converter Module, ACM)。网侧变流器 LCM 将主变压器次边输出的 AC900V 整流成为直流环节电压，电机变流器 MCM 将直流环节电压逆变成为频率可变电压可变的三相交流电供给牵引电机。每个动车转向架有两个动轴，每个动轴一个牵引电动机，一个电机变流器 MCM 给一个转向架上的两台牵引电机并联供电，属架控方式。辅助变流器 ACM 将直流环节电压逆变成车上的三相工频 400V 交流电。

1. 高压系统

高压系统的主要用途是向牵引系统和辅助系统提供电能，并且起过滤网侧电流和保护的作用。高压系统的原理如图 6-30 所示，主要高压电器有：2 个受电弓、5 个主断路器、3 个主变压器；其他还包括：2 个过电流互感器、3 个电流互感器、3 个电压互感器、3 个 RC 滤波器、5 个电涌放电器、3 个瞬态电抗器、3 个接地变压器和一些接地电刷。Tb 车与 Tp 车的车顶设备基本相同，但 Tb 车没有受电弓，只有一个避雷器，无过电流互感器，无高压总线网侧断路器(LCBB)。高压电器按安装位置分三类：车顶设备、底架设备(主变压器和电流传感器 II)和转向架设备(回流装置)。

高压系统的主要部件及功能如下。

(1) 受电弓。

CRH1 采用 DSA250 型单臂受电弓，采用压缩空气气囊驱动升弓，自重降弓。采用优质轻量化材料，具有良好的力学性能。受电弓滑板采用纯硬碳材料，对接触网线起到保护作用。自动降弓装置可以监测到滑板的使用情况，如果滑板磨耗到限或受冲击断裂后，受电弓会迅速自动降下，防止弓网事故进一步扩大。更换滑板后，重新启用自动降弓装置。受电弓在快速降弓前应先切断机车主断路器，禁止受电弓带电降弓。每一列车正常运行时采用单弓受流，启动的驾驭室(操纵端)的另外一端受电弓抬起，另一台备用。当两列车组编挂在一起运行时，每一列车各有一台受电弓处于工作状态，全列车共有两台受电弓同时工作。

(2) 网侧断路器 LCB。

又称主断路器，采用真空型断路器，用于接通或断开电网与主变压器的连接，并在过载或短路时断开电路。断路器主要由计算机通过高压控制电路进行控制，此电路包括主过流继电器、主变压器油位指示器、电机变流器、网侧变流器内的网侧脱扣继电器，这其中的任何一项都可以使高压断路器立即断开，一旦这些电路出现严重故障，就通过高压断路器切断其后的负载供电达到保护的目的。

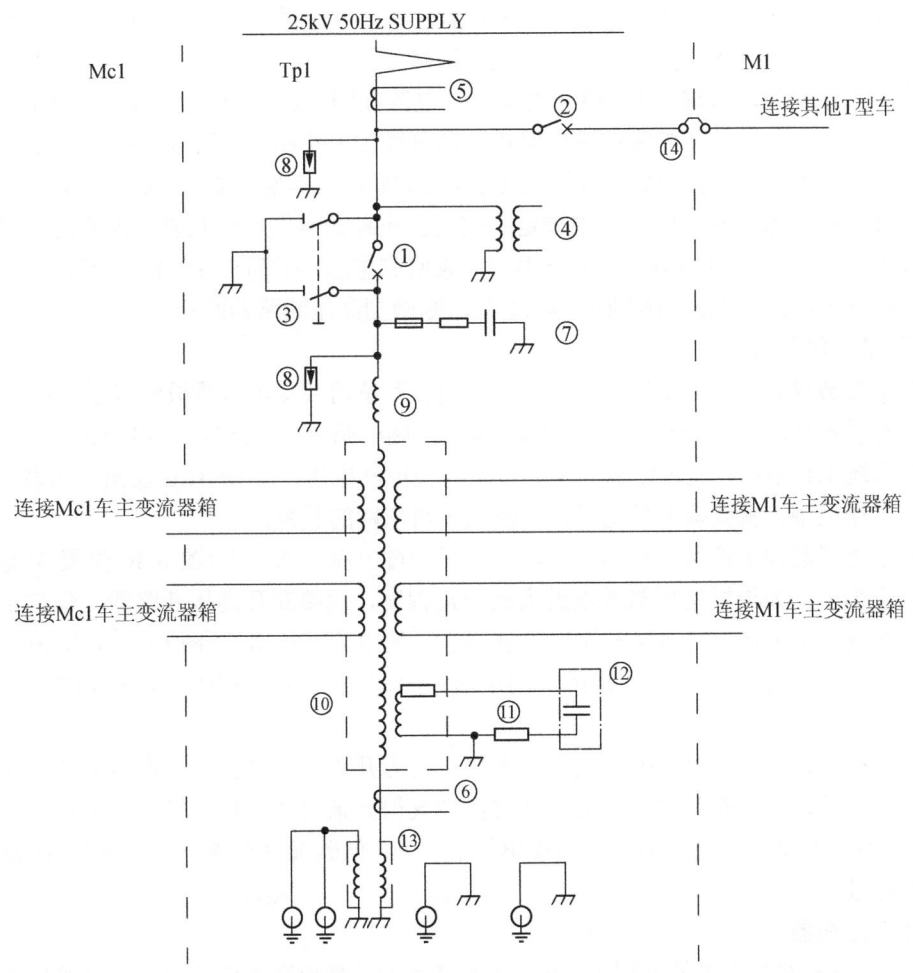

图 6-30　Tp1 车的高压系统原理框图（与 Tp2 类似）

1-变压器网侧断路器；2-高压总线网侧断路器；3-接地开关；4-网侧电压互感器；5-过电流互感器；6-网侧电流互感器；
7-RC 滤波器；8-避雷器；9-瞬态电抗器；10-主变压器；11-网侧谐波滤波器；12-高压控制箱；13-接地变压器；14-跳线

全车共有 5 个主断路器，3 个直接连接主变压器，称为变压器网侧断路器（LCBT）（图 6-30 位置 1，Tp 车和 Tb 车均有），直接向变压器供电；2 个用于车顶高压线，连接没有升弓和没有受电弓的拖车，称为高压总线网侧断路器（LCBB）（图 6-30 位置 2，仅位于 TP 车，Tb 车没有），在车顶连接高压电缆，主要起隔离开关作用，通常不用作切断电流，仅当高压电缆和车顶之间出现短路现象时起断路作用，受电弓后面的电流互感器检测到短路故障后断开该断路器。5 个 LCB 依次闭合，间隔时间至少为 1s，从来不会同时闭合，以防止主变压器通电瞬间过大的浪涌电流。

闭合高压断路器需要以下条件均满足：①有网侧断路器闭合命令；②网侧电压在规定范围内；③没有其他系统的断开要求；④高压空气压力在规定范围内。

其中，2 个 LCBB 除了有网侧断路器断开命令或车顶高压总线与车体短路时才断开。而 3 个 LCBT 的断开主要与以下因素有关：①车顶的过电流互感器 1（电流互感器 1），电流测量值超过范围；②网侧电压互感器测量值超出范围；③升弓、降弓或过分相区；④主变压器的油位过低，使偏低位置的两个油位指示器动作；⑤主变流器因故障被隔离，隔离接触器在断开前，应先断开 LCBT，故障动车侧的隔离接触器被断开后，再通过网侧脱扣电路合上 LCBT，使同一列车单元的另一无故障动车的主变流器继续工作。

其中主变压器的油位继电器，原边过电流继电器(过电流继电器的电流来自过电流互感器)和 DCU/M、DCU/L 中的网侧脱扣继电器都与网侧脱扣电路相连，可以维持 LCBT 导通，任何一个也可以切断网侧脱扣电路，从而使 LCB 立刻分断。其他主要由 VCU 控制。

闭合高压断路器的网侧电压范围规定：安装在车顶的网侧电压互感器检测的网侧电压在 17.5~30kV 时，可以闭合网侧高压断路器。如果网侧电压：①高于 31.1kV，超过 1s；②高于 30.1kV，超过 5min；③低于 16.9kV，超过 1s，则网侧高压断路器断开。

(3) 网端检测装置。

网端检测装置包括一个电压互感器、一个电流互感器和受电弓滑板漏气压力检测开关。

电压互感器(图 6-30 位置 4)测量网侧电压及网侧电源频率，通过检测电网频率来使 TCMS 自动设置系统工作频率，通过测量的电压值来监视电网电压，由 DCU/L 监测。如果电网电压超出允许工作范围，就要降下受电弓，切断列车与电网的联系。

电流互感器起到短路保护作用，受电弓后面的过电流互感器Ⅰ(图 6-30 位置 5)是为过流保护，位于车顶。如果发生短路或电流大到一定程度，就要断开高压断路器，保护用电设备及供电系统安全。装在主变压器和接地电感器之间的电流互感器Ⅱ(图 6-30 位置 6)，位于车的底架，用于测试主变压器原边绕组中的电流，测量值发送至网侧变流器(LCM)的计算机 DCU/L。

受电弓滑板漏气时导致压缩空气压力变化，压力开关就会产生一个电信号并传输给机车计算机，机车计算机先断开主断路器，同时电控阀得到来自计算机系统"受电弓降下"的信号，避免了受电弓降下时电弧对网线和受电弓的损坏。但碳滑板有微小的裂纹时 ADD 自动降弓系统不降弓。

(4) RC 滤波器。

RC 滤波器安装在拖车的车顶上，RC 滤波器是为了减少高次谐波电流和网侧电流断路器在开关时产生的瞬态辐射，这些瞬态辐射可以影响 ATP 系统。

(5) 瞬态电抗器。

瞬态电抗器安装在拖车车顶高压电缆上部的尾端，靠近主断路器(LCBT)的地方。用途：瞬态电抗器用来抑制主断路器 LCBT 开通瞬间主变压器上产生的浪涌电流，其产生的过电压由负载侧避雷器来吸收，从而保护主变压器、牵引系统和辅助供电系统。

(6) 防雷击装置。

CRH1 动车组的防雷主要采取氧化锌避雷器(电涌放电器，图 6-30 位置 8)和接地装置相配合的方式。包括电网侧避雷器和负载侧避雷器。电网侧避雷器在受电弓后直接安装，用来限制由接触网传入的瞬时过电压，如雷电的入侵，对列车电气设备的危害；负载侧避雷器主要是防止开通 LCBT 产生的操作过电压。再进一步通过 RC 滤波器和瞬态电抗器的配合，最大限度地减少网侧断路器开合时产生的瞬时过电压。

(7) 网侧谐波滤波器 LHF。

滤波器(LHF)的线圈从主变压器引出，滤波器的电容安装在高压(HV)控制箱内(高压控制箱安装在拖车的车底，用来监控主变压器的状态)。

用途：①削弱列车产生的电流谐波；②提供列车一个合适的网侧输入阻抗，使列车减少在网络中发生共振的可能性；③保证与线路上的其他列车的电气兼容性；④保证网侧变流器有一个稳定调节功能的合适环境。在主变压器引出的 LHF 绕组和 LHF 电阻之间的电路接地。

(8) 主变压器。

主变压器(MT)安装在拖车的车底，外形如图 6-31 所示，主要由主箱体(硅油、铁芯和线圈)和冷却箱组成。尺寸为 3000mm×2250mm×625mm，质量为 4300kg，是心式变压器，旁边是高压控制箱 HVB 对主变压器的运行状态进行监测。主变压器的作用是：①将列车供电系统与接触网相隔离；②降压，将电网电压转换成适当的电压供列车电气系统使用；③提供滤波、保护等功能。从而为列车提供安全、可靠、高质量的电力。CRH1 有三个主变压器，分别位于 Tp1 车、Tb 车和 Tp2 车的底架上，它们向所有动车的主变流器提供电能。Tp1 车中的变压器向 Mc1 车和 M1 车中的网侧变流器提供电能，Tb 车中的变压器向 M3 车中的网侧变流器提供电能，而 Tp2 车中的变压器向位于 Mc2 车和 M2 车中的网侧变流器提供电能。

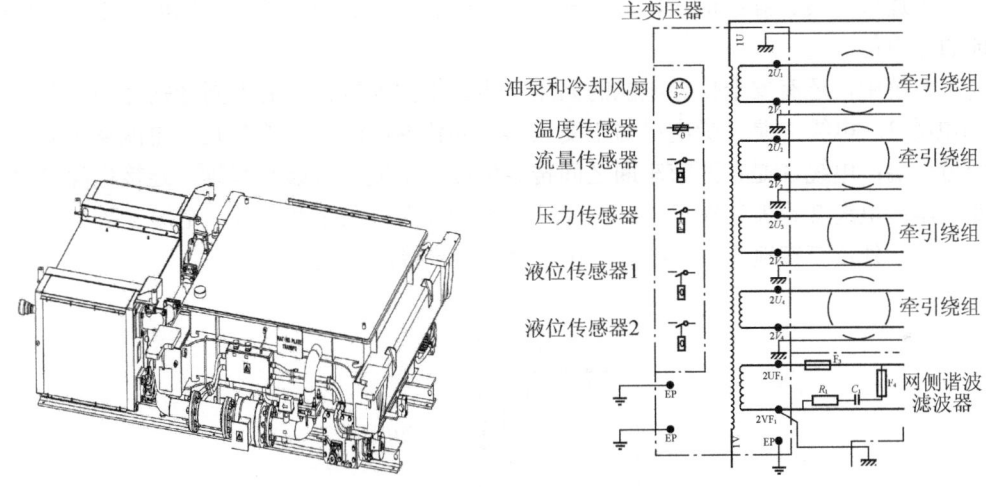

图 6-31 主变压器外形及内部结构

主变压器包括一个原边绕组(25kV/50Hz)、四个牵引绕组(900V/50Hz)和一个网侧滤波器 LHF 绕组(1000V/50Hz)。LHF 滤波器由一个绕组供电，这个绕组装有保险丝和 RC 滤波器，其作用是滤除高次谐波电流和吸收瞬时高电压。LHF 滤波器的电容安装在高压控制箱内，LHF 线圈从主变压器引出。在主变压器下面有一个接地变压器，为电力回流提供了一条通道，防止回流通过轮对轴承，使轴承发生电化学腐蚀。

主变压器包括油泵、冷却风扇和温度、流量、压力、液位等各种传感器。主变压器箱体中硅油的作用是绝缘和散热。主变压器的冷却系统通过矿物油(硅油)构成油循环强迫式风冷。变压器工作损耗加热了变压器油，油受热膨胀后进入膨胀罐，膨胀罐中的热油被泵入热交换器，有两个空气-油热交换器由冷却风扇的强迫空气冷却，冷却油经过回油管返回到变压器箱体。热交换器与过滤器和风扇一起位于冷却装置中，一台风扇电机驱动两个风扇轮，用于两台热交换器，风扇吸入通过热交换器过滤的外部空气。风扇电机由接触器控制，有低速/高速两挡运行模式，由电机保护断路器保护。油泵电机的接触器通过 HVB 的 DX 装置控制，并受电机保护断路器保护。所有这些参数的监测和控制都由高压控制箱 HVB 来完成，HVB 通过 MVB 总线与列车控制网络相连。

(9) 接地变压器。

接地变压器又称为回流变压器，安装在主变压器下部，它的主要功能特点：①接地变压器是一个互感元件；②接地变压器原边和次边的电流值相等。主变压器的电流 I_1 通过主线圈，强制电流 I_2 通过第二线圈，电流 I_2 与电流 I_1 相等；③接地变压器匝数很少，因此压降很低；④接地变压器连接主变压器原边绕组和车体，并通过次边将电流导出到接地刷，使车轴轴承上无漏电流。

工作原理如图 6-32 所示。主变压器原边的回流通过接地变压器的原边绕组连接到车体，从车体输出；通过接地变压器的次边绕组，连接车轴的接地电刷。接地变压器的主要作用是减少轴承箱的电化学腐蚀。接地变压器通过次边将主变压器的返回电流强制通过返回电流装置，使车轴轴承上无漏电流。否则，电流将会流过轴承，造成轴承箱的电化学腐蚀。

列车的每一节车厢通过两个接地电刷接地，每个车体之间有接地电缆连接，车与车之间通过车体上的两根电缆相互连接。此外，车内设备等接地保护。采用将配电保护地线、防雷接地、直流逻辑地线、静电地线、屏蔽地线、车体和设备的金属外壳实现电气连接，保持所有接地的等电位。

高压系统中，还有安全传导电能的高压电缆。根据连接设备的不同分别称为电缆 1、电缆 2 和电缆 3。电缆 1 是在受电弓与主变压器之间传导电能；电缆 2 是将电能从车厢的一端传递到另一端；电缆 3 是在两节车厢之间传导电能。电缆 1 安装在车顶，连接电涌捕捉装置和主变压器；电缆 2 也安装在车顶，在 Tp/Tb 车端和总开关之间敷设；电缆 3 连接在车辆和车辆之间。此外还有接地开关，维修工作时用作安全接地开关。

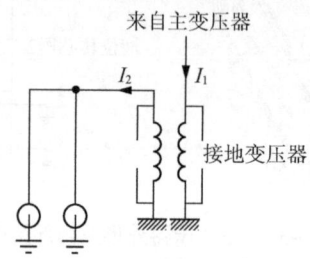

图 6-32 接地变压器工作原理

2. 牵引系统电路

牵引系统电路如图 6-33 所示，牵引系统电路的主要部分都在主变流器箱(CB)内部，此外还有直流环节的 2 次谐波滤波器和三相 LC 滤波器、三相辅助变压器等单独安装在滤波器箱(FB)中。全车 5 个主变流器箱 CB 分别安装在 5 个动车的底部，旁边紧靠着滤波器箱 FB，由相应单元的拖车上的主变压器供电。由于牵引变压器的主要功能是完成降压而不能变频，因此牵引变流器的主要功能是进行电能变压变频(VVVF)转换，以满足牵引列车及牵引控制对电能形式的需要。CRH1 是交-直-交电力牵引列车，由主变流器箱中的网侧变流器模块 LCM 首先将来自受电弓的单相交流电转换成直流电，该直流电又被电机变流器模块 MCM 转换成电压、频率都可调(VVVF)的三相交流电供给三相交流异步牵引电动机，通过对 LCM 和 MCM 的控制实现列车的牵引、调速及制动功能。

主变流器箱(CB)位于动车底架，紧靠滤波器箱(FB)，是一个独立的单元，包括 4 个变流模块、冷却系统和接触器。在电气上 CB 连接着主变压器、滤波器箱和牵引电机。物理上，它是阳极氧化铝箱，不锈箱体给了里面高压设备充足的保护。

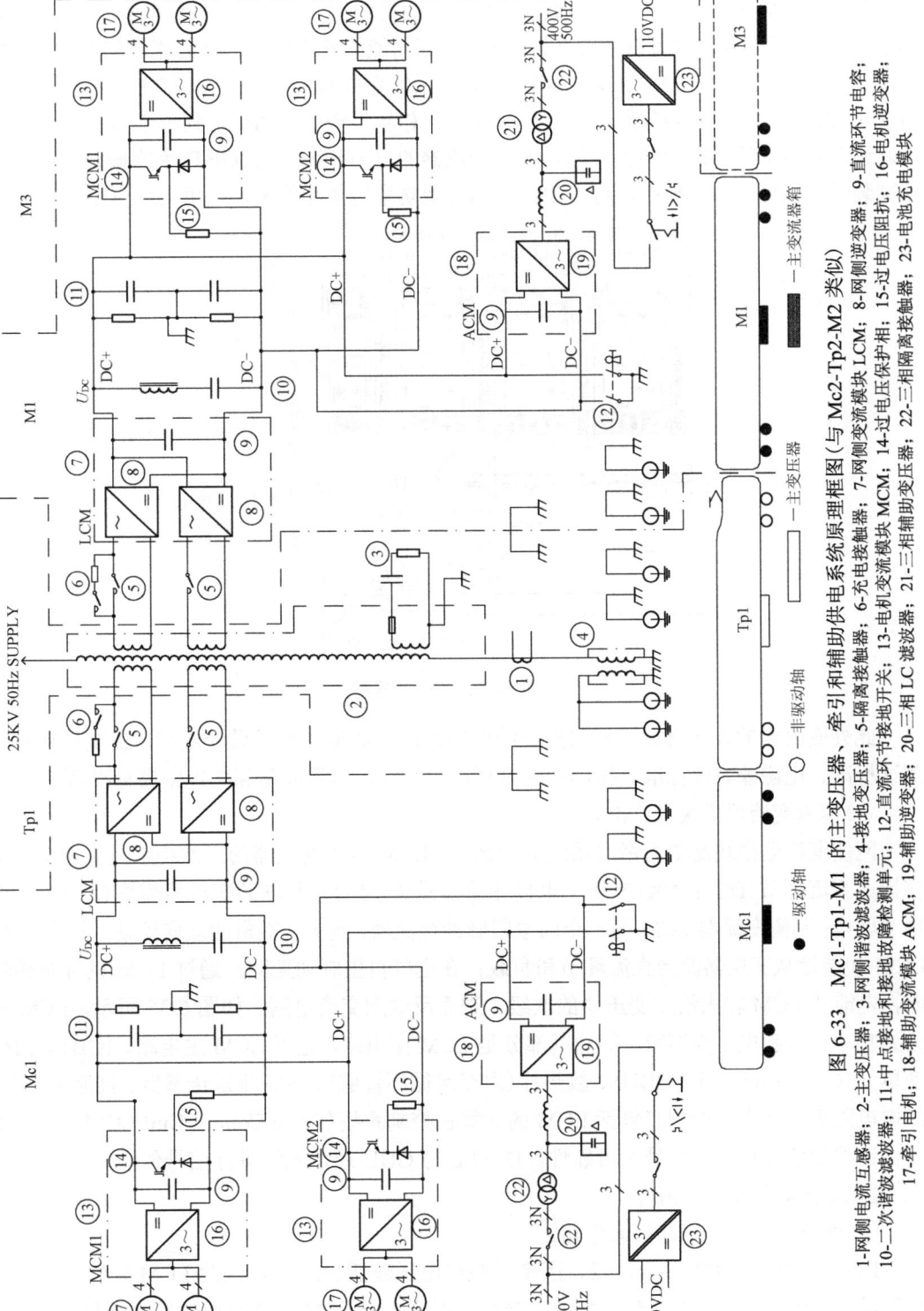

图 6-33 Mc1-Tp1-M1 的主变压器、牵引和辅助供电系统原理框图（与 Mc2-Tp2-M2 类似）

1-网侧电流互感器；2-主变压器；3-网侧谐波滤波器；4-接地变压器；5-隔离触器；6-充电接触器；7-网侧变流模块 LCM；8-网侧逆变器；9-直流环节电容；10-二次谐波滤波器；11-中点接地和接地故障检测单元；12-直流环节接地开关；13-电机变流模块 MCM；14-过电压保护斩；15-电压阻抗；16-电机逆变器；17-牵引电机；18-辅助变流模块 ACM；19-辅助逆变器；20-三相 LC 滤波器；21-三相辅助变压器；22-三相隔离接触器；23-电池充电模块

主变流器箱主要组成如图 6-34 所示，其中变流器模块包括 1 个网侧变流器 LCM、2 个电机变流器 MCM 和 1 个辅助变流器 ACM，箱内有独立的外部水循环冷却装置，可对箱内的 IGBT 等主要发热模块进行有效的冷却。几种不同功能的变流模块都带有相对独立的计算机控制部分（分别为 DCU/L、DCU/M、DCU/A），能独立完成对变流器的控制功能。一个电机变流器模块 MCM 驱动同一转向架上的两台并联的三相异步牵引电动机。列车牵引/制动的实现都是通过对牵引变流器的控制实现的。牵引变流器的电力开关管为 IGBT（绝缘栅双极晶体管），控制装置以微处理器为核心，可方便灵活地实现功率转换与保护，也可实现再生电气制动。

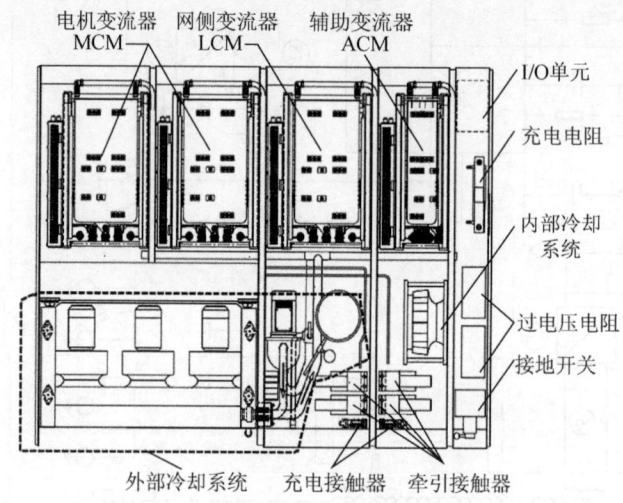

图 6-34 主变流器箱

此外变流器的设计遵循了一些重要的国际标准，如电动牵引设计规则、供电电压标准、测试标准、电磁兼容性标准、振动和冲击标准、绝缘、电器间隙和爬电距离标准等。

(1) 网侧变流器模块 (LCM)。

网侧变流器模块是电力牵引系统的一部分，LCM 将主变压器的二次绕组提供的交流电压转换成直流环节 (DC_LINK) 电压，电机变流器模块 (MCM) 和辅助变流器模块 (ACM) 从直流环节取电；网侧变流器 LCM 是一个四象限脉冲整流器，能实现能量的双向流动。牵引工况时，LCM 使能量从变压器流向直流环节和负载；在电气再生制动期间，通过 LCM 的能量传输反向，电能从 LCM 输出给主变压器的次级，进而反送到交流电网。如图 6-35 所示，LCM 箱体分为功率部分和电子控制箱。①功率部分是 LCM 主电路，包括 LCM 主电路、IGBT、门极驱动单元 (Gate Drive Unit, GDU)、散热片（内有水循环管道）、各种测量传感器、直流环节电容、放电电阻等；②电子控制箱包括 LCM 的计算机控制系统 (Drive Control Unit/LCM, DCU/L)，为保证控制信号和反馈信号的可靠性，DCU/L 与 GDU 通过光纤进行信号传输。

LCM 具体包括以下内容。

① 两重化四象限脉冲整流电路。

LCM 为两电平 PWM 变流器，因牵引绕组电压较低 (900V)，因此 LCM 采用了两重化四象限脉冲整流器，主变压器有 2 个牵引绕组分别给 1 个 LCM 的 2 个脉冲整流器供电，一是可以提高输入功率，二是采用载波移相技术，通过两个四象限脉冲整流器的 PWM 载波相差一定的角度，可以使网侧和直流环节的谐波减少。

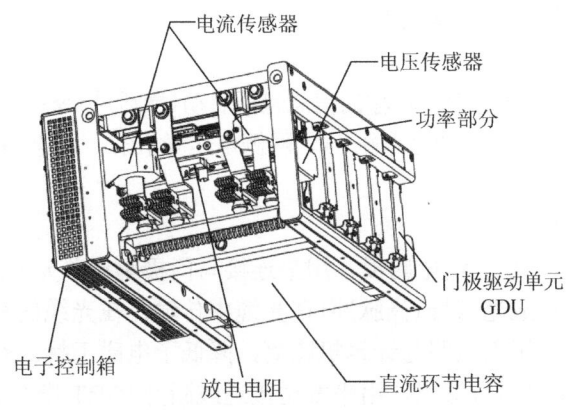

图 6-35 网侧变流器模块

LCM 功率器件共采用了 8 个 IGBT 模块，每个 IGBT 反并联了一个续流二极管，IGBT 由门电路驱动单元(GDU)控制接通或关断，采用两电平电压型结构，IGBT 的开或关使得各相输出电压在满直流环节电压 U_d 和 0V 之间交替变化，由此在相间产生受控的交变电压。在一个开关周期，同一半桥的上下两个 IGBT 模块会交替导通(或关断)，相电流将改变方向，称为一次换流。

每个 IGBT 模块配一个门电路驱动单元 GDU，每个半桥(每相)的上下 2 个 IGBT 的 GDU 在一块驱动板上。GDU 根据 DCU/L 的指令控制 IGBT 接通或断开，GDU 也能探测相间短路。GDU 由+24V 供电，放置在尽可能靠近 IGBT 的位置，以减小门电路引线电感。DCU/L 的开关指令通过光缆传输，起到将控制系统与高压主电路之间电气隔离的作用。为得到每相输出的瞬时电压，优化控制算法，GDU 将 IGBT 的电压信号通过光缆反馈给 DCU/L，使计算机能够快速得到 GDU 和 IGBT 的当前状态，对短路故障的快速响应有好处。有两个发光二极管指示 GDU 的状态。

② 直流环节电容。

LCM 中的直流环节电容器是一个能量缓冲器，起滤波及稳定直流环节电压的作用，要限制直流环节电压的波动在允许范围内，电容量必须足够大。与电容并联连接的有一个或两个放电电阻，在故障情况下，通过放电电阻对电容放电，使电容电压低于 50V。此外 CRH1 在直流环节配有一个 LC 二次谐振滤波器，用来专门滤除整流后产生的二次谐波。

③ 低压供电电源。

LCM 中带有低压电源，将输入的蓄电池电压，通过有电气隔离功能的 DC/DC 变流器转换成低压直流电，为 DCU/L 和各种传感器提供 DC 24V，也为 GDU 提供+24 V DC 电源。

④ 计算机系统 MITRAC-DCU/L。

LCM 计算机系统 MITRAC-DCU/L 监控 LCM 中的大部分功能，该计算机是车辆分布式控制系统的一部分，多功能车辆总线(MVB)连接到列车计算机单元。LCM 在 DCU/L 的控制下独立运行，不需要与外界有过多的输入和输出，DCU/L 可监控网侧变流器的工作状态、直流环节电压、网侧电压、网侧电流、相电流、温度，还有试验功能。

DCU/L 既有软件也有硬件，软件还有操作系统，大部分控制功能固化在微控制器和数字信号处理器中。程序按功能块组态，大部分是标准化的功能块，小部分根据项目确定。部分对响应时间非常敏感的功能由可编程硬件(即现场可编程门阵列)实现。控制系统尺寸小、重量轻、组态灵活。主要组成和功能如下。

(a) 与列车计算机通信。

与列车计算机通过 MVB 通信，传输的信息包括启动(激活)指令(输入)、电压基准(输入)、实际输出功率(输出)、直流环节电压(输出)、网侧电压(输出)、状态(输出)、故障指示(输入/输出)。

(b) 光缆输入和输出。

在 DCU/L 上固定了一块光缆电路板，用来连接与门极驱动单元 GDU 通信的光缆。在电路板上，电压信号被转换成光信号(光脉冲)在光缆中传输；在光缆的另一端，光信号又转换成电压信号。光介质把高压主电路与计算机隔离，降低了电磁干扰。8 个光信号输入，用来反馈 IGBT 的状态；8 个光信号输出，用来发送接通或断开 IGBT 指令。

(c) 便携式试验装置。

便携式试验装置可以挂在 LCM 上，用来进行诊断和故障追踪。该装置由 PC 和 8-通道记录板组成，PC 与 DCU/L 之间通过 RS232 接口连接。PC 可以用来检查 DCU/L 的状态和参数值，能够将故障指示和信号送入计算机作进一步的分析诊断。对故障追踪更有用的是试验架，可从车上将 LCM 拆下来放在试验架上。

⑤ 测量传感器。

包括：(a) 共 2 个电流传感器，采用霍尔元件，测量变压器两组次级绕组的电流，1U 和 2U 的相电流，测量值接入计算机的模拟输入端，DCU/L 连续监控相电流，如果相电流超过最大允许值，功率输出立即减小。(b) 电压传感器，用来测量直流环节电压，电压值不断地发送到 DCU/L，在变流器控制算法中应用。(c) 温度传感器，为 Pt100(0℃时 100Ω)，固定在散热器上，测量散热器温度，如果温度过高，LCM 的输出功率会受到限制。

LCM 的控制功能包括以下内容。

① 网侧电流控制。

LCM 具有控制网侧电流的功能，如果网侧电流超过最大允许值，LCM 会向列车计算机请求限制输出功率，降低直流环节电压，使 MCM 的功率减少，从而减小网侧电流。

② 直流环节电压和电流控制。

正常运行过程中，DCU/L 监控直流环节电压，在输出功率急剧变化或故障情况下，LCM 中的 OVP 将会限制直流环节电压，保护系统不致过电压，严重情况下(如非常高或非常低的电压时)，DCU/L 会激活保护性关闭。

在普通运行模式(Normal Operation)下，为防止刚启动时直流环节电容的充电电流过大，在启动隔离接触器(牵引接触器)之前，要先接通充电接触器，使电容经过充电电阻充电，以限制过大的充电电流。而在回送模式(Towing Mode)下，网侧变流器被禁止工作，直流环节电压通过预充电单元建立。预充电单元在几秒钟内可向直流环节充电至 DC400V。

③ 过电流保护。

DCU/L 对每相输出电流有过电流保护功能，如相间短路产生的过电流。保护功能是通过检测 1U 相和 2U 相电流值，由计算机硬件迅速响应实现的。通过检测 IGBT 的集-射电流来监控短路电流，当发生短路时，使 IGBT 迅速安全地截止，输出功率立刻减小。GDU 中也有短路检测与保护，既可监控 IGBT 导通前的短路电流，也可监控 IGBT 导通期间的短路电流，在电源短路和对地短路时保护动作非常迅速。

④ 过热保护。

在散热器上装有 Pt100 温度传感器,如果温度超过设定值 A(A 值可编程修改),LCM 的输出功率就会受到限制;如果测量温度在预设值 A 与 $A+4℃$ 之间超过 15min 以上,就显示故障,变流器关闭;只有温度下降到 $A-10℃$ 以下时,变流器才会重新启动。

⑤ 诊断。

DCU/L 有自测功能,LCM 有故障诊断和跟踪功能,这些在线功能可以保护系统、减小维护和停机时间。故障信息被发送到列车计算机,有些严重故障会造成 LCM 关断。

(2)电机变流器模块 MCM。

CRH1 的电机变流器 MCM 是两电平电压型逆变器,主电路主要包含三相桥式逆变器、DC 电容器和过电压斩波器(Overvoltage Chopper)或称过电压保护 OVP,这三部分由计算机 DCU/M(Drive Control Unit/MCM)监控。MCM 的计算机控制部分直接由蓄电池通过 DC/DC 转换装置供电,该装置还提供 24V 低压直流电源给 DCU/M 和测量传感器。MCM 的箱体结构与 LCM 相似,电机变流器电路结构如图 6-36 所示。

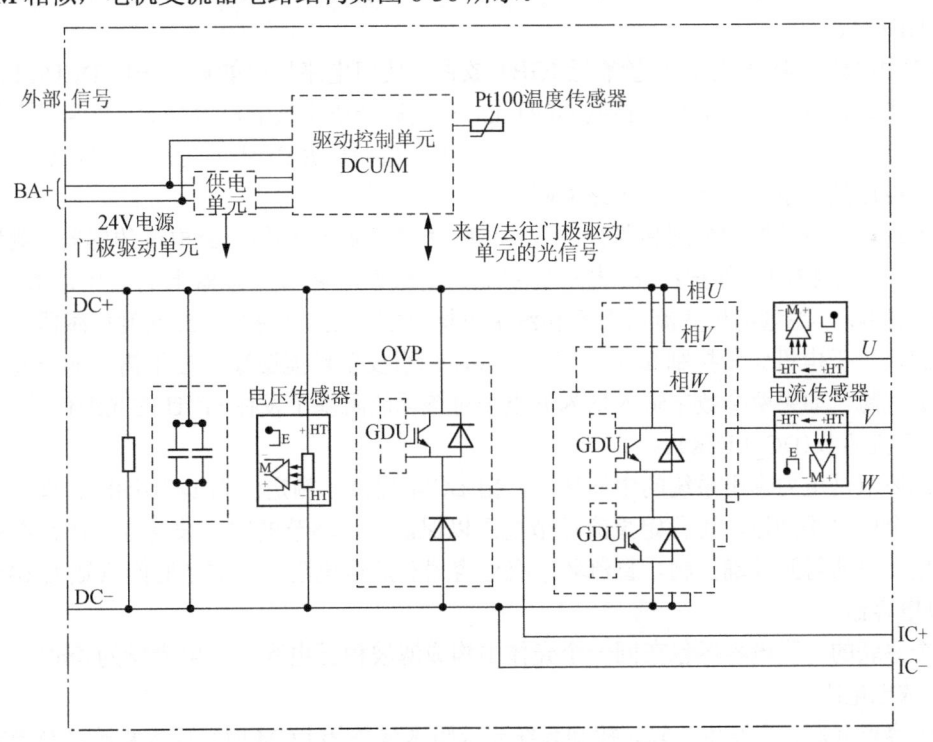

图 6-36 电机变流器 MCM 电路结构

① 三相桥式逆变器。

MCM 中的三相桥式逆变器的结构如图 6-36 所示,将直流电压变成可控的三相对称交流电压,在电制动时又能反过来把牵引电机发出来的三相交流电压变成直流电压,从而对牵引电机进行牵引与制动控制,其功率模块为 IGBT,开关频率 900Hz。MCM 内部照片如图 6-37 所示。

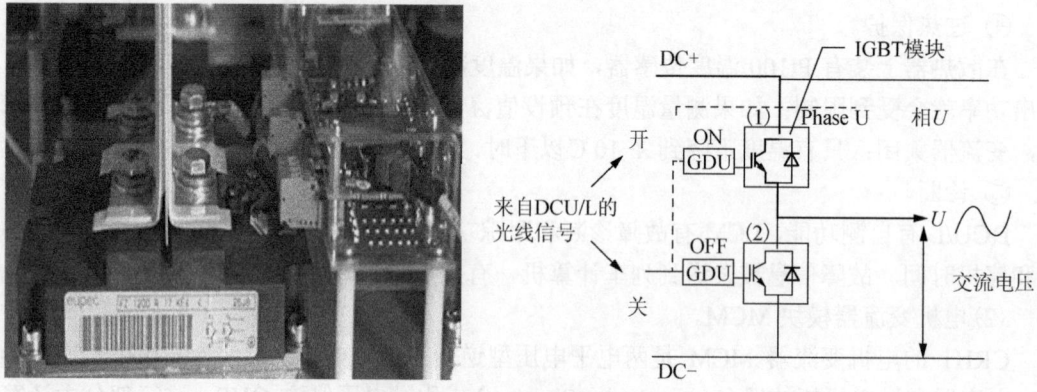

图 6-37 变流器箱内部接线照片

IGBT 的开通关断由门电路驱动单元(GDU)驱动，GDU 根据 DCU/M 的指令接通和断开 IGBT，GDU 也能检测相间短路。每个 IGBT 模块配用一个 GDU，因此每相有两个 GDU，共用一块 GDU 板。

GDU 由低压 24V 供电，尽量靠近 IGBT 放置，使门电路尽可能短。来自 DCU/M 的开关指令通过光纤传输和光电耦合连接到 GDU 上，实现高低压系统的电气隔离，提高了系统的抗干扰能力。GDU 具有反馈功能，可将 IGBT 的电流值检出并送到 DCU/M，可计算出牵引电机的定子电压的大小，快速响应短路故障。

为实现电机变流器的控制和监视，需要传感器测量如下参数：(a) 电流传感器，测量输出的相电流，用于控制和保护；(b) 电压传感器，测量直流环节电容器上的电压，用于保护；(c) 温度传感器，测量电机变流器温度和测量电机温度，用于保护；(d) 速度传感器，测量电机的转速，用于电机矢量控制和保护等。此外，牵引安全环能够减小在不需要的情况下产生牵引力的危险，如果两个数字输入均为低电平时该功能阻塞了发往 GDU 的光缆信号。

② 直流环节(DC_LINK)。

直流环节是电力牵引系统的中间环节，由 LCM 提供，额定值为 DC1650V。直流环节滤波器是一个能量缓冲器，可稳定直流环节电压以保证直流环节的电压波动维持在允许的限度以内，使变流器得到准确控制。直流环节有电容器和放电电阻，其放电时间常数为 10min。

(a) 电容器。

两个并联的薄膜电容器包在同一个壳体中构成滤波稳压电容，其电容量为 4mF。

(b) 放电电阻器。

与电容器并联，当发生故障，控制系统要求阻塞或关闭 LCM 时，要求直流环节放电，这时放电电阻器对电容器放电，使电容器电压低于 50V。放电电阻的阻值为 33kΩ。

(c) 过电压保护 OVP。

过电压保护(Over Voltage Protection，OVP)用于在直流环节电压过高时进行过电压保护，可防止 MCM 受瞬变过电压的危害，该功能可在牵引、制动及电动制动取消等各种工作模式下启动。如图 6-36 所示，OVP 电路由 1 个 IGBT、过电压电阻和一个续流二极管组成。过电压电阻阻值小、功率大，为便于散热，安装在主变流器箱体外侧。

当发生过电压时，激活 OVP 斩波器，电能消耗在过电压电阻中，直流环节电压开始迅速下降；当电压水平达到过压下限时，斩波器失效。这样可将直流环节保持在高、低电压限制之间。OVP 根据过电压情况，工作在这种起动与关闭模式下，而不是连续工作方式。

如果斩波器连续工作，但直流环节电压持续上升，超过过电压值，这时将显示直流环节过电压故障信息，并命令进行保护性关闭(Protective Shutdown)。如果在正常运行过程中直流环节电压低于欠电压值，则显示直流环节欠电压故障信息，并命令保护性阻断(Protective Block)。直流环节电压监控如图 6-38 所示。

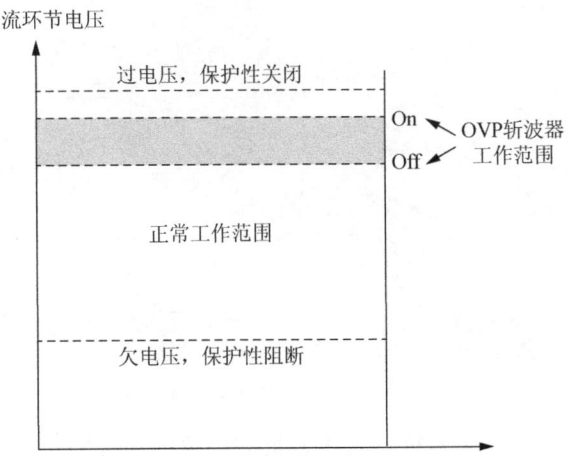

图 6-38　直流环节电压监控

(3)滤波器箱(FB)。

FB 的主要作用是过滤和稳定主变流器的直流环节电压，内部有二次谐波滤波器，是由电感和电容构成的串联谐振滤波器，串联型的二次谐波滤波器是与直流环节电容并联在直流环节中的，目的是滤除 LCM 对单向 AC900V 整流后在直流环节产生的二次谐波电流(100Hz)。其实它是主变流器电路的一部分，但是考虑到 L、C 谐振所产生的电磁干扰(EMI)会对主变流器内部的控制电路造成干扰，从电磁兼容性(EMC)的角度出发，把它放进一个单独的箱体，称为 FB，设计时都遵循 EMC 的标准。

辅助供电系统的三相 LC 滤波器的电感、电容和三相辅助变压器也放在其中。此外 FB 中还有预充电单元用于在回送模式(Towing Mode)下给直流环节预充电。在正常模式(Normal Mode)下通过充电接触器和充电电阻给直流环节充电；而在回送模式(Towing Mode)下，网侧变流器被禁止，直流环节电压通过预充电单元建立，此外预充电单元还可以给工作在发电状态的电动机励磁。FB 中有 MVB 总线控制器，可以进行数据采集，并通过 MVB 总线接口发送到网络中。

(4)牵引电动机。

CRH1 的牵引电机是三相异步电动机,型号为 MJA 220-8。相数为 3,极数为 4,电压 1287V,电流 158A，功率 265kW，质量 600kg，温度传感器采用 Pt100。基本速度为 2725r/min，最大运行速度(磨耗轮)4727r/min，最大设计速度(新轮)5392r/min，电机轴的最大牵引转矩为 2155Nm，最大制动转矩 2130Nm。电机最大限度地减少电机零部件，从而减少终端用户的维修工作量，提高电机的可靠性。电机与电机逆变器配套优化设计，以最大限度地减小脉动转矩，电机损耗及运行噪声。动车的每个转向架安装两台这样的电机，采用电气并联的方式由一个电机变流器供电。

牵引电机安装在转向架构架上，如图 6-39 所示，通过一个齿轮联轴节和一个单减速齿轮箱把电机转轴与转向架轮轴相连接。联轴节的作用是从电机向齿轮箱传送动力，齿轮箱将动力由联轴节传到轮轴，齿轮箱的齿轮比为 3.71。牵引电机是进行能量转换的装置，在牵引模式下将电能转换成机械能，在制动模式下则将机械能转换成电能。电机的特性曲线包括恒转矩区、恒功率区和交流电机特性区。牵引电机的运行由电机变流器计算机 DCU/M 实时监控。

图 6-39 牵引电动机在转向架中的位置

电机的驱动端轴承是一个滚柱轴承，允许膨胀引起的轴向位移，非驱动端轴承采用滚珠轴承，以便使转子在轴向定位。牵引电机为强制通风型，通过外部风扇进行空气冷却，在转子叠片和定子架中设有轴向冷却风管，定子架(铸件)中的冷却风管向定子叠片外部提供风冷却。风扇由双速(半速或全速)电机拖动，电机由 PCU 通过温度传感器、DX-设备和接触器控制，一个转向架的两个电机由同一风扇冷却。冷却空气被导向发热部件，如定子线圈、定子和转子铁芯、转子线圈和轴承。冷空气从车体外获得，路经车体风道至转向架，车体与牵引电机冷却管道之间由橡胶气囊连接。

常见的电机功能性故障原因可分为：①电气故障，表现为匝间短路、相间短路、接地故障；②机械故障，表现为振动或轴承失效；③非正常使用或电气、机械因素引起的过热。

引起电机暂时的性能降低的故障包括：①当出现一组电机内转速差异较大时；②当电机温度超过一定值时，转矩减小直到温度正常。

电机变流器 MCM 给电机提供以下保护：①接地故障保护装置；②通过在定子绕组中加装温度传感器实现电机过热保护；③电机具有过负荷保护装置(转矩限制)和过速保护装置。

导致电机变流器 MCM 阻断(Block)的常见电机故障包括：①电机电源故障；②引起接地故障的故障；③一组电机的所有速度传感器故障；④引起一组电机内转速差异太大的故障；⑤导致电机温度超过最大允许值的故障；⑥导致超速故障。

二、CRH1 牵引传动系统控制与保护

(一)牵引控制概述

牵引系统主电路的能量转换过程受二次回路的控制，CRH1 的二次回路是以 MITRAC 通用计算机系统为核心的列车控制与管理系统(TCMS)。MITRAC 计算机系统以摩托罗拉 68k 微处理器为基础，该系统的机械和电气设计均适应温度范围是-40~+70℃，并承受强烈振动冲击的牵引环境。

TCMS 接受驾驶员的指令信息，经过转换与运算以后发给主回路电器系统执行实施能量

转换过程,控制列车运行;TCMS 还检测列车运行的实际状态信息,对该状态信息进行处理和判断,一方面显示给驾驶员、乘务人员和维护人员了解列车的运行情况,另一方面对出现的异常情况进行报警和应急处理。

牵引控制系统的环节主要包括:PCU(牵引控制单元,Propulsion Control Unit)、VCU(车辆控制单元,Vehicle Control Unit)、DCU/X(MITRAC 的驱动控制单元,Drive Control Unit,包括 DCU/L、DCU/M、DCU/A)和 I/O 模块,如图 6-40 所示,这些装置是列车整体 TCMS 控制和通信系统的一部分,挂在牵引多功能车辆总线(MVB)上。

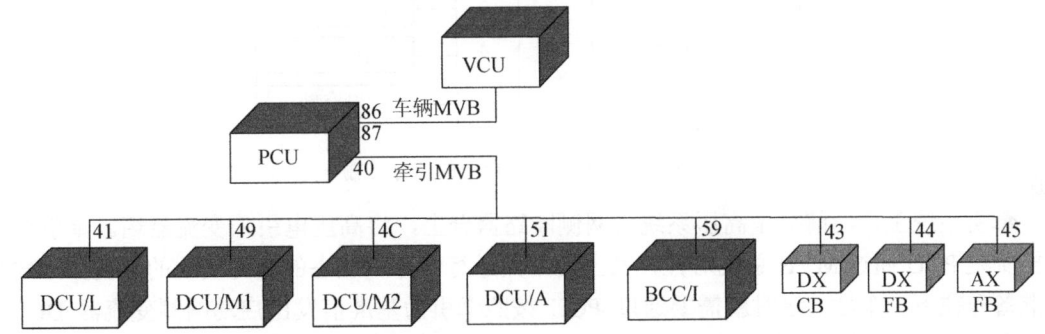

图 6-40 动车上的牵引控制系统框图

DCU/L-网侧变流器控制;DCU/M-电机变流器控制;DCU/A-辅助变流器控制;DCU/I-电池充电器控制;
DX-分别为主变流器箱和滤波器的数字输入输出板;AX-滤波器箱的模拟输入输出板

其中,牵引控制(Propulsion Control)是车辆控制(VC)系统中相对独立的一个子系统,称作牵引控制单元(PCU),它挂在每个列车基本单元 TBU 内部的 MVB(Multifunctional Vehicle Bus)总线上,通过 MVB 总线接受驾驶室的控制命令,也通过 MVB 总线传送车辆运行信息到主控计算机作进一步的处理和显示。每辆动车包含一个牵引控制系统。

牵引控制单元(PCU)有两个 MVB 总线接口,一个是车辆 MVB 接口,用于与车辆控制单元(VCU)通信;另一个是牵引 MVB 接口,用于牵引控制本身。PCU 通过内部的 MVB 总线与下一级功能单元相连,如电机变流器 MCM、充电控制器 BCC 等,这是低一层的 MVB 总线,这里称之为牵引 MVB。牵引控制的 MVB 接口地址始终设为 40,车辆控制接口的 MVB 地址根据 PCU 的具体位置可设为 86 或 87,在动车 Mc1 和 Mc2 内设为 86,在动车 M1、M2 和 M3 内设为 87,图中各单元上的数字均为对应单元在牵引 MVB 上的十六进制地址。

PCU 是牵引控制的核心,通过 MVB 总线实现对网侧变流器 LCM、电机变流器 MCM、辅助变流器 ACM、充电器 BCM 等的控制。LCM、MCM、ACM、BCM 都是具有高度自治功能的单元,能够独立实现 PCU 的控制指令,并自动将状态信息传送到牵引 MVB 总线。

驾驶员对列车的控制是通过驾驶员操作台实现的,主驾驶室的 TC CCU 通过 MVB 收到驾驶员操作台上的 I/O 单元的信息,并传递到其他需要该信息的系统,由各系统完成驾驶员操作意图。

例如,驾驶员把主控制器接通,主控制器(Master Controller)连接到数字输入单元(DX-单元),其数值被读为牵引/制动基准,主 TC CCU 通过 MVB 总线读到这个数字输入,并重新计算牵引/制动基准;接着将每个车的基准值通过 WTB 分配到其本地 TC CCU;在其他本地 TC CCU 中,根据该参考值计算出力矩基准;本地力矩基准通过 MVB 传输到本车 PCU 单元;在 PCU 中重新计算力矩基准并传给牵引电机变流器控制单元 DCU/M 生成所需的扭矩,牵引列车完成驾驶员的意图。MC车上信号传输如图6-41所示,其中IDU是信息显示单元,硬件是液晶触摸屏;TC CCU是列车中央控制单元,是MC1或MC2所在某个单元的控制中心,它是PCU上一级的控制单元,完成几乎所有的监视和控制功能。

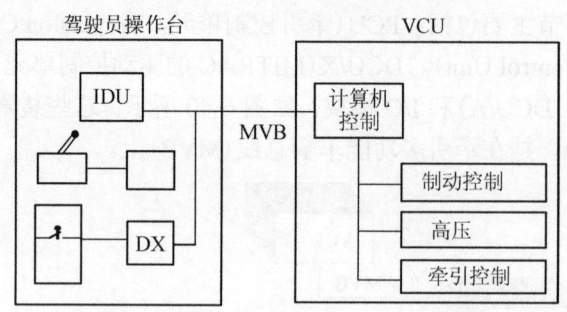

图6-41 驾驶员操作台上的信号传输

牵引系统工作的前提是高压系统将网侧断路器合上,将高压电引入变流器箱。牵引系统的控制是PCU通过MVB总线对挂在其上的单元进行命令、状态的读写实现的。例如,驾驶员准备开往下一车站,这时就需要通过PCU按照牵引力基准值发出启动网侧变流器DCU/L的指令,LCM启动后就向直流环节充电,建立直流环节电压;此后PCU就按照计算出来的牵引力基准值启动电机变流器,从而实现实际牵引力牵引列车运行。

PCU输入DCU/M的信号有激活命令、车辆驱动方向和牵引/制动力基准。激活命令主要包括激活LCM建立直流环节电压或直流环节放电,以及电机变流器的启动、运行或停止。牵引控制PC向DCU/M发出需要的牵引方向,但是牵引方向的改变命令仅在速度足够低(一般小于5km/h)时才能接受。驱动方向必须给定,即必须设定前进或后退。如果前进或后退方向均未设定,就停止电机变流器;如果前进和后退驱动方向均被同时设定,就执行保护性阻断,也停止电机变流器,同时显示驱动方向错误;如果前进和后退方向均未选择,转矩基准就置为零,不显示故障。

而DCU/M输出到PCU的信号有:实际牵引/制动力的大小,可利用的制动力的大小,轮轴转速,故障显示信息。

DCU/L和DCU/M的控制原理如图6-42所示。其中DCU/M监测和控制电机变流器模块(MCM)的大多数功能,DCU/M是车辆分布式控制系统的组成部分。因此MCM几乎独立工作,以最少的输入和输出信号(包括控制命令、系统状态和故障信息)与牵引控制通信。

而DCU/L的主要任务是保持直流环节电压为一个常值,不随牵引变流器的工作状态(是消耗电能还是回馈电能)而变化,当MCM工作在回馈发电状态时,作为四象限网侧变流器(4-quadrant Line Converter)的LCM也将工作在逆变状态,把电能回馈到电网。

DCU/M包含了所有的控制和保护牵引系统所需的功能,通过软硬件的手段实现转矩控制、速度测量、防空转/滑行(Slip/Slide Protection)。电机变流器MCM的四象限控制如图6-43所示。

(二)电机的牵引控制

DCU/M控制和监测异步牵引电机所产生的扭矩。在电机控制中,连接到同一牵引变流器的两台并联电机被等效为一台异步牵引电机,两台电机的总电流以及两台电机的平均速度被看成等效异步牵引电机的电流与转速参数,以用于牵引控制。

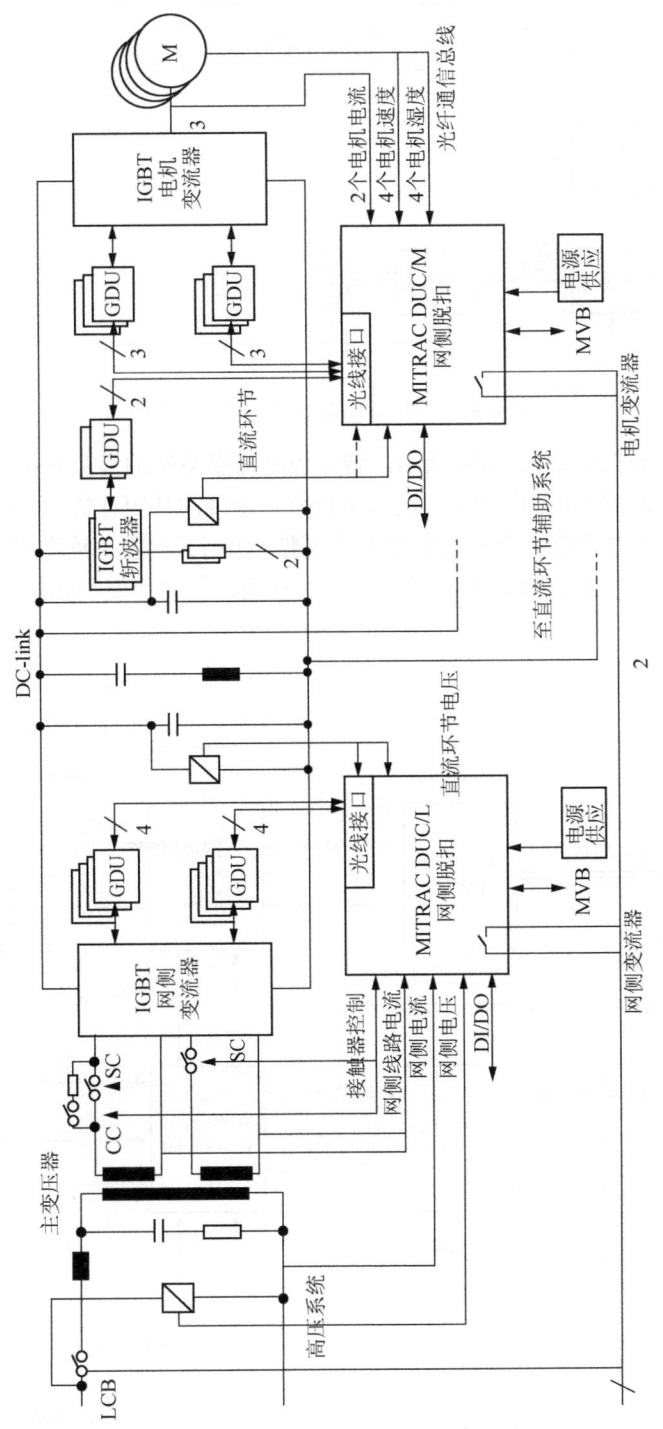

图 6-42 DCU/L 和 DCU/M 的控制原理

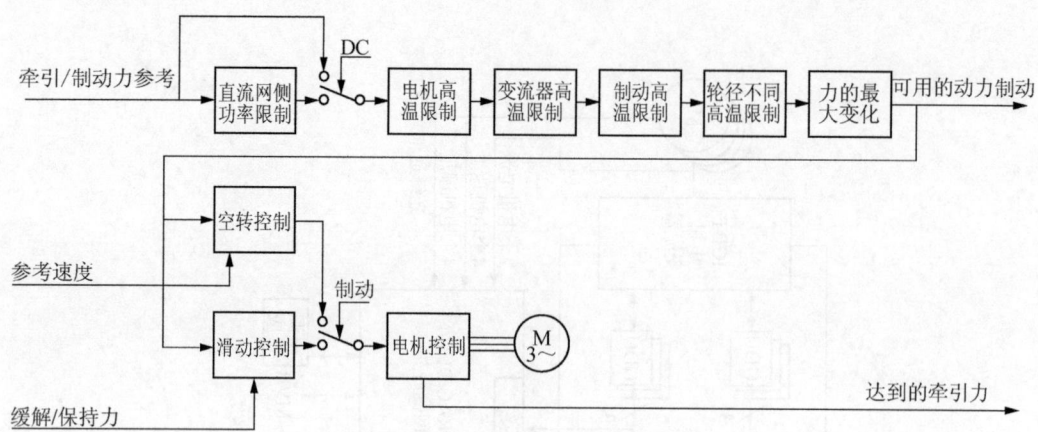

图 6-43　电机变流器 MCM 控制框图

MCM 的磁场转矩控制如图 6-44 所示，转矩控制需要测量的参数有电机两相电流、直流环节电压、GDU 反馈信号和电机频率，这些参数用于最终的转矩计算。为获得需要的电机扭矩，CRH1 通过 PWM 方式控制牵引电机的电压基准，包括其幅值、频率和初相位。通过异步电机的基于磁场定向的矢量控制，分别控制电机的磁场、旋转速度和扭矩。

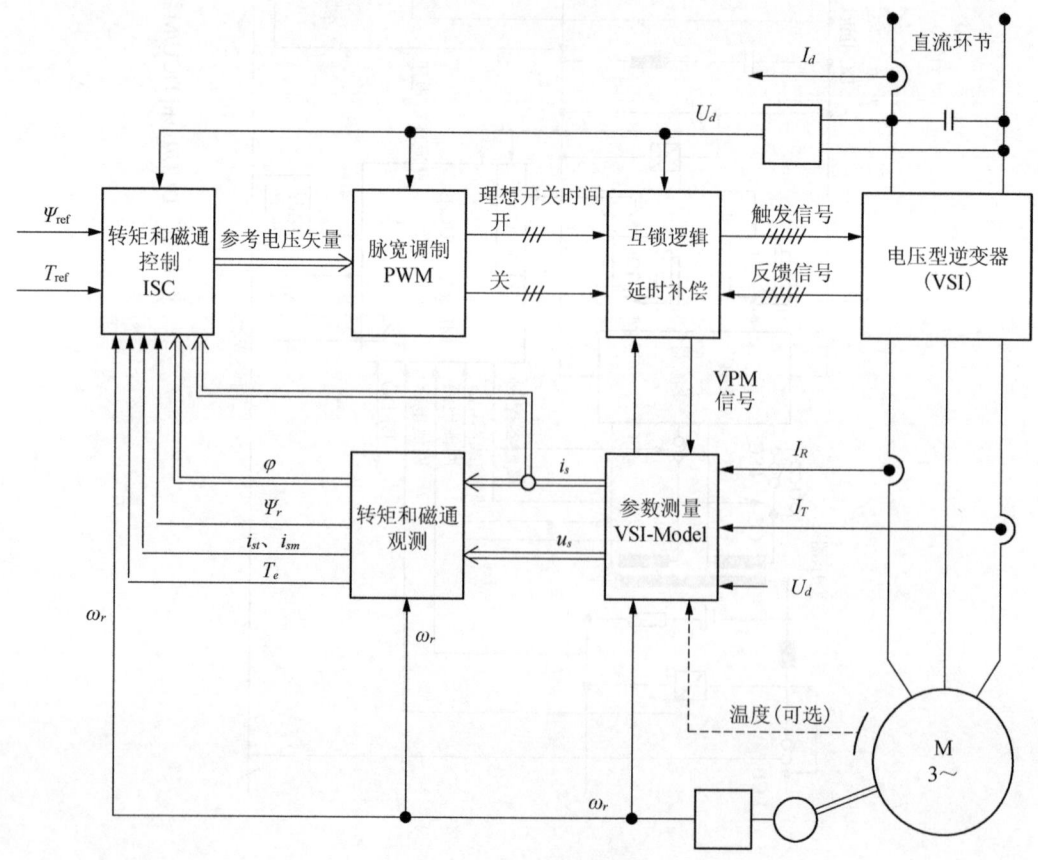

图 6-44　磁场转矩控制

从图 6-44 中可以看出，牵引电机的状态是最终由电压型逆变器给出的可变的电压幅值和频率决定的；电压的频率和幅值可以通过 PWM 算法来控制 MCM 主电路的 IGBT 的开、关实现；而 PWM 的输入是由图中的磁场转矩控制器的输出来提供的；给定的电压信号由两部分合成，两部分分别对应磁场和转矩，而磁场和转矩的计算需要精确的数学模型，即观测器；模型本身的输入就是通过采集一些容易测量的参数，包括电机的两个相电流、直流环节电压、电机温度和轴速。

MCM 的 PWM 调制采用空间矢量调制(Space Vector Modulation，SVM)。在这种调制方式中电机进行平滑的控制而没有变化和台阶。通过逆变器中 IGBT 的开关控制，PWM 斩波直流环节电压成为三相 AC 电压，控制是基于输出相的脉冲长度。每个单相的幅值还取决于直流环节电压。

为了最大程度地使用直流环节电压，使用了过调制。当标准的 PWM 达到电压幅值极限时，过调制方法开始启动。对于直流环节电压，线性 PWM 的幅值极限是最大输出电压的 90%。为达到 100%，使用了过调制，从 PWM 逆变平滑地转变为方波逆变。

PWM 的调制方式如图 6-45 所示，图中，f_s 指定子频率，f_{sw} 指 MCM 中的 IGBT 开关频率。在低速时，采用异步调制，采用相对于定子频率的较高的开关频率，更容易抑制干扰，同时有一个良好的转矩控制；在高速时，采用分段同步调制，采用相对于定子频率的较低的开关频率。

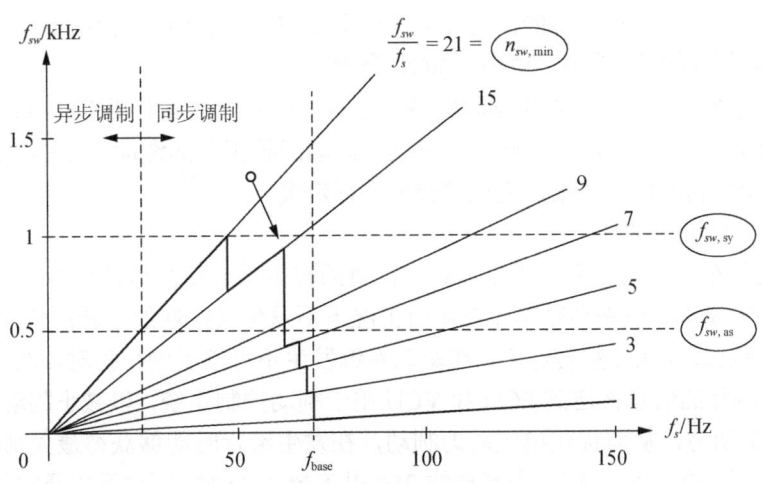

图 6-45　CRH1 的 PWM 调制方式

PWM 方法使用了高效的电机控制、高开关频率和保持纹波损失降低。相对较高的开关切换频率使电机抖动损耗较小。IGBT 的开关频率反映出 PWM 能够产生理想的电机电流的能力，频率越高，电机电流纹波越小，电机损耗也越小，但开关频率越高，电机变流器的损耗越大。

电机暂停(Standstill)期间，给电机输入一个直流电流以产生确定强度的磁场。之后，定子频率从 0Hz 开始上升。电机定子频率决定列车速度，从零频到基频，电机的电压-频率比为常数；当定子频率超过基频时，电机电压保持不变。在 PWM 控制下牵引电机的电压与频率之间的关系如图 6-46 所示。

(三)电机的电气制动控制

电气动力制动(Electro Dynamic Braking，也称电气再生制动)是一种回馈制动，当列车需要刹车时采用这种制动。通过使定子频率减小到低于转子频率时牵引电机作发电运行,列车动能通过三相逆变器回送给电网,就是电气动力制动。同时 DCU/M 连续向牵引控制发送来自电机变流器有效制动力的信息,如果一个电机变流器的再生制动受限或停止,制动系统将以机械制动形式予以补偿,以获得相同的减速。

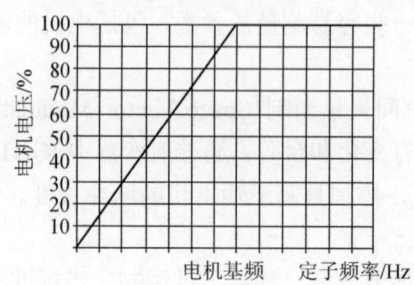

图 6-46 电机电压与定子频率的比较

备用制动(Backup Braking)也是一种回馈制动,一般不用作刹车。使用列车的动能,可在电源中断间隙保持直流环节电容的电压,这时牵引电机的工作状态就称为备用制动。当检测到电源中断时,扭矩基准立即被微制动(Gentle Braking)取代,由于是制动模式,电机逆变器 MCM 产生逆向的功率流,将电能反送给直流环节电容器。这样做的好处是:一是 MCM 不必在每次电源中断之后需要再次激活;二是由于辅助变流器直接从直流环节获取电能,而 MCM 会在电源中断时供给直流环节电能,因此辅助用电系统也不会因供电中断间隙而失去电源。

(四)防空转/滑行控制(Slip/Slide Control)系统

防空转/滑行控制系统提供在不同轮轨条件下有效黏着力的高利用率。该系统通过检测动轴的速度来判断牵引运行工况的空转和电气动力制动运行工况的滑动,当发现空转或滑行时,减小电机变流器控制的扭矩基准,直至空转或滑行消失。

空转-滑行控制的目的如下。

(1)在轨道和车轮之间黏着力不足以获得需要的转矩时,获得尽量高的扭矩。

(2)减小扭矩基准,使制动轴车轮在牵引工况下不发生失控性的空转;在电气动力制动时不会锁死;不超过最大允许空转速度;在驱动系统发生不可接受的扭振时,能降低扭矩基准。

发生空转/滑行的信息被送到 PCU 和 VCU 用于制动控制系统,以减小制动时发生滑行的转向架的空气制动力,从而优化电气动力制动,在发生滑行时能够获得最大制动力。当滑行现象严重,电气动力制动实现制动力基准的 25% 以下超过 2s 时,制动系统通常忽略滑行信号,并恢复空气制动。

空转/滑行控制系统结构如图 6-47 所示,空转速度基准和实际空转速度的差送给 P-控制器,短时间的优化搜索运算后,P-控制器输出可能获得的最大的扭矩基准,然后送给磁场转矩控制系统。

(五)速度控制

对于速度的调节主要由驾驶员控制器来完成,它有两种运行模式:一是自动模式,即速度调节器模式;二是手动模式,即功率导出模式(Power Derivate Mode)。

在自动模式下,驾驶员控制器其实就是速度指令发生器,是驾驶员对列车进行运行控制的主要手段,其作用就是给牵引/制动系统一个给定的运行速度,在运行速度调节器的作用下,列车最终的运行速度达到预设值,自动模式下速度控制原理如图 6-48 所示。

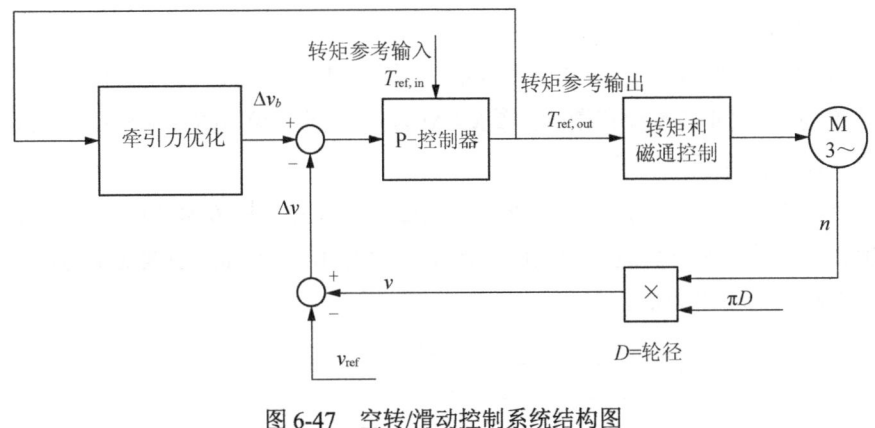

图 6-47 空转/滑动控制系统结构图

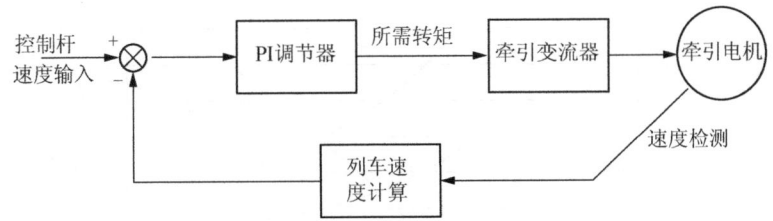

图 6-48 速度控制原理图

在手动模式下,驾驶员可以通过驾驶员操作台上的按钮开关选择驾驶员控制器的手动模式,此列车运行不受速度调节器的影响,驾驶员可以通过增加或减小输入牵引电机的功率来维持列车的运行速度,在"常速(Constant)"挡位,加速度或减速度是常值。

(六)牵引力和制动力基准

来自列车运行控制的牵引/制动力基准根据图 6-49 进行标尺计算与限幅。正牵引/制动力基准,作为牵引力基准处理;而负牵引/制动力基准,作为制动力基准处理。在牵引和制动中分别具有不同的标尺函数,这是因为在电气动力制动不足的情况下增加空气制动。

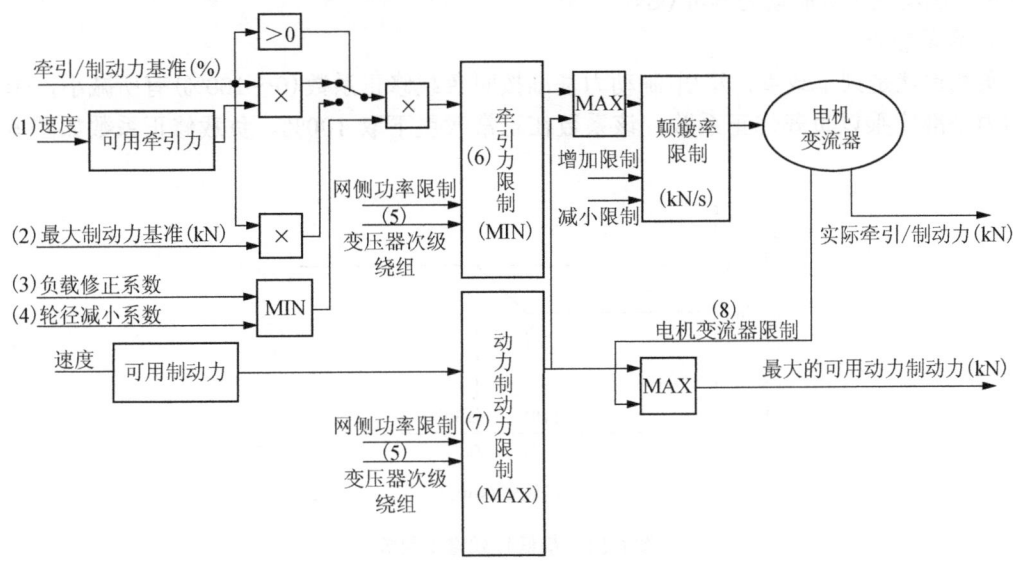

图 6-49 牵引力和制动力基准标尺及限幅计算

1. 牵引力基准

当牵引/制动力基准>0 时，为牵引力基准，否则为制动力基准。在以下情况下，牵引/制动力基准被置为零：①LCM 没有激活；②MCM 没有激活；③预防性关机；④受电弓离线；⑤牵引安全未激活；⑥无效车辆速度。

在牵引模式下，可用牵引力取决于速度。基准标尺计算如图 6-50 所示，不同的牵引力基准(0～100%)对应于作为车辆速度函数的可用牵引力的 0～100%。当改变动力需求时，驾驶员会得到一个相应的牵引力值。

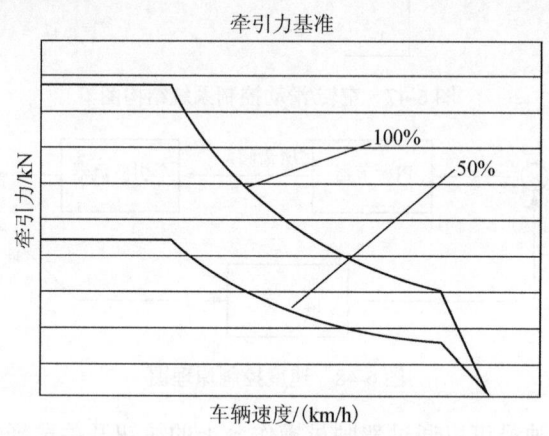

图 6-50 作为车辆速度函数的牵引力基准

2. 制动力基准

在制动模式，可用制动力是恒定的，不像牵引模式那样与速度相关。在高速情况下，电气动力制动力或简称动力制动力(Dynamic Brake Effort)减小时，自动加入空气制动(Pneumatic Brake)以保持总制动力在恒定的高水平上。只要要求没有限制，就没有必要按车辆速度而减小电气动力制动力基准。按 0～100%的制动力基准标尺计算时，100%对应于包括电气动力制动和空气制动的最大制动力基准(kN)。

3. 负载修正

负载也就是列车载重，牵引/制动力基准按照负载修正系数(0～100%)有所减小，牵引/制动力基准应乘以负载修正系数，该系数在正常载重下取 100%。负载修正系数如图 6-51 所示。

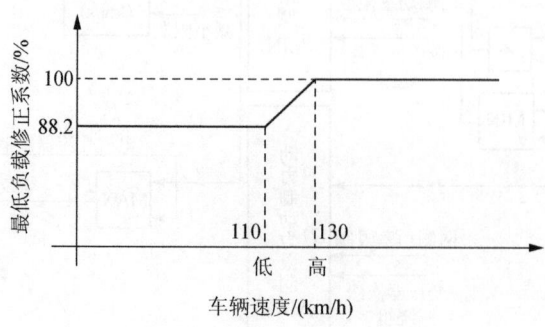

图 6-51 最低负载修正因数

从图中可以看出，车辆低速（110 km/h 以下）时的最小载重修正系数 88.2%；车辆高速（130 km/h 以上）时最小载重修正系数 100%。

在 TBU1 单元和 TBU2 单元，存在隔离或切断的 MCM 时，负载修正按 100%最大负荷模拟设置。

4. 轮径差异大的修正系数

牵引/制动力基准在轮径差异大时有所减小。最大允许的轮径为 915 mm（新轮直径大约 915 mm）；最小允许轮径为 835 mm；轮径默认值为 905 mm。

轮径值的计算：车轮转速根据车轮的旋转频率和已校准的轮径值来计算，每一轴的车轮转速被发送至 VCU 计算列车速度，计算的列车速度发送回到 PCU 和 DCU/M，用于计算车速对牵引/制动力的限制和空转/滑行检测。

一个轴的轮径值通过对校准的车辆速度 v_{cal} 和由轴转速 f_{axle} 计算的车辆速度 v_{axle} 之间的差值求积分得到，校准的车辆速度由 VCU（vehicle control）计算得到。其原理如图 6-52 所示，当轮径值 d 为实际值时，它与轴的转速 f_{axle} 之积得到的速度 v_{axle} 应该就是车辆的校准速度，如果两者有差异，积分值就会不断积累，直到差值为零，因此这是一个无差系统，最后能得到准确的轮径值。

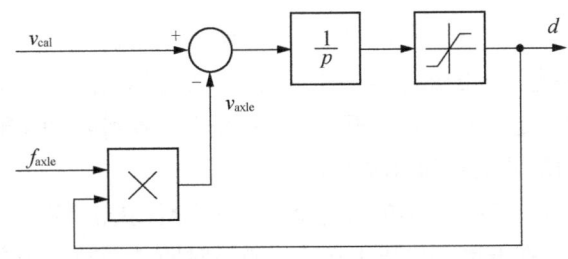

图 6-52　轮径值计算原理

各个轴的轮径单独计算，以下条件均满足时开始积分：①有 VCU 校准轮径的命令；②轴的速度是有效的。计算的轮径值，即积分器的输出，被保存在内存中。如果计算的轮径在限制范围之内，就设定有效；新软件下载之后，这个轮径值设定为缺省值。

牵引/制动力的轮径差异修正系数如图 6-53 所示。轮径差异太大时，MCM1 或 MCM2 被阻断。轮径差异大（7mm），轮径差异大的修正系数为 0%；轮径差异太大（10mm），轮径差异太大的修正系数 100%；如果一个转向架上的一个或两个轴的轮径值无效（越限），则牵引/制动力减少到 50%，并有故障信息显示。

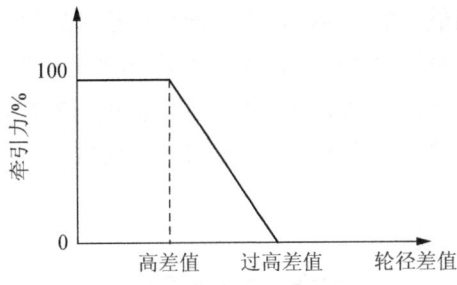

图 6-53　牵引/制动力按轮径差异修正

5. 网侧功率限制

(1) 网侧电压低。

在开车运行期间,通过限制网侧电压的拉低值,以使网侧电流不超限。最大的拉低/回馈的功率是网侧电压的函数,如图 6-54 所示。限制程度在 ES 性能规定之内。

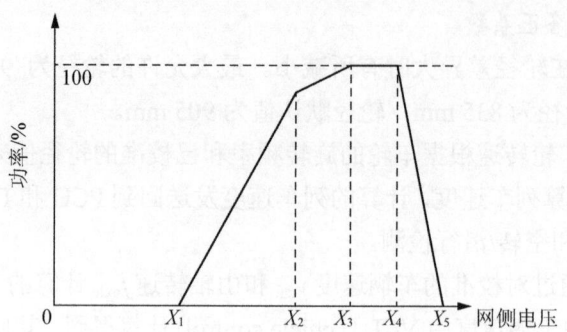

图 6-54 不同网侧电压下的最大网侧功率

当网侧电压低于标称网侧电压时,网侧功率限制值缓慢斜坡增加,以使在较小功率电网区间能够得到平滑特性。斜坡时间定义为

$$\text{MAX}(t_{\min}, k \cdot (U_{\text{nom}} - U_{\text{line}})/U_{\text{nom}})$$

式中,$t_{\min}$ 为在标称网侧电压下的最小斜坡上升时间;k 为标尺因子;U_{nom} 为标称网侧电压;U_{line} 为网侧电压。标尺因子定义为:90%的标称网侧电压下从零到最大网侧功率的斜坡上升时间。

(2) 网侧功率限制的斜坡上升和斜坡下降。

网侧电压低导致牵引/制动力基准的快速降低,直到网侧电压恢复正常后,牵引/制动基准可按正常函数缓慢增加。在低网侧电压下运行,斜坡时间是为减小或增加作为实际网侧电压函数的网侧功率限制,这是为了在较小功率电网区间运行增加网侧功率时,稳定网侧电压。当交流网侧断路器闭合时,网侧功率限制水平立即根据实际网侧电压设定。

(3) 牵引时 DCU/X 的网侧功率限制。

如果网侧电流或瞬时网侧电流超过最大极限,则 DCU/L 具有控制网侧电流的功能。如果网侧电流超过最大值,则 LCM 立即降低直流环节电压,使 DCU/M 功率减小。当 DCU/L 或 DCU/M,向牵引控制发送"网侧功率限制"信号,牵引控制就减小牵引/制动力,直到信号"网侧功率限制"为低电平。

DCU/L 向 PCU 发送最大网侧变流器功率,PCU 因此降低牵引力基准以避免电流限制。这可在对直流环节电压影响最小的同时,产生平滑和可控制的扭矩降低率。

在受电弓离线和网侧功率崩溃情况下,DCU/L 将向牵引控制发送"网侧功率被限制"信息。这意味着,直流环节电压由于网侧接触不良或网侧电压的快速降低而降低。这将导致牵引/制动基准的降低,直到"网侧功率被限制"信号再次变低。然后牵引/制动基准可按正常函数(与低网侧电压相同)缓慢上升。

(4) 变压器次级绕组电流限制。

根据主变压器的次级绕组的最大允许功率限制牵引和制动力基准。

根据 ES 车辆性能,驱动和制动下网侧电力功率限制参数:动车组牵引(在轨道上)最大网侧功率 5500 kW，动车组制动(在轨道上)最大网侧功率 5500 kW，在正常网侧电压下的网侧功率斜坡上升时间限制 60s，低电压下的斜坡下降时间 5s，极低电压下的斜坡下降时间 2s，激活电压依赖斜坡函数，在低交流网侧电压(定义为标称网侧电压的 90%)下的网侧功率斜坡上升时间限制 75s，快速降低激活电压水平 19kV，在低电压下快速降低值 40%。

6. 牵引力极限

牵引/制动力基准受以下条件限制：负载限制、网侧电功率限制、变压器次级绕组功率限制，也会受电机变流器温度、牵引电机温度等条件的限制。

7. 制动力限制

牵引/制动力受最大可用制动力限制。最大的可用电气动力制动力受限于：①网侧电功率限制；②变压器次级绕组功率限制；③同牵引力一样，制动力也会受电机变流器温度、牵引电机温度等条件限制。最大的可用电气动力制动力，首先由作为车辆速度函数的可用制动力决定。

(1)牵引/制动力变化率(颠簸率)的限制。

牵引/制动力基准的变化率被限制的目的是：①当主控制器从牵引到制动快速过渡，或牵引/制动基准由于列车状态改变而快速变化时，列车能够平稳运行；②限制牵引和制动力的实际变化率，减少 EMI 干扰；③限制牵引和制动力变化率，可减少通过较低功率接触网时的网侧电压干扰。

需要的牵引/制动力与列车的加速度/减速度成正比，实际输出的牵引/制动力变化率不能比列车最大允许的(需求的)速度变化更快，如图 6-55 所示。

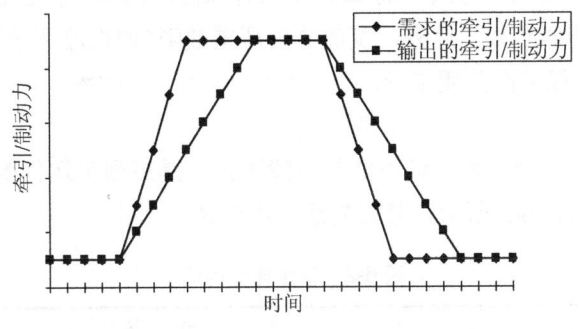

图 6-55 牵引/制动力的变化率限制

(2)实际牵引/制动力。

实际牵引/制动力是计算出来的电动机控制的牵引/制动力，这个信号一般显示在驾驶台上，在制动时还用于加入空气制动。

(3)最大可用电气动力制动力。

最大可用电气动力制动力，是上述牵引控制和电机变流器限制下的实际最大可用电气动力制动力。这个信号一般用于制动系统预先加入空气制动。

CRH1 电动车组的牵引/制动力受限值：最大牵引力为 325kN，最大制动力为 325kN；牵引/制动力基准的最大变化率：增加率 50%/s，减少率 100%/s。

8. 电机变流器限制

受 IGBT 温度循环的限制，电机变流器工作在定子频率较低时，对 IGBT 来说工作条件恶化,由于此时电流大,开关切换时间长,因此在列车从停止开始起动时牵引力基准被限制到50%。但在牵引命令设定 2s 后,如果没有达到 5km/h,则去掉限制。即低速时的牵引力限制为 50%;低速限制值(v_{min})为 5 km/h;到 v_{min} 时的最大加速时间为 2s。

(七) 系统保护

牵引系统保护有两个方面,一是在没有做好牵引准备时,或停车制动、紧急刹车时,连锁装置起作用,不能牵引列车运行;二是在设备、电器等发生不正常状况时迅速使其进入安全状态,以保护设备使用安全。具体实现方法就是连锁、阻断、关闭、隔离、跳闸等手段。

1. 牵引安全环置"低"

牵引安全环可直接通过硬线方式,而不需要通过任何的计算机或软件,就可阻断电机变流器,从而截断牵引电机的动力源。在以下状态下牵引安全环置低:①驾驶员室没有激活;②ATC 紧急刹车;③乘车门打开;④停车制动有效。

如图 6-56 所示,牵引安全环的状态来自电机变流器的牵引全使能信号。如果该信号状态在超过 3s 后出现差异,则显示牵引安全环故障,并将牵引安全环置"低",此时电机变流器被阻断,牵引/制动力基准设置为零。

2. 线路跳闸

在严重故障情况下通过线路跳闸切断电源以保护牵引系统,切断电源由电磁操作的网侧断路器实施。例如,DCU/X 之一发生严重故障,则直流环节和相应的网侧断路器直接跳闸,而不需要计算机或软件控制。来自 VCU 的脱扣指令通过每个 DCU/X 的网侧脱扣继电器连接到网侧断路器上,当 DCU/X 的供电切断或由于某种原因应用程序停止执行,则网侧脱扣继电器断开并导致网侧断路器断开。此外,变流器内严重故障(如直流环节过电压)也会断开网侧脱扣继电器,见表 6-2 保护性关闭部分。

3. 保护性处理

为避免变流器损坏,同时为降低可能的故障干扰,提高列车运行效率,激活变流器故障保护的五个优先等级如表 6-2 所示,其优先级逐级升高。

表 6-2 安全保护模式

保护模式	描 述
软阻断(Soft Blocking)	均匀减小转矩基准,阻断变流器。网侧变流器保持激活状态
保护性阻断(Protective Blocking)	立即阻断变流器,将转矩基准设定为零。网侧变流器保持激活状态,隔离接触器保持闭合
软关闭(Soft Shutdown)	均匀减小转矩基准至零,阻断所有连接到同一直流环节的变流器,断开隔离接触器(Seperation Contact)。网侧断路器保持闭合。软关闭对网侧断路器或连接到网侧断路器的其他系统没任何有影响
保护性关闭(Protective Shutdown)	通过安装在 DCU 板上的网侧脱扣继电器断开网侧断路器,阻断所有变流器,断开隔离接触器,将直流环节放电。在发现严重故障(如直流环节过压)时,请求保护性关闭。保护性关闭的请求信号发送至 VCU,VCU 断开网侧断路器并将保护性关闭指令发送至其他连接到同一网侧断路器的牵引系统。故障的牵引系统的隔离接触器被断开后,允许网侧断路器重新合上
隔离(Isolated)	隔离意味着变流器不能再激活,如果故障在一定时间内不消失,或故障频繁发生(如 30min 内出现 3 次),(网侧)变流器就要被隔离。被隔离的变流器应该由维护人员进行检查和复位。故障复位后,可以通过 PCU 控制重新启动网侧变流器

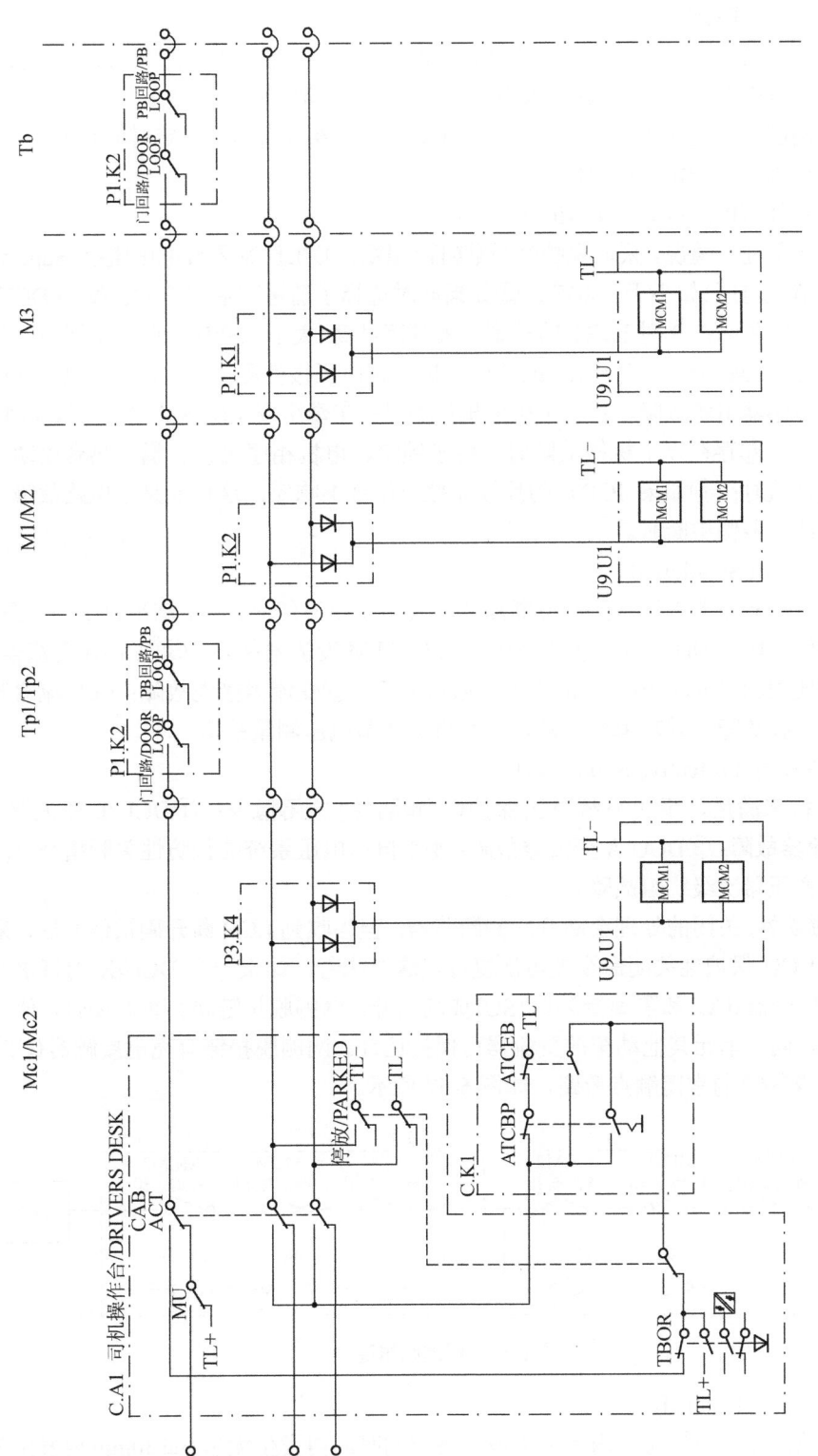

图 6-56 牵引安全连锁

引起这五种保护性处理的故障原因分别如下：

(1) 软阻断(Soft Blocking)。

列车运行时发生下面任一情况，采取软阻断措施：①当检测到轮对的轮径差太大(如10mm)；②当检测到牵引电机风扇转速太高或太低；③空转/滑行超过速度极限10s以上；④牵引电机温度过高超过一定时间(如15s)；⑤电机变流器温度过高超过一定时间(如15s)；⑥网侧变流器温度过高超过一定时间(如15s)。

(2) 保护性阻断(Protective Blocking)。

如果发生下面任一情况，采取保护性(预防性)阻断：①在直流环节电压监控(Supervision)中如果直流环节欠电压(如小于200V)；②如果同时选择了前进和后退方向；③当DCU/M检测到有过相电流发生时；④对IGBT的控制开关频率过高(大于3.3kHz)或过低(小于50Hz)，或控制IGBT的PWM调制模式无效，或牵引电机三相电压极性测量故障时；⑤电机速度传感器故障或速度传感器电源故障时；⑥牵引电机过高时；⑦牵引安全输入为"0"时，PCU命令开启电机变流器；⑧存在以下机械故障时：转子锁定、电机相序错误、耦合热套松动；⑨电网频率超过允许值时；⑩如果IGBT的反馈监控对指令不响应，这可能是主电路故障，此外还有受电弓离线、网侧中断时。

(3) 软关闭(Soft Shutdown)。

软关机对网侧断路器或连接到网侧断路器的其他系统没任何影响，满足以下任一条件时，牵引系统命令软关闭：①DCU/L变流器故障；②DCU/M变流器故障；③DCU/A变流器故障；④与牵引系统使用的输入/输出单元的MVB通信故障；⑤变流器接地故障；⑥变流器箱冷却故障；⑦系统选择故障；⑧功率平衡故障；⑨直流环节电压测量故障。

(4) 保护性关闭(Protective Shutdown)。

以下任一状态满足，牵引系统发出保护性(预防性)关闭指令：①DCU/L变流器故障；②DCU/M变流器故障；③DCU/A变流器故障；④来自高电压系统的预防性关断指令；⑤MVB通信错误；⑥变压器次级绕组故障。

保护性(预防性)关闭的处理会断开网侧断路器，但当收到LCB断开确认信号后，来自某个DCU/X的VCU保护性关闭命令被再次复位。这意味着，如果一个DCU/X内有永久性故障，并且充电接触器(CC)和隔离接触器(SC)成功断开，网侧脱扣链将会重新闭合，使网侧断路器再次闭合，同一单元其他动车的变流器可保持运行。网侧脱扣链有充电接触器(CC)和隔离(牵引)接触器(SC)的常闭触点旁路，如图6-57所示。

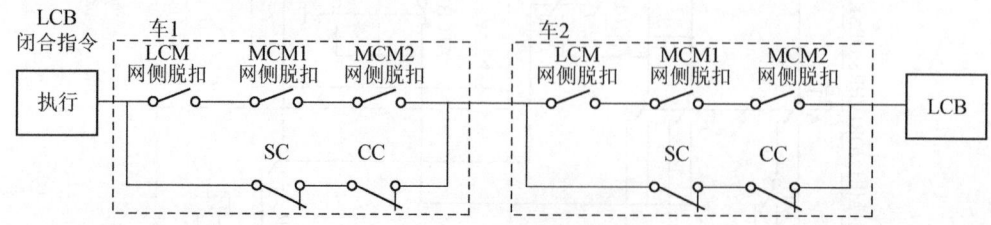

图6-57　网侧脱扣链

(5) 变流器隔离(Isolated)。

如果以上故障在一定的时间内不消失或在规定的时间内发生太多(如30min内发生3次)，DCU/X、BCC/I和/或牵引控制要求隔离变流器。如果变流器被隔离，将禁止变流器的重启。如果被隔离的是网侧变流器，直流环节就被放电。隔离的解除仅可由维护人员通过IDU"故障复位"(Fault Reset)命令复位，故障排除后，变流器就可按正常启动程序启动。

如果变流器没有被隔离，在发出启动命令之后 60s 内因故未启动，则显示故障；在 PCU 重新启动或者相应变流器启动时故障显示被复位。

(6) 过压保护 OVP (OverVoltage Protection) 隔离。

如果对应的电机变流器 1 由于直流环节电压测量故障被隔离或阻断，则 OVP1 将被隔离；如果对应的电机变流器 2 由于直流环节电压测量故障被隔离或阻断，则 OVP2 被隔离；如果两个电机变流器由于直流环节电压测量故障都被隔离或阻断，则 OVP 被激活，禁止直流环节充电。

第三节 CRH2 牵引传动与控制系统

一、CRH2 牵引传动与控制系统概要

CRH2 采用动力分散交流传动模式，适应在铁路既有线上以 160km/h 速度正常运行，在新建的客运专线以及既有指定区段上以 200km/h 速度级正常运行，动车组的运行条件如下：

(1) 自然环境。

① 气温条件：-25~40℃。

② 相对湿度：95%（月平均最低温度25℃时）。

③ 海拔高度：≤1500m。

④ 最大风速：一般年份15m/s；偶遇30m/s。

⑤ 气候特点：有风、沙、雨、雪天气；偶有盐雾、酸雨、沙尘暴等现象。

(2) 线路参数。

① 最大坡度：12‰（困难条件下 20‰）。

② 站段联络线坡度：≤30‰；最小曲线半径：2200m；缓和曲线：三次抛物线形，缓和曲线超高顺坡率 $1/10v_{max}$，困难条件下 $1/8v_{max}$；夹直线及圆曲线最小长度：$7/10v_{max}$（新建和改建地段）；困难条件下 $1/2v_{max}$；既有线保留地段困难条件下为 $2/5v_{max}$，取整为 10m 的整数倍。

③ 线间距：4.2m。

④ 到发线有效长度：650m，困难条件下 520m。

⑤ 轨距：1435mm。

⑥ 最大超高：150mm。

⑦ 最大超过允许值：110mm。

⑧ 道岔限速：区间道岔直向通过速度为 200km/h；进出站为 18 号可动心道岔（导曲线半径为 1200m，15 侧向通过限速 80km/h）和 12 号可动心提速道岔（侧向通过速度 50km/h）。

⑨ 竖曲线半径：15000m。

⑩ 车站站台高度：≥1100mm。

⑪ 车站站台边缘距轨道中心线的距离：1750mm；正线数目：双线；轨底坡：1/40。

⑫ 既有线路其他有关参数。坡道：≤30‰；轨底坡：1/40；辙叉心作用面至护轮轨头部外侧的距离：1394^{+0}_{-3}mm；辙叉翼轨作用面至护轮轨头部外侧的距离：1348^{+3}_{-0}mm。

(3) 列车运用特点。

列车为两端均可操纵控制的动车组，可单列运行，也可两列联挂运行。

① 两列联挂时间：≤3min。

② 列车立即折返时间：<16min。

③ 运行特点：客货混运、适用于既有线列车混运，动车组不通过驼峰，不与货车混编。

④ 救援列车(救援机车)：采用自动空气制动机和 15 号自动车钩。

(4) 动车组供电系统。

① 额定电压：单相交流 25kV、50Hz。

② 最高电压：31kV。

③ 最低电压：17.5kV。

④ 符合我国铁路干线电力牵引交流电压标准；线路设点式信号设备为列车提供过分相位置信号。

(5) 限界。

符合电力机车限界和客运专线机车车辆限界暂行规定。

(6) 信号。

闭塞分区长度一般为 1000～1200m。

CRH2 编组如图 6-58 所示，形式为 T1c-M2-M1-T2-T1k-M2-M1s-T2c，其中相邻的两辆动车为 1 个基本动力单元。每个动力单元具有独立的牵引传动系统。

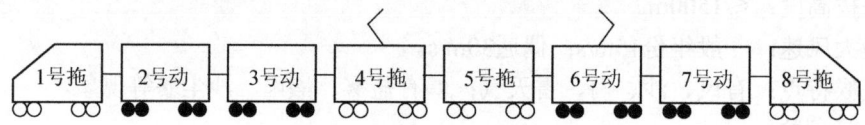

图 6-58　CRH2 动车组动力布置

受电弓从接触网接受 25kV、50Hz 单相交流电，通过真空断路器(VCB)连接到牵引变压器原边绕组。主电路开断由 VCB 控制。牵引变压器设置两组牵引绕组，牵引绕组输出电压为单相交流 1500V，50Hz。每辆动车配置 1 台牵引变流器，牵引变流器除了在牵引时驱动牵引电机，制动时进行电制动外，还具备相应的故障保护功能。图 6-59 为牵引传动系统简图。

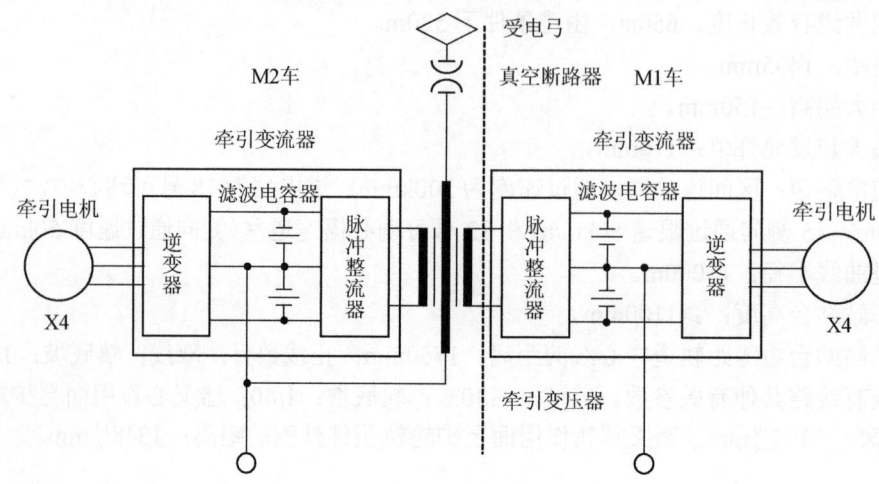

图 6-59　牵引传动系统简图

CRH2采用交-直-交传动系统，牵引电机采用三相鼠笼式牵引电机，其轴端设置速度传感器，实时检测电机转速(转子频率)，对牵引和制动进行实时控制。M1车和M2车传动系统独立控制，某动车故障时，故障动车将被隔离，无故障动车可以继续为列车提供动力；当某个基本单元故障时，可通过VCB切除故障单元，而不会影响其他单元工作。

牵引工况：受电弓将接触网AC25kV单相工频交流电，经过相关的高压电气设备传输给牵引变压器，牵引变压器降压输出1500V单相交流电供给牵引变流器，脉冲整流器将单相交流电变换成直流电，经中间直流电路将DC2600～3000V的直流电输出给牵引逆变器，牵引逆变器输出电压/频率可调的三相交流电源(电压：0～2300V；频率：0～220Hz)，驱动牵引电机，牵引电机的转矩和转速通过齿轮变速箱传递给轮对驱动列车运行，电机采用矢量控制技术进行控制。

再生制动：电制动时，一方面，通过控制牵引逆变器使牵引电机处于发电状态，牵引逆变器工作于整流状态，牵引电机发出的三相交流电被整定为直流电并对中间直流环节进行充电，使中间直流环节电压上升；另一方面，脉冲整流器工作于逆变状态，中间直流回路直流电源被逆变为单相交流电，该交流电通过真空断路器、受电弓等高压设备反馈给接触网，从而实现能量再生。

CRH2牵引传动系统主要包括高压电气设备、牵引变压器、牵引变流器和牵引电机。

1. 高压电气设备

高压电气设备主要包括受电弓、保护接地开关、高压电压互感器、高压隔离开关、真空断路器、避雷器、高压电流互感器等。

受电弓采用DSA250型，该受电弓为单臂型结构，额定电压/电流为25kV/1000A，接触压力为(70±5)N，弓头宽度约1950mm，具有自动降弓功能，适应接触网高度为5300～6500mm，运行速度小于250km/h。

真空断路器采用CB201C-G3型。额定开断容量为100MV·A，额定电流AC200A，额定断路电流3400A，额定开断时间小于0.06s，采用电磁控制空气操作。

避雷器采用LA204或LA205型。额定电压为AC42kV(RMS)，动作电压为AC57kV以下，限制电压为107kV。由氧化锌(ZnO)为主的金属氧化物组成，是非线性高电阻体的无间隙避雷器。

高压电流互感器采用TH-2型。变流比为200/5A，用于检测牵引变压器原边电流值。

保护接地开关采用SH2052C，额定瞬时电流为6000A(15周)，采用电磁控制空气操作。

2. 牵引变压器

采用ATM9型牵引变压器，一个基本动力单元设置1台牵引变压器，全列车共2台。采用壳式结构、车体下吊挂、油循环强迫风冷方式。牵引变压器设置1个原边绕组(25kV，3060kV·A)、2个牵引绕组(1500V，2×1285kV·A)，一个辅助绕组(400V，490kV·A)。

3. 牵引变流器

采用CI11型牵引变流器，一个基本动力单元设置2台牵引变流器，全列车共配置4台牵引变流器，牵引变流器采用车下吊挂结构，冷却方式采用液体沸腾冷却。主电路采用3电平式结构，包括脉冲整流器、中间直流电路、逆变器，不设2次谐波滤波装置和网侧谐波滤波器，牵引变流器采用脉宽调制方式(PWM)。中间直流电压为2600～3000V(随牵引电机输出功率进行调整)。1台牵引变流器驱动4台并联牵引电机，牵引电机采用矢量控制进行调速。

4. 牵引电机

牵引电机采用MT205，每辆动车设置4台牵引电机，一个动力单元由两节动车组成，共计 8 台牵引电机，全列车设置 16 台。牵引电机为 4 极三相鼠笼式异步电机，采用架悬、强迫风冷方式，通过弹性齿型联轴节连接传动齿轮。

由于动车组主电路较为复杂，为保证系统安全可靠地工作，牵引传动系统设置了各种故障检测和保护功能，包括防空转、防滑行、牵引电机过流、牵引电机电流不平衡、接地等故障保护。所有故障信息均在操纵台的列车信息显示器上显示。

CRH2 牵引传动系统的主要技术参数包括供电制式、牵引特性、牵引传动设备额定参数、额定效率及网侧性能指标。

(1) 供电电压制式：AC25kV/50Hz，最高电压为 31kV，最低电压为 17.5kV。

① 网压在 22.5～29kV 发挥额定功率。

② 网压在 22.5～19kV 牵引功率线性下降至额定功率的 84%。

③ 网压在 19～17.5kV 功率线性下降至零，辅助设备正常工作。

④ 网压在 29～31kV 各设备正常工作。

(2) 动车组的牵引特性参数。

① 最高运营速度为 200km/h。

② 最高试验速度为 250km/h。

③ 定员载荷的动车组平直道上的启动加速度为 $0.406m/s^2$。

④ 200 km/h 运行时，剩余加速度不小于 $0.1m/s^2$。

⑤ 损失 25%的动力时，平直道上的平衡速度可大于 200km/h。

⑥ 动车组在风速 15m/s 逆风下可以进行正常的营业运行。

⑦ 紧急制动距离(制动初速 200km/h)≤1800m。

(3) 牵引系统主要参数。

① 牵引变压器：一次侧绕组，额定容量 3060kV·A，额定电压 25kV，电流 122A，频率 50Hz；牵引绕组 2 个，1500V，2×1285kV·A；辅助绕组 1 个，400V，490kV·A。

② 牵引变流器：中间直流电压为 2600～3000V；逆变器输出电压、频率可调三相电源，电压 0～2300V，频率 0～220Hz。

③ 牵引电机：额定功率 300kW，额定电压 2000V，额定电流 106A。

(4) 牵引系统效率。

① 牵引变压器效率不低于 0.95。

② 牵引变流器的效率为 0.96 以上。

③ 牵引电机的效率为 0.94 以上。

(5) 网侧性能指标。

① 额定负载，网侧总功率因数≥0.97(不考虑辅助绕组)。

② 牵引变压器原边电流畸变率(THD)＜10%(条件：不受其他车辆和其他设备状态影响的良好电源品质状态以及额定负载)。

③ 1 个基本动力单元发挥额定功率时的等效干扰电流(Jp)＜2A。

④ 满足电磁兼容性(EMC)要求。

二、CRH2 牵引传动系统主电路及控制

(一) CRH2 牵引传动系统主电路

CRH2 牵引传动系统主电路示意图如图 6-60 所示。受电弓将接触网 AC25kV 单相工频交

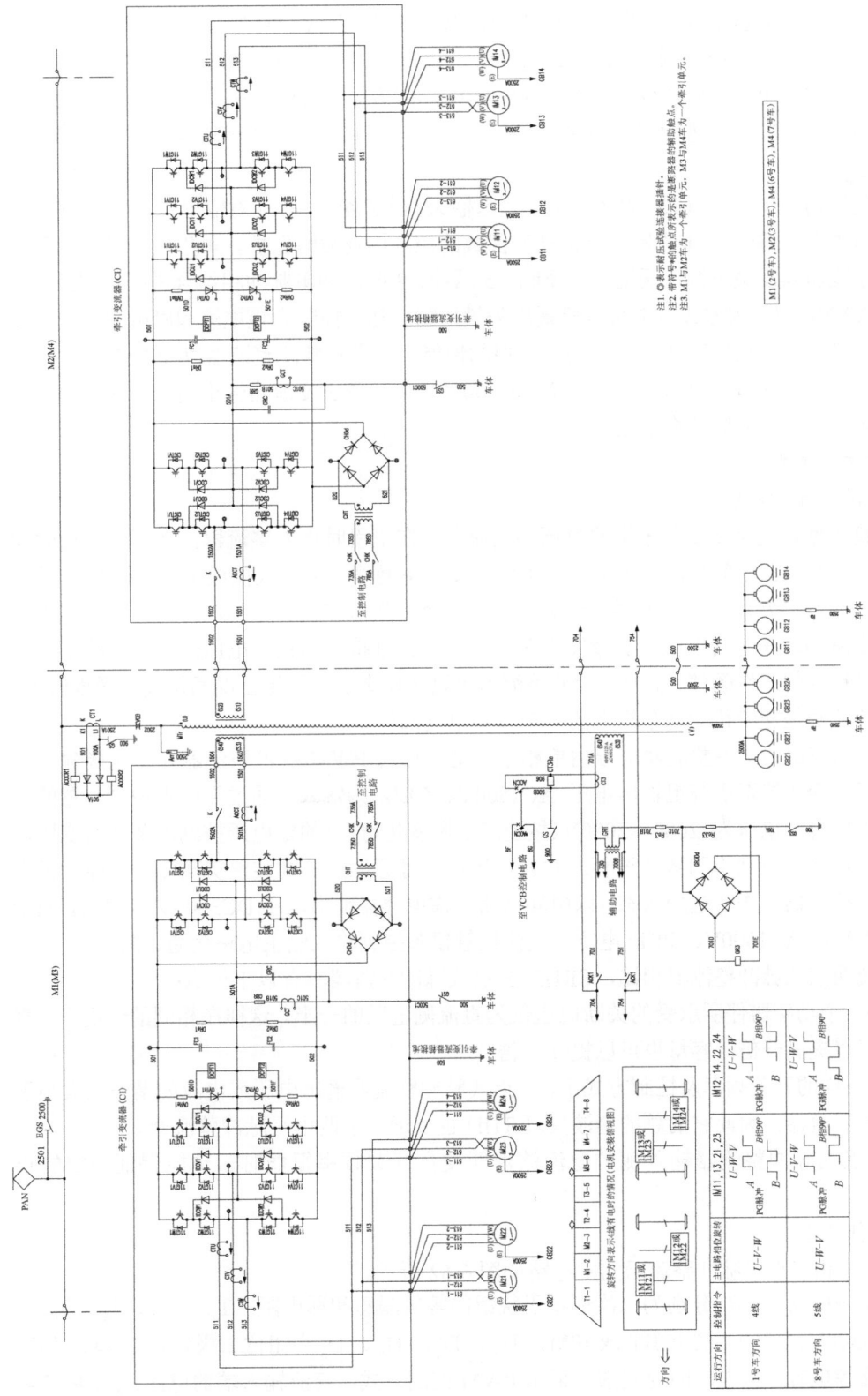

图 6-60 CRH2 动车组主电路示意图

流电，经过相关的高压电气设备传输给牵引变压器，牵引变压器降压输出 1500V 单相交流电供给牵引变流器，脉冲整流器将单相交流电变换成直流电，经中间直流电路将 DC2600～3000V 的直流电输出给牵引逆变器，牵引逆变器输出电压/频率可调的三相交流电源（电压 0～2300V；频率 0～220Hz），驱动牵引电机，牵引电机的转矩和转速通过齿轮变速箱传递给轮对驱动列车运行。

脉冲整流器由单相三点式 PWM 变流器、交流接触器 K 组成，实现对输出直流电压 2600～3000V 定压控制、牵引变压器原边单位功率因数的控制以及故障保护。再生制动时，牵引变流器向牵引变压器反馈电源，采用异步调制、5 脉冲、3 脉冲和单脉冲相结合进行控制。逆变器采用了 VVVF 的控制方式。牵引电机采用矢量控制，独立控制力矩电流和励磁电流，以使力矩控制高精度化、反应高速化、提高电流控制性能。三点式脉冲整流器以 PWM 斩波方式进行整流，控制中间直流电压牵引时在 2600～3000V 内。牵引变流器输出电压、频率可调的三相交流电驱动 4 台并联的牵引电机。

1. 脉冲整流器

（1）脉冲整流器特点。

脉冲整流器是交流传动动车组的电源侧变流器，在牵引时作为整流器，在再生制动时作为逆变器。它要保证中间直流环节的电压恒定，交流电网侧功率因数接近 1，还要消除谐波，使电网电流尽量接近正弦，最大限度地提高电网的经济效益，减少电网对周围环境的电磁污染；对于直流侧，在电网电压或负载发生变化时，能够维持中间直流电压的稳定，给电机侧逆变器提供良好的工作条件。而且，脉冲整流器可以实现牵引与再生工况间快速平滑地转换。所以脉冲整流器是交流传动动车组上的一个重要电气部件。

CRH2 动车组的脉冲整流器部分由单相电压型三点式 PWM 脉冲整流器和交流接触器 K 构成，以牵引变压器牵引绕组输出电压 AC1500V、50Hz 为输入。通过无触点控制装置的控制，实现输出直流电压为 2600～3000V（按速度范围变化可调）的定电压控制以及牵引变压器原边侧电压电流单位功率因数的控制。此外，还可通过无触点控制装置实现保护功能。再生制动时脉冲整流器工作在逆变状态，以中间回路支撑电容器输出电压 DC3000V 为输入，向牵引变压器侧输出 AC1500V、50Hz 电压。交流接触器 K 控制输入侧主电路接通、断开。

与传统两点式脉冲整流器相比，CRH2 三点式脉冲整流器具有以下优点：

① 每一个功率器件所承受的关断电压仅为直流侧电压的一半。这样在相同的情况下，直流电压就可以提高一倍，容量也可以提高一倍。

② 在同样的开关频率及控制方式下，三点式脉冲整流器输出电压或电流的谐波大大小于两电平脉冲整流器，因此它的总的谐波失真 THD 也要远小于两电平脉冲整流器。

③ 三点式脉冲整流器输入侧的电流波形即使在开关频率很低时，也能保证一定的正弦度。

（2）工作原理。

CRH2 单相三点式脉冲整流器的主电路如图 6-62 所示。

图 6-61 中，L_N 和 R_N 分别为二次侧牵引绕组的等效漏感和漏电阻，$T_{a1} \sim T_{a4}$、$T_{b1} \sim T_{b4}$ 为额定值为 3300V、1200A 的 IGBT 或 IPM，D_a、D_a'、D_b、D_b' 为钳位二极管。C_1 和 C_2 为直流侧两个支撑电容。该电路的控制部分采用 PWM 调制方式，交流输入端的电压 u_{ab} 是用 5 电平的脉冲来等效的正弦波，这 5 个电平分别为 U_d、$U_d/2$、0、$-U_d/2$、$-U_d$。u_{ab} 中含有和正弦信号同频率且幅值成比例的基波分量，以及和载波频率有关的高次谐波，而不含有低次

谐波。由于二次侧牵引绕组的漏感 L_N 的滤波作用，高次谐波电压只会在交流侧电流 i_N 产生很小的脉动，可以忽略。输入端的电压 u_{ab} 如图 6-62 所示。则脉冲整流器主电路可以等效为如图 6-63 所示。

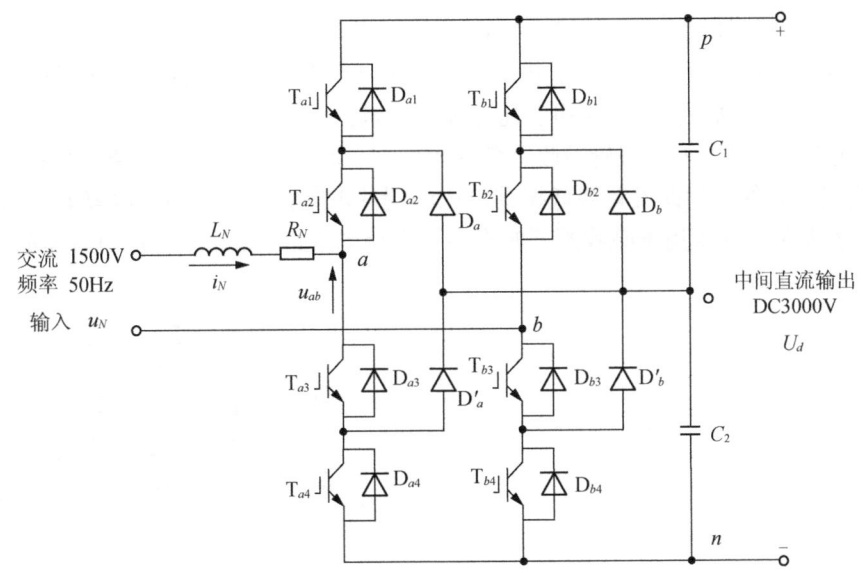

图 6-61　脉冲整流器的主电路图

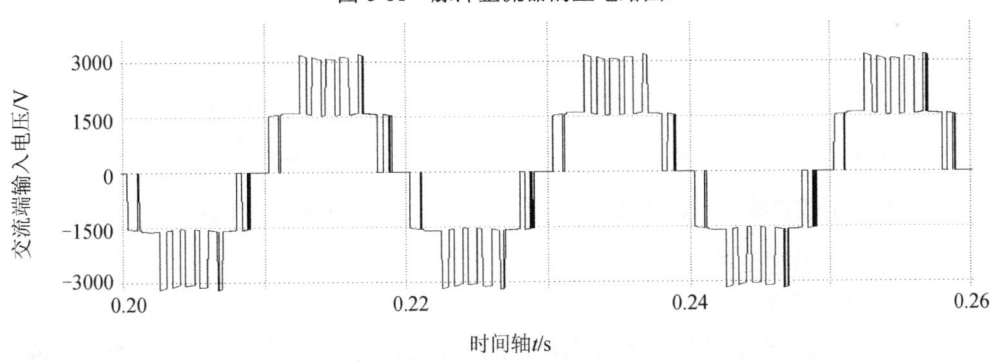

图 6-62　交流侧输入端电压 u_{ab} 的波形

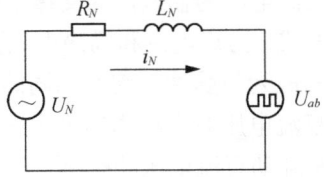

图 6-63　脉冲整流器等效电路

由图 6-62 可知，该脉冲整流器的电压矢量平衡方程为

$$\dot{U}_N = j\omega L_N \dot{I}_N + R\dot{I}_N + \dot{U}_{ab} \tag{6-24}$$

式中，$\dot{U}_N$ 为二次侧牵引绕组电压相量；$\dot{I}_N$ 为二次侧牵引绕组电流的基波相量；$\dot{U}_{ab}$ 为调制电压的基波相量。

在二次侧牵引绕组电压 $\dot{U}_N$ 一定的情况下，$\dot{I}_N$ 的幅值和相位仅由 $\dot{U}_{ab}$ 的幅值及其与 $\dot{U}_N$ 的相位差来决定。改变基波的幅值和相位，就可以使 $\dot{I}_N$ 与 $\dot{U}_N$ 同相位或反相位。在牵引工况下，$\dot{I}_N$ 与 $\dot{U}_N$ 的相位差为 0°，该工况下的矢量图如图 6-64(a) 所示，此时 $\dot{U}_{ab}$ 滞后 $\dot{U}_N$；而对于再生制动工况，$\dot{I}_N$ 与 $\dot{U}_N$ 的相位差为 180°，该工况下的矢量图如图 6-64(b) 所示，此时 $\dot{U}_{ab}$ 超前 $\dot{U}_N$，电机通过脉冲整流器向接触网反馈能量。这也就说明脉冲整流器可以实现能量的正反两个方向的流动，即既可运行在牵引状态，从二次侧牵引绕组向直流侧输送能量，也可以运行在再生制动状态，从直流侧向牵引变压器输送能量。

IGBT 元件断开时虽然二极管吸收了负载电流，但是线路中电流急变将产生振荡电压。振荡电压可能损伤元件，为此设置降低振荡电压的缓冲电路。缓冲电路由电容器、二极管和电阻构成，电容器和二极管用于吸收断开时产生的振荡电压，电阻用于释放电容器的过充电量。电路构成参照图 6-65。

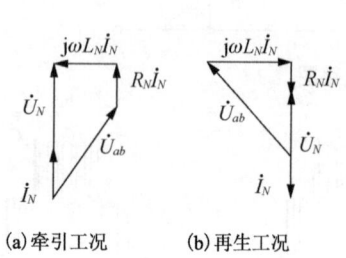

(a) 牵引工况　　(b) 再生工况

图 6-64　脉冲整流器的基波相量图

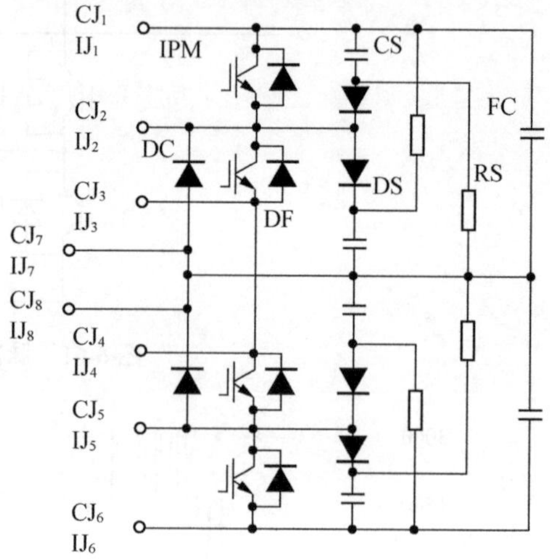

图 6-65　功率器件吸收回路

2. 逆变器工作原理及控制

(1) 逆变器电路原理。

逆变器部分以支撑电容器电压为输入，无触点控制装置控制 IGBT 或 IPM 的开通或关断。牵引时逆变器输出电压和频率可调的三相交流电，控制 4 台并联牵引电机的转速和力矩。再生制动时以牵引电机输出的三相交流电源为输入，向支撑电容侧输出直流电压。

牵引电机控制采用矢量控制方式，力矩电流和励磁电流独立控制，以提高力矩控制精度、响应速度及电流控制性能。电路构成为与脉冲整流器相同的三点式结构。因为中间直流回路没有二次滤波回路，为防止脉动直流电压对电机力矩产生脉动影响，应在逆变器的脉宽调制方式中采用一定的控制策略来抑制脉动直流电压的影响。

三点式逆变器主电路采用两主管串联与中点带钳位二极管的方案，如主电路示意图 6-62 所示。这种主电路方案可使主管耐压值降低一半，开关元件的通断状态如表 6-3 所示。

表 6-3　主管开关状态与输出电位

模式	TU$_1$	TU$_2$	TU$_3$	TU$_4$	输出相电压 u_{UO}
P	通	通	断	断	$U_d/2$
O	断	通	通	断	0
N	断	断	通	通	$-U_d/2$

由表 6-2 看出，主管 TU_1 和 TU_3 栅极上控制脉冲是互反的，主管 TU_2 和 TU_4 也是如此。同时规定输出电压变化只能是正到零，零到负或相反地变换，不允许正负之间直接变换。此外，电压型逆变器中上述主管通断转换中必须遵循先断后通的原则，如表中 u_{UO} 从 $+U_d/2$ 到零变换时，先断 TU_1 后通 TU_3；其余类推。用逆变器对异步电机实现变频调速时，在基本转速范围内应保持电机主磁通恒定。根据电机学原理，这需要施以电机的基波电压 U_1 跟随基频 f_1 接近成比例变化。

(2) 电压空间矢量调制控制法。

① 基本思路。

对电机供以三相对称电压为 u_U、u_V 和 u_W 时，按空间矢量理论，其电压空间矢量 U_r 可表示如下：

$$U_r = 2\left(u_U + \lambda u_V + \lambda^2 u_W\right)/3 \tag{6-25}$$

式中，$\lambda = e^{j2\pi/3}$。当三相对称电压为正弦变化时，电压空间矢量 U_r 为圆形旋转矢量。当三点式逆变器输入为恒定直流电压且 $U_{C1} = U_{C2}$ 时，其电压空间矢量可能的组合如图 6-66 所示，共 $3^3 = 27$ 种。其中零矢量（幅值为 0）有三个：R_{OOO}、R_{PPP} 和 R_{NNN}。内正六边形的每个顶点有两种可能的组合，如图 6-66 中的 R_{ONN} 矢量与 R_{POO} 矢量处于同一点。除去上述八种重复的矢量，三点式逆变器共有 19 种独立的电压空间矢量。

② 电压空间矢量合成计算。

如图 6-66 所示，外正六边形各顶点的电压矢量将电压矢量图分成六个大的对称正三角形区域（每个区域为 60°）；再把各相邻电压矢量两两相连，则可将三点式逆变器电压空间矢量图分成四个小的正三角形（其中每个大三角形区域包含四个小三角形）。对每个大三角形区域进行分析，可得到整个 360° 工作情况（图 6-67 是中间大三角形区域放大图）。在不同的供电频率下，电机定子电压合成的电压空间矢量的幅值不同，则合成的电压矢量端点轨迹分别落在图 6-66 的内正六边形、内外正六边形之间或内外正六边形中。

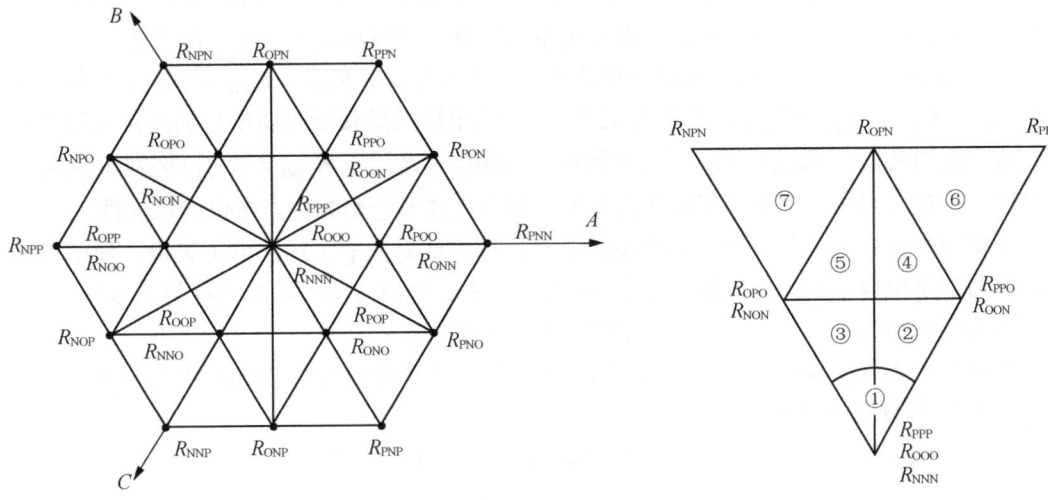

图 6-66　三点式逆变器电压空间矢量图　　图 6-67　60°区域放大图

下面以图 6-68 为例分析电压空间矢量的合成。期望的合成电压矢量落在①、②、③区域内，则由 R_{OPO}、R_{NON}、R_{PPO}、R_{OOP} 和零矢量合成。设 R_{OPO} 与 R_{NON} 为 Z_1，作用的时间为 T_1；

R_{PPO} 与 R_{OOP} 为 Z_2，作用时间为 T_2；零矢量作用时间为 T_3；脉冲周期为 T。按照电压空间矢量等效原则，则有

$$\begin{cases} Z_1 \times T_1 + Z_2 \times T_2 + 0 \times T_3 = U_r \times T \\ T_1 + T_2 + T_3 = T \end{cases} \tag{6-26}$$

由表 6-3、式(6-25)及式(6-26)可得到 T_1、T_2、T_3 分别为

$$T_1 = 2\sqrt{3}\frac{U}{U_d}\sin(\theta - 3/\pi), \quad T_2 = 2\sqrt{3}\frac{U}{U_d}\sin(\theta + 3/\pi), \quad T_3 = T - 2\sqrt{3}\frac{U}{U_d}\sin\theta \tag{6-27}$$

式中，U 为相电压峰值；θ 为相电压合成电压空间矢量的幅角；U_d 是中间直流回路电压。

由上面分析可知，在整个 360° 内各小正三角形顶点电压矢量所用时间均可由式(6-25)和式(6-26)计算。

③ 脉冲周期内施加电压空间矢量的顺序选择原则。

在选择电压空间矢量时，为了减少逆变器开关元件的开关损耗，三点式逆变器仅有一条支路的开关元件产生通断动作，并且每条支路状态只能由 P 变到 O，N 变到 O，不允许 P 与 N 之间直接互变。还要考虑到矢量图中各小的正三角形之间过渡的平滑性等。

④ 改善中点电位偏移的 PWM 控制方式。

三点式逆变器的中点电位是经过两个容量较大且相等的支撑电容来分压而得到的。在变频调速过程中，尤其在低频或低转速情况下且支撑电容不可能无限大时，中点电位难以维持零电位而会发生偏移。这会影响输出电压的对称性与提高对主管耐压的要求，对整个系统工作不利。为此，要采取措施以抑制或控制中点电位的变化。

抑制中点电位偏离的电压空间矢量 PWM 控制方法是根据每脉冲周期内合成电压空间矢量幅值相等的法则而得到的。三点式逆变器的电压矢量可能的组合有 $3^3=27$ 种，其矢量图示于图 6-67。由图看出，零矢量有 3 个，为 R_{OOO}、R_{PPP}、R_{NNN}（或简写为 o_O、o_P、o_N），内正六边形的顶点的矢量幅值为外正六边形顶点矢量幅值的一半，每顶点有两种可能的组合，如图 6-67 中 R_{POP} 与 R_{ONO} 处于同一顶点。除去上述 8 种重复的矢量，三点式逆变器共有 19 种独立的电压矢量。然而通过对这些冗余的电压矢量的选择，可以抑制中点电位的变化。

把内六边形顶点的 12 个电压矢量分成两类：一类为 R_{POO}、R_{OPO}、R_{OOP}（三者简称为 a_P 矢量）与 R_{PPO}、R_{OPP}、R_{POP}（三者简称为 b_P 矢量），这类电压矢量接通时属中点的上部电容参与工作。另一类为 R_{ONN}、R_{NON}、R_{NNO}（三者简称 a_N 矢量）与 R_{OON}、R_{NOO}、R_{ONO}（称为 b_N 矢量），它们接通时下部电容参加工作。所以在这些矢量参与工作时会影响中点电位的稳定性。

为了抑制中点电位变化，应在某个短的调制周期内成对选取上述的电压矢量，使中点的上部电容与下部电容参与工作的机会均等（或说经由中点流出与流入的总电荷量为零）。下面以内正六边形区域为例来说明电压矢量平均值 PWM 控制方式。

与普通二点式逆变器中所用此法相类似，零矢量与两个相邻 60° 的电压矢量分别作用的时间 T_1、T_2、T_3 有如下公式：

$$\begin{cases} T_1 = T[1 - 2m\sin(\theta - \pi/3)] \\ T_2 = 2m\sin(\pi/3 - \theta) \\ T_3 = 2mT\sin\theta \end{cases} \tag{6-28}$$

式中，θ 为 60° 扇区中角度变量；T 为 60° 扇区中每等份的小角度所对应的脉冲周期；m 为与合成电压矢量幅值，中间回路直流电压及基波频率 f_1 有关的系数。

在三点式逆变器中相邻 60°的电压矢量各有两个,可选的电压矢量比二点式的多一倍,且同样要注意每次转换时开关次数应最少,如图 6-69 所示为一个扇区中电压矢量的连接(或转换)关系。为抑制中点电位变化,在采用脉冲周期内合成电压矢量幅值相等的准则时,应该使 a_P、b_P 矢量与 a_N、b_N 矢量成对出现。为此从三点式电压矢量连接关系(图 6-68),可选取如下调制或转换方式:

$$o_P \longleftrightarrow b_P \longleftrightarrow a_P \longleftrightarrow o_O \longleftrightarrow b_N \longleftrightarrow a_N \longleftrightarrow o_N$$
$$\beta \longleftarrow T \longrightarrow \beta \longleftarrow T \longrightarrow \beta$$

即以两个脉冲周期 T 为单元,使 a_P、b_P 矢量同 b_N、a_N 矢量成对出现。各矢量的作用时间有下列对应关系:

$$T_{oP} + T_{bP} + T_{aP} + T_{\infty} + T_{bN} + T_{aN} + T_{oN} = 2(T_1 + T_2 + T_3) = 2T \tag{6-29}$$

式中,T_1 为零矢量(o_P、o_O 或 o_N)作用时间;T_2 为 a_P 与 a_N 电压矢量作用时间;T_3 为 b_P 与 b_N 电压矢量作用时间。为此,有

$$\begin{cases} T_{aP} + T_{aN} = 2T_2 \\ T_{bP} + t_{bN} = 2T_3 \end{cases} \tag{6-30}$$

设中点电压控制信号为 F,则两者矢量的分配关系为(1+F)与(1−F),则有

$$\begin{cases} T_{aP} = T_2(1+F), & T_{aN} = T_2(1-F) \\ T_{bP} = T_3(1+F), & T_{bN} = T_3(1-F) \end{cases} \tag{6-31}$$

零矢量时间,为脉冲周期 T 减去上述电压矢量作用时间,即

$$\begin{cases} \text{第一个脉冲周期中:} T_{oP} + T_{\infty} = T - (T_{aP} + T_{bP}) \\ \text{第二个脉冲周期中:} T_{\infty} + T_{oN} = T - (T_{aN} + T_{bN}) \end{cases} \tag{6-32}$$

F 信号是根据中点电位偏移及牵引或再生工况来给出的。

从上述分析可以看出,以两个脉冲周期 T 为单元,使内六边形的功能相同而不同组合的电压矢量成对地被选取,以抑制中点电位变化且维持其不变。

(二)CRH2 动车组牵引电机矢量控制

CRH2 动车组采用转子磁场定向间接矢量控制技术实现对逆变器和电机的控制。输入支撑电容器电压,依据无触点控制装置控制信号,输出变频变压的三相交流电对 4 台并联的电机进行速度、转矩控制。再生制动时牵引电机发出三相交流电,向支撑电容器输出直流电压。牵引电机控制采用矢量控制方式,独立控制转矩电流和励磁电流,以使转矩控制高精度化、反应高速化,提高电流控制性能。控制框图如图 6-68 所示,各控制单元的作用如下。

(1) 转矩控制单元。

转矩控制单元如图 6-69 所示。牵引时按换挡(Notch)指令及转子频率设定转矩指令。制动时按制动力指令设定转矩指令。逆变器闸控开始时利用斜坡函数升到目标值。换空挡(Notch Off)时转矩会利用斜坡函数降到目标。

接通档位、升挡(Notch Up)等转矩发生变化时,计算 1 秒(s)从变化前的值变化到目标值的转矩。

转矩图形如图 6-70 所示。

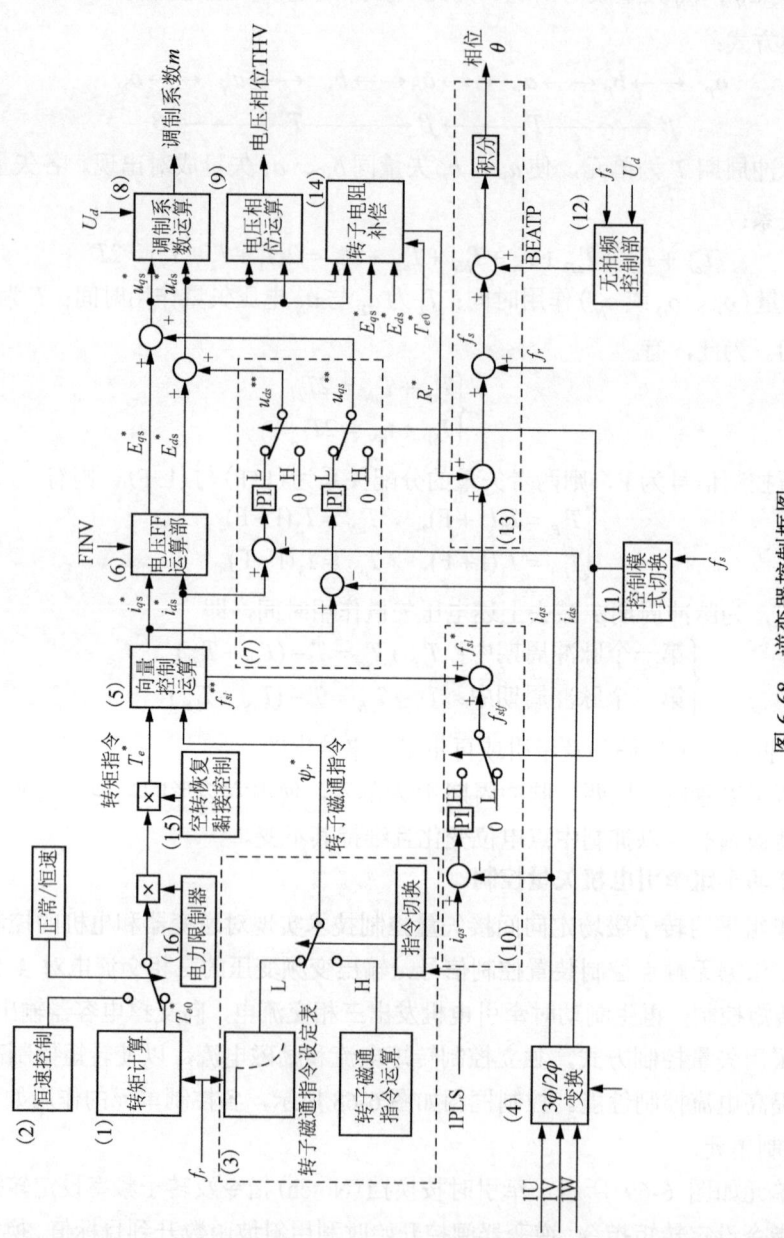

图 6-68 逆变器控制框图

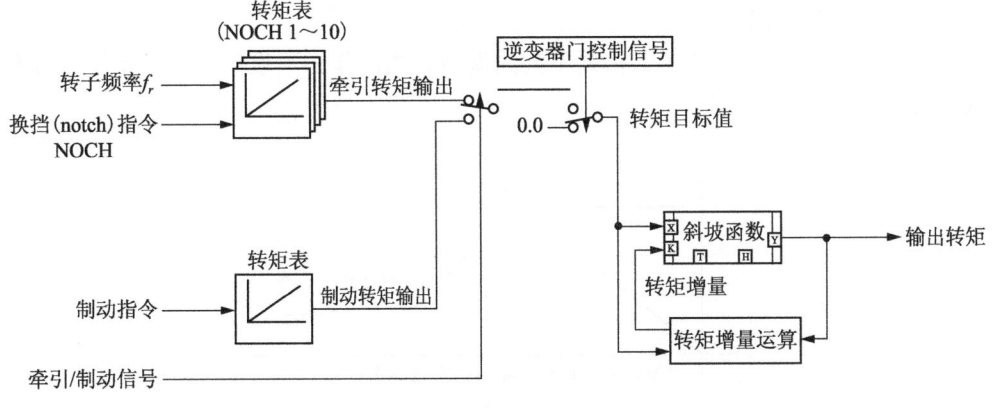

图 6-69　转矩控制单元

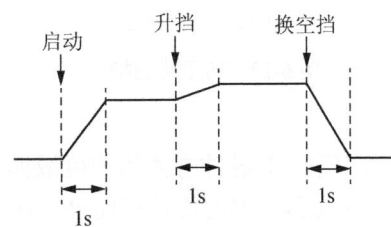

图 6-70　转矩图形

(2) 恒速控制单元。

恒速控制单元如图 6-71 所示。当输入恒速指令时，将当时速度作为设定速度。为保持此速度，转矩指令按照速度偏差进行恒速控制。

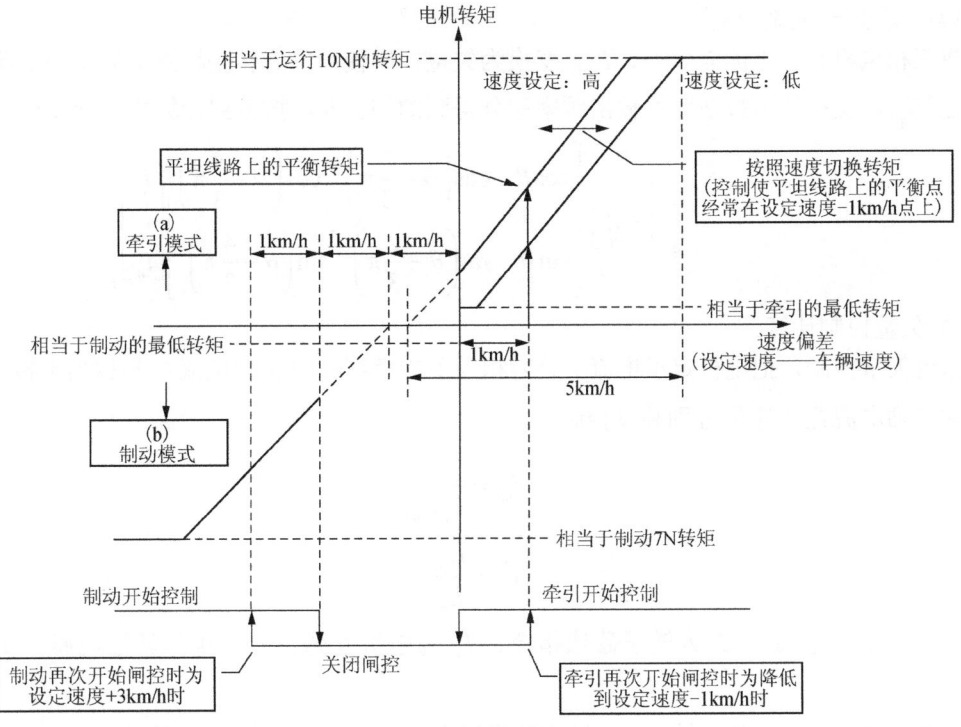

图 6-71　恒速控制策略

(3) 转子磁通指令计算。

转子磁通指令如图 6-72 所示。根据不同的调节方式，作如下设定。①、②分别为各个调节方式的转子磁通指令计算方法。

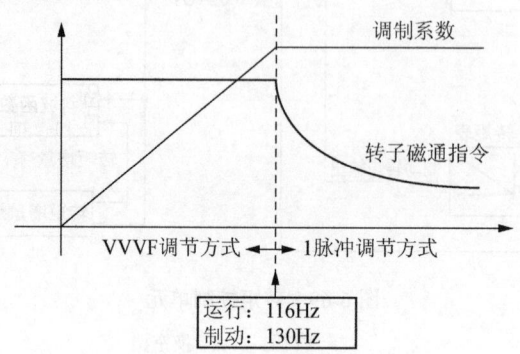

图 6-72 转子磁通指令

① VVVF 控制方式。

基本上转子磁通指令为定值，但在 1 脉冲方式的速度域换空挡时或再次运行时，到达 1 脉冲为止利用 1 脉冲切换频率和逆变器频率的比计算而来的转子磁通指令。因此，在此领域上的转子磁通指令取的是利用 1 脉冲切换频率与变频频率的比计算的值和转子磁通初期设定值中的低位的值。

② 1 脉冲控制方式。

在 1 脉冲控制方式时，使用逆变器输出频率、电机常量及转矩指令，计算转子磁通指令，使调制系数达到 100%，即在 1 脉冲领域上也实现矢量控制。

(4) 电机定子电流变换。

将三相电机定子电流 I_u、I_v、I_w，变换为矢量控制使用的旋转坐标系下的 d 轴电流 i_{ds} 及 q 轴电流 i_{qs}。变换使用按逆变器输出频率积分得到的相位 θ，按下列计算式进行计算：

$$\begin{bmatrix} i_{ds} \\ i_{qs} \end{bmatrix} = \sqrt{\frac{2}{3}} \begin{bmatrix} \cos\theta & \cos\left(\theta - \frac{2}{3}\pi\right) & \cos\left(\theta - \frac{4}{3}\pi\right) \\ \sin\theta & \sin\left(\theta - \frac{2}{3}\pi\right) & \sin\left(\theta - \frac{4}{3}\pi\right) \end{bmatrix} \begin{bmatrix} i_u \\ i_v \\ i_w \end{bmatrix} \quad (6\text{-}33)$$

(5) 矢量控制计算。

通过矢量控制，把电机定子电流 I 分为相当于转矩部分的 q 轴电流 i_{qs}^* 和相当于转子磁通部分的 d 轴电流 i_{ds}^*，它们分别独立控制：

$$\begin{cases} i_{qs}^* = \dfrac{T_e^* L_r}{n_p L_m \psi_r^*} \\ i_{ds}^* = \dfrac{\psi_r^*}{L_m} \end{cases} \quad (6\text{-}34)$$

式中，T_e^* 为转矩指令；ψ_r^* 为转子磁通指令；L_m 为电机互感；L_r 为电机转子电感；n_p 为极对数。

在与逆变器频率同步旋转的 d-q 轴旋转坐标上表示电流，如图 6-73 所示。

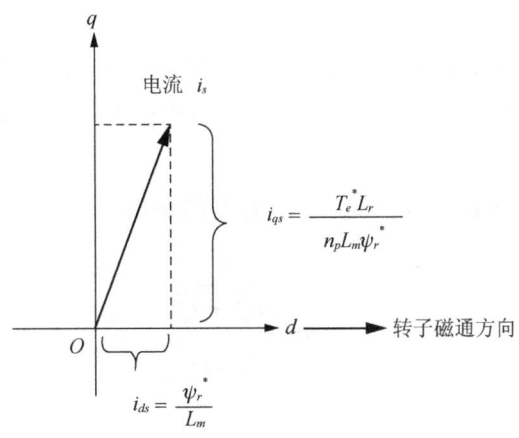

图 6-73 电机定子电流矢量图

另外，利用 d 轴、q 轴电流指令 i_{ds}^*、i_{qs}^* 及电机常量（R_r：电机转子电阻值；L_r：电机转子自感），按下面的计算公式计算转差频率指令 f_{sl}。

$$f_{sl} = \frac{i_{qs}^*}{2\pi \frac{L_r}{R_r} i_{ds}^*} \quad (6\text{-}35)$$

(6) 电压前馈（FF）计算。

根据 d 轴、q 轴电流指令 i_{ds}^*、i_{qs}^*，逆变器频率 w_s，电机常量，按下列计算公式计算前馈电压指令值 E_{ds}^*、E_{qs}^*。

$$\begin{cases} E_{ds}^* = R_s \times i_{ds}^* - \omega_s \times L_s \times \sigma \times i_{qs}^* \\ E_{qs}^* = R_s \times i_{qs}^* + \omega_s \times L_s \times i_{ds}^* \end{cases} \quad (6\text{-}36)$$

注：
$$\sigma = 1 - \frac{L_m^2}{L_s \times L_r}$$

式中，R_s 为电机定子电阻值；L_m 为电机互感；L_s 为电机定子自感；L_r 为电机转子自感。

用矢量图表示上面的 d 轴、q 轴电压的前馈电压，如图 6-74 所示。

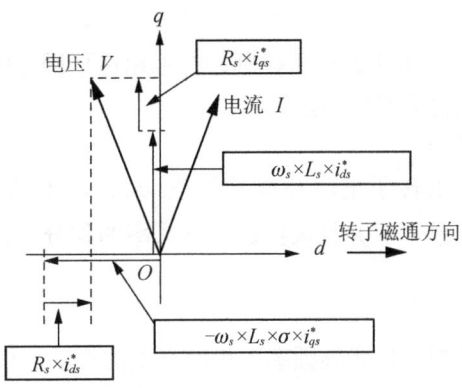

图 6-74 前馈电压矢量图

(7) 恒电流控制。

为了使 d 轴、q 轴的反馈电流(i_{ds}、i_{qs})分别追随于 d 轴、q 轴的电流指令(i_{ds}^*、i_{qs}^*),将各自的电流偏差输入 PI 调节器,把由此得到的电压分别作为 d 轴、q 轴的反馈电压(u_{ds}、u_{qs})。

(8) 调制系数计算部。

用 d 轴、q 轴电压指令 u_{ds}^*、u_{qs}^* 和滤波电容器的输出电压 U_d,按下面公式计算调制系数 m:

$$m = \frac{\sqrt{u_{ds}^{*2} + u_{qs}^{*2}}}{\frac{\sqrt{6}}{\pi} \times U_d} \tag{6-37}$$

(9) 电压相位计算。

如图 6-75 所示,用 d 轴、q 轴电压指令 u_{ds}^*、u_{qs}^*,计算旋转坐标系下电压矢量的相位角 γ,为

$$\gamma = \arctan(u_{qs}^*/u_{ds}^*) \tag{6-38}$$

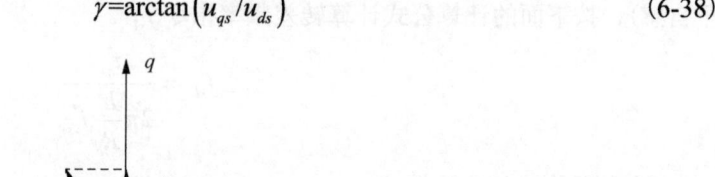

图 6-75 电压矢量相位角

(10) 转差频率补偿控制。

为了让 q 轴的反馈电流(i_{qs})追随于 q 轴电流指令(i_{qs}^*),将电流偏差输入 PI 调节器中,由此得到转差频率补偿值 Δf_{sl}。此控制系统是在不能进行电压控制的 1 脉冲调节方式中实施。在此调节方式中,在转差频率指令 f_{sl} 上加上转差频率补偿值 Δf_{sl},作为转差频率 f_{sl}^*。

(11) 控制模式切换。

为了在 VVVF 控制方式中实施电压控制,在输出电压固定的 1 脉冲控制方式中实施转差频率补偿控制,根据逆变器频率切换控制器。

(12) 逆变器频率计算。

在转差频率 f_{sl}^* 上加上转子电阻补偿差频值 d_{sr}、转子频率 f_r、无拍频率控制补偿项 BEATP,计算逆变器输出频率。并且根据逆变器频率的积分,计算电机定子电流从三相变换到二相所使用的相位 θ。

(13) 无拍频率控制。

为了抑制由于接触网频率与变频频率干扰而产生的振动,根据 BPF 抽取滤波电容器电压上呈现的脉动特定频率(50Hz 或者 60Hz:按架线频率切换),在其输出上加上与逆变器频率相应的增益,计算无拍频率控制项。

(14) 转子电阻补偿。

转子电阻补偿如图 6-76 所示。在电机运转中转子电阻值随电机温度变化而变化，转子电阻补偿具有推测转子电阻值并进行补偿的功能。具体是对各个 d 轴、q 轴电压指令 u_{ds}^*、u_{qs}^* 的大小与 d 轴、q 轴的前馈电压指令 E_{ds}^*、E_{qs}^* 的大小相比较，输出使偏差为 0 的转子电阻补偿值 d_{sr}。

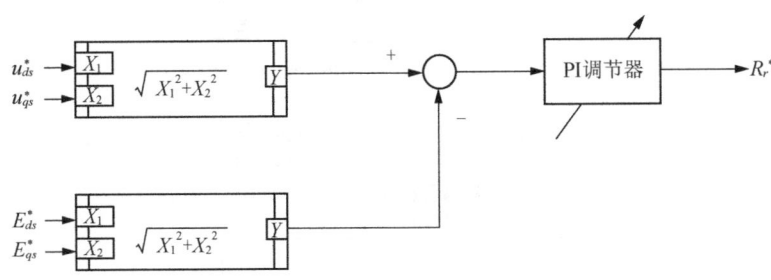

图 6-76　转子电阻补偿框图

(15) 空转恢复黏着控制。

空转恢复黏着控制如图 6-77 所示。根据各轴的速度偏差 Δv、加速度偏差 Δa，实时地计算适合路面状态的黏着程度 adl，将此值乘以转矩值，从而实施空转恢复黏着控制。

(16) 电力限制。

电力限制如图 6-78 所示。在接触网电压低时，为使牵引电机不发生转子过电流，根据转子电流实际值进行电力限制。由整流器计算的转子电流实际值与限制值的偏差，根据偏差大小，计算乘在转矩值上的增益。

(17) PGD 发生时的频率处理。

当检测出 PG 感应器发生故障时，根据表 6-4 重新设定转子频率。

表 6-4　PG 感应器发生故障转子频率重新设定

状态	正常时	PG_1 故障	PG_1、PG_2 故障	PG_1、PG_2、PG_3 故障
频率设定	$PG_1 \to f_{r1}$	$PG_2 \to f_{r1}$	$PG_3 \to f_{r1}$	$PG_4 \to f_{r1}$
	$PG_2 \to f_{r2}$	$PG_2 \to f_{r2}$	$PG_3 \to f_{r2}$	$PG_4 \to f_{r2}$
	$PG_3 \to f_{r3}$	$PG_3 \to f_{r3}$	$PG_3 \to f_{r3}$	$PG_4 \to f_{r3}$
	$PG_4 \to f_{r4}$	$PG_4 \to f_{r4}$	$PG_4 \to f_{r4}$	$PG_4 \to f_{r4}$
转子频率计算	$f_r = (f_{r1} + f_{r2} + f_{r3} + f_{r4})/4$			

注：全部断路时，发生 PGD，闸控停止。虽然可以通过重新启动，再次进行设定操作，但是仍然再一次被检测为 PGD

(18) 脉冲状态转换频率计算处理。

各脉冲状态的转换频率表示见表 6-5。

表 6-5　各脉冲状态的转换频率表示

状态	异步~5P	5P~3P	3P~1P	U_d
牵引	58Hz	90Hz	113.5Hz	2600V
制动	58Hz	103.5Hz	130.5Hz	3000V

注：车轮直径=820mm

(19) 车上试验。

车上试验时的 S/W 框图如图 6-79 所示。

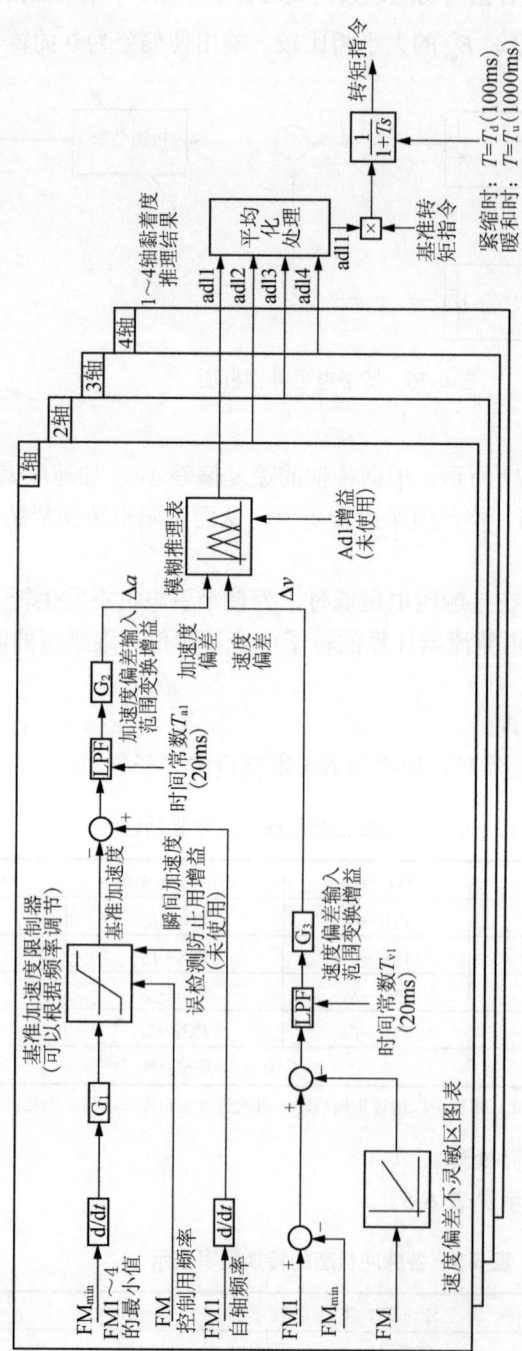

图 6-77 空转恢复黏着控制框图

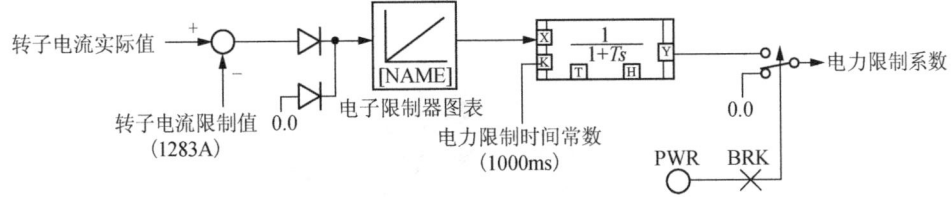

图 6-78　电力限制控制框图

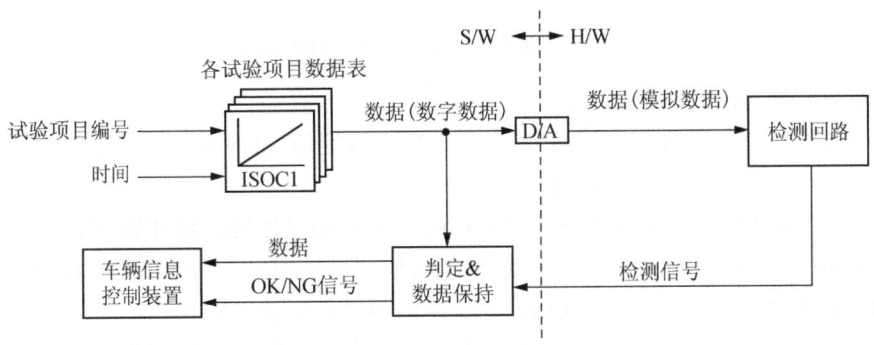

图 6-79　车上试验时的 S/W 框图

(三) 中间电路

中间直流电路如图 6-80 所示。中间电路主要由均压电阻、支撑电容器和过压保护电路构成，目的是获得直流恒压。

支撑电容器与预备充电电路(图 6-81)相连，起动时通过内置充电电阻的充电变压器从辅助电路进行初期充电，以防止 K 接通时产生过大的冲击电流。变流系统接入前，先接通 CHK 充电(约 1s)，然后断开 CHK，接通 K。

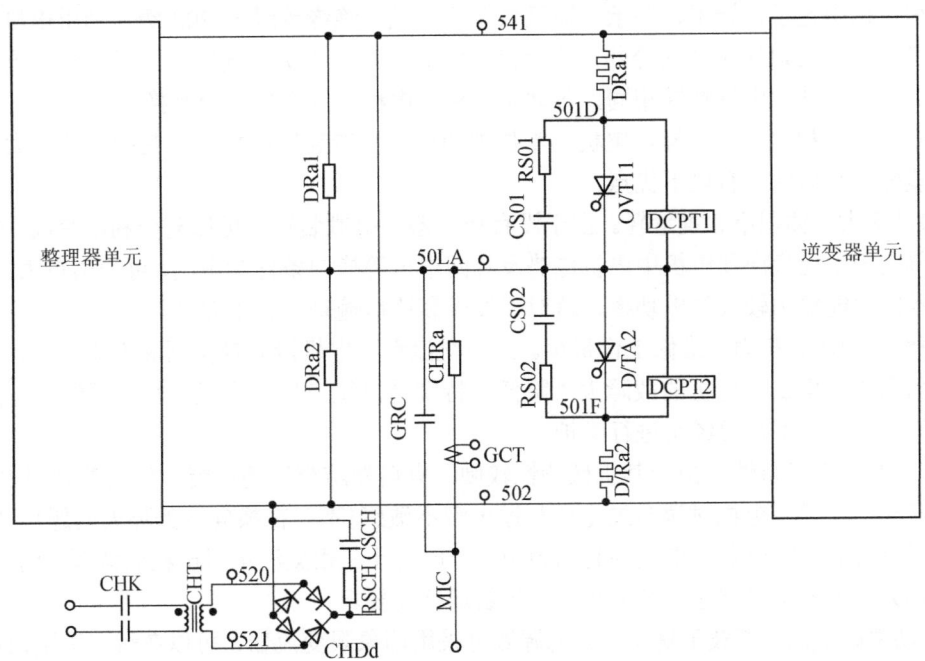

图 6-80　中间直流电路

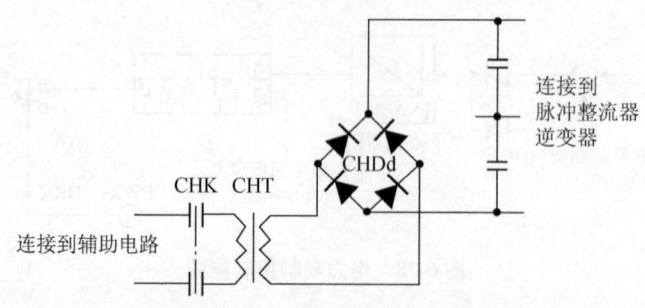

图 6-81 支撑电容器预备充电电路构成

中间电路部分器件的功能如下。

GCT：检测牵引变压器 2 次侧接地电流。根据设定值，OVTh on、脉冲整流器·逆变器 gate-off 及牵引变流器 1 次侧电源接触器(K)断开。

过电压抑制可控硅单元(OVTh 单元)：OVTh 单元由可控硅、缓冲器(Snubber)阻抗器、缓冲器(Snubber)电容、栅级驱动基板、直流电压检测器等构成。当检测到支撑电容器的过电压，且控制电源为 Off 时，可控硅为 ON，让支撑电容器具有放电的功能。

DCPT：组装在 OVTh 单元内，对直流电压进行检测。当检测到 OVTh False Firing(误点弧)、直流过电压、直流低电压、电压异常等时，根据条件，脉冲整流器·逆变器 gate-off、牵引变流器 1 次侧电源接触器(K)等断开。

三、CRH2 牵引电机及牵引特性

CRH2 采用 MT205 型三相鼠笼异步电机，每辆动车配置 4 台牵引电机(并联连接)，一个基本动力单元共 8 台，全列共计 16 台。电机额定功率为 300kW，最高转速为 6120r/min，最高试验转速达 7040r/min。

牵引电机由定子、转子、轴承、通风系统等组成，绝缘等级为 200 级。牵引电机采用转向架架悬方式，强迫通风方式冷却，平行齿轮弯曲轴万向接头方式驱动。所有牵引电机的外形尺寸、安装尺寸和电气特性相同，各动车的牵引电机可以实现完全互换。

同直流电机相比，三相异步电机有着显著的优越性能和经济指标，其持续功率大而体积小、重量轻。具体地说有以下优点。

(1)功率大、体积小、重量轻。由于没有换向器和电刷装置，可以充分利用空间，同时在高速范围内因不受换向器电机中电抗电势及片间电压等换向条件的限制，可输出较大的功率，再生制动时也能输出较大的电功率，这对于发展高速运输是十分重要的。

(2)结构简单、牢固，维修工作量少。三相交流牵引电机没有换向器和电刷装置，无需检查换向器和更换电刷，电机的故障大大降低。特别是鼠笼形异步电机，转子无绝缘，除去轴承的润滑外，几乎不需要经常进行维护。

(3)良好的牵引特性。由于其机械特性较硬，有自然防空转的性能，使黏着利用率提高。另外，三相交流异步电机对瞬时过电压和过电流不敏感(不存在换向器的环火问题)，它在起动时能在更长的时间内发出更大的起动力矩。合理设计三相交流牵引电机的调频、调压特性，可以实现大范围的平滑调速，充分满足动车组运行需要。

(4)功率因数高，谐波干扰小。其电源侧可采用四象限变流器，可以在较广范围内保持动车组电网侧的功率因数接近于 1，电流波形接近于正弦波，在再生制动时也是如此，从而减小电网的谐波电流，这对改善电网的供电条件、减小通信信号干扰、改善电网电压质量和延长牵引变电站之间的距离十分有利。

CRH2 采用的牵引电机除具有上述传统异步电机的优点外，还有以下特点。

电机整体机械强度很高，高速运行时能承受很大的轮轨冲击力；采用耐电晕、低介质损耗的绝缘系统以适应变频电源供电；为了防止电机轴承的电蚀，电机前后端采用绝缘轴承；电机转子导条采用低电阻、温度系数高的铜合金材料，保证传动系统的控制精度；为了减轻电机自重，电机采用轻质高强度材料；采用经过验证的轴承和轴承润滑结构，从而减少电机的维护，保证电机轴承更可靠工作；在输出一定功率的情况下，为减少体积，采用强迫通风和优化的通风结构，充分散热，以降低电机的温升，提高材料的利用率；电机的非传动轴端安装了 2 个速度传感器，用以给传动控制系统提供速度信号，便于逆变器控制和制动控制。

由 CRH2 牵引特性（图 6-82）可看出，牵引电机的调节运行特性可分为三个调节区：起动加速区、恒功率输出区 I 和恒功率输出区 II。

① 起动加速区。

如果电机的磁通保持不变，则电机可以在任何转速下发挥较大的转矩。电机保持磁通恒定的控制方式有恒磁通控制、恒电压频率比控制、恒转子全磁通控制等。

在满足牵引电机恒磁通运行的条件下，如要做恒力矩运行，电机的潜力将得不到充分发挥，动车组的黏着特性也得不到充分利用。为充分利用黏着特性，可使力矩特性随黏着特性的变化而变化，力矩特性成一条向下的直线。这时只要调节转差频率 f_{sl}，就可得到所需的转矩。f_{sl} 的调节值越接近于临界转差频率 f_m，获得的转矩越大，利用这一性能，可满足动车组起动对牵引力的要求。

② 恒功率输出区 I。

通过改变电机特性曲线，把传统的恒力矩与恒功段的转换点提前，保持电机磁通不变，在恒功的最初阶段电机电压继续保持增加，而转差频率下降，电流下降，力矩随定子频率成反比变化，即恒功恒磁阶段。

③ 恒功率输出区 II。

当牵引电机电压提高到最大数值后，可认为 $U_s \approx E_s$，则可得到式(6-39)：

$$T = \frac{mn_p}{2\pi R_r}\left(\frac{U_s}{f_s}\right)^2 f_{sl} \tag{6-39}$$

或写成

$$Tf_s = KU_s^2 \frac{f_{sl}}{f_s} \tag{6-40}$$

式中，$K = \dfrac{mn_p}{2\pi R_r}$ 为常数。

式(6-40)的左端实际上以一定的比例代表着电机的功率数值。为了使电机有恒定的输出功率，电压和频率的调节可以采用 U_s 不变、$f_{sl}/f_s =$ 常数的调节方式。

综上所述，CRH2 牵引电机调节特性如图 6-83 所示。

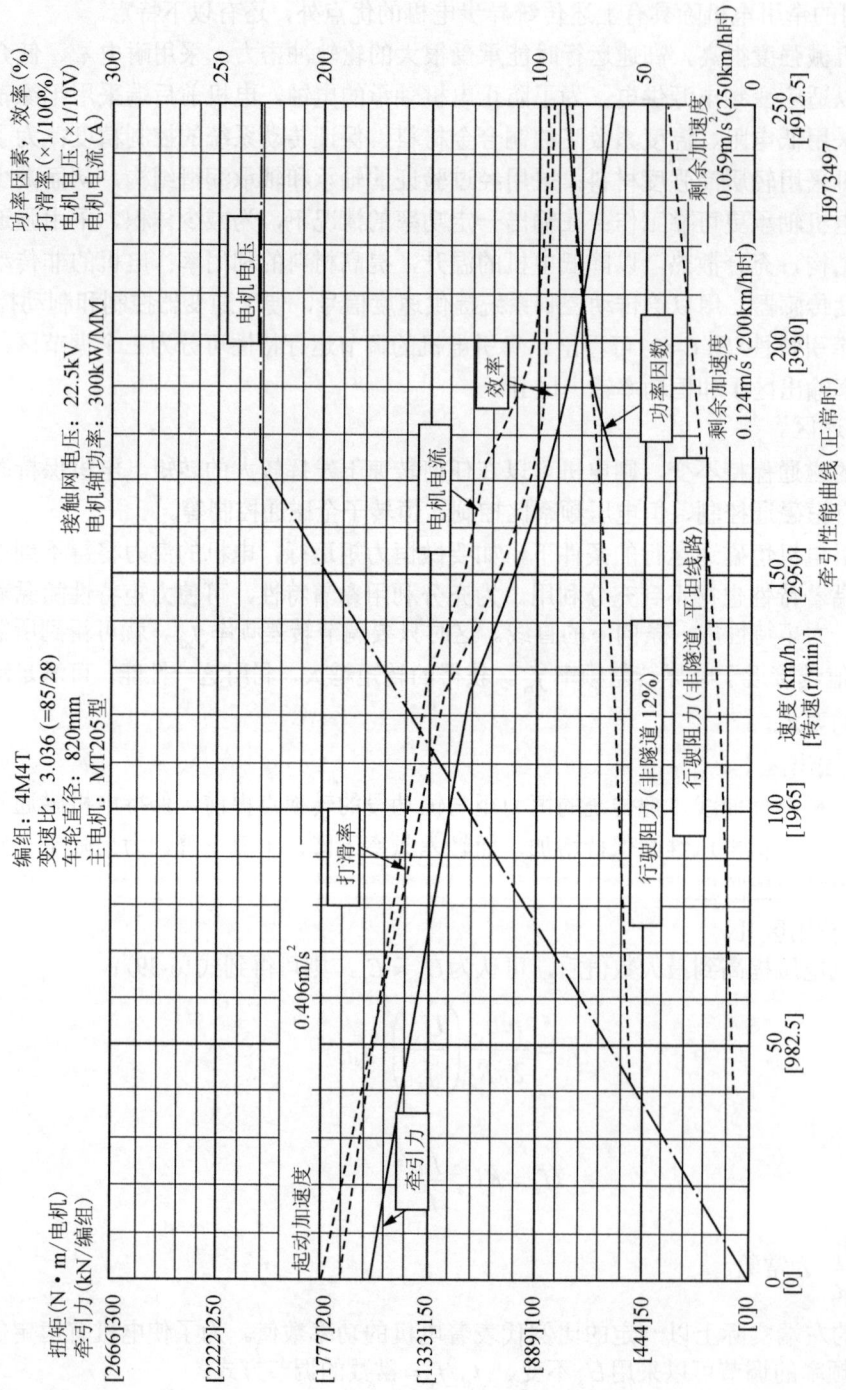

图 6-82 牵引特性曲线

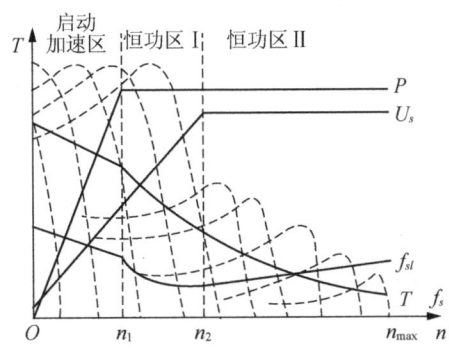

图 6-83 牵引电机调节特性

四、CRH2 牵引传动系统容量的计算

牵引传动系统中牵引变压器、牵引变流器、牵引电机的容量计算是非常重要的设计依据。首先应根据动车组的牵引特性、再生制动特性的最大值求出列车轮缘的输出功率 P_k，根据牵引传动系统中各部件的效率、功率因数等，按牵引电机→牵引变流器→牵引变压器的顺序求得每个部件的最大功率。功率因数和效率与动车组所处的运行工况密切相关，随速度的变化而变化，特别是低速运行时效率比较低。由于效率特性很难用精确的数学模型描述，因此在容量的计算中功率因数与效率假定为常数，常采用额定值进行近似计算。在通常的运行条件下是没有问题的。在特殊的运行条件或线路条件下，需要另外进行运行试验加以验证和确定。

下面用算例说明牵引传动系统容量计算过程。

动车组牵引传动系统容量推算图如图 6-84 所示，一台牵引变压器的二次侧有两个牵引绕组和一个辅助绕组，为两套牵引变流器和一套辅助变流器供电，一套变流器为四台牵引电机供电。设额定状态时齿轮传动效率为 $\eta_{Gear} = 0.94$，牵引电机的效率为 $\eta_{MM} = 0.95$、功率因数为 $Pf_{mm} = 0.87$，逆变器的效率为 $\eta_{INV} = 0.985$，脉冲整流器的效率为 $\eta_{CONV} = 0.975$、效率为 $\eta_{TR} = 0.94$，牵引变压器的功率因数为 1。每台电机的牵引特性如图 6-85 所示，再生制动特性如图 6-86 所示。

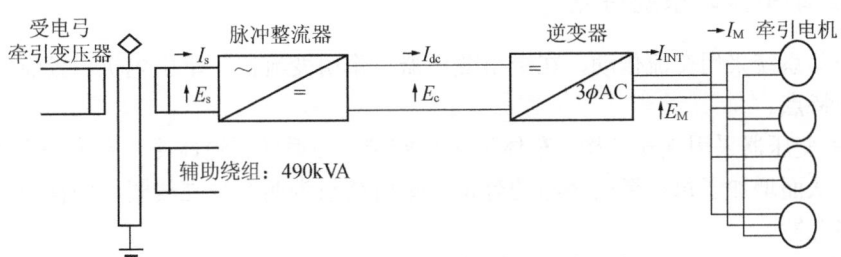

图 6-84 牵引传动系统容量推算图

牵引传动系统容量计算过程如下。

根据牵引特性求得电机的输出功率为

$$P_{MO} = \frac{8.16 \times 125.7}{3.6 \times \eta_2} = \frac{285}{0.95} = 300 \text{ (kW)}$$

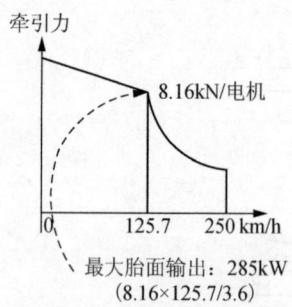

图 6-85 动车组牵引特性

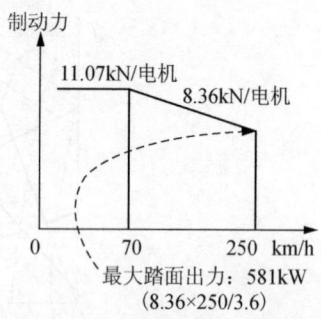

图 6-86 动车组再生制动特性

输入功率为

$$P_{MI} = \frac{P_M}{\eta_1} = \frac{300}{0.94} = 319 \text{ (kW)}$$

由于采用恒电压恒功率控制策略，逆变器的最大功率可以按照额定点设计，每台逆变器为四台电机供电。逆变器的容量为

$$P_I = \frac{P_{MI} \times 4}{p_m} = 1467 \text{ (kV·A)}$$

脉冲整流器的容量为

$$P_C = \frac{P_I \times p_m}{\eta_3} = \frac{1467 \times 0.87}{0.985} = 1296 \text{ (kW)}$$

牵引变压器的二次侧每个牵引绕组的输出容量为 $P_{TR} = \frac{P_C}{\eta_4} = \frac{1296}{0.975} = 1329 \text{ (kV·A)}$，变压器的总容量要考虑二次侧所有绕组容量之和。

同理，可以进行再生制动时的容量计算。

五、CRH2 牵引传动系统特点

牵引传动系统采用交流传动，在牵引变压器、牵引变流器、牵引电机、控制策略等方面有其显著的特点。

(1) 牵引变压器采用壳式结构、车体下吊挂安装、油循环强迫风冷，原边采用两组并联结构的绕组，从而增加了每相牵引绕组的容量；牵引绕组为两个独立线圈，确保牵引绕组的高电抗、弱耦合性。

(2) 牵引变流器主电路采用两主管串联与中点带钳位二极管的方案，功率开关器件采用 IPM 智能功率模块或 IBGT 模块。其中 IPM 是将芯片、驱动电路、保护电路等封装在一个模块内的新型电力电子器件，是 IGBT 集成化、智能化的一种应用方式。除具有 IGBT 的优点外，驱动功率小，吸收回路简单，器件模块本身具有检测和自保护功能，可以采用多个并联以增大电流容量。

(3) 脉冲整流器采用单相三点式 PWM 脉冲整流器，具有以下优点：每一个功率器件所承受的关断电压仅为直流侧母线电压的一半，在相同的情况下，直流母线电压可以提高一倍，容量也提高一倍；在同样的开关频率及控制方式下，输出电压或电流的谐波大大小于两点式变流器，其总的谐波失真 THD 也远小于两点式变流器；即使在开关频率很低时，其输入侧的电流波形也能保证一定的正弦度。从而减小对通信系统的谐波干扰。

（4）牵引变流器中间直流环节不设二次谐波滤波装置，减轻了牵引变流器重量。

（5）逆变器采用三点式拓扑结构，与二点式逆变器相比，端电压波形包含较少的谐波分量。在一个周期内，两点式逆变器电路只有 7 种状态，而三点式有 19 种，有利于减小相邻电路状态转换时引起的电压和电流波动，从而有利于降低损耗，提高电动机效率，减少脉动转矩。

（6）牵引电机具有良好的牵引特性，可以实现宽范围的平滑调速，使机车起动时发出较大的起动转矩；异步电机结构简单，可靠性高，同直流电机比较，没有因换向引起的电气损耗和机械损耗，没有环火，运行可靠性进一步提高；耐振动、耐风雪，可以在多尘、潮湿等恶劣环境下正常运行；电机过载能力强；转速高，功率/重量比高，有利于电机悬挂；转矩-速度特性较陡，可抑制空转，提高黏着利用率。

（7）牵引电机采用矢量控制策略，把定子电流分解成转子磁场定向坐标系下的励磁电流分量和转矩电流分量，实现了定子电流的完全解耦，控制方式简单，使整个牵引传动系统具有良好动态性能和控制精度。

第四节　CRH3 型动车组传动与控制系统

一、CRH3 型动车组传动与控制系统概述

CRH3 动车组为 8 辆编组，其中 1、3、6、8 号车为动车，2、4、5、7 号车为拖车，牵引传动系统采用交-直-交的传动方式，每列动车组的牵引系统由两个牵引单元组成，1、2、3、4 为一个动力单元，5、6、7、8 为一个动力单元。如图 6-87 所示。

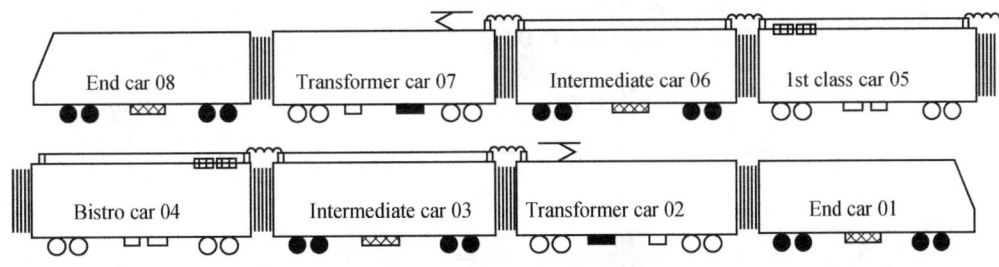

图 6-87　牵引传动系统的布置

一个牵引单元的牵引主电路设备主要由 1 个受电弓、1 个牵引变压器、2 个牵引变流器、8 个牵引电机和 2 个牵引控制单元(TCU)组成。每个牵引电机带有一套机械传动装置包括齿轮箱、联轴节。

每辆动车组都由两个对称的牵引单元组成，它们用一根车顶线(高压线)相连。动车组牵引系统的组件分布在以下车上，它们对称地位于两个牵引单元中。

二、CRH3 型动车组传动与控制系统的工作原理

牵引传动装置利用交-直-交传动技术，采用 AC25kV 接触网供电。每列动车组都由两组互相对称的牵引单元组成，它们之间用车顶电缆连接起来。每列动车组的牵引功率为 8800kW，再生制动时为 8000W。

架设在 TC02 车车顶的受电弓从接触网接收 AC25kV 的交流电，然后通过布设在车顶和车端的高压电缆将电能输送到装在 TC02 车下的牵引变压器，变压器的副边感应出 4×1550V 的电压并通过车辆间的连接馈线到设在动车车下的变流器单元。变流器单元内部的四象限斩波器将 1550V 的交流电整流为 2700～3600V 的中间直流电压。中间直流电压通过 PWM 变频单元向牵引电机提供变压变频(VVVF)的三相交流电源。其中限电阻接在中间直流电路的两极，防止出现过高电压，辅助变流器的输入也取自中间直流环节。

主电路设备主要包括牵引变压器及其冷却系统、牵引变流器及其冷却系统、牵引电动机及传动装置、限压电阻、高压电器等。

1. 高压电器

高压电器主要由受电弓、高压断路器、接地开关、防雷击装置(避雷器)、网端检测装置、高压电缆组成。每辆动车组都由两个对称的牵引单元(EC 01～BC04 车和 FC05～EC08 车)组成，它们通过一根车顶线相连。

高压系统位于车顶，高压系统的构成见图 6-88。除车顶线、TC02 和 TC07 车之间的高压转换装置外，高压系统的下列所有组件都位于 TC02 和 TC07 变压器车的车顶：受电弓(P)；避雷器(通过接触网的过压)(SA1)；线电压互感器(LVT)；主断路器，带接地开关(MCB)。

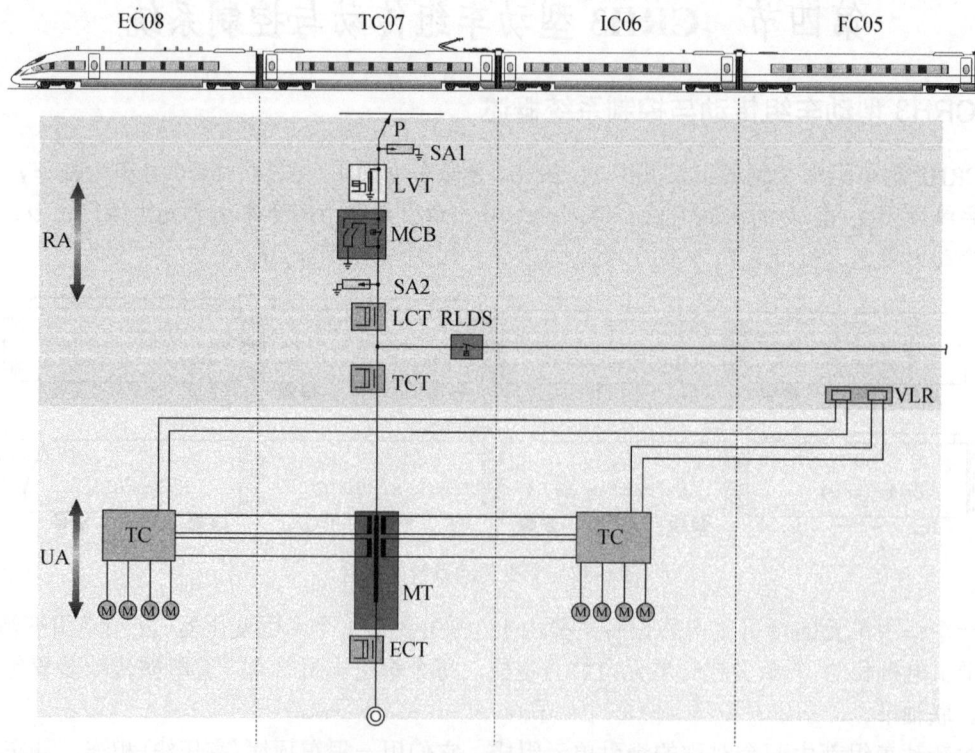

图 6-88 高压系统框图(第二个牵引单元)
ECT-接地电流互感器；RA-车顶区；M-牵引电动机；RLDS-车顶线路隔离开关；LCT-线路电流互感器；
SA1、SA2-避雷器；LVT-线电压互感器；TC-牵引箱；MCB-主断路器/接地开关；
TCT-变压器电流互感器；MT-主变压器；UA-地板下区域；P-受电弓；VLR-限压电阻器

高压电缆将动车组两个牵引单元连接起来，这样电缆通过一个受电弓和一个主断路器可以同时给两个牵引单元供电。两个隔离开关在列车发生故障时可以将车顶电缆断开，这样一个牵引单元主系统发生故障，另一个牵引单元可以继续工作。受电弓得到 25 kV AC 的电源后通过真空主断路器与车顶电缆连接。在受电弓的右后方有一个避雷器防止空气过压，避雷器的下方是变压器，作为从接触网获得的 25 kV AC 变压的传感器，主断路器中集成了接地绝缘和电流互感器用于测量动车组的电流，从电流互感器出来的信号送达中央控制单元进行处理，而从变压器出来的信号则由中央控制单元和牵引控制单元处理。带有接地绝缘的真空断路器将受电弓和其牵引单元主变压器原边绕组连接起来，同时通过车顶电缆与另一个牵引单元主变压器原边绕组连接起来。

电流互感器以及避雷器通过电缆与变压器原边绕组连接。电流互感器相当于一个变压器原边绕组的输入电流的传感器。变压器的输出端通过接地电流互感器与运用地面连接，电流互感器采集变压器的输出电流。每个牵引单元的中央控制单元通过比较两个电流互感器测得的电流差来判断两个电流互感器间原边电路是否有接地故障。

2. 牵引变压器

变压器(TF)位于动车组 TC02 / TC07 拖车的地板下，变压器冷却装置(CLF) 在每个变压器的旁边。

变压器为单系统变压器，设在 25 kV/50 Hz AC 电源电压下使用。该电源电压用于生成牵引电压。变压器为单相操作，它将一次绕组上的接触线(CL) 电压转换为四个二次绕组(牵引绕组($TW_1 \sim TW_4$))的电压，并给牵引变流装置供电。

变压器上采取了多种适当的保护措施，以防变压器过载。包括冷却回路中以防热过载执行的温度监测、为检查冷却剂流量执行的流量监测及为检测一次电路接地故障执行的一次隔离监测(通过比较外向电流和返回电流进行差动保护)。

变压器系统配有膨胀箱，它位于 TC02 / TC07 车的车顶，从而补偿因温度变化而产生的冷却剂量的变化。

3. 牵引变流器

CRH3 动车组有 4 台牵引变流器，每套牵引变流装置中有两组四象限整流器(4QC)、一组逆变器、一组牵引控制装置、冷却系统构成及中间直流环节构成，每一组逆变器控制 4 台牵引电机。变流器的主要功能是将 25kV/50Hz 的单相交流电压通过牵引变压器降压后，输出单相 AC1770V/50Hz 的电压，经四象限整流得到 2700~3600V 的中间直流电压，再经逆变器输出电压频率可调的三相交流电压来控制每台电机。

牵引变流器(TC)位于EC01 / EC08和IC03 / IC06车底架下的牵引箱中，牵引变流器冷却装置(CLT)在每个牵引箱的旁边。集成在牵引变流器(TC)中的牵引控制单元用于监控。

牵引变流器首先将来自受电弓的单相交流电转换成直流电，这一功能由网侧变流器模块(4QC)实现；该直流电又被电机变流器模块(PWMI)转换成三相交流电供给三相交流异步牵引电动机，通过对 4QC 和 PWMI 的控制实现列车的牵引、调速及制动。

如图 6-89 所示给出了 CRH3 的一个牵引变流器模块构成框图，牵引变流器的功率器件为IGBT(绝缘栅双极晶体管)，控制装置以微处理器为核心，可方便灵活地实现功率转换与保护，也可实现再生电气制动。每个牵引变流器基本上包括两个四象限斩波器(4QC)、一个带串联谐振电路的中间电压电路、一个过压限制器(MUB)和一个脉宽调制逆变器(PWMI)。

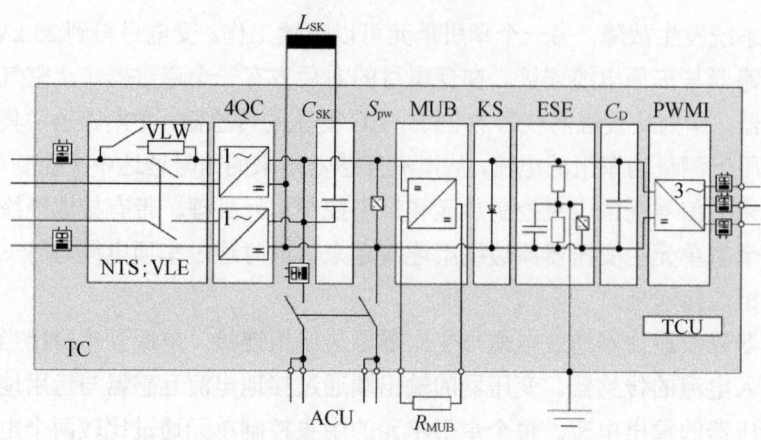

图 6-89 牵引变流器框图

C_D-直流侧电容器；R_{MUB}-限压电阻器；C_{SK}-电容器(串联谐振电路)；S_{pw}-电压转换器；ESE-接地故障检测模块；
TC-牵引变流器；KS-短路断路器；TCU-牵引控制单元；L_{SK}-电感器(串联谐振电路)；VLE-预充电装置；
MUB-过压限制器；VLW-预充电电阻器；NTS-线路接触器；4QC-四象限斩波器；PWMI-脉宽调制逆变器

冷却回路进行温度和冷却剂流量的监测，从而保护牵引变流器，以防出现热过载情况，同时牵引变流器内进行电流和电压的检测，以防止过流和过压对系统的不良影响。

(1) 四象限整流器。

4QC 从电气上可分为两个子系统，由两个完全相同 AC-DC 变流器构成。这两个子系统均由内部计算机监督控制，因此需要测量 4QC 内部的温度、电流和电压等参数。该整流器在牵引工况可以将交流转化为直流，在实施再生制动时将直流转换为交流反馈回电网。四象限斩波器简图如图 6-90 所示。

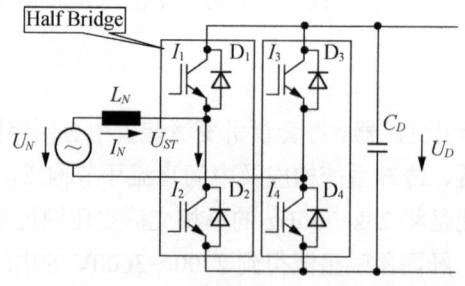

图 6-90 四象限斩波器简图

为实现将变压器中的电流偏离正半波运行期间的电感 L_N，两个开关中的一个 I_2 或 I_3(正半波，L_1 或 L_4 用于负半波)将接通。这样，变压器次级线圈将短接。一获得期望的电流值，将阻塞 IGBT。由于变压器偏离电缆，不能中断电流。通过单向二极管 D_1 和 D_4(正半个周期，负半个周期为 D_2 或 D_3)，电流流入 DC 链路电容器并缓慢衰减(直到 $U_D > U_N$)。同时，DC 链路将充电。通过此原则，电流可以在参考值附近驱动，并且由此 $\cos\phi$ 和 DC 链路电压可以保持在期望的范围内。此后，此程序再次开始，但是将轮流使用半桥以平衡热负载。

可以通过改变占空因数达到电流和电压之间的相位偏移，这样，可以将电流的 rms 值、功率因数($\cos\phi$)及 DC 链路电压调整至期望值。

IGBT 开关频率是可控的,脉冲数量越高,电流值越精确,越能赶上电流的参考值。四象限斩波器电流和电压波形如图 6-91 所示。

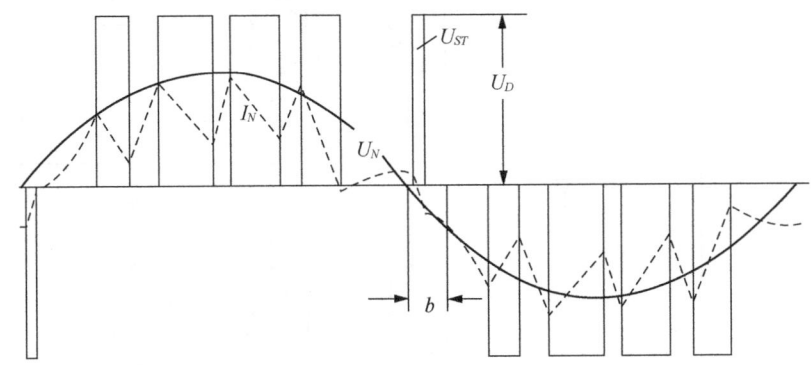

图 6-91 四象限斩波器电流和电压波形

技术参数如下。

4QC 输入频率:50 Hz;

4QC 输入功率:

牵引操作约 2×1430 kV·A;

制动操作约 2×900 kV·A。

(2)逆变器。

三相桥式逆变器的结构如图 6-92 所示,简图如图 6-93 所示。将 DC 电能变成可控的三相对称交流电源,在电制动时又能反过来把牵引电机发出来的三相交流电变成直流电压,对牵引电机进行牵引与制动控制,其功率模块为 IGBT。三个相同的桥臂构成一个三相变流器,图中画出了 U 相主电路。IGBT 的开关由门电路驱动单元驱动,门电路驱动单元根据 TCU 的指令接通和断开 IGBT。在整块运行中的脉宽调制逆变器电压如图 6-94 所示,在时钟脉冲运行的 PWM 逆变器电压如图 6-95 所示。

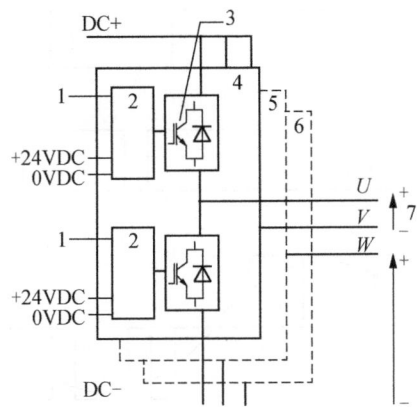

图 6-92 三相逆变器构成

1-光纤信号 来自/去往 MCM 计算机;2-门电路驱动装置;3-IGBT 模块;
4-U 相;5-V 相;6-W 相;7-相间电压

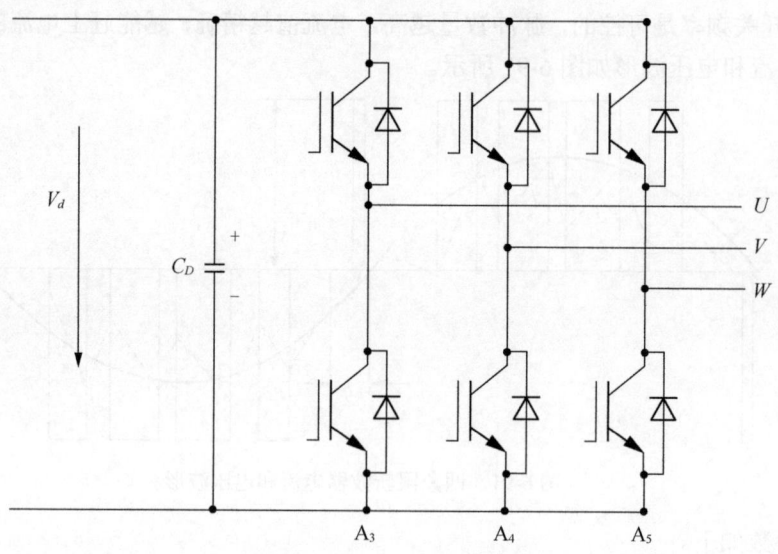

图 6-93 逆变器简图

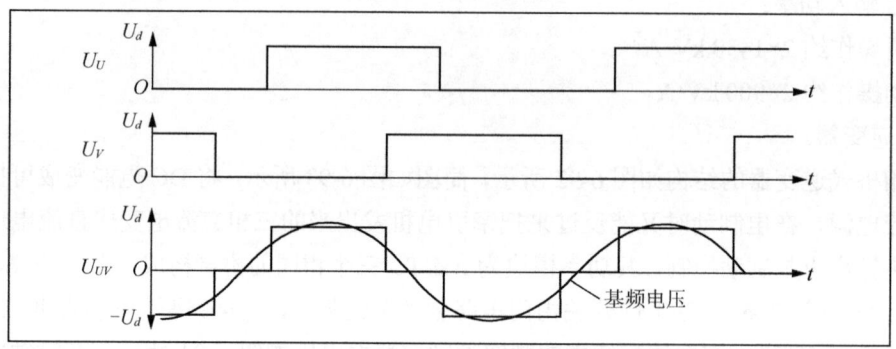

图 6-94 在整块运行中的脉宽调制逆变器

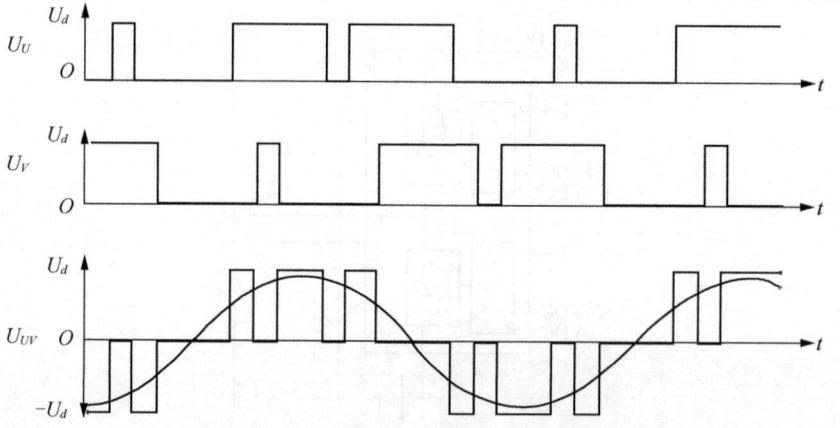

图 6-95 在时钟脉冲运行的 PWM 逆变器

在制动运行期间，电机轴上的扭矩方向与旋转方向相反。电压和电流有较大的相偏移。通过提供基本电压，脉冲逆变能加强电压和电流之间的此相偏移。制动运行期间的电压和电流相位如图 6-96 所示。

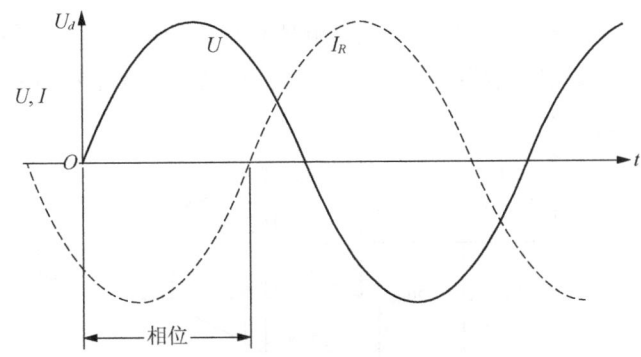

图 6-96 制动运行期间的电压和电流相位

(3) 中间电路。

中间电路包括一个带串联谐振电路的中间电压电路、一个过压限制器(MUB)、接地故障检测模块(ESE)、限压电阻器等。过压限制器(MUB)用于减少牵引中间电路的过压情况,防止对牵引电路的功率半导体造成损坏。每个变流器的 DC 链路电容由 4×0.75 mF 电容器构成,总共 3 mF。电池的 DC 链路电容器电路示意如图 6-97 所示。

谐波吸收器电路如图 6-98 所示。谐波吸收器是谐振电路,由电容器和一个外部扼流圈构成(不在牵引变流器的内侧)。电容的谐波吸收器共有 $C_n=4.5$ mF 的电容量。

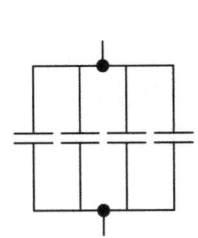

图 6-97 电池的 DC 链路电容器

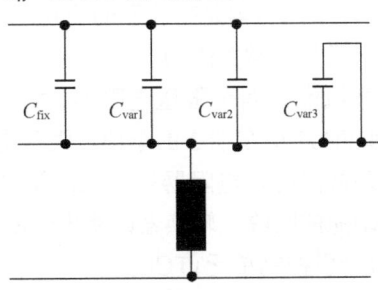

图 6-98 谐波吸收器电路图

谐振电路扼流圈的电感值和电容器的电容的制造必须带有限定的精度。而且由于老化影响电容值下降很小,避免频率漂移。为允许充分调整谐波吸收器,电容电池配备固定值电容(C_{fix})和一个调谐电容器(C_{var1}, C_{var2}, C_{var3})。

高欧姆电阻并联到变流器的 DC 链路电容中。由于变流器不规则性停止运行,通过这些高欧姆电阻在限定的时间内给电容放电。

接地故障检测由分压器、差动放大器构成。连续放电电阻分成 102kΩ:34kΩ 比的两个部分。电阻器的中央抽头接地;一个滤波电容器并联到下部部件中,监控此电容的电压。在出现接地故障时,测量电压改变,从而相关的 TCU 指出接地故障。

在额定运行期间,互感器的值显示为整体DC链路电压的1/4。在接地故障的情况下,由于电容值的充电反向,测量电压改变。值为% U_E/U_d 或100 %。通过此方法可以检测到接地故障。图6-99为简化的电路图——接地故障记录。

每个牵引变流器(TC)输入端的线路接触器(NTS)由 TCU 控制,用于连接牵引变流器和变压器(TF)的二次侧。牵引变流器的中间电路必须在线路接触器接通之前预先充电。预充电由预充电装置(VLE)执行,该装置包括预充电接触器和相应的电阻器。如果牵引变流器出现故障,可以先断开主断路器然后使用线路接触器(NTS)将它与主变压器隔离。

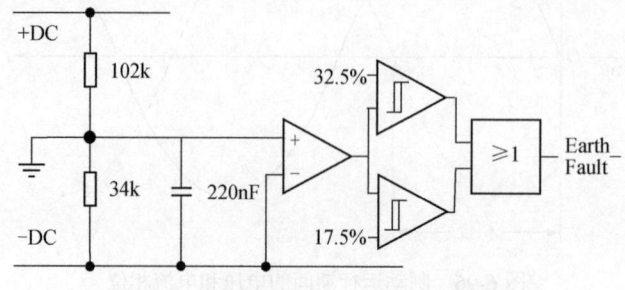

图 6-99　简化的电路图——接地故障记录

接地故障检测模块(ESE)对系统进行监测,检测系统的接地故障。若出现故障则断开牵引变流器。在这种情况下,如果主断路器断开并被阻止使用,动车组驾驶员必须首先将受影响的动力装置断开,然后再次闭合主断路器。这样可以确保与该变压器连接的其他组件(如其他牵引变流器)及另一个牵引单元变压器上的组件可以继续工作。

电感器(LSK)装在牵引变流器的冷却系统中。电感器使用牵引变流器冷却系统的冷却风扇进行强制风冷。

DC 环节电容器是变流器的无功功率源,起到稳定 DC 电压的作用,这对变流器的能量转换过程来说是非常关键的。

动车组配有四个限压电阻器,每个限压电阻器分配给一个动力装置。限压电阻器位于 BC04 和 FC05 车车端 2 的车顶。限压电阻器专用于保护牵引功率转换器,以防过压。功率转换器出现故障时,电阻器可以保证使中间电路以规定方式安全放电。一旦电源线不能再保证电气制动能的吸收,转换器即将电气制动能转换为热。

(4)牵引控制单元(TCU)。

牵引控制单元(TCU)用于监控牵引变流器的操作。它们是位于 EC01/EC08 和 IC03/IC06 车底架下的牵引变流器的一部分,是铁道车辆上采用微型计算机控制技术的、模块化的控制单元。

TCU的主要功能如下。

① 调节指定的牵引或(电动)制动力,调节牵引变流器直流侧的电压,为牵引变流器生成控制信号。

② 控制开关元件,如预充电接触器和线路断开开关。

③ 监控和保护牵引组件。

④ 车轮滑动保护。

⑤ 提供持续的车辆滑动控制。

⑥ 限制车辆加速度。

⑦ 确定参考速度。

⑧ 防止车轮制动(运行表面的平面区域)。

⑨ 防止出现不容许的高轮轨滑动值。

⑩ 规定牵引相关的诊断数据,有助维护和提高可用性。

⑪ 通过 MVB 及尤其是 CCU、BCU、驾驶员 MMI 和辅助转换器装置进行数据交换。

牵引控制单元由许多单层和双层符合欧洲标准的模块组成。通过内置式轴流风扇完成通风任务。牵引控制单元的结构如图 6-100 所示。

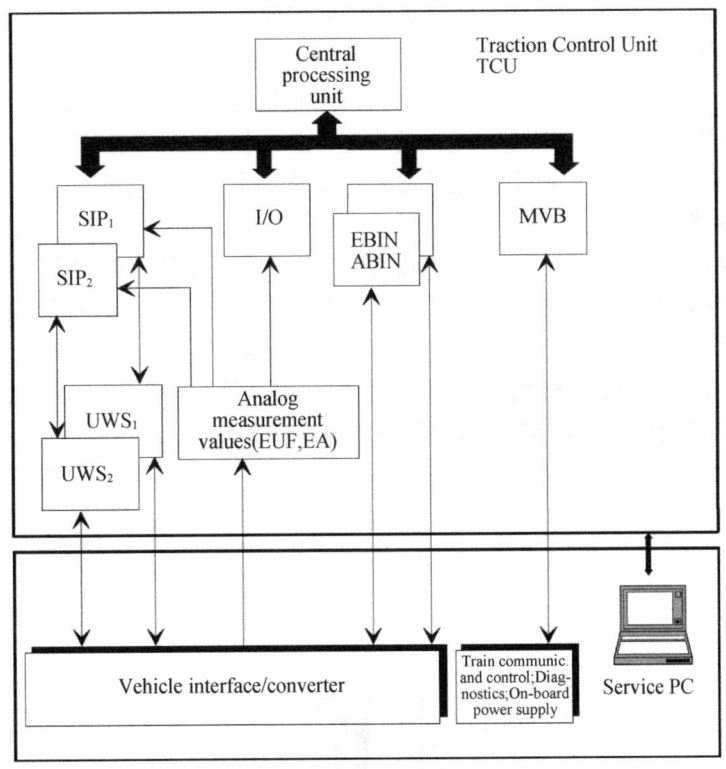

图 6-100　TCU 结构图
Central processing unit-中央处理单元；SIP-信号处理器；
UWS-变流器的监控保护模块；MVB-多功能车辆总线

牵引控制单元主要由一个带有 32 位 Intel 80486 微处理器的中央处理单元和两个附属的信号处理器(SIP)组成。信号处理器实现所有实时牵引控制功能和变流器控制功能，因此减轻了中央处理单元的大部分数据处理功能。

中央处理器单元控制牵引系统的更高级别的功能。外部命令如牵引/制动指令在这里处理并且为变流器设置预置控制指令。在预置控制指令中，考虑了列车运行中的动态限制参数，如过热、欠压或过压。

信号处理器经过内部总线从中央处理单元接收变流器的控制预置指令。在完成电压/频率(U/f) 的转换后，实际值作为频率信号直接读入信号处理器。信号处理器利用数字控制算法确定必需的设置并产生控制脉冲。

TCU 的实时控制功能，如变流器保护或处理器监控(如看门狗)由特殊的监控模块(硬件)完成。负责监控和保护变流器的模块(UWS)连接到信号处理器模块上的触发脉冲发生器和变流器内的控制管之间。

操作系统存储在 SIBA®32 控制单元的主存储器中，负责系统的启动、事件级别的管理、处理器意外操作故障处理和硬件的中断。操作系统通过串口与用户维护用的 PC 设备进行通信并执行它的命令。中央处理器单元的应用软件完成高级的牵引控制功能。子处理器(信号处理器，SIP)的应用软件完成变流器的实时控制功能，它根据其控制的变频器类型进行设计(如四象限斩波器、脉宽调制变频器)。

4. 牵引电机

CRH3 动车组配有 16 台牵引电动机,为四极三相异步牵引电机。电动机位于 EC01 / EC08 和 IC03/IC06 车上,动力转向架的每个轮对都由牵引电动机驱动,牵引电动机安装在转向架上。牵引工况作为电动机运行,再生制动时作为发电机运行,电机安装有温度传感器和速度传感器,用于测量电子定子的温度和电机的转速,该电机采用强制风冷的方式进行冷却,额定电压值较高,约为 2700V,以适应电机宽调速范围、动车组高速运行的需要。

5. 辅助变流单元

辅助变流器单元被放置在一个适合车底安装的箱体中,箱体中有功率半导体、开关装置、保险丝、控制系统部件、冷却系统部件以及感应元件。辅助变流器采用强迫风冷的冷却系统。

在每辆一等车(05)和餐车(04)中分别有一个双变流器单元,每个双辅助变流器单元由两个单辅助变流器单元组成。在每辆变压器车(02 和 07 车)各有一个单辅助变流器。图 6-101 为双辅助变流器单元框图。图 6-102 为双辅助变流器连接关系。

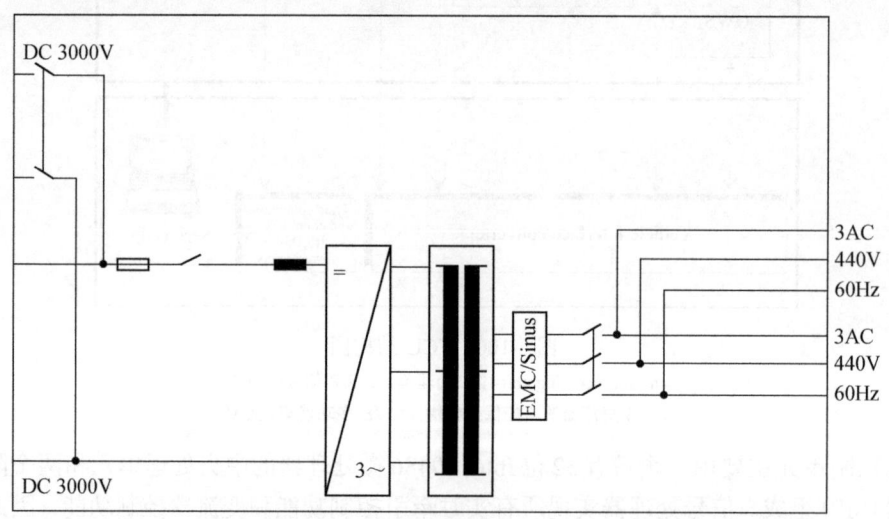

图 6-101 双辅助变流器单元框图

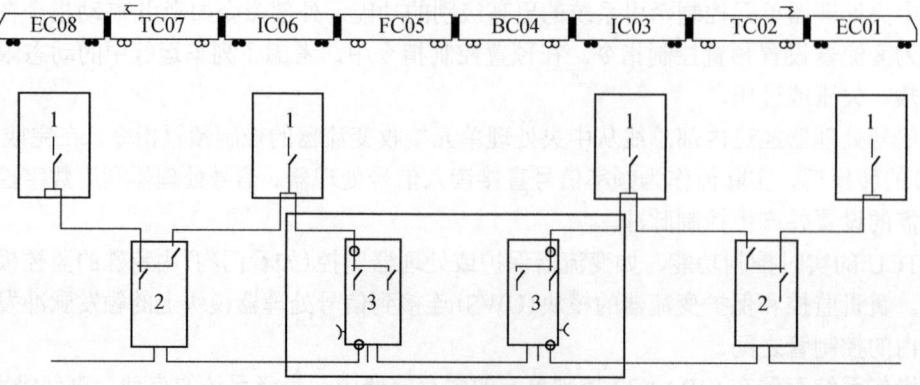

图 6-102 双辅助变流器连接关系
1-牵引变流器;2-辅助变流器;3-双辅助变流器;○-接地点

辅助变流器单元由下列零部件组成。
① 带有输入端子的输入电路，保护二极管，带电阻的预充电开关及主开关。
② 输入电流、电压测量装置。
③ PWMI 模块，空气冷却。
④ 集成了正弦滤波的 60 Hz 输出变压器，空气冷却。
⑤ EMC 滤波器。
⑥ 输出开关。
⑦ 具有 RS232 端口的微处理器控制单元。
⑧ 根据 TCN 标准的车辆总线接口。
⑨ 保护和监测设备。
⑩ 风扇。

辅助变流器的输入端与牵引中间电路连接，组成辅助变流的脉宽调制逆变器采用最先进的 IGBT 技术，脉宽调制逆变器采用 PWM 工作原理。高频开关使输入及输出电流的协波最小。

辅助变流器由其中央控制系统控制和诊断，同时脉宽调制逆变器的控制系统对上述功能也有辅助作用，控制系统除配备诊断端口和服务端口外，还有车辆总线接口(MVB)。

每节驱动车厢处都有一个牵引变流器。电源输入块与牵引变流器的中间电路相连。输入电压标示为 DC 3000V。在每节变压器车厢(07 和 02)上安装有一个单辅助变流器；在头等车厢(05)和餐车(04)上安装有一台双辅助变流器。它们连接到牵引变流器的中间电路上。

所有辅助变流器同时为一根通达整列列车的3AC 440V、60Hz的总线供电。总线在列车工作期间处于耦合状态。如果总线发生故障，则可以打开双辅助变流器的耦合接触器，从而将各部分隔离开。总线为各节车厢的所有大负载供电。各辅助变流器单独通过3AC 440V、60 Hz 总线进行同步。双辅助变流器将电源转变为3AC 440V、60Hz电压。

第五节　CRH5 型动车组传动与控制系统

一、CRH5 牵引传动与控制系统概要

CRH5 型动车组牵引系统使用交-直-交传动方式，主要由受电弓、主断路器、牵引变压器、牵引变流器及牵引电机组成。受电弓通过电网接入 25kV 的高压交流电，输送给牵引变压器，降压成 1770V 的交流电。降压后的交流电再输入牵引变流器，逆变成电压和频率均可控制的三相交流电，输送给牵引电机牵引整个列车。

CRH5 型动车组牵引系统主变压器使用油冷方式，牵引变流器使用成熟的 IGBT 技术。异步牵引电机的功率为 550kW，采用体悬方式，由万向轴传递牵引力。动车组有两个相对独立的主牵引系统，每个牵引单元配备一个完整的集电、牵引及辅助系统，以实现所需的牵引和辅助电路冗余，其中一个单元由 3 辆动车加 1 辆拖车构成(M-M-T-M)，另一个单元由 2 辆动车加 2 辆拖车构成(T-T-M-M)。动车组编组及动力设备的配置见图 6-103。

每个动力单元带有一个主变压器和受电弓。在正常运行中，每列车只启用 1 个受电弓。正常情况下，两个牵引系统均工作，当一个牵引系统发生故障时，可以自动切断故障源，继续运行。

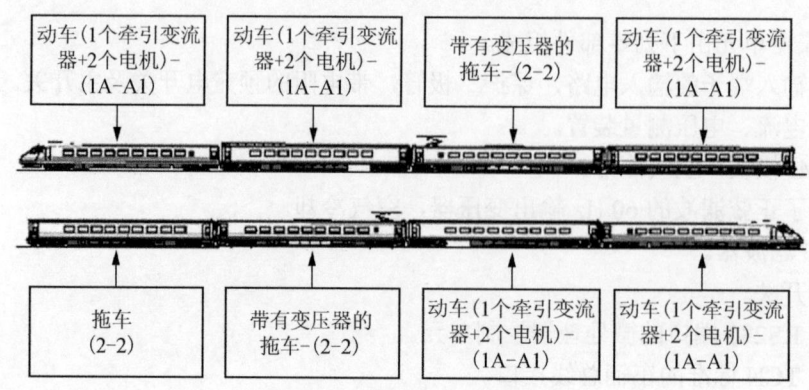

图 6-103 牵引设备的布置

二、CRH5 牵引传动与控制系统组成及工作原理

在正常负载条件下(定员载客)、平直线路、车轮平均磨耗(即车轮直径为 850mm)和网压为 22.5～29kV AC 电压时,列车的牵引性能如下。

① 平均启动加速度(0～40km/h):0.50m/s。
② 200km/h 时的剩余加速度:0.11m/s。
③ 220km/h 时的剩余加速度:0.09m/s。
④ 250km/h 时的剩余加速度:0.05m/s。
⑤ 平均最大车轮-磨耗黏着系数:0.22。
⑥ 爬行坡度(100%牵引力):30‰。
⑦ 在一个牵引变流器故障(80%牵引功率)条件下的爬行坡度>30 ‰。
⑧ 在二个牵引变流器故障或一个牵引变压器故障条件下(可获得 60%的牵引功率)的爬行坡度 27‰(连续运行);30‰(以 73km/h 速度运行 25km)。
⑨ 轮周处的最大牵引功率:5500kW。
⑩ 轮周处的最大牵引力:302kN。
⑪ 轮周处的最大制动功率:5785kW。

(一)主电路构成

图 6-104 为第一牵引单元原理示意图,图 6-105 为第二牵引单元原理示意图,第二牵引单元与第一牵引单元极其相似,唯一的区别是仅配备一个辅助变流器(在正常运行条件下,对于整列车仅需要两个辅助变流器,第三个仅作备用,随时替换出现故障的辅助变流器)。

每个动力单元的牵引设备都由下列设备组成。

① 一个高压单元,具有受电设备、保护装置和主变压器,安装在TTP和TTPB车上。
② 一个主变压器,采用强制油冷却,安装在TTP和TTPB车上。
③ 第一牵引动力单元具有3个牵引/辅助变流器,第二牵引动力单元具有2个牵引/辅助变流器,每台牵引/辅助变流器驱动2台牵引电机。牵引/辅助变流器获得可调节的直流电压,并驱动异步牵引电机的牵引和再生制动。在过电分相时由于再生制动短时停止工作,过渡的制动电阻器投入使用。每辆动车配置2台异步牵引电动机,底架悬挂,单台电机设计持续功率可达到550kW,并且车轮的直径差(在相同车轴上)接近3mm时也能够提供500kW的负载。

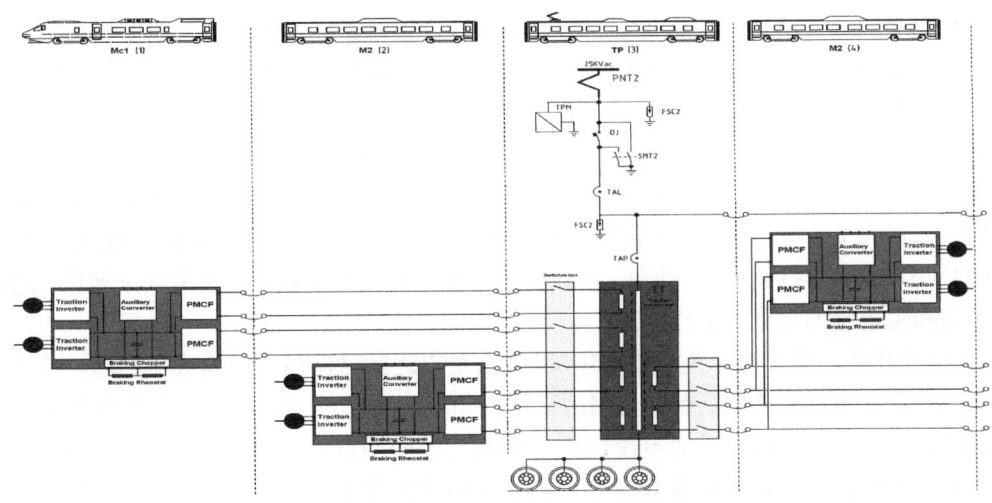

图 6-104　第一动力牵引系统电路示意图

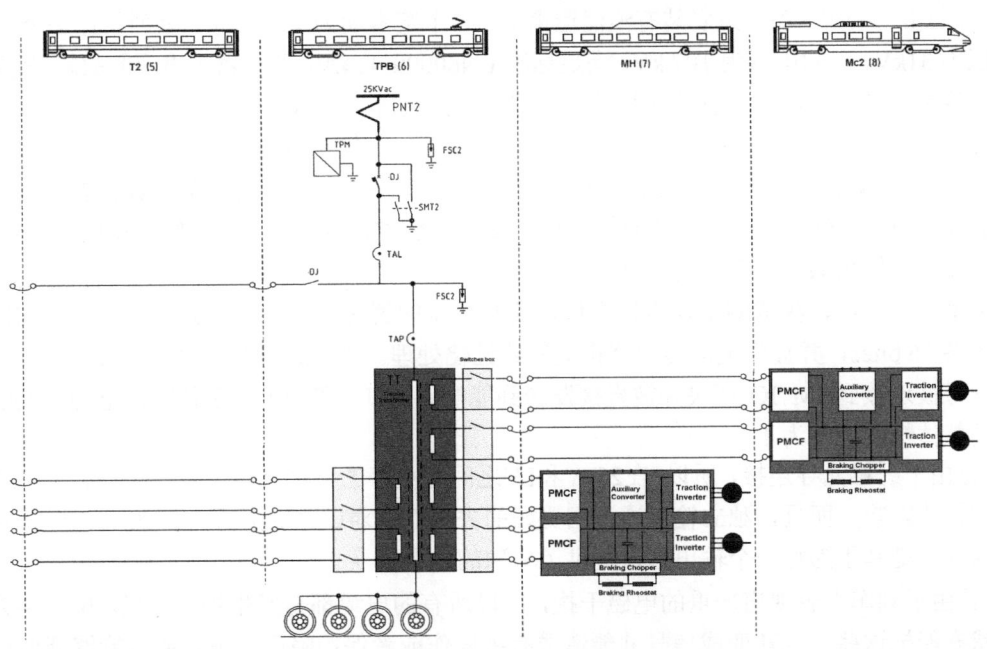

图 6-105　第二动力牵引系统电路示意图

④ 一台牵引控制器，能够完成如下的功能：控制设备发送的牵引/制动命令；控制中间直流线电压和受电弓输入端的功率因数；控制电机牵引/制动转矩；电力设备的保护；对控制器本身的自诊断和功率部件的控制。

⑤ 安装在 IM2 和 IMH 车辆上的电气装置，如 100Hz 谐振的制动器和瞬时电制动电阻。

(二) 高压系统

高压电器系统从高架接触线路采集 25kV 电流，并进行能量控制和转换，为牵引设备和其他设施提供动力。这些电路位于 TTP 和 TTPB 车上，由受电弓、主断路器、过压放电设备、电压和电流传感器以及变压器组成。

(1) 受电弓。CRH5 受电弓与 CRH2 的受电弓相同，安装位置在 TP 车和 TPB 车的车顶上，适用于 250km/h 的运行速度。DSA250 单臂受电弓主要由底架、铰接系统、下臂、上臂、连杆、导杆、分流器、柔性件、集电头、接触带悬挂、接触带、弓头、气动提升机构等部件构成。升弓装置安装在底架上，通过钢丝绳作用于下臂。下臂、上臂和弓头由较轻的铝合金材料结构设计而成。

(2)断路器。电路断路器是按照标准 EN60077-1 和 EN60077-4 标准设计的，一个基本动力单元 1 个，并另设一个以便对两个受电弓进行隔离，全列共计 3 个。主断路器为真空型，额定开断容量为 440MV·A，额定电流为 1000A，额定断路电流为 16000A，额定开断时间小于 0.025～0.06s，电磁控制空气动作。主断路器与接地开关集成在一起形成一个部件，起着切断主电路和主电路的接地保护作用。

(3)接地开关。该接地开关与 22CBNG 型真空电路断路器(VCB)集成在一起，并且接地开关安装在真空电路断路器之前。短路耐压能力 40 kA 可持续 100ms，总高度 580 mm(VCB 陶瓷绝缘体)，质量 15 kg，手柄半径长度 191mm，辅助触点 10A 热电流，1A 在 L/R=15ms，一个基本动力单元 1 个，全列共计 2 个。与主断路器组合在一起，安装在车顶，为便于安全维护，接地开关装有连锁保护，接地开关是手动操作的。

(4)防雷击装置。动车组安装有浪涌避雷器，一个基本动力单元 2 个，全列共计 4 个。额定电压为 31kV，限制电压为 107 kV，满足标准 EN60099-4。浪涌避雷器上出现的故障(短路)，由车载诊断系统通过电流互感器在相关断路器打开的情况下读取。

(5)网端检测装置。CRH5 型动车组蚕蛹集成测量仪，集成测量仪是将过去需要由多个独立组件共同保障的多种功能整合到一个一体装置中，可获得以下优点：能量计需要较高的精度，更好的去耦元件，运行安全性能的提高，改进的 LCC，较低的干扰，体积和重量的缩减，简化的安装，输出系统更简便的管理。

借助于串行线，集成测量仪可以提供电流和电压的瞬时值。数字格式为每一电压和电流信号预备 16 bites，并提供电流传感器指数的线性化处理。然后，在没有降低精度的情况下，数字信号被连接到 IM_IO 模块并被直接发送到能量计 CU。在如下的条件中，电力(和能量)方面的整体精度设计为 1。

(1)由于纤维光导连接，所以 在25kV和LV之间有更好的去耦性。这必然对安全性和EMC造成积极的影响。而且，独立输出通道间更好的去耦性也对EMC造成了正面影响。运行安全性能的提高是基于为每一个输出通道提供了单独的电源。

(2)由于列车上表现出严重的电磁干扰，所以所有的电缆都易发生耦合干扰。电子装置的输入状态能把这些干扰转变成信号并能造成有害操作或者保护障碍。采取所有能够降低这些干扰的措施和方法，并且遵守了降低 EMI (电磁干扰)的准则。一个降低干扰的好方法是通过电流信号发送信息。电流信号通常不太被电磁场干扰。

集成测量仪直接产生许多与线电流和线电压成正比例的"电流模式"的独立信号。这些信号能被发送到离信号源很远的不同装置上，且没有干扰问题。把一个装置中的所有元件集成，这使得简单的检测成为可能和有关 EMI 的性能的提高被考虑在内是必须的。提供数字输入是为了输入能量计时不被 EMI 影响。

(3)由于集成测量仪中所有组件的集成，系统整体体积减小了。紧凑设计保证了机械和电子的简化安装。为实现相同功能所必需的装置的减少，使在生产和运行阶段使列车更简单的管理和维护成为可能。机车仪表内包括电流、电压检测等部件。

线路电流传感器(TAL)是由 2 个单元组成的，都位于相同金属箱；它们通过一个光纤互相连接；与高压连接的单元由一个安培计式变压器组成，这里第二单元从光纤接受信号并提供一个模拟输出(总数量为 2 个信号形成冗余)。也通过以前数字输出(用于线路电压通信)提供关于电流瞬时值的信息。

线路电压传感器(TPM)测量由受电弓收集的线路电压值并检查其频率特征。该传感器只在测量频率为 31~60Hz 和电压有效值超过 5 kVrms 时正确工作,由列车 24 Vdc 蓄电池电压供电。

零件接收由受电弓收集的电压并且通过一个电阻分配器来进行测量。测量结果通过光纤发送到一个电子设备,该电子模块配备一个微处理器。

这些模块的任务是"牵引局部控制",称为 CLT,并且固定在 HV 箱内部,HV 箱被安置到车辆底架上。该设备还与每个牵引变流器的牵引调整器(TCU)有接口:2 个诊断数字输出(为总数 4 个输出形成冗余),通知有关设备条件/故障;1 个有着瞬时线电压和电流的数字输出,以便于向能量计 IO 模块提供数据;8 个电气独立模拟输出,具有与线路电压的瞬时值成比例的 50 mA 电流信号。

(三) 牵引变压器

牵引变压器是动车组的重要组成部分,由受电弓接收的能量通过主断路器供给牵引变压器的初级绕组,将电压改变 1770V 交流,供给辅助设施电路和负责全列车直流电驱动电气设备管理的电路及给牵引电机。

整个变压器含网侧高压套管共有 14 个接线端子,总质量为 7000kg,最大外形尺寸为 4124mm×2465mm×685mm,外形图如图 6-106 所示。

主变压器的控制是由高压箱完成的。高压箱安装在 3 号车和 6 号车车底下,其包括机电设备和传感器来管理高压电路的,高压箱也可以进行牵引变压器的保护,高压柜的主要功能如下:

① 将牵引/辅助变流器绝缘。
② 管理变压器辅助设备。
③ 管理变压器的保护系统。
④ 保证快速保护功能。
⑤ 保证向列车网络控制系统的远程输入/输出。

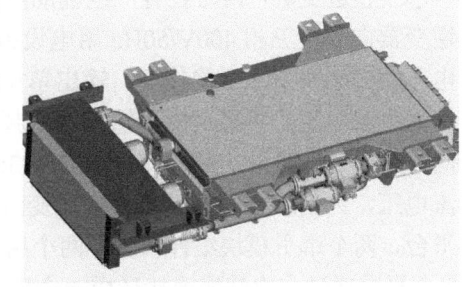

图 6-106 CRH5 牵引变压器外形图

高压箱内的设备主要包括以下方面:

① 2个具有微处理器的电子模块,称为牵引局部控制器CLT,可以执行相关牵引变压器的防护功能。
② 两极的隔离开关。在4号车上的动力关闭或被连接到其他变压器的情况下,隔离开关打开。
③ 6 个单极的隔离接触器 $KSAZ_{11}$、$KSAZ_{12}$、$KSAZ_{21}$、$KSAZ_{22}$、$KSAZ_{31}$、$KSAZ_{32}$。如换流器关断,相关的接触器打开。

系统具有两个 CLT,以便实现系统的容余。每一个 CLT 由以下部分构成:
① 一个 24V/50W 的供电单元与电池电路连接,给 CPU 及相关的电子卡供电。
② 一个+/-24V/20W 的供电单元与电池电路相连,给 TAP 电流传感器供电。
③ 2 个 INDI-32 模块。
④ 2 个 USDR-16 模块。
⑤ 1 个 A/D 模块。

⑥ 1个Pt100模块。
⑦ 一个分路电阻模块。
⑧ 一个继电器模块。
⑨ 一个CPU单元。
⑩ 一个MVB交互模块。

局部控制器CLT从变压器获得相关信息,并管理变压器的辅助装置,主要功能如下:
① 原电流(电流转换器)。
② 油温(4 Pt100)。
③ 油流量(两个油流量检测仪)。
④ 油位(低位有两个触点 + 用于预警的一个触点)。
⑤ 过压装置(一个触点)。
⑥ 两个电机风扇(双速)。
⑦ 两个泵。
⑧ 保证对变压器的保护。
⑨ 作为列车网络控制系统的远程输入/输出工作。

(四)牵引/辅助变流器

1. 牵引变流器的工作原理

电动车组CRH5的变流装置牵引/辅助变流器YGN2Q213内部分别有两组四象限整流器(4QC)和逆变器,同时还有一组辅助逆变器,每一组逆变器控制一台568kW牵引电机,辅助逆变器向车载三相400V/50Hz用电设备供电。变流器的主要功能是将25kV/50Hz的单相交流电压通过牵引变压器降压后,输出单相AC1770V/50Hz的电压,经四象限整流得到3600V的中间直流电压,再经逆变器输出电压频率可调的0~2808V的三相交流电压来控制每台电机;同时辅助逆变器从中间回路输入直流3600V电压经斩波降压逆变后输出三相400V/50Hz的交流电压,为辅助系统的设备供电。变流器由8个组件平台构成,它们分别是:两个辅助组件平台,两个牵引模块组件平台,两个用户组件平台,一个冷却系统平台,一个电阻组件平台,8个平台通过中央线槽连接形成一个整体。各个组件的构成及位置如图6-107所示。

牵引变流器的特性如下:
(1)典型的模块化结构,主要由8个组件组成,通过紧固件连接。
(2)牵引、辅助变流器集成在一个箱体中,辅助回路输入电压来自中间直流环节。
(3)冷却方式采用水冷和强迫风冷。
(4)车底安装,防护等级为IP54。
(5)采用最新的高压IGBT(6500V/600A)技术,中间直流电压在额定工况下为3600V;采用矢量控制技术,多种PWM模式优化调制。

2. 四象限整流器(4QC)的基本工作原理

四象限整流器的电气原理如图6-108所示。由变压器次级绕组提供的两组单相交流电源1770V,经过接线端子10×01A(10×02A)、电流传感器-TA2(-TA1)分别进入四象限变流器模块4QCA(4QCB),经过对IGBT的PWM脉宽调制,将其转换为3600VDC。当变流器负载为牵引状态运行时,脉宽调制的电流相位、频率与网压一致,用于提供矢量控制的逆变器电源输入;当变流器负载为制动状态运行时,脉宽调制的电流相位与网压反相、频率与网压一致,实现将中间电路的剩余能量回馈电网,并保持中间电路电压稳定;由于采用PWM技术,由两个相互在 180°之间转换的 PMCF 组成,可以实现主变压器次级绕组电压与电流的同相位,功率因数接近于 1。

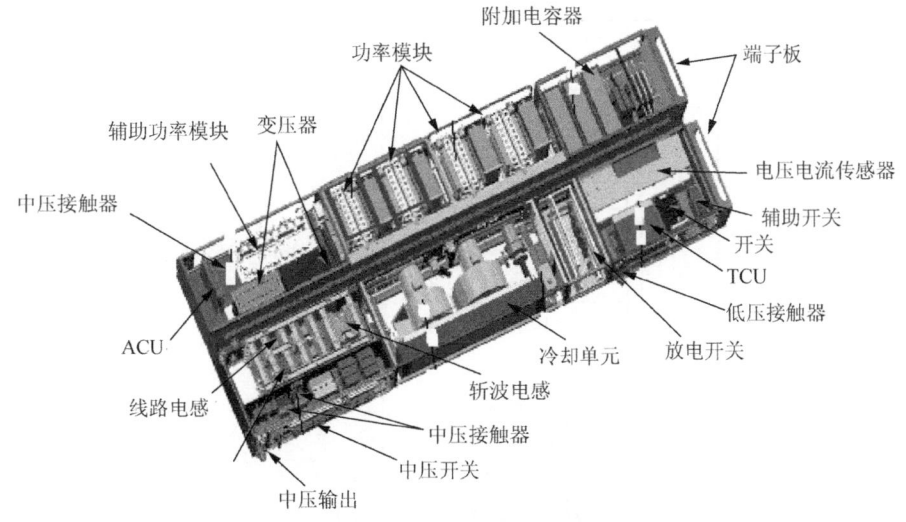

图 6-107　变流器结构组成

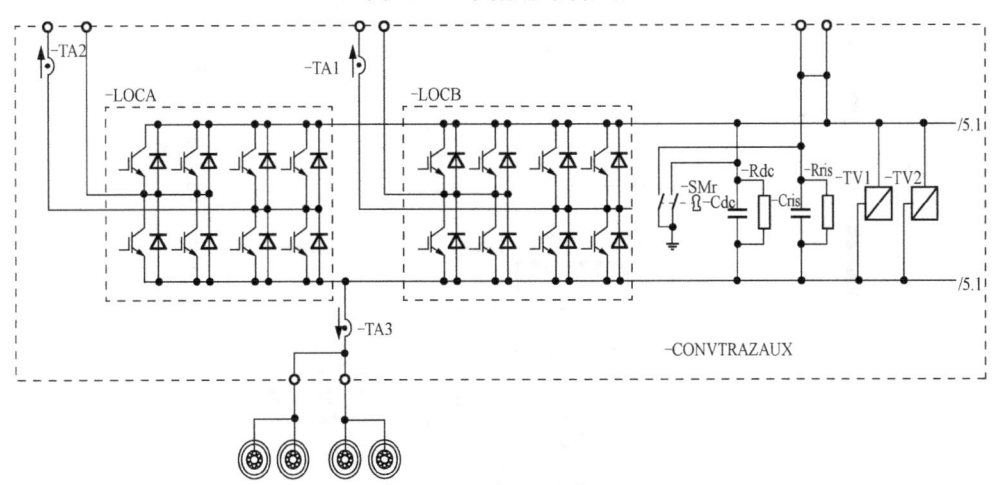

图 6-108　四象限整流器的电气原理图

3. 逆变器工作原理

逆变器部分的作用是通过 IGBT 的顺序导通关断,把直流电变换为电压频率可调的三相交流电简称 VVVF。

CRH5 逆变器采用新型高压 IGBT(6500V/600A)元件,直流输入电压 DC3600V。模块化设计,每个逆变电路由一个功率模块组成,包括 8 个 IGBT,其中 6 个组成 2 电平三相逆变器,1 个作为斩波器,1 个将栅极和发射极短路作为二极管使用。矢量控制技术,多种 PWM 模式优化调制。

牵引变流器逆变部分原理图如图 6-109 所示。

如图 6-110 所示为三相逆变电路由 6 个带无功反馈的二极管和 IGBT 组成。

4. 中间回路的基本工作原理

中间回路的原理如图 6-110 中的方框所示。中间回路是四象限脉冲整流器和负载端的逆

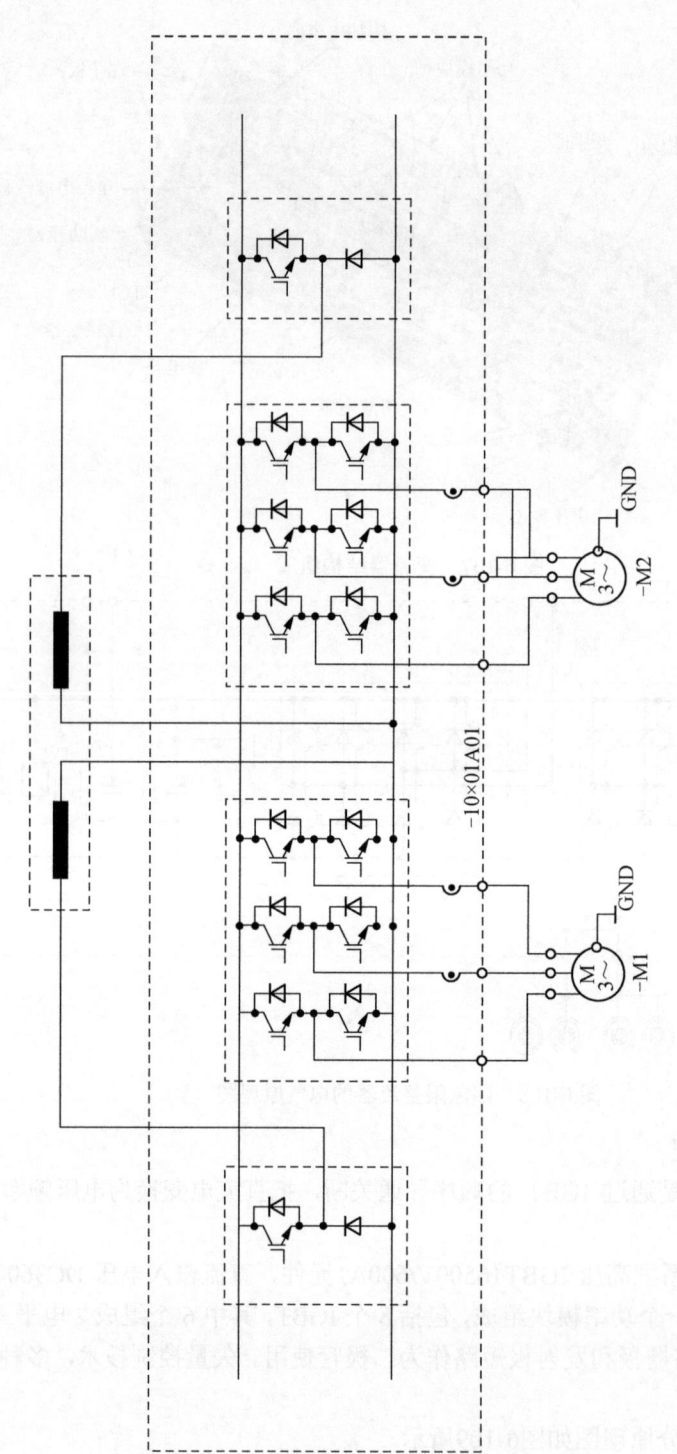

图 6-109 逆变器主电路原理图

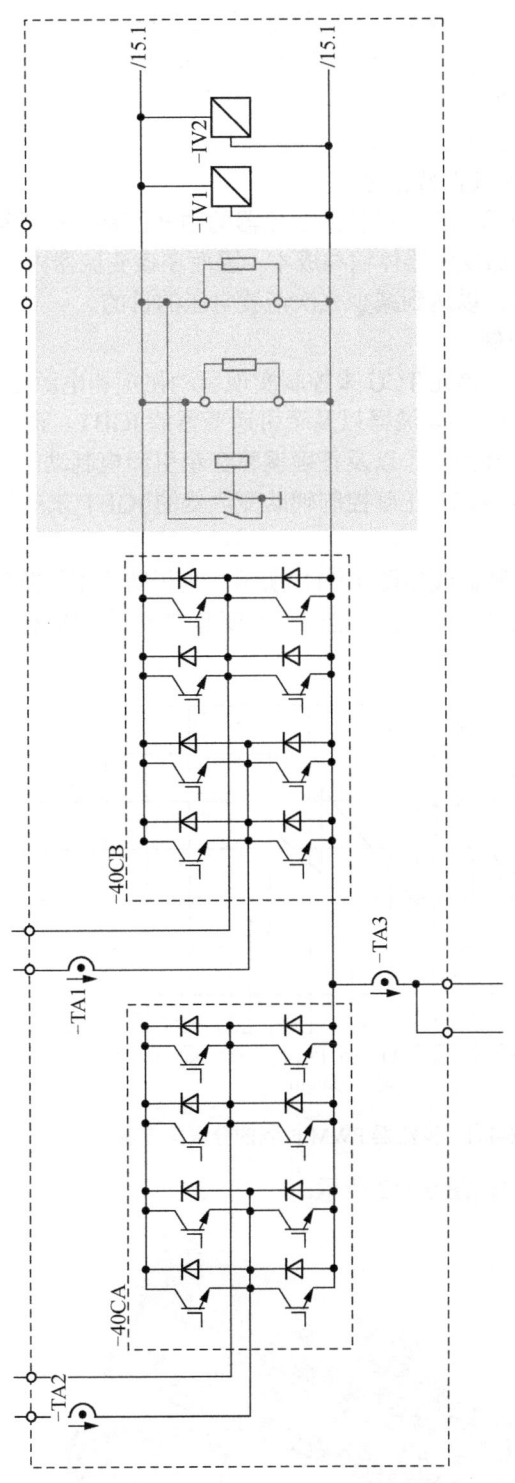

图 6-110 中间回路的原理图

变器之间的联结纽带，主要是由支撑电容 C_{dc}、电容器的放电电阻器 R_{dc}、附加电容 C_{ris}、放电电阻 R_{ris}、接地开关 SMT 组成，支撑电容 C_{dc} 主要功能包含以下几点。

(1) 与四象限脉冲整流器、逆变器交换无功功率和谐波功率。
(2) 与异步电机交换无功功率。
(3) 与四象限电抗器交换无功功率。
(4) 支撑中间回路电压，使其保持稳定。

由于采用单相脉冲整流技术，在牵引辅助变流器的中间回路，势必存在二次谐波，如果增加二次吸收回路，则势必增加变流器体积与成本，因而在该变流器内，去掉二次吸收回路，而增大了直流侧支撑电容的值，以达到减少二次谐波电压的目的。

5. 牵引变流器与 TCU 控制

牵引变流器主要由牵引控制单元 TCU 来控制实现驱动扭矩和电源控制。一个 TCU（牵引控制单元）能够控制输入变流器、动斩波器以及牵引逆变器的 IGBT。通过 TCU 的电压和电流传感器能够监视牵引变流器正确操作，以及正确调整在牵引和电制动阶段中由牵引电机输出的扭矩。此外一个额外控制器（ACU）正确控制辅助变流器的 IGBT 来产生 400V-50Hz 三相电压为辅助服务供电。

牵引变流器的分段同步调制曲线如图 6-111 所示。为了防止中间阶段因没有谐振滤波器而出现危险的不稳定性，在 90Hz 和 110Hz 之间不改变脉宽调制（PWM）的种类，只在 110 Hz 之后才实施分级控制（方波）。

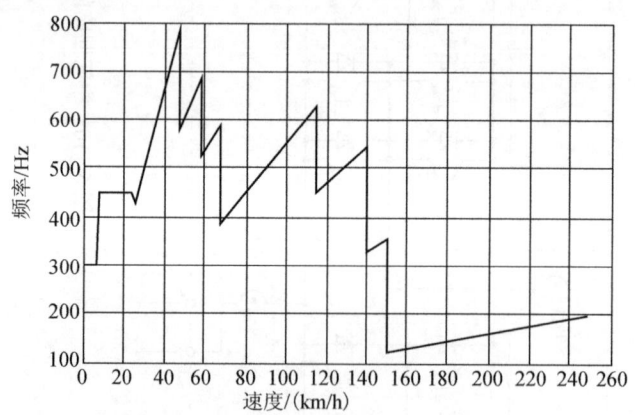

图 6-111　变流器 PWM 控制的分段同步调制

牵引控制单元 TCU 的位置如图 6-112 所示。

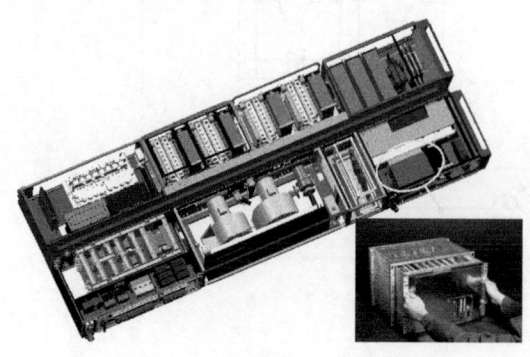

图 6-112　牵引控制单元 TCU 的位置

一个 TCU（牵引控制单元）能够控制输入变流器 PMCF、制动断路器以及牵引逆变器的 IGBT，达到驱动转矩和功率控制。如图 6-113 所示。

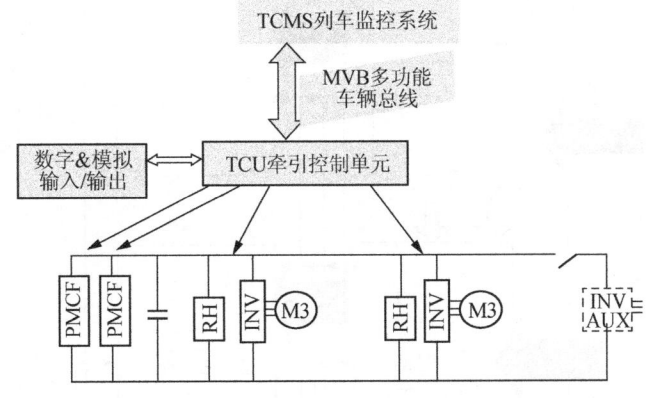

图 6-112　TCU 控制简图

PMCF-四象限脉冲整流器；RH-斩波器；INV-电机逆变器；INVAUX-辅助逆变器

TCU 主要功能如下。

(1) 功率图控制。

(2) 牵引/制动需求管理。

(3) 冷却系统管理和监测。

(4) MVB 总线处理。

(5) 速度管理和车轮滑动/空转控制。

(6) 从传感器上获取采集信号和电力电路的快速保护。

(7) 两个独立的牵引逆变器控制。

(8) PMCF（四象限整流逆变器）控制。

(9) 变阻斩波器控制。

(10) 维修功能（自检，逆变器折算功率测试，数据记录，事件和故障记录），与 WINSCOPE 工具的 RS485 通信。

牵引控制单元 TCU 放在支座中，TCU 集成了牵引电机逆变器和斩波器的控制以及 25kV-50Hz 交流电网的双重强制转换单相桥（PMCF）即四象限脉冲整流器。它有以下特点。

(1) 牵引控制单元主要由三个部分组成：①系统驱动管理监测：由 ATLS、NETXM、2 个 EBY1、2 个 SBT、2 个 ESAL 板卡来完成。②CRT4-制动斩波器和电机逆变器管理：由 CCA4、CCN4、2 个 CCB4 板卡来完成。③CRT2-PMCF 管理：由 CCAP、CCNP、CCB 板卡来完成。

(2) TCU 通过电流和电压传感器控制并诊断电力电子变流电路。

(3) TCU 驱动 K-AUX 开关进行辅助隔离。

(4) TCU 与冷却和电机风扇控制的低压信号相连接。

TCU 的组成部分如图 6-114 所示。

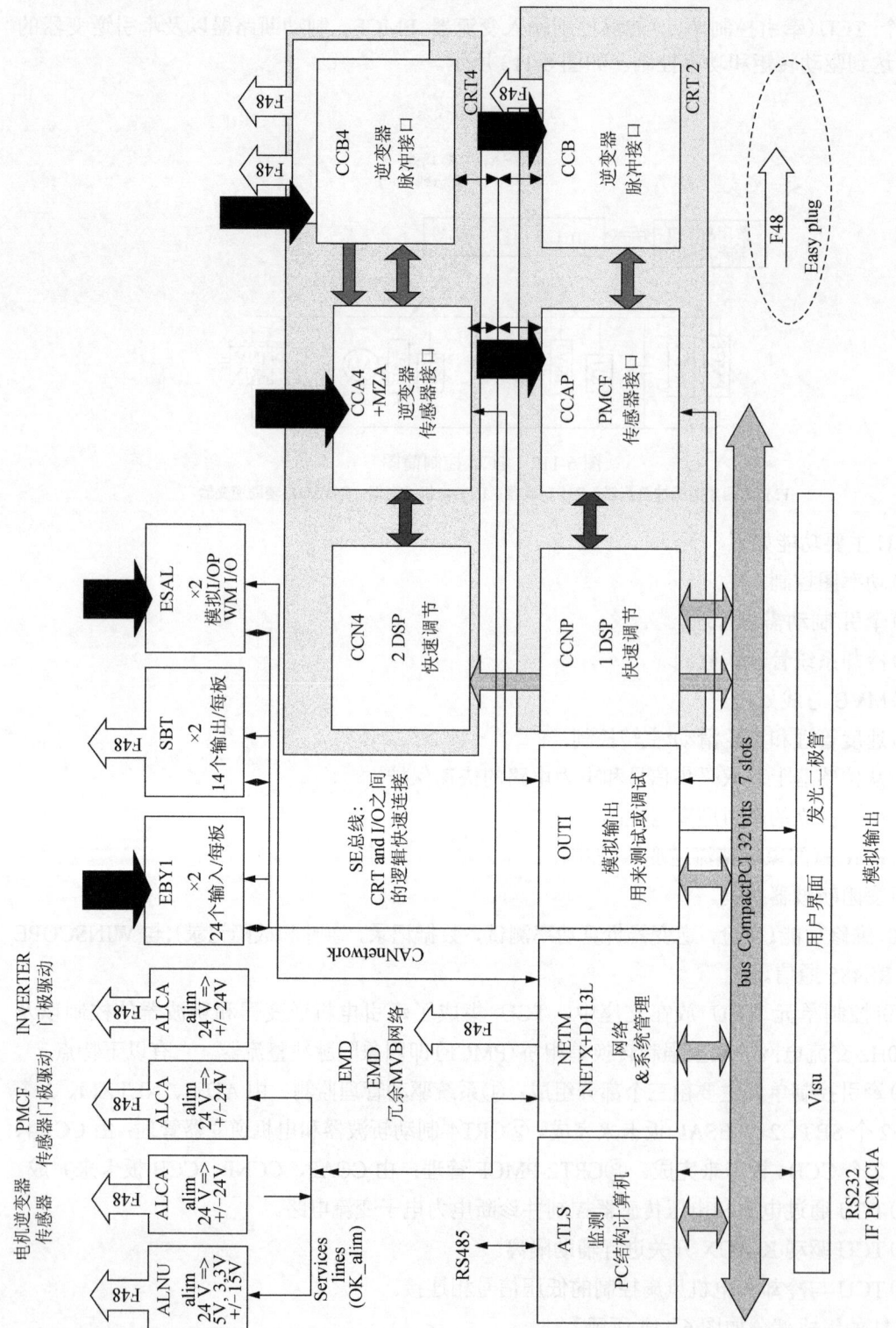

图 6-114 TCU 各部分的功能

(五)牵引电机

CRH5 动车组的牵引电机是一种三相异步、六极、强迫通风型电机，带有定子开启式分层，不带机壳。电机的外形如图 6-115 所示。宽度 828 mm，高度 680 mm，长度 1070 mm，转子质量 480 kg，总质量 1613 kg。

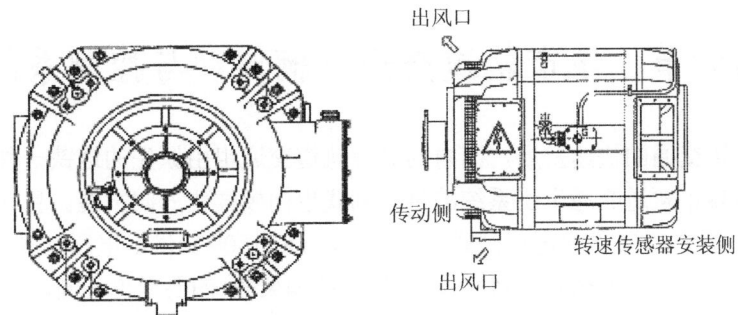

图 6-115 牵引电机的外形

每节动车装有 2 个牵引电机。每个牵引电机由一个牵引逆变器提供能源，8 车编组的每列列车上有 10 个电机。

电机安装一套速度检测系统供监控之用，并且在定子线圈上预埋温度传感器用于电机定子温度测量，牵引电机采用弹性吊架吊装于车体底架上，电机通过万向轴与转向架上的齿轮箱连接。

主要技术参数如下：

类型：异步，六极，鼠笼。

持续额定功率：568 kW。

电压(相电压/线电压)：1206/2089.3 V。

电流：211.22 A。

转速：1177 r/min。

频率：59.8 Hz。

转速范围：0～3121 r/min。

冷却方式：开启式，强迫通风冷却。

电源：三根电缆通过接线盒连接到电动机上。

连接方式：万向轴。

安装方式：纵向布置，通过两端盖固定在支架上，并悬挂于车体上。

定子机座：全叠片结构。

端盖-传动端轴承：滚柱轴承。

端盖-非传动端轴承：球轴承。

电机速度由一个速度传感器监测，该传感器由一个固定在轴上的齿轮和一个固定在传动端对面一侧外盖上的电磁信号采集器组成；该信号采集器能够检测到轮齿发出的电脉冲，其速度正比于转子轴的速度。测速器上的热探头和磁性传感器之间的连接是通过快速连接线和密封环连接器实现的。Pt100 温度探头位于中间位置的定子铁芯中，它由一个防水盒保护。

电机设计通过弹性悬挂固定在车体地板之下,通过空心轴连接至安装在转向架上的变速箱。电机的电力连接是通过三条电力直通电缆实现的,通过单独的防水型引线孔从电机输出。电缆的机械保护是通过用胶布制成的刚性管子实现的。为把电机电缆连接到设备电缆上,要使用特殊的端子来把电缆夹住;为保护单独的电缆连接,要使用已经适当绝缘的圆筒形支架。

第六节 城市轨道交通车辆传动与控制系统

随着城市轨道交通的快速发展,国内的城市轨道交通也由原先的地铁一种形式向多样化发展,同时国内城市轨道交通牵引系统的供电制式也向多样化方向发展。目前供电制式主要有 2 种:一种是 DC 750 V 供电电压制式,另一种是 DC 1500 V 供电电压制式。另外,不同区域和不同用户对轨道交通车辆的控制方式(包括车控和架控)的要求也不同。

城市轨道交通车辆牵引逆变器不仅需要满足城轨车辆的动力性能、故障运行/救援能力以及实现预期的运行速度等,还需要满足城轨车辆特有的运行工况:①站间距离短;车辆启/制动频繁并且启/制动加/减速度大;启/制动力矩大;启/制动峰值功率大以及导致的直流供电电压变化范围大。②由于城市轨道车辆大部分是在地下隧道中运行,因此,其运行的安全性及其重要。一方面要尽量提高部件及系统乃至整个车辆运行的可靠性;另一方面车辆要具有一定的故障运行能力,当车辆损失部分动力或全部动力,也能行驶或被牵引行驶到最近的车站或车辆维修厂。③城轨车辆由于受轴重的限制以及为了节省能源,在满足车辆动力性能的前提下,要求电传动系统装置尽可能轻量化。④有良好的过载能力。在上、下班高峰期和节假日,乘客超员的情况是经常发生的,为保证车辆按点运行,车辆的电气部件必须在一定的过载下仍具有持续运行的能力。

电力电子技术的快速发展大大促进了现代牵引电传动技术的发展。牵引逆变器的控制方式经历了凸轮调阻、斩波调压和调频调(VVVF)大方式。由于 VVVF 交流传动系统具有诸多优点及其在技术方面已趋成熟,采用 VVVF 交流传动系统的地铁、轻轨车辆已在世界各国新建地铁、轻轨系统中广泛应用,成为现代地铁、轻轨车辆的主流。

一、城市轨道交通车辆典型主电路

目前,城市轨道交通车辆牵引逆变器的典型主电路主要有以下 3 种:一种是采用 1 个变流器模块驱动 4 台牵引电机(1C4M)的车控方式的主电路,如图 6-116 所示;一种是采用 2 个变流器模块驱动 4 台牵引电机(2C4M)的架控方式的主电路,如图 6-117 所示;一种是采用 2 个变流器模块驱动 4 台牵引电机(2C4M)的车控方式的主电路,如图 6-118 所示。

图 6-118 中左侧虚线框内为高压电器箱,包括 QS_1(高速开关)、QF_1(隔离开关)等高压电器,其中 QF_1 用于主电路的故障保护,电流传感器 LH_1、LH_7 用于主电路接地检测,F_1、V_{10}、R_1 用于当主电路发生故障时,电抗器 L_1 等储存能量的释放。图中右侧虚线框内为牵引逆变器,包括充放电等高压回路,采用 1 个模块驱动 4 台牵引电机(1C4M)的车控方式,其中 KM_2、R_2 组成充电回路,KM_2、KM_3、R_3 组成快速放电回路,R_4、R_5 组成固定放电回路,LH_2 用于检测中间回路电流,$LH_3 \sim LH_5$ 用于检测输出电流;LH_6 用于检测制动电流,VH_1 用于检测网压,VH_2 用于检测支撑电容电压。

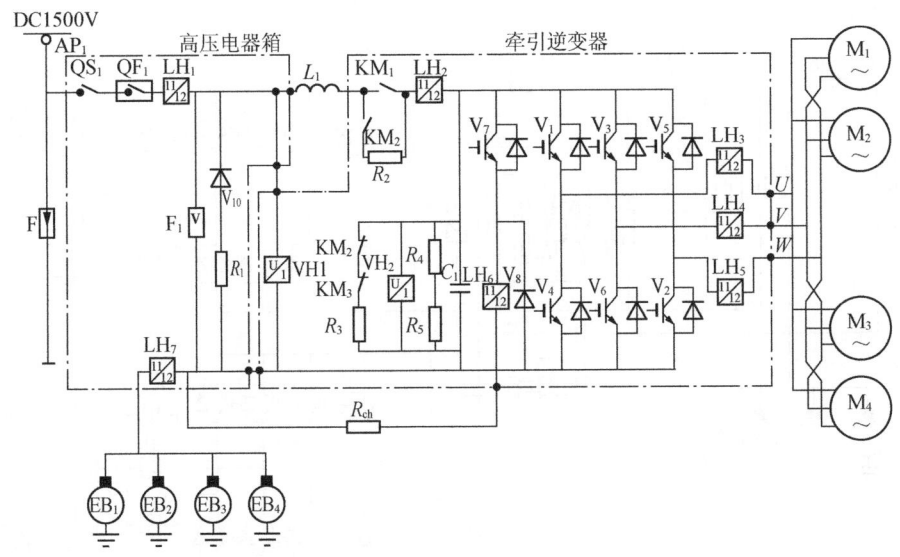

图 6-116 单模块车控电路

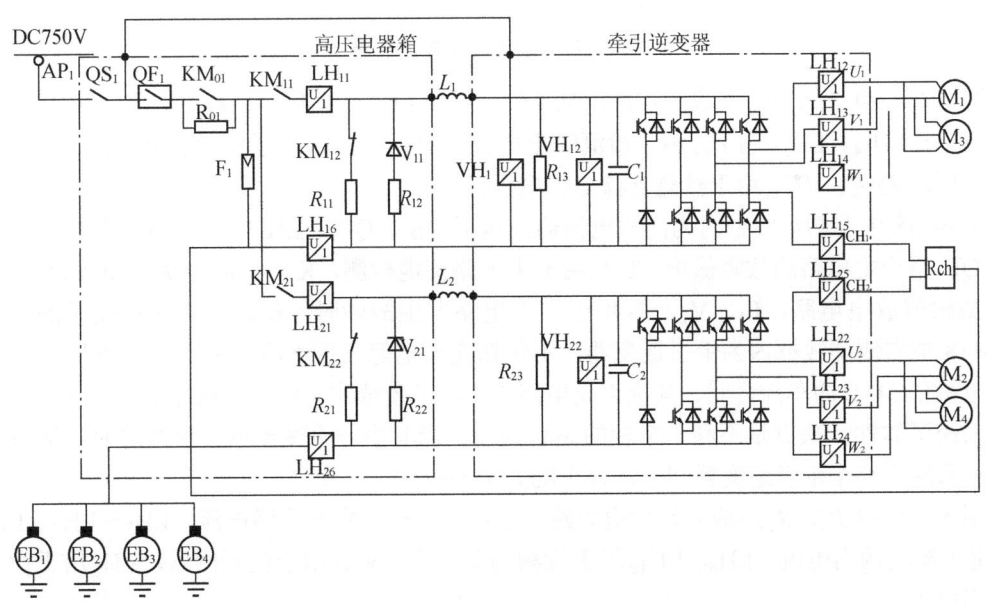

图 6-117 双模块架控主电路

图 6-117 中左侧虚线框内为高压电器箱,包括 QS_1、QF_1、KM_{01} 等高压电器,其中 QF_1 用于主电路的故障保护,KM_{11}、KM_{21}、R_{01} 组成充电回路,KM_{12}、KM_{22}、R_{11}、R_{21} 组成快速放电回路,F_1、V_{11}、V_{21}、R_{12}、R_{22} 用于当主电路发生故障时,L_1、L_2 等储存能量的释放,LH_{11}、LH_{16}、LH_{21}、LH_{26} 用于主电路接地检测。

图 6-117 中右侧虚线框内为牵引逆变器,不包括充放电等高压回路,采用 2 个模块驱动 4 台牵引电机(2C4M)的架控方式,其优点是当其中一个变流器模块故障时,可以将其切除,另一个变流器模块仍可继续工作,该车动力只损失一半,并且 2 个牵引逆变器单元分开控制,有利于提高车辆的黏着利用;其缺点是增加了许多部件(尤其是接触器),导致系统可靠性降低,体积和成本增加。

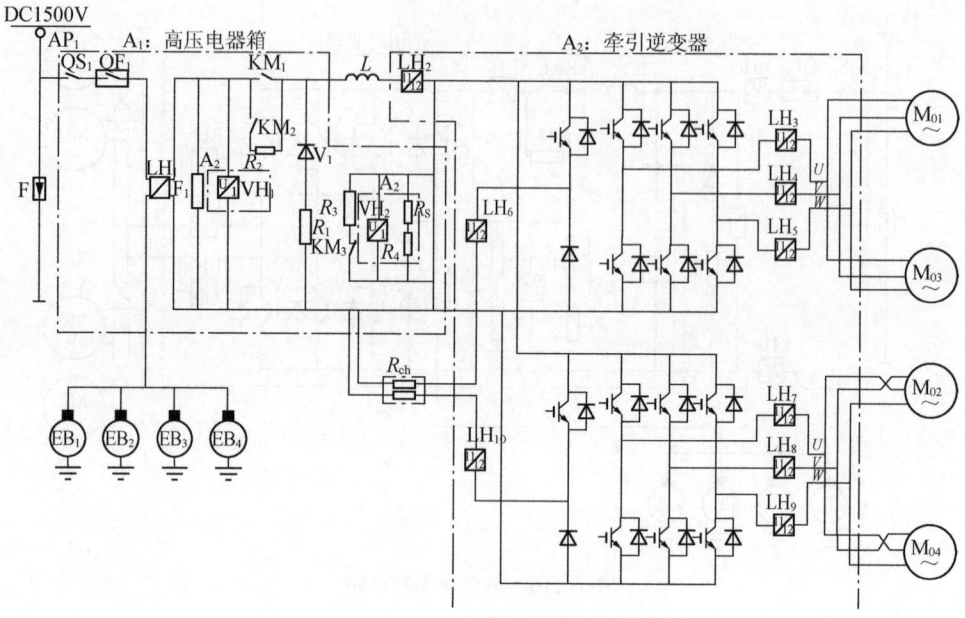

图 6-118 双模块车控主电路

图 6-117 中 R_{13}、R_{23} 组成固定放电回路，LH_{11}、LH_{16}、LH_{21}、LH_{26} 用于检测中间回路电流，$LH_{12} \sim LH_{14}$、$LH_{22} \sim LH_{24}$ 用于检测输出电流，LH_{15}、LH_{25} 用于检测制动电流，VH_1 用于检测网压，VH_{12}、VH_{22} 用于检测支撑电容电压。

图 6-118 中左侧虚线框内为高压电器箱，包括 QS_1、QF_1、LH_1、F_1、KM_{01} 等高压电器，其中 QF_1 用于主电路的故障保护，LH_1 用于主电路接地检测，KM_2、R_2 组成充电电路，KM_3、R_3 组成快速放电电路，F_1、V_1、R_1 用于当主电路发生故障时，L_1、L_2 等储存能量的释放。图 6-118 中右侧虚线框内为牵引逆变器，不包括充放电等高压电路，采用 2 个模块驱动 4 台牵引电机(2C4M)的车控方式，其优点是电路简单，节省成本，由于接触器数量减少，有利于提高系统可靠性；缺点是不利于车辆的黏着利用，当其中一个变流器模块故障时，无法单独隔离，只能将整个牵引逆变器切除，该车动力全部损失。

图 6-118 中 R_4、R_5 组成固定放电电路；LH_2 用于检测中间回路电流，$LH_3 \sim LH_5$、$LH_7 \sim LH_9$ 用于检测输出电流，LH_6、LH_{10} 用于检测制动电流，VH_1 用于检测网压，VH_2 用于检测支撑电容电压。

目前轨道车辆牵引逆变器，不但能够满足城市轨道交通车辆的特殊工作环境，具有安装维护方便、结构强度高、内部结构紧凑、外表美观精致等特点，而且能够在不重新设计柜体的条件下通过改变接线方式、更换变流器模块及 DCU 机箱就能方便实现车控和架控的互换，同时也能够满足在不同供电制式下的应用，极大地缩短了牵引逆变器的设计开发周期。IGBT 变流器模块设计为抽屉式结构，便于在牵引逆变器柜体上进行安装、检修及维护。

牵引逆变器(图 6-119)主要由 2 个相同的 IGBT 变流器模块构成，还包括控制箱、传感器等部件。牵引逆变器所有对外控制连接器均采用密封结构；3 个隔舱采用门锁结构设计，每个隔舱都设计一个密封门，不仅防水防尘，而且使得部件的安装和维护、拆卸更加方便；主电路的输入输出电缆通过电缆夹由铜接头压接，因此使得整柜密封完全能够满足车底设备防护等级 IP54 的要求。

图 6-119 牵引逆变器

二、IGBT 变流器模块

由 IGBT 元件构成的变流器模块是城轨车辆用牵引逆变器的核心部件，它是一个相对独立的模块单元。模块化是当前国内外变流器设计的一个主流方向。与传统设计相比较，IGBT 变流器模块化具有很多优点：①集成度高、结构紧凑，有利于节省空间，减小设备的体积。②组装与拆卸方便，同时最大限度地减少外部接线；通用性好，相同的变流器模块，既可以用于四象限脉冲整流器，又可用于逆变器。③抗电磁干扰能力强，内部元件驱动信号采用光纤连接。④极大地缩短了研发周期，降低了研发费用，减少了用户备品数量，降低了产品的成本。

随着系列化 IGBT 变流器模块设计的日趋成熟，模块性能也日趋完善，也为国产动车、机车牵引逆变器以及城轨车辆牵引逆变器的自主研发提供了更多的技术支持。由时代电气研制的城轨车辆牵引逆变器采用的是 IBXM 系列的 IGBT 变流器模块，其外形如图 6-120 所示。它包括热管散热器、IGBT 元件、温度继电器、门极驱动单元、支撑电容、复合低感母排以及门极驱动电源等，是一个结构高度集成、功能相对独立的功率模块。

图 6-120 IGBT 变流器模块

在牵引逆变器中，由于 IGBT 开关元件在快速关断过程时其 di/dt 很大，若线路杂散电感值较大，会产生较大的尖峰电压，对 IGBT 开关元件极为不利。产生的尖峰电压可通过式(6-41)计算得出：

$$\Delta u = L_s(di/dt) \tag{6-41}$$

式中，L_s 为线路中的杂散电感和元器件上的分布电感的总和，H；di/dt 为电流变化率，A/s。

因此一般在牵引逆变器的主电路中会设置缓冲电路或称吸收电路，以吸收元件关断时的过电压。新一代的 IGBT 元件内部的分布电感已能控制在很小的范围内，所选元件其 C 极和 E 极之间的分布电感一般为十几纳亨左右，如果能减少电路上的杂散电感，则可省去吸收电路。在牵引逆变器设计中，合理排布母线、降低分布电感对于保护 IGBT 元件免遭瞬时过电压击穿非常重要，因此必须将尖峰电压限制在 RBSOA(反向偏置安全运行区)内。

低感母排的基本构造是多层结构的连接母排，使流过母排上的正负电流方向相反，抵消线路上的差模杂散电感。如图 6-121 所示，低感母排是由具有定位作用的导电铜柱 5 将依序叠置的外层绝缘层 4、正铜排 2、中间绝缘层 1、负铜排 3 及外层绝缘层叠置而成。并且在导电铜柱及母排之间增设绝缘塞块 6，在相邻两层之间设有起黏接作用的半固化片 7。低感母排安装到 IGBT 元件后，为了增加 C、E 两极间的爬电距离，在外层绝缘板上位于 IGBT 的两极区间内铣出一定数量的小凹槽 8。这种低电感母排结构简单紧凑，外表美观而且制作方便，适用于工作电压在 DC 1500 V 以上的工作场合。变流器模块上的 IGBT 元件与中间直流环节支撑电容的连接采用了低感母排技术，使得主电路上的分布电感 L_s 大大降低，有效地抑制了尖峰过电压 Δu，保证 IGBT 元件运行于安全工作区。

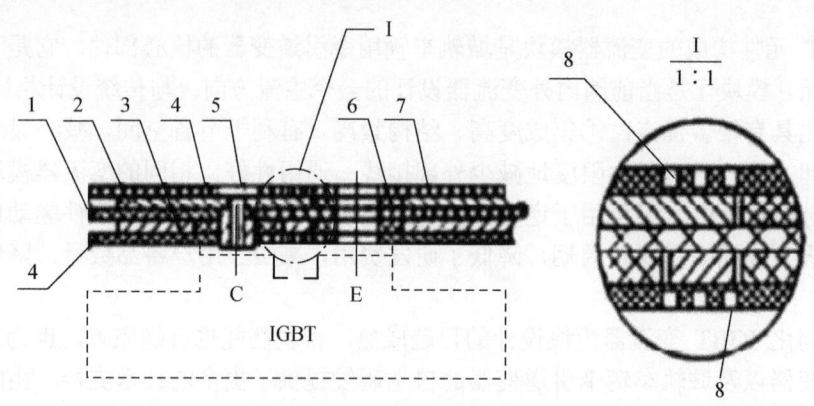

图 6-121　低感母排示意图

1—中间绝缘；2—正铜排；3—负铜排；4—外层绝缘层；5—导电铜柱；6—绝缘塞块；7—半固化片；8—小凹槽

目前，很多大功率变流器采用水冷装置作为散热系统，但是水冷系统较为复杂，需要配置水泵、热交换器等其他辅助设备。在使用过程中对于散热系统的要求也比较高，要完全杜绝漏水、断水等情况的发生，因为一旦漏水将对系统造成很大的损失。传统实体散热器为减少散热器的热阻，必须加大散热面积和通风量，相应必须增大基板和主干、分枝肋，既消耗金属材料，又因为金属传导率低，增大了传导热阻，在远端降温大，散热差，只好在散热面积和传导损耗之间求取折中值。但是热管技术能使传导热阻降低到最小，并且热管组件可尽量加大散热器的表面积。由于热管两端温差很小，不需要担心传导热阻的影响，因而在给定的风量下可使散热器-空气之间的热阻尽量地减小。热管散热器不仅结构简单、维护方便，而且无噪声、无污染，保证了散热效率，并且可使牵引逆变器结构紧凑，热管散热器的热管放在车辆外侧，利用车辆运行产生的风来提高冷却效果，热管冷却的另一侧为全封闭功率组件，可免受污染。

第七节　现代交-直-交电力机车主电路

现代电力机车传动系统采用交-直-交传动形式，其主电路结构也已成熟，但因电流制式和其选取的技术方向不同而有各自的主电路特点。我国采用的电网电流制式为统一的 25 kV、50 Hz 单相交流，基于这种制式下的主电路系统基本上有两类：电流型变流器供电的同步电动机或笼型异步电动机系统；电压型变流器供电的笼型异步电动机系统。

我国电力机车交-直-交主电路基本上采用电压型变流器供电的笼型异步电动机系统。该系统的基本结构为：网侧四象限脉冲整流器+中间直流环节+脉宽调制(PWM)电压源逆变器+笼型异步电动机。对于电压型变流器供电的笼型异步电动机系统，根据网侧四象限脉冲整流器、中间直流环节、脉宽调制(PWM)电压源逆变器等各环节的灵活配置和接线方式不同而演化出多种不同结构的主电路形式。例如，根据变流器连接方式不同，目前就有 3 点式与 2 点式之分。通常从以下几方面来考虑一台机车主电路的结构：机车功率、可靠性要求、控制要求和经济性能比较。

一、机车功率

对于任何一台变流器，总有一个限制功率。也就是说，每一种结构的主电路构成的变流机组，有一定功率限制。其功率由半导体元件、中间电压决定，而中间电压又由主电路结构和采用的半导体元件等级等因素决定。目前使用的半导体元件主要为 GTO 和 IGBT(IGBT 元件等级已使用到了 6.5kV)。例如，我国开发的 DJ2、DJJ2、天梭、KTAA 四种四轴机车轮缘功率为 4800kW，单轴功率为 1200kW，每台变流器所产生的轮缘功率为 2400kW。考虑系统效率和功率因数以及一定的降额量后，主电路选用了图 6-122 的主电路结构，使用元件为 4.5 kV/3.0 kA GTO 元件，机组功率为 3400kV·A。

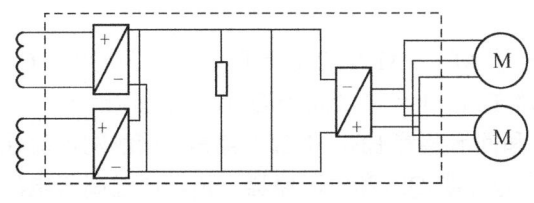

图 6-122　电力机车主电路结构

二、可靠性要求

单从控制系统来说，轴控比架控的故障冗余要优越。但不能认为轴控主电路结构在单轴主电路故障时，其冗余一定比同种轴式而采用架控方式的主电路结构好。

三、控制要求

控制要求主要是指机车要求采用轴控还是架控。而这两种不同控制方式的主要差异在于：轴控可实现单轴传动，单轴传动可以灵活地实现轴重转移的电气补偿，即能更好地利用黏着，这方面比架控有优势；从主电路结构的可靠性(主要指冗余)来讲，轴控与架控优越性相同；而轴控的经济性较差，因为其相应的控制系统较复杂些。在这里要特别提出的是，不要把独立供电、轴控和单轴传动混为一谈。向同一转向架各电动机独立供电的两台逆变器，可以受一套公共的电子装置控制，也可以由各自分开的电子装置控制。受一套公共的电子装置控制时为架控或组合控制，由各自分开的电子装置控制时称为轴控或独立控制，只有独立供电的逆变器按独立控制的方式工作时，才能实现单轴传动，即能够根据一个轴的运行状态信息任意地调节该轴的转矩和转速。

四、经济性能比较

电路的结构、所选元件等级、控制方式及可靠性要求将直接影响系统的经济性，而经济性是直接衡量各项目成功的重要指标。所以在保证性能满足的前提下，在选择主电路结构时，进行经济性比选也是一个需重点考虑的因素。因电路结构的不同,而导致所选取的元件等级、控制方式不同,进而使所用的设备复杂程度和数量也会相应不同,从而直接影响经济性。

五、HXD3 型机车电传动系统

机车主传动及其控制系统的任务在于通过对机车牵引变流器的控制,实现对牵引电动机的控制,从而实现机车牵引和动力制动的特性控制。机车主电路是产生机车牵引力和制动力的电气设备电路,主要由网侧电路、传动系统电路及库用动车电路等组成。机车主电路所完成的功能是电能和机械能间的相互转换。机车牵引工况时,机车主变压器原边通过受电弓、高压隔离开关和主断路器获得 25kV 交流电,经过主变压器的降压,由主变压器次边的牵引绕组向交-直-交电路供电。每组交-直-交电路由一个两点式单相四象限 PWM 整流器和一个两点式三相 VVVF 逆变器等组成。三相 VVVF 逆变器向牵引电动机供电。牵引电动机在电动机状态下工作,实现电能向机械能的转换,满足机车牵引运行要求。机车制动 IT 况时,则进行与上述相反的转换。这时电动机在发电机状态下工作,将列车的动能或位能转换为电能向接触网回馈电能,而牵引时按整流器工作的变流器,变为逆变器工作。本节以 HXD3 型机车电传动系统为例,简要介绍电力机车的电传动系统,如图 6-123 所示为机车的传动系统电路。

(一)原边网侧电路

网侧电路由 2 台受电弓 AP1、AP2,2 台高压隔离开关 QS_1、QS_2,1 个高压电流互感器 TA_1,1 个高压电压互感器 TV_1,1 台主断路器 QF_1,1 台避雷器 F_1,主变压器原边绕组 AX,1 个低压电流互感器 TA_2 和回流装置 $EB_1 \sim EB_6$ 等组成。接触网电流通过受电弓 AP_1 或 AP_2 引入机车,经高压隔离开关 QS_1 或 QS_2 和主断路器 QF_1,通过高压电流互感器 TA_1 进入车内,经 25kV 高压电缆与主变压器原边 1u 端子相连,经主变压器原边,从 1V 端子流出,穿过 TA_2 与车体地相连。最后通过 6 个并联的回流装置 $EB_1 \sim EB_6$ 从轮对回流至钢轨,返回牵引变电所。

(二)传动系统电路

机车的传动系统电路如图 6-123 所示。图中 UM_1 为牵引变流器单元,牵引变流器内部可以看成由 3 个独立的整流-中间电路-逆变单元构成,每个单元分别有 2 个接触器、1 个输入电流互感器、1 个充电电阻、1 个四象限整流器、中间电路、1 个 PWM 逆变器、2 个输出电流互感器等组成。3 个整流-中间电路-逆变单元的主电路和控制电路相对独立,分别提供给 3 个牵引电动机。当其中一组或几组发生故障时,可自动切除,剩余单元可继续工作。HXo3 型机车采用两组主变流器 UM_{11} 和 UM_{12},每一组主变流器内含有 3 个牵引变流器,它们分别由主变压器的绕组 $2U_1—2V_1$、$2U_2—2V_2$、$2U_3—2V_3$ 和 $2U_4—2V_4$、$2U_5—2V_5$、$2U_6—2V_6$ 供电,6 组牵引变流器经过整流逆变后,分别给牵引电动机 M_1、M_2、M_3、M_4、M_5、M_6 供电。四象限脉冲整流器的作用是向电机侧逆变器提供各相匹配的直流电源电压 2800V。它由四象限前级电路和四象限脉冲整流电路两部分组成。四象限前级电路由充电电阻、充电接触器、工作接触器组成。在牵引变流器工作之前,牵引变流器的控制装置根据微型计算机控制监视系统传来的信号,先闭合充电接触器 AK,经过充电电阻限流 CHR,四象限脉冲整流器向中间直流回路供电,建立初始电压。接入充电电阻的目的是减少四象限脉冲整流器的电流冲击。当检测到中间电压达到 2000V 以后,闭合线路接触器 K,继续向直流环节充电,利用脉冲调制电流控制技术,控制整流器的输出电压稳定在直流 2800V。通过调整脉冲调制角,使交流侧电流、电压同相位,从而使整流器的功率因数接近 1。中间直流电路是四象限整流器和电机

第六章 轨道车辆牵引与控制原理

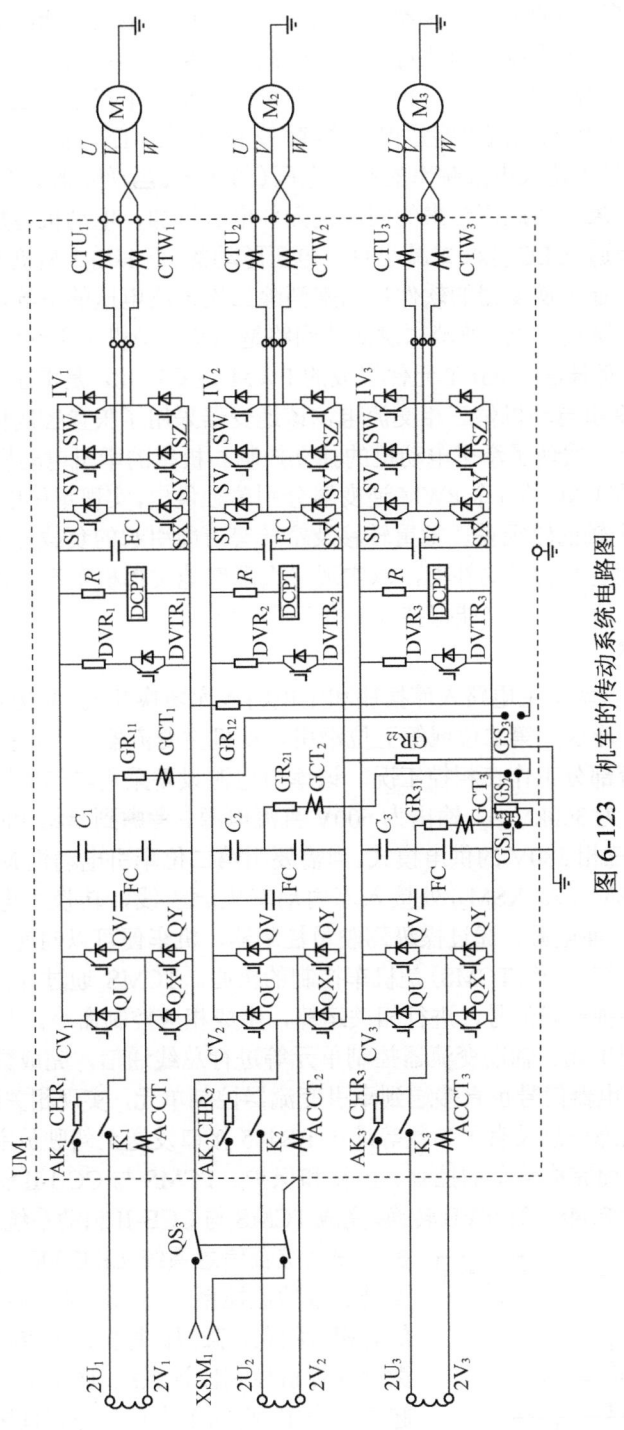

图 6-123 机车的传动系统电路图

侧逆变器之间的中间环节。在三相交流传动系统中，中间直流环节起着很重要的作用，主要表现为：在网侧整流器和电机侧逆变器之间实现瞬时功率平衡；储能电容向牵引电动机提供基波无功功率和高次谐波的通路；变流器换流能力直接受中间电路电压的影响，逆变器的调制电压质量也取决于其平衡程度，因此对它要求较高；如果脉动过大，谐波电压可能会被变流器调制到电源或电机电路中，从而引起振荡，严重时甚至会干扰系统正常工作，加剧系统谐波电压或电流。总之，中间直流电路是保证交-直-交系统正常工作的一个重要环节。在中间直流回路中，会产生两倍于输入电源频率的脉动电压(100Hz)。当逆变器频率接近脉动频率时，牵引电动机产生脉动现象，由此而带来的问题是元件电流增加，电动机转矩脉动增大。欧洲生产的电力机车一般是通过 LC 滤波来减小直流电压脉动的。但 HX_D3 型机车取消了中间二次滤波回路的环节，它是通过逆变器的软件控制来消除二次谐波电压的影响，大幅度抑制电动机电流脉动现象和转矩脉动现象。取消二次滤波回路是 HX_D3 型机车主回路的一个重要特点。HX_D3 型机车的牵引逆变器是由 IGBT 元件组成的 PWM 逆变单元，是电压型的逆变器。整车的 6 个逆变器向 6 台牵引电动机供三相交流电，该逆变器采用了矢量控制模式，使异步电动机具有快速反应的性能，实现了牵引电动机的独立控制。机车的牵引电动机 $M_1 \sim M_6$ 分别由两组牵引变流器 UM_1 和 UM_2 的 6 个 PWM 逆变器分别单独供电，实现牵引电动机的独立控制。这样，整台机车的 6 个轴的轮径差、轴重转移及空转等可能引起的负载分配不均匀，均可以通过牵引变流器的控制进行适当的补偿，以实现最大限度地发挥机车牵引力。当一台机组故障时，只需切除一台机组，机车仍能保持 5/6 的牵引动力。

(三) 库内电车电路

HX_D3 型机车共设置两个主电路入库插座和主电路入库转换开关，以方便车库内动车。库内动车电源通过单相插座送到第二位或第五位牵引电动机主变流器环节，进行库内动车作业。此时，主变流器的整流部分工作在相控工况。该库内电源设备采用与辅助回路共用一套电源的模式。目前设计容量为 300kV·A，输出为 600V 直流电源。考虑到单相 380 V 会造成系统的供电不平衡，因此采用三相 380V 的供电模式。当需要用第二位牵引电动机 M_2（或 M_5）动车时，在主电路入库插座 XSM_1（或 XSM_2）处接入库内动车电源引线，转换主电路入库转换开关 QS_3（或 QS_4），再闭合地面电源，通过操纵驾驶员控制器，机车便可以向前、后移动机车。微型计算机控制与监视系统（简称 TCMS）是机车控制的核心。TCMS 通过各种人机接口接收驾驶员控制命令，采集各种反馈信号，进行相关运算，生成相应控制命令。并通过 RS485 接口与机车牵引变流器控制单元、辅助变流器控制单元等进行总线通信，完成数据交换，实现信息传递。一些辅助控制电器信号也直接送到牵引变流器控制单元，实现相关逻辑控制和保护。TCMS 将计算结果、故障信息及有关参数等通过 RS485 接口发送至驾驶员室的微型计算机控制显示屏进行显示，从而完成整车的控制、监视和保护。TCMS 与 CCB-II 制动系统之间的网络通信是通过网关进行 RS485 到 MVB 转换，完成 TCMS 与 CCB-II 制动系统之间的数据交换。

机车安全综合信息系统 LKJ2000 的信息通过设置在驾驶员室的监控系统显示屏进行显示。两个显示屏的信息相对独立。微型计算机系统控制框图见图 6-124。微型计算机控制监视系统 TCMS 在整个机车控制中起主导作用。它的工作正常与否直接决定了机车能否安全运行，因此在配置上采取了双机冗余、双机热备措施，以提高系统的可靠性。

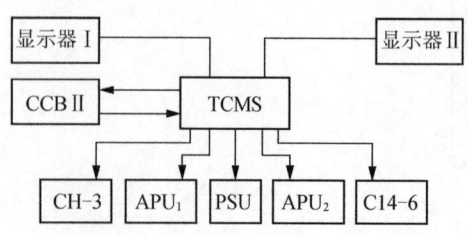

图 6-124 微型计算机系统控制框图

第七章　车辆传动系统元件

轨道车辆传动系统除牵引变压器、变流器和牵引电机外，还包括受电弓、主电路器避雷器、电压电流互感器、接地保护器、继电器、真空断路器等，本章将对这些元件的系统组成、结构、原理等进行阐述。

第一节　受流设备

一、DSA250 型受电弓

DSA250 型受电弓适合中国既有线路和客运专线接触网。安装高度距轨面 5300~6500mm，其间用特高压配线连接，最高运用速度为 250km/h。受电弓安装自动降弓装置。动车组正常运行时，采用单弓受流，另一台备用，处于折叠状态。

用于高速受电的受电弓应满足以下基本要求。

(1) 受电弓的滑板与接触导线之间要保持恒定的接触压力，以实现比常规受电弓更为可靠的连续电接触。受电弓的滑板与接触导线之间的接触压力不能过大或过小。因此，受电弓的结构应保证滑板与接触导线在规定的受电弓工作高度范围内保持恒定不变的、大小合适的接触压力。

(2) 与常规受电弓相比要尽可能减轻受电弓运动部分的重量，以保证与接触导线有可靠的电接触。运行中，受电弓将随着接触导线高度变化而上下运动，在高速条件下，这种运动更为频繁，从而直接影响滑板与接触导线之间接触压力的恒定。由于接触压力除与接触网的结构、性能有关外，还与受电弓的静态特性(静止状态下接触压力与受电弓高度的关系)和动态特性(运行状态下受电弓上下运动的惯性力)有关，因此对于高速受电弓，除必须保证机械强度和刚度外，应尽可能降低受电弓运动部分的重量，从而减小运动惯性力。这样才能使受电弓滑板迅速跟上接触导线高度的变化，保证良好的电接触。

(3) 由于高速运行时空气阻力很大，因此高速受电弓在结构设计上要作充分考虑，力求使作用在滑板上的空气制动力由别的零件承担，从而使受电弓滑板在其垂直工作范围内始终保持水平位置，以减小甚至消除空气制动力对滑板与接触导线间接触压力的影响。

(4) 滑板的材料、形状、尺寸应适应高速的要求，以保证良好的接触状态及更高的耐磨性能。

(5) 要求受电弓在其工作高度范围内升降弓时，初始动作迅速，终了动作较为缓慢，以确保在降弓时快速断弧，并防止升降弓时受电弓对接触网和底架有过大的冲击载荷。

(一) 受电弓基本结构及技术参数

受电弓靠滑动接触而受流，是电力机车、电动车辆与固定供电装置之间的连接环节，其性能的优劣直接影响电力机车、电动车辆工作的可靠性。随着电机、电动车辆运行速度的不断提高，对其受流性能也提出了越来越高的要求。其基本要求是：滑板与接触导线接触可靠，磨耗小；升、降弓时不产生过分冲击；运行中受电弓动作轻巧、平稳、动态稳定性好。为此，在接触导线高度允许变化的范围内，要求受电弓滑板对接触导线有一定的接触压力，且升、降弓过程具有先快后慢的特点，即升弓时滑板离开底架要快，贴近接触导线要慢，以防弹跳；降弓时滑板脱离接触导线要快，落在底架上要慢，以防拉弧及对底架有过分的机械冲击。

1. 技术参数

(1) 名称：单臂受电弓。
(2) 型号：DSA250Bsp。
(3) 设计速度：250km/h。
(4) 试验速度：275km/h。
(5) 额定电压/电流：25kV/1000A。
(6) 标称接触压力：70N(可调整)。
(7) 升弓驱动方式：气囊装置。
(8) 输入空气压力：0.4~1MPa。
(9) 静态接触压力为 70N 时的标称工作压力：约 0.35MPa。
(10) 弓头垂向移动量：60mm。
(11) 材料：滑板为整体碳滑板(铝托架/碳条)；弓角为钛合金；上臂/下臂为高强度铝合金；下导杆为不锈钢；底架为低合金高强度结构钢。
(12) 质量：约 113kg(不包含绝缘子)。

2. 结构

升弓装置安装在底架上，通过钢丝绳作用于下臂。下臂、上臂和弓头由较轻的铝合金材料结构设计而成(图 7-1)。

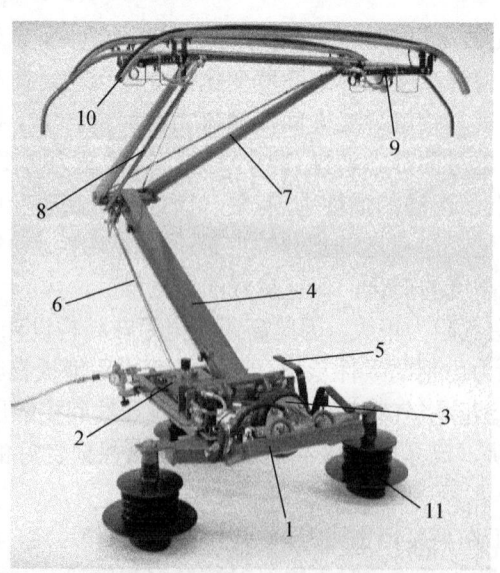

图 7-1 DSA250 受电弓构成
1-底架；2-阻尼器；3-升弓装置；4-下臂；5-弓装配；6-下导杆；
7-上臂；8-上导杆；9-弓头；10-滑板；11-绝缘子支撑

滑板安装在 U 形弓头支架上，弓头支架垂悬在 4 个拉簧下方，两个扭簧安装在弓头和上臂间，这种结构使滑板在机车运行方向上移动灵活，而且能够缓冲各方向上的冲击，达到保护滑板的目的。

对于不同型号和不同速度等级的机车，受电弓的空气动力可以通过安装弓头翼片来进行调节(如果选装)。

气动元件安装在位于底架的控制盒内，自动降弓装置可以监测到滑板的使用情况，如果滑板磨耗到限或受冲击断裂后，受电弓会迅速自动降下，防止弓网事故进一步扩大。

当重联运行时，一旦前弓因故自动降弓后，滑板监测装置可通过机车 TCMS 系统，实现后弓的连锁降弓，从而达到保护后弓免受损坏。ADD 关闭阀置于车内，当受电弓自动降弓后，如果对接触网没有造成损坏，而且对受电弓性能没有影响，可关闭 ADD 关闭阀，重新升起受电弓。更换滑板后，应重新启动 ADD 装置。

(二)升降系统工作原理及动作

DSA250 受电弓的升弓是由气动力驱动的，气动原理图如图 7-2 所示。压缩空气通过电控阀经过滤器进入精密调压阀，精密调压阀(件 3)用于调节受电弓接触压力，输出压力恒定的压缩空气，其精度偏差为 ±0.002MPa。因为气压每变化 0.01MPa(约 0.1kgf/cm^2)会使接触压力变化 10N。精密调压阀在工作过程中，为保证输出压力稳定，溢流孔和主排气孔始终有压缩空气间歇性排出，属正常现象。

压力表(件 4)显示值仅作为参考，应以实测接触压力为准。单向节流阀(件 2)用于调节升弓时间，单向节流阀(件 5)用于调节降弓时间。如果精密调压阀出现故障，安全阀会起到保护气路的作用。精密调压阀运用中不得随意改变其调整值，为保证各种控制阀正常使用，应严格防止水和其他杂质渗入(注意：机车上部件管接头的密封，并及时检查清理空气过滤器。精密调压阀的更换应采用原厂配件或装备部指定的产品，否则引起的质量事故，后果由用户承担)。

自动降弓装置(ADD)的工作原理图如图 7-3 所示。经过调压后的压缩空气进入带有风道的碳滑板(件 5)，如果滑板(件 5)出现空气泄漏，达到一定的压力差值后，快速降弓阀(件 2)动作，升弓装置(件 4)中的气体会从快速降弓阀(件 2)中迅速排出，从而实现自动降弓。

滑板若存在微小裂缝和少量的漏气，受电弓仍能升起，则属于正常允许范围，滑板可继续使用。

装有主断分断装置的受电弓，如果滑板受到冲击泄露，压差同时使得压力开关(件 7)产生一个电信号传输给机车主断分断装置，机车控制器会切断主断路器。同时切断电磁阀(件 6)，停止供气，压缩空气会快速从机车主断分断装置的快排阀及受电弓的快速降弓阀(件 2)排出，迅速降弓，这样可避免在下降的过程中电弧对网线和受电弓的损坏。

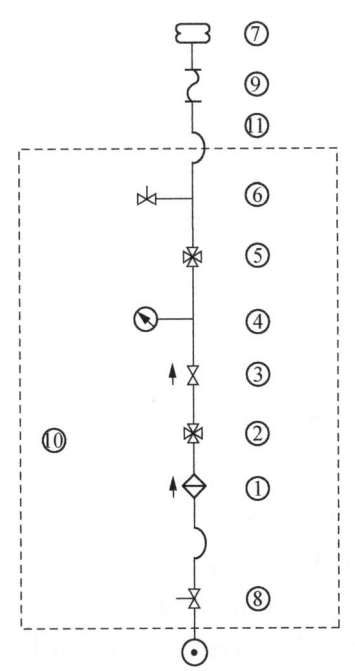

图 7-2 受电弓气动原理图
1-空气过滤器；2-单向节流阀(升弓)G1/4；
3-精密调压阀 Rc1/2 调压范围为 0.01～0.8MPa；
4-压力表 R1/8，0～MPa；5-单向节流阀(降弓)G1/4；
6-安全阀；7-升弓装置；8-电控阀；9-绝缘管；
10-气囊驱动式受电弓阀板；11-车顶界面

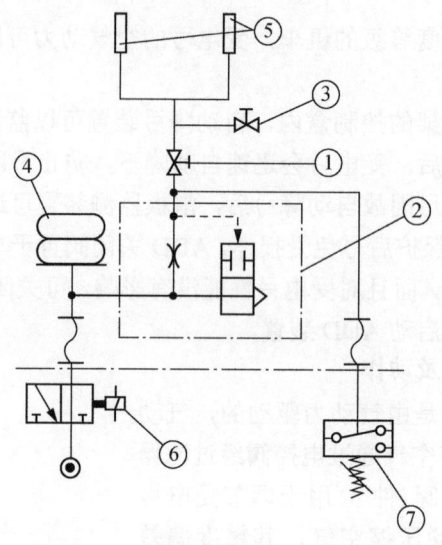

图 7-3 自动降弓装置（ADD）原理图

1-ADD 关闭阀；2-快速降弓阀；3-ADD 试验阀；4-升弓装置；5-滑板；6-电磁阀；7-压力开关

在正常的升弓条件下，压力开关有延时功能，延时设置为 15~20s。如果快速降弓阀(2)和滑板(5)间的气管断裂，自动降弓装置可以通过停止阀(1)停止使用。重新连接后注意清理渗水。

二、受流器

受流器通过碳滑块与第三轨接触而取得电能，将电能通过电缆提供给列车，实现整个列车的供电。因第三轨供电在隧道内占用空间小，市外景观好，维护维修方便，这些因素促进了受流器的快速发展。

受流器结构如图 7-4 所示，主要包括摆臂组装、绝缘架组装和电路组装几部分，绝缘架与转向架侧板通过螺栓完成机械接口连接，底架中的弹簧和弹性元件实现碳滑块与第三轨接触，碳滑块电流通过电缆进入熔断器箱，实现列车主电路供电。

图 7-4 北京地铁 8 号线受流器

1. 绝缘架组装

绝缘架组装的设计要求安装接口简通化，绝缘架的应满足电气间隙和爬电距离的要求。防爬电受外部环境条件的影响很大，在遭受工业污秽或自然界盐碱、灰尘、碳粉颗粒等污染，雨、雪、雾等不利气象条件下，将使绝缘架表面的尘埃湿润，在外加电压作用下其表面电导和泄漏电流将大大增加，从而导致绝缘架表面电气性能降低甚至发生闪络。在运行过程中需定期对绝缘架进行清洗，确保电气性能。

2. 电路组装

电缆是电路组装的关键件，电缆将第三轨上的电流通过碳滑块传送到列车上，受流器自带一段高柔性电缆，适用于多周期运动，减少电缆对接触力的影响。

3. 摆臂组装

在车辆沿轨道运行过程中，第三轨处于非连续状态，在摆臂组装上设置上下止挡限制受流器摆臂的运动避免受流器撞击第三轨发生折断。上下止挡的位置需要综合考虑轨道安装误差、转向架一系弹簧的运动状态、列车状态，第三轨、受流器的安装状态，碳滑块磨耗量的影响。上止位太高，第三轨的端部弯头将会受到受流器的摆臂撞击，导致摆臂在弱连接处断裂；相反，上止位高度太低，导致过度的拉弧和磨耗。下止挡是受流器与第三轨脱离断电的位置，受流器带电体与第三轨和地面间的电气间隙应避免出现拉弧的现象。

第二节　其他主要高压电器简介

一、主断路器

连接在受电弓与主变压器原边绕组之间，安装在动车组车顶中部，它是动车组总电源的开关和动车组的总保护电器。当主断路器闭合时，动车组通过受电弓从接触网导线上获得电源，投入工作；若动车组主电路和辅助电路发生短路、过载、接地等故障，故障信号通过相关控制电路使主断路器自动开断，切断动车组总电源，防止故障范围扩大。

主断路器属于高压断路器的一种，按其灭弧介质可分为油断路器、空气断路器、六氟化硫断路器和真空断路器等。动车组采用的是真空断路器。

真空断路器是以真空作为绝缘介质和灭弧介质，利用真空耐压强度高和介质强度恢复速度快的特点进行灭弧的。与空气断路器相比，真空断路器具有结构简单、工作可靠、分断容量大、动作速度快、绝缘强度高、整机检修工作量小等诸多优点，因而在电力工业中得到了广泛应用。

真空断路器因其灭弧介质和灭弧后触头间隙的绝缘介质都是高真空而得名；其具有体积小、重量轻、适用于频繁操作、灭弧不用检修的优点，应用较为普遍。

真空断路器主要包含三大部分：真空灭弧室、电磁或弹簧操动机构、支架及其他部件。

为满足真空灭弧室对机械参量的要求，保证真空断路器电气力学性能，确保运行可靠性，真空断路器必须具有稳定、良好的机械特性。各机械特性对产品各项电气性能有重要的关系，而且影响产品运行可靠性。下面对各机械特性参数与产品性能的关系分述如下。

1. 开距

触头的开距主要取决于真空断路器的额定电压和耐压要求，一般额定电压低时触头开距选得小些。但开距太小会影响分断能力和耐压水平。开距太大，虽然可以提高耐压水平，但会使真空灭弧室的波纹管寿命下降。一般在满足运行的耐压要求下尽量把开距选得小一些。25kV 真空断路器的开距通常为 20～30mm。

2. 触头接触压力

在无外力作用时，动触头在大气压作用下，对内腔产生一个闭合力使其与静触头闭合，称之为自闭力，其大小取决于波纹管的端口直径。灭弧室在工作状态时，这个力太小不能保证动静触头间良好的电接触，必须施加一个外加压力。这个外加压力和自闭力之和称为触头的接触压力。这个接触压力有如下几个作用。

(1) 保证动、静触头的良好接触，并使其接触电阻少于规定值。

(2) 满足额定短路状态时的动稳定要求。应使触头压力大于额定短路状态时的触头间的斥力，以保证在该状态下的完全闭合和不受损坏。

(3) 抑制合闸弹跳。使触头在闭会碰撞时得以缓冲，把碰撞的动能转为弹性的势能，抑制触头的弹跳。

(4) 为分闸提供一个加速力。当接触压力大时，动触头得到较大的分闸力，容易拉断会闸熔焊点，提高分闸初始的加速度，减少燃弧时间，提高分断能力。触头接触压力是一个很重要的参数，在产品的初始设计中要经过多次验证、试验才选取得比较合适。如触头压力选得太小，满足不了上述各方面的要求；但触头压力太大，一方面需要增大合闸操作功，另外灭弧室和整机的机械强度要求也需要提高，技术上不经济。

3. 接触行程（或称压缩行程）

目前真空断路器毫无例外地采用对接式接触方式。动触头碰上静触头之后就不能再前进了，触头接触压力是由每极触头压缩弹簧（有时称作合闸弹簧）提供的。所谓接触行程，就是开关触头碰触开始，触头压簧施力端继续运动至停止的距离，亦即触头弹簧的压缩距离，故又称压缩行程。

接触行程有两方面作用，一是令触头弹簧受压而向对接触头提供接触压力；二是保证在磨损后仍然保持一定接触压力，使之可靠接触。一般接触行程可取开距的20%～30%。

4. 平均合闸速度

平均合闸速度主要影响触头的电磨蚀。若合闸速度太低，则预击穿时间长，电弧存在的时间长，触头表面电磨损大，甚至使触头熔焊而黏住，降低灭弧室的电寿命。但速度太高，容易产生合闸弹跳，操动机构输出功也要增大，对灭弧室和整机机械冲击大，影响产品的使用可靠性与机械寿命。平均合闸速度通常取 0.6m/s 左右为宜。

5. 平均分闸速度

断路器的分闸速度一般而言速度越快越好，这样可以使首开相在电流趋近于 0 前 2～3ms 时能开断故障电流；否则首开相不能开断而延续至下一相，原来首开相变为后开相，燃弧时间加长了，增加了开断的难度，甚至使开断失败。但分闸速度太快，分闸的反弹也大，反弹太大振动过剧亦容易产生重燃，所以分闸速度亦应考虑这方面因素。分闸速度的快慢，主要取决于合闸时动触头弹簧和分闸弹簧的储能大小。为了提高分闸速度，可以增加分闸弹簧的储能量，也可以增加合闸弹簧的压缩量，这都必然需要提高操动机构的输出功和整机的机械强度，降低了技术经济指标。

6. 合闸弹跳时间

合闸弹跳时间是断路器在会闸时，触头刚接触开始计起，随后产生分离，可能又触又离，到其稳定接触之间的时间。

这一参数国外的标准中都没有明确规定，1989 年底能源部电力公司提出真空断路器合闸弹跳时间必须小于 2ms。为什么合闸弹跳时间要小于 2ms 呢？主要是合闸弹跳的瞬间会引起电力系统或设备产生 LC 高频振荡，振荡产生的过电压对电气设备的绝缘可能造成伤害甚至损坏。当合闸弹跳时，同小于 2ms 时，不会产生较大的过电压，设备绝缘不会受损，在关合时动静触头之间也不会产生熔焊。

7. 合、分闸不同期性

合闸的不同期性太大容易引起合闸的弹跳，因为机构输出的运动冲量仅由首合闸相触头承受。分闸的不同期性太大可能使后开相管子燃弧时间加长，降低开断能力。

合闸与分闸的不同期性一般是同时存在的，所以调好了合闸的不同期性，分闸的不同期性也就有了保证。产品中要求合分闸不同期性小于 2ms。

8. 合、分闸时间

合、分闸时间是指从操动线圈的端子得电时刻计起，至三极触头全部合上或分离止的一段时间间隔。

合、分闸线圈是按短时工作制作设计的，合闸线圈的通电时间不到 100ms，分闸线圈的不到 60ms。分、合闸时间一般在断路器出厂时已调好，无须再动。

当断路器用在发电系统并在电源近端短路时，故障电流衰减较慢，若分闸时间很短，这时断路器分断的故障电流就可能含有较大的直流分量，开断条件更为恶劣，这对断路器的开断是很不利的。所以用于发电系统的真空断路器，其分闸时间尽可能设计长些为宜。

9. 回路电阻

回路电阻值是表征导电回路的连接是否良好的一个参数，各类型产品都规定了一定范围内的值。若回路电阻超过规定值，很可能是导电回路某一连接处接触不良。在大电流运行时接触不良处的局部温升增高，严重时甚至引起恶性循环造成氧化烧损，对用于大电流运行的断路器尤其需加倍注意。回路电阻测量，不允许采用电桥法测量，必须采用 GB763 规定的直流压降法。

二、电压互感器和电流互感器概述

在电力系统中，高电压和大电流是不能直接测量的，一般只能借助于类似变压器的电压互感器和电流互感器，把高电压、大电流变换成低电压、小电流，在供给测量仪表及继电器的线圈使用。这样，就可以使测量仪表与高压电路绝缘，保证工作人员的人身安全，扩大仪表量程。

互感器和变压器的原理完全一样，如图 7-5 所示。电流互感器匝数少的原绕组与待测电路串联；匝数多的副绕组与电流表相连。当铁芯未饱和时，互感器的电流比和电压比可以用下式来计算：

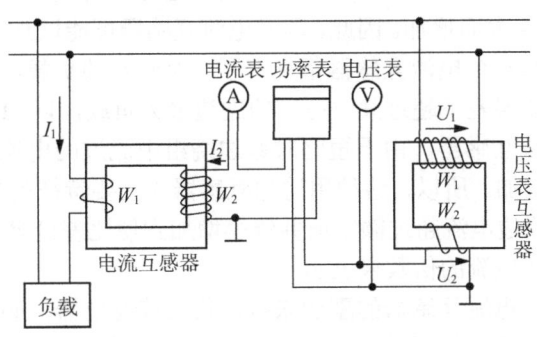

图 7-5 电压电流互感器工作原理示意图

$$K_I = \frac{I_1}{I_2} \approx \frac{W_2}{W_1} \text{（一般电流互感器的 } I_2\text{=5A）}$$

$$K_U = \frac{U_1}{U_2} \approx \frac{W_1}{W_2} \text{（一般电压互感器的 } U_2\text{=100V）}$$

由此可见，只需一只考虑放大 K_I 或 K_U 倍值刻度的电流表或电压表和一个专用的电流互感器或电压互感器配套使用，即可直接读出大电流或高电压值，即

$$I_1 = K_I I_2$$
$$U_1 = K_U U_2$$

互感器虽与变压器相似，但从两者的用途来看，变压器除了用来变压和有时变相外，主要用于传输电能；而互感器则是把原边电路的电压、电流准确地反映给副边电路。所以，电力机车上的互感器在结构和要求上都与电力变压器有所区别。其特点如下。

(1) 电流互感器的原边绕组与主电路串联，通过原边的电路就是主电路的负载电流 I_1，与副边电流 I_2 无关；而电力变压器的原边电流却是随副边电流的改变而改变的。

(2) 由于串接在电流互感器副边的测量仪表或继电器电流线圈的阻抗都很小，所以电流互感器正常工作状态接近于短路状态，这也是同变压器不同的。

电流互感器原边额定电流 I_{1e} 与副边额定电流 I_{2e}（一般为 5A）之比称为互感器的额定电流比，即

$$K_e = \frac{I_{1e}}{I_{2e}} \approx \frac{W_2}{W_1}$$

式中，K_e 为额定电流比，注明在铭牌上；W_1、W_2 为原、副边绕组匝数。

电流互感器在运行中由于励磁和铁芯损耗，需要很小一部分励磁电流，因而实测的原、副边电流比 K 就不能在各种负载下都等于额定电流比 K_e。如果实测的副边电流为 I_2，原边电流仍用 $K_e \cdot I_2$ 来计算，则计算结果与实际的原边电流 I_1 间就会存在误差，这个误差通常用百分比表示为

$$f_i = \frac{k_e I_2 - I_1}{I_1} \times 100\% = \frac{K_e - K}{K} \times 100\%$$

式中，$K = \frac{I_1}{I_2}$ 为实际电流比；f_i 为简称为比差。

除了比差之外，励磁电流还会引起原、副边电流的相差角。相差角指实测的原边电流相量同反转 180°后的副边电流相量间的夹角，用"分"来表示。

作为测量用的电流传感器，其比差和角差直接影响测量结果的正确程度，因此比差和角差是这种互感器的最主要特性。比差和角差不但随原边电流的变化而略有改变，而且随着副边电路的负载阻抗 Z_2 的增大而增加。因此，同一电流互感器可能以几种不同的准确度级工作。为了限制误差范围，对每一个电流互感器都规定了一个额定的负载，并标注在铭牌上。所谓额定负载是指电流互感器误差不超过某一范围的副边最大负载，以 Ω 表示。

用于短路保护的电流互感器，由于短路时原边绕组中流过的电流大大超过额定电流，致使磁路饱和，误差大大增加。所以，这种用途的互感器的主要特征是饱和倍数，而不是角差。所谓饱和倍数，就是当原边电流超过额定值并继续增加到使比差恰等于-10%的原边电流同额定电流之比，用额定原边电流的倍数来表示。

如果由于某种原因，电流互感器的副边未接入仪表或继电器，必须将互感器副边绕组短接，也就是说，电流互感器在使用时，其副边只能短路而不能开路。因为在正常运行时，电

流互感器的励磁安匝仅为原边安匝的很小部分。其绝大部分用于与副边的安匝平衡。如果副边开路,则抵消一次侧线圈的安匝 $I_2 \cdot W_2$ 为零,此时原边安匝全部用于激磁,使磁通增加,会造成以下后果。

(1) 铁芯因强烈磁化而产生剩磁,增加测量误差。
(2) 副边绕组出现很高的尖峰电压,危及工作人员的安全和测量仪表的绝缘。
(3) 铁芯的铁耗猛增而过热,甚至烧坏互感器。

为保证工作人员安全,还必须将电流互感器的外壳和副边绕组的一端可靠接地,以防原、副边绕组间绝缘一旦损坏,原边的电压窜入低压的副边,引起触电和仪表的损坏。

电流互感器有以下分类方式。
(1) 按原边绕组所用的电流种类分,有交流电流互感器和直流电流互感器。
(2) 按原边绕组电压等级分,有高压电流互感器和低压电流互感器。
(3) 按用途分,有保护级电流互感器和测量级电流互感器。

现介绍典型的电流互感器和电压互感器。

使用注意事项如下。
(1) 高压电压互感器一次侧绕组要与被测负荷并联,其二次侧所有测量仪表的电压线圈要与二次侧绕组并联。使用中,若不接仪表,应使二次侧绕组处于开路状态,要绝对避免二次侧短路。因此,在电压互感器二次侧电路中接有保护用自动开关。
(2) 电压互感器在使用中,二次侧绕组的一端和外壳要可靠接地,以防一次侧绕组放电或击穿时,高电压进入二次侧测量电路,危及仪表和人身安全。

三、避雷器概述

避雷器是一种限制过电压的保护装置,通常由火花间隙和非线性电阻组成,其工作原理如图 7-6 所示。它与被保护物并联,当出现过电压危及被保护物时,避雷器放电,使高压冲击电流泄入大地,然后它仍能复原工作状态,截止伴随而来的工频电流,使电路与大地绝缘。过电压越高,火花间隙击穿越快,从而限制了加于被保护物的过电压。

击穿电压的幅值同击穿时间的关系称为伏-秒特性。为了使避雷器能可靠地保护被保护物,避雷器的伏-秒特性至少比被保护物绝缘的伏-秒特性低 20%~25%,如图 7-7 所示;另外,避雷器在放电时,应能承受耐热及机械应力等变化而本身结构不致损坏。

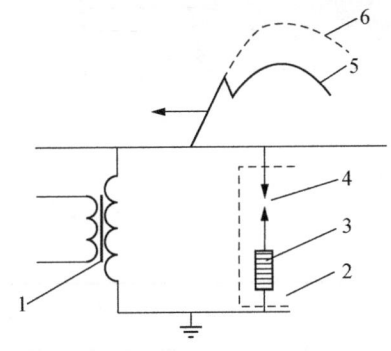

图 7-6 避雷器的工作原理
1-被保护电阻;2-避雷器;3-非线性电阻;
4-火花间隙;5-被限制的过电压波;6-未被限制的过电压波

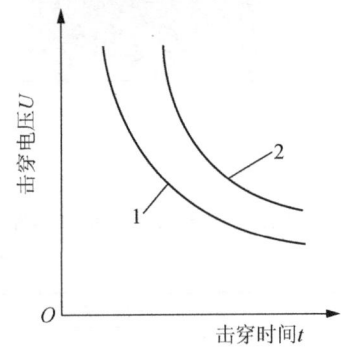

图 7-7 避雷器的伏-秒特性
1-避雷器的伏秒特性;2-被保护物绝缘的伏-秒特性

避雷器的主要类型有保护间隙、管形避雷器、阀形避雷器和氧化避雷器等。在 SS_1、SS_3、SS_4 型电力机车采用保护火花间隙，SS_{3B}、SS_4 改型、SS_7、SS_8 型电力机车采用 Y10W-42/105TD 型氧化锌避雷器(又称无间隙金属氧化物避雷器)，下面只介绍典型的 Y10W-42/105TD 型氧化锌避雷器。

机车上的避雷器 1 安装在受电弓后面，对电气设备进行保护，以防设备受到接触网过压或闪电等特殊情况的损坏。避雷器的下游装有线电压互感器，互感器用作列车控制系统接触网电压的记录器。避雷器 2 安装在互感器(LCT / TCT)上游的高压系统的第二个避雷器保护互感器，防止在主变压器断开期间出现不容许的高的开关电压。避雷器实物及结构如图 7-8 所示，主要技术参数见表 7-1。

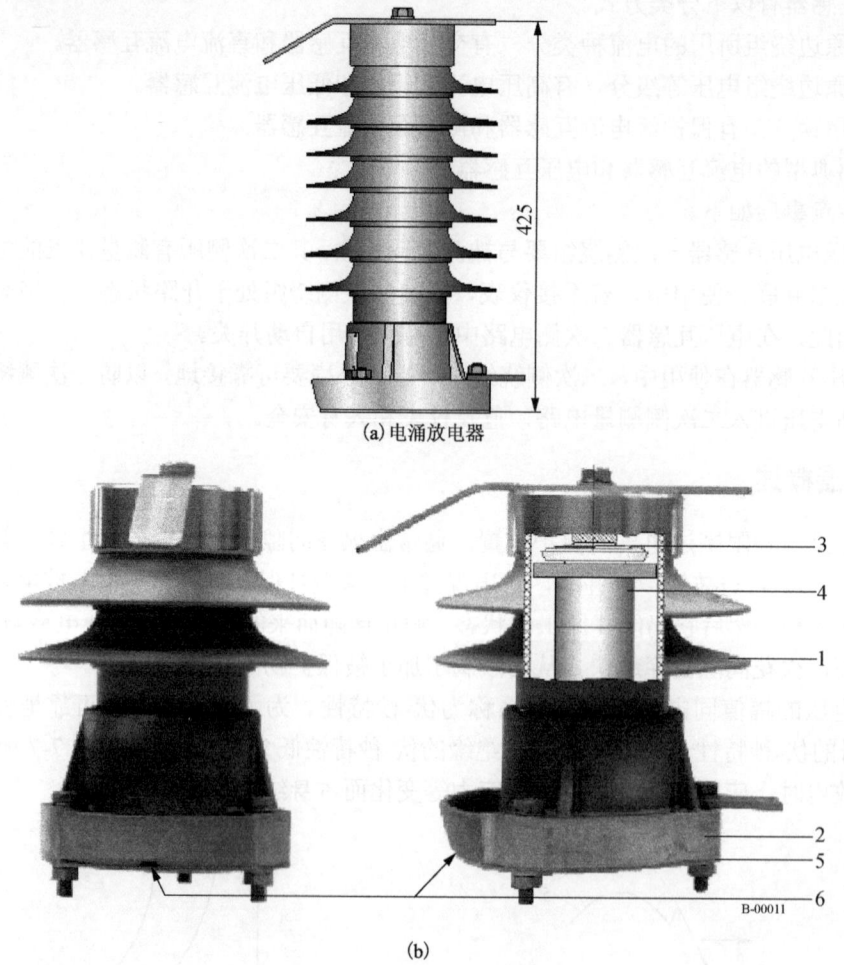

图 7-8 避雷器结构及实物

1-聚合复合材料外壳；2-有气体分流器的凸缘；3-压缩弹簧；4-非线性金属氧化晶体管；5-中间板；6-排放孔

表 7-1 主要技术参数

车顶避雷器规范		备 注
额定电压	37 kV	
持续运行电压	30 kV	31 kV 持续 5min
标称放电电流峰值	10 kA	
在 8/20μs 下的最大剩余电压	100 kV	
压力放电	40 kA	

四、接地开关

结构形式见图 7-9。闸刀通过支架安装在轴上,而轴、曲柄组装、连接杆组装以及操纵杆组装则组成一个传动机构,转动操纵杆,使整个传动机构进行传动,进而使得轴带动闸刀旋转一定的角度。根据设计,在操纵杆从一端旋转 180°到另一端时,闸刀也相应从"工作位"旋转 102°到"接地位"或者从"接地位"旋转 102°到"工作位"。而控制其是否能够转动的则是锁组装。锁组装共有 3 个锁,其中一个供蓝色钥匙使用,两个供黄色钥匙使用。仅在蓝色锁被蓝色钥匙打开后,操纵杆才能从"操作"位置旋转到"接地"位置。一旦旋转到"接地"位置,连锁机构就被带有黄色钥匙的锁锁在此位置,然后可把钥匙从锁中拔下来。

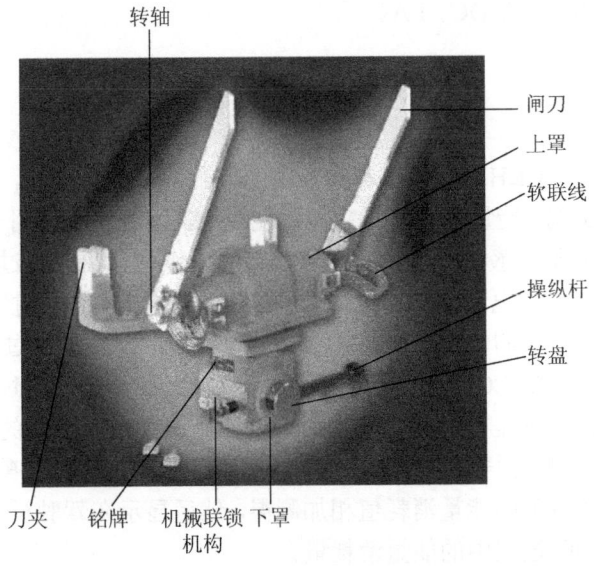

图 7-9 接地开关结构

接地点接通后支架嵌入主断路器两端的接地触点,停用时该支架处于水平位置。接地隔离开关从车辆内部手动启动。闭锁装置确保接地隔离开关仅可在车辆的高压系统与接触线断开后才能接合。

一旦 BVAC 接通,就可以通过两把刀将牵引装置和接地电路连接在一起实现接地。接地开关由上部外壳和下部外壳组成。上部外壳通过 4 个 M10 螺栓安装在牵引车辆车顶上,其中包含一根轴,两把可移动刀安装在轴的末端。下部外壳安装在车顶下方,其中包含一根控制杆,用于手动操作接地开关,将两把刀从平衡位置移动到 BVAC 的相关接地触点处。下部外壳还配有一套两个或三个锁,用于连锁 BTE 操作和牵引电路图中其他安全设备的位置。通过输入钥匙锁(通常为"A"型)可以连锁 BTE 和上游安全设备,而通过输出钥匙锁(通常为"B"型)可以连锁 BTE 和下游安全设备。设备的末端位置通过安装在带有锁定系统的下部外壳前方对面的 2 个辅助触点表示,"接地"位置通过触点"A"表示,而"连接"位置通过触点"B"表示。

主要技术参数如下。

额定电压:25kV AC。

额定短路耐受电流:20kA/8kA(1s)。

热电流：400A。

操作手柄位置：0。

接通能力：0A。

分断容量：0。

操作：手动。

安全连锁钥匙：1A1B。

钥匙和锁：无色，特别代码。

辅助触头：2 NO + 2 NC。

应用种类：AC 15，230V AC / 3 A。

DC 13，110V DC / 1 A。

质量：22kg。

五、能量消耗计

为了测定能量消耗，CRH3 每节车都具备电子能量消耗测量功能，这一功能在列车控制系统中作为软件模块实现。能量消耗测量功能不能校准，因此它不适用于计算能量消耗费用。使用工作电流和电源电压互感器时，牵引操作和回复操作（电动制动）过程中消耗的能量都由列车控制系统测定。为此，电流信号通过隔离变压器读入指定的中央控制单元。电源电压信号通过隔离变压器读入相关的牵引控制单元（TCU）。测定的电压值通过 MVB 传送到 CCU。如果测得的电压值合理，则 CCU 会接受这些值。否则 CCU 会自己通过隔离变压器读入电压值。这种情况下采用的原理是首先测量收集的或直接反馈到供应点处的能量，然后测定消耗量。相关的 CCU 通常会测定与升弓有关的能量消耗，即车顶线闭合时整车的消耗量。列车的全部能量消耗量通过将单独的能量消耗值相加测得，然后显示在驾驶员 MMI 上，分为牵引和能量反馈（电动制动期间）过程中的能量消耗量。

六、高压电缆

（一）车顶线路隔离开关

车顶线路可由车顶线路隔离开关（RLDS）断开。如果一个牵引单元的主电路系统出现故障，列车控制系统可隔离车顶线路，从而使另一个牵引单元可操作。隔离开关通过压缩空气操作。

车顶隔离开关如图 7-10 所示。车顶线路隔离开关为单极开关，开关的外部留有隔离距离，内部装有气动执行机构。与工作接地点的隔离通过支持绝缘子实现。气动执行机构使一个绝缘子绕它的垂直轴旋转，连接至绝缘子的刀闸使主传导路径在各自的端位置断开和闭合。电磁阀为双位阀，用于切换位置，电磁阀控制执行机构的动力缸。这两个导阀由电脉冲触发，从而确定运动方向。隔离开关没有其他最终位置连锁装置，在牵引模式下持续供应压缩空气。压缩空气由 MP（主风管）管道供应，或者在使用辅助压缩机时供列车使用。

使用 CCU 或由驾驶员禁用驾驶员 MMI 上的车顶线路隔离开关可自动断开车顶线路隔离开关。通常列车组中的所有车顶线路隔离开关都将断开（在此之前，列车组中的所有主断路器都将断开）。

（二）车顶高压电缆

中间车上的车顶高压电缆为无卤柔性单芯电缆，它从车顶铝型材内穿过。车顶管道到车顶下部设备区的转接部分已密封。车转换部分的车顶线的封端也用作支持绝缘子。在变压器车上，同型号的电缆作为供电电缆敷设至变压器。车顶设备的连接电缆端部为热缩套密封。电缆在车顶区敷设为曲线形状，在接近车端部分向下敷设到车侧，然后连接到地板下区域的主变压器。高压弯插头是电缆的终端，同时它也形成了与变压器之间的连接。

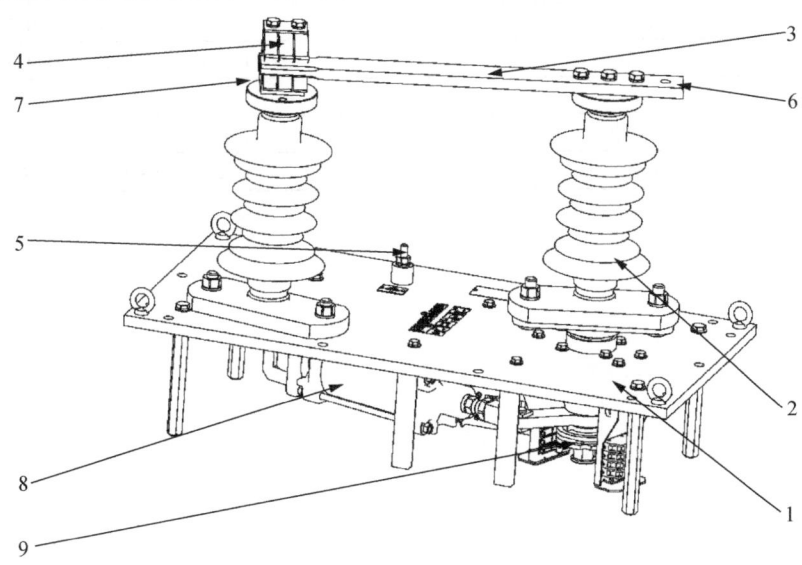

图 7-10　车顶隔离开关

1-底板；2-盖和棒形绝缘子；3-绝缘片；4-接触弹簧；5-M10 接地连接；6-连接"A"；7-连接"B"；8-气缸；9-凸轮盘

(三) 车顶高压连接装置

车顶高压连接装置及分布见图 7-11。车顶(高压)线必须越过车之间的转换部分，由车端的支持绝缘子及连接于绝缘子之间的双螺旋丝构成(双螺旋丝的托架固定在支持绝缘子上)。双螺旋丝的这种布置确保了维持隔离距离。双螺旋丝设计适用于车体之间的最大相对运动。每根单螺旋丝的尺寸都有规定，以便可以承载最大工作电流。如果一根螺旋丝脱落，另一根螺旋丝还可使其保持在原位。车顶电缆主要技术参数见表 7-2。

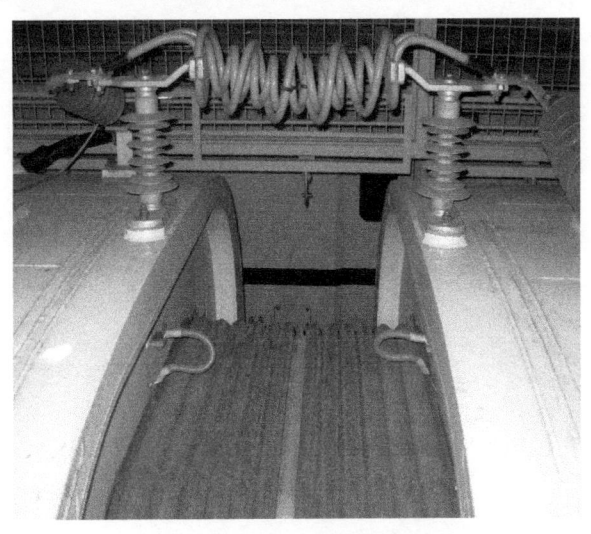

图 7-11　车顶高压连接装置

表 7-2 车顶电缆主要技术参数

车顶电缆规范		
适用标准	根据 DIN VDE 0250 第 813 部分（Ref. 20）(05/1985)	
导体	IEC 60228	55 级
绝缘等级	DIN VDE 0207 Part 20（Ref. 22）	
绝缘外套	DIN VDE 0207 Part 24（Ref. 23）	
额定频率	50Hz	
最大持续运行电压	31kV	
额定电流	250A（如果电缆在线槽内）	

参 考 文 献

陈伯时. 2005. 电力拖动自动控制系统——运动控制系统. 北京：机械工业出版社
耿幸福. 2011. HXD3 型机车电传动系统分析. 电力机车与城轨车辆，34(2)：35-38
华平. 2004. 电力机车控制. 北京：中国铁道出版社
李发海，朱升起. 2000. 电机学. 北京：科学出版社
钱立新. 2003. 世界高速铁路技术. 北京：中国铁道出版社
曲永印. 2002. 电力电子变流技术. 北京：冶金工业出版社
宋雷鸣. 2009. 动车组传动与控制. 北京：中国铁道出版社
铁道科学研究院高速铁路技术研究总体组. 2005. 高速铁路技术. 北京：中国铁道出版社
翁星方，等. 2012. 城市轨道交通车辆牵引逆变器的技术发展. 机车电传动，(1)：47-51
于金帆，苗丽雯，李克顺，等. 2005. 现代化高速铁路设计、施工与线路提速改造新技术实务全书. 北京：当代中国音像出版社
张海丰，陈恒谦，郭彦每. 2013. 第三轨受流器研制. 机车电传动，(6)：46-47
张龙. 2003. 电力机车电机. 北京：中国铁道出版社
张曙光. 2008(a). CRH1 型动车组. 北京：中国铁道出版社
张曙光. 2008(b). CRH2 型动车组. 北京：中国铁道出版社
张曙光. 2008(c). CRH5 型动车组. 北京：中国铁道出版社
张曙光. 2009. 京沪高速铁路系统优化研究. 北京：中国铁道出版社
张莹，张琳. 2004. 交-直-交电力机车主电路结构选择. 电力机车与城轨车辆，27(4)：57-60
赵嘉涛. 2004. 电力机车电器. 北京：中国铁道出版社